Tobias Boll
Autopornografie

Qualitative Soziologie

Herausgegeben von
Jörg R. Bergmann
Stefan Hirschauer
Herbert Kalthoff

Band 25

Tobias Boll

Autopornografie

Eine Autoethnografie mediatisierter Körper

DE GRUYTER
OLDENBOURG

Die vorliegende Arbeit wurde vom Fachbereich 02: Sozialwissenschaften, Medien und Sport der Johannes Gutenberg-Universität Mainz im Jahr 2017 als Dissertation zur Erlangung des akademischen Grades eines Doktors der Philosophie (Dr. phil.) angenommen.
Gedruckt mit freundlicher Unterstützung des Forschungsschwerpunkts Sozial- und Kulturwissenschaften (SoCuM) und der Gutenberg-Akademie der Johannes Gutenberg-Universität Mainz.

ISBN 978-3-11-057739-6
e-ISBN (PDF) 978-3-11-058026-6
e-ISBN (EPUB) 978-3-11-057750-1
ISSN 1617-0164

Library of Congress Control Number: 2018953927

Bibliografische Information der Deutschen Nationalbibliothek
Die Deutsche Nationalbibliothek verzeichnet diese Publikation in der Deutschen Nationalbibliografie; detaillierte bibliografische Daten sind im Internet über http://dnb.dnb.de abrufbar.

Inhalt

1 Going Naked auf CammingSite.com

Ethnografische Forschungsunternehmungen beginnen in aller Regel damit, dass die Forschenden ihren ‚Lehnstuhl' am heimischen oder universitären Schreibtisch verlassen und ausziehen, um unbekannte Orte oder Praxisfelder zu erkunden oder ihnen bereits bekannte mit einem neuen Blick zu betrachten. Deutlich seltener jedoch ziehen Ethnografen bei diesen Erkundungen dann *sich selbst* aus. Beides ist in dieser Studie anders. Um die ethnografischen Beobachtungen machen zu können, auf denen sie basiert, musste ich nicht nur zu Hause vor dem eigenen Computerbildschirm verharren, sondern mich zudem meiner Kleidung (zusammen mit professionellen Skrupeln und persönlichen Schamgefühlen) entledigen. Was zunächst etwas eigentümlich klingen mag, hatte ganz praktische Gründe: Es hätte sonst schlicht nichts zu sehen gegeben. Einerseits nicht für die anderen Nutzer[1] des Webportals CammingSite.com, dem Schauplatz meiner Studie.[2] Gemeinsam betrieben wir, was die Teilnehmer als „Camming" bezeichnen: Cammer, im Fall meiner Studie vor allem schwule Männer, ziehen sich vor ihren privaten Webcams aus und bieten ihren nackten Körper öffentlich im Internet füreinander, aber auch für weitere fremde Beobachter, zur Betrachtung an.[3] Dabei kommunizieren die Teilnehmer über Chat, während sie in aller Regel

---

[1] In diesem Buch wird zumeist die grammatisch maskuline Wortform verwendet, jedoch nicht als generisches Maskulinum, sondern weil diese Studie sich speziell mit Männern als Teilnehmern beschäftigt.

[2] Ein Portal mit diesem Namen existierte zum Zeitpunkt meiner Forschung nicht, es handelt sich um ein Kollektivpseudonym, einen erfundenen, quasi ‚synthetischen' Ort, an und in dem ich auf verschiedenen Onlineplattformen gemachte Erfahrungen für die Zwecke der Darstellung stattfinden lasse. Diese Pseudonymisierung dient dem Schutz der Identität der Nutzer der besuchten Seiten.

[3] Im Rahmen dieser Studie wird nahezu ausschließlich Camming unter schwulen Männern behandelt. Neben schwulen Männern versammeln autopornografische Plattformen jedoch auch Teilnehmer/-innen anderen Geschlechts und anderer sexueller Orientierungen. So zeigen auch die freizügigen Bilder auf einigen der Cammingportale, die ich für meine Studie besucht und untersucht habe, Frauen, intersexuelle und/oder transidente Personen sowie nicht homosexuelle Männer. Die Verteilung der Nutzer/-innen autopornografischer Angebote nach Geschlecht ist, über die zahlreichen Plattformen hinweg, kaum sinnvoll zu beziffern: Zum einen sind die Angebote unterschiedlich auf Geschlechter- und Begehrenskategorien verteilt: Es existieren Plattformen, deren Protagonist/-innen nur einer Geschlechtskategorie angehören, und die diesen Umstand meist auch im Namen tragen (camdudes.com, camgirls.com). In Bezug auf sexuelle Orientierungen existieren zahlreiche Angebote explizit für schwule Männer, jedoch, zumindest zur Zeit meiner Forschung, keine Seiten, die sich speziell an lesbische oder bisexuelle Nutzer/-innen richten. Sie werden in aller Regel als Subkategorien auf Portalen geführt, die verschiedenste Geschlechter (inklusive Transgender) und sexuelle Orientierungen versammeln. Zum anderen variiert der Genderproporz zwischen einzelnen Portalen des letzteren Typs stark. Kursorische Auszählungen von aktuell übertragenden Webcams auf verschiedenen Seiten ergaben sehr heterogene Geschlechterverhältnisse, die von einem Verhältnis von 2:1 zwischen Männern und Frauen im einen Fall bis zum genau umgekehrten Wert in anderen Fällen variierte. Recht stabil war ein Anteil von Transgeschlechtern um ca. 5%. Ich behandle den fiktionalen

https://doi.org/10.1515/9783110580266-001

gemeinsam masturbieren.[4] Sie geben Einblicke in als intim geltende Lebensbereiche und Körperzonen. Der Reiz beim Camming liegt im Erleben von Gemeinsamkeit bei einer Aktivität, die typischerweise in zurückgezogener Einsamkeit stattfindet, darin, beim Masturbieren unter anderen, Gleichgesinnten, zu sein, sich diesen nackt zu zeigen und ihnen dabei zuzusehen. Andererseits hätten aber auch ich selbst und meine neugierigen Forscherblicke nichts zu sehen bekommen, die an Camming als soziomaterielle Praxis interessiert waren, und die beim Beobachten der anzüglichen Bilder auf CammingSite.com (noch) andere Interessen hatten: Sie sahen in dieser Praxis mehr als eine Erregungsgelegenheit:

1. Eine historisch relativ junge Medienpraktik, die ihre Teilnehmer als eine Form von sexuellem Handeln verstehen und erleben. Camming ist in doppeltem Sinne eine Form mediatisierter Sexualität: sexuelle Interaktion mittels Medien, aber auch eine Form erotisierter Interaktivität mit den Medien selbst. Die Praxis bietet so über die beteiligten Medien und die durch sie erzeugte Öffentlichkeit einen forschungsstrategisch günstigen Zugang zu einer sonst im Verborgenen stattfindenden Praktik, zugleich ist sie ein interessanter Fall mediatisierter Interaktion. Wie hängen die Interaktion im vermeintlich virtuellen Raum und die Interaktivität zwischen Nutzer und Medium im Raum vor dem Bildschirm zusammen? Wie wird der mediatisierte Charakter dieser Situationen, den auch die Forschung gern als gegeben annimmt, in den Praktiken der Teilnehmer hergestellt?

2. Einen körpersoziologisch instruktiven Fall mediatisierter Situationen, in denen Körper nicht nur eine prominente Rolle spielen, sondern intime Beziehungen mit vor allem visuellen Medientechnologien und darüber mit Bildern von sich und anderen Körpern eingehen. Neben dem Blick auf den Bildschirm wurde so der Blick davor interessant, auf die Interaktivität und Wechselwirkung zwischen Körpern, Bildern und Medien. Wie werden Körper in Bilder transformiert? Wie lässt sich die Beziehung zwischen den laufend entstehenden Bildern und den Körpern der Teilnehmer beschreiben? Wie ist man ein (?) Körper in einer mediatisierten Situation?

3. Einen aus geschlechtersoziologischer Perspektive spannenden Fall der gemeinschaftlichen Veröffentlichung nackter alltäglicher männlicher Körper(-lichkeit) unter explizit sexualisiertem Vorzeichen. Wie wird Männlichkeit in diesem Rahmen verhandelt? Welche Bilder von Männlichkeit und männlicher Körperlichkeit werden hier konstruiert? In welchem Verhältnis stehen diese Bilder zu den Körpern der Nutzer, wie werden immaterielle Bilder und materielle Körper verquickt?

Ort meiner Studie, CammingSite.com, weitgehend als homosozial männlichen Raum, insofern es sich dabei vor allem um einen Beobachtungsraum handelt, der durch selektives Schauen unter begehrenskompatiblen (schwulen) Nutzern entsteht (s. Kap. 5). Begegnungen mit weiblichen Nutzerinnen und heterosexuellen Männern in diesem Raum werden in Kapitel 5 behandelt.

4 Das Cammingportal www.chaturbate.com hat diese Verbindung in seinem namengebenden Neologismus verarbeitet (Untertitel des Logos auf der Homepage: „The act of masturbating while chatting online“).

4. Einen Fall, der eine starke methodische Herausforderung für ethnografische Forschung bot. Einer so stark auf Beobachtung und Selbstbeobachtung ausgerichteten Praktik mit einer ebenso ausgerichteten Forschungsstrategie auf den Grund zu gehen, erzeugte hochinteressante Fragen nach dem Verhältnis zwischen Untersuchungspraxis und untersuchter Praktik sowie ihren Interferenzen und Überschneidungen. Gleichzeitig bot die Untersuchung einen Anlass, die (Scham-)Grenzen und Möglichkeiten einer reflexiven ethnografischen Erforschung devianter Praktiken auszuloten.

Insofern Zusehendürfen und Zusehenlassen, Beobachten und Beobachtetwerden auf CammingSite.com Hand in Hand gehen, musste zum obligatorischen methodischen *going native* im ethnografischen Forschungsprozess also ein körperliches *going naked* treten. Meine Forschung führte mich an den Ort vor der Kamera, der für die Dauer meiner Forschung zum Feld wissenschaftlicher und Schauplatz erotischer Beobachtung wurde. Während dieser Zeit schlüpfte ich in verschiedene Rollen und Teilnehmerpositionen. Ich zeigte ,alles' und verbarg dabei vieles (in aller Regel mein Gesicht), wurde unter Nicknames und als ein bestimmter Körpertyp in einschlägigen Onlinekontexten bekannt, entwickelte verschiedene Arten von Beziehungen zu anderen Teilnehmern und wurde so sukzessive zu einem pornografischen Körper: auf dem Bildschirm und davor. Teilnehmend Beobachten erforderte, dass ich bei meinen ethnografischen Beobachtungen selbst zunehmend zum Beobachtungsobjekt wurde, auch dem meiner eigenen Schaulust. Zu meiner soziologischen Lust am Sehen(-wollen) gesellte sich eine erotische Lust am Schauen und schließlich auch am Zeigen. Dabei musste ich mich jedoch auch aus ethnografischer Perspektive selbst im Blick behalten. Bei meiner Arbeit überlagerten sich zunehmend zwei selbstbezogene Praktiken: Zur bildmedialen Dauerbeschäftigung nicht nur mit den Körpern anderer, sondern auch mit meinem eigenen Körper trat die reflexive ethnografische Auseinandersetzung mit eben dieser Schaulust. Die Rollen und Perspektiven als Ethnograf und Pornograf, die ich im Laufe meiner Untersuchung einnahm, und der Abstand zwischen ihnen waren nicht immer eindeutig – lange nicht so unzweideutig wie die Angebote, die ich während meiner Studie erhielt. Das Ergebnis ist die vorliegende Arbeit. Sie gibt Einblicke in ethnografische Beobachtungen und autoethnografische Selbstbeobachtungen von Praktiken (auto-)erotischer (Selbst-)Beobachtung in zeitgenössischen Medienkulturen und exploriert dabei die Grenzen zwischen ethnografischer und erotischer Schaulust, zwischen (Auto-)Ethnografie und Autopornografie.

1.1 Autopornografie und Sex mit(-tels) Bildmedien

Die Nutzer von CammingSite.com interagieren über den Austausch von erotischen Bildern und Bildübertragungen ,sexuell' mit anderen, die mehrere Zeitzonen und tausende Kilometer außerhalb physischer Reichweite sein können. Diese Form bildbasierter sexueller Praxis lässt sich in eine Reihe mit anderen Praktiken stellen. Bereits bei der ‚handfesten' Interaktion zweier räumlich kopräsenter nackter Körper, die gemeinhin unter Sex verstanden wird, sind Bilder (im weitesten Sinne) auf verschiedene Weise mit unter der sprichwörtlichen Decke: Selbst- und Fremdbilder der Beteiligten erfordern, gestatten und verbieten bestimmte sexuelle Praktiken; Vorbilder und Idealbilder, wie beispielsweise aus der Ratgeberliteratur, der Pornografie oder anderen kulturellen Szenarien sind an der situiert ablaufenden Praktik beteiligt oder können sie strukturieren und anleiten (Simon/Gagnon 1973). Bilder können aber auch konkreter, als Repräsentationen oder Artefakte in sexuelle Interaktionen involviert sein: so zum Beispiel bei der (gem-)einsamen sexuellen Aktivität vor pornografischen Bildern, als solitäre Selbstbefriedigung oder durch gemeinsamen Pornokonsum angeregter Sex, die in Gegenwart und unter dem visuellen Eindruck der Bilder auf einem Bildschirm oder auf Heftseiten stattfinden, die sie ausgelöst haben und anschließend eventuell anleiten. Mit der Digitalisierung von Bildmedien haben sich wiederum neue Möglichkeiten sexueller Praktiken mit Bildern ergeben: Der Tausch und Handel mit erotischen oder pornografischen Bildern über *Usenet* oder *Internet Relay Chat* lieferte früher die nächste Wichsvorlage, der zeitgenössische Austausch erotischer Nacktfotos des eigenen Körpers über Smartphones, der als *Sexting* bekannt und berüchtigt wurde (Döring 2012), wird selbst schon als erotische Praktik verstanden. Mit der Entstehung und Entwicklung neuer Bildtechnologien verändern und ergeben sich neue Möglichkeiten sexuellen Erlebens und Gebrauchs. Gleichzeitig wirken erotische Gebrauchsweisen auf die Medienentwicklung zurück.

Technologie und Pornografie haben, so kann behauptet werden, eine gemeinsame Geschichte. Die Entwicklung technologischer Verbreitungsmöglichkeiten, vor allem die Entstehung und Verbreitung von Kabelfernsehen und Internet, haben historisch die Verbreitung von Pornografie und ihren gesellschaftlichen Status erheblich beeinflusst (O'Toole 1998). Die Aneignung neuer Medientechnologien für pornografische Zwecke hat analog ihren Beitrag zum technologischen Fortschritt geleistet: Der Medienwissenschaftler John Tierney (1994) rekonstruiert, dass erotische (Um-)Nutzungen nicht selten unter den ersten Gebrauchsweisen neuer Medien von der Steinzeit bis zum Internetzeitalter waren, und vermutet, dass sie insofern als treibende Kraft der medialen Entwicklung betrachtet werden können. So kann beispielsweise angenommen werden, dass sein Potenzial als Quelle und Tauschplatz für Erotika die technische Entwicklung des Internets für Privatanwender deutlich voranbrachte (vgl. Perdue 2004). Mit den neuen Verbreitungs- und Zugangswegen online ergaben sich nicht nur neue Märkte und Produkte der Pornoindustrie, flankierend zu diesen bildeten sich außerdem neue Möglichkeiten der Vernetzung und neue Nutzergemeinschaften (Jacobs 2004). Mit dem Aufkommen neuer Technologien ergaben und ergeben sich nicht zuletzt immer neue Praktiken, die durch diese Technologien erst möglich werden (vgl. Jones 2010: 258 ff.). So entstand mit der Erfindung der Polaroid Kamera in den 1940er-Jahren mit der Instant-Fotografie auch die Instant-Pornografie, und mit ihr eine historisch neue „Polaroid-Sex"-Praktik, mit der die heimische Anfertigung von Pornografie erst möglich wurde (sofern man kein privates Fotolabor besaß) (vgl. Edgley/Kiser 1982: 59). Mit der Digitalisierung der Fotografie und dem Internet als Verbreitungsweg haben sich die Möglichkeiten der Herstellung, Verbreitung und des Konsums von pornografischen Inhalten vervielfältigt (vgl. u. a. Attwood 2010; Waskul 2004a). Die Übertragungswege, die im ersten ‚Boom' der Internetpornografie Anfang des 21. Jahrhunderts entstanden, bilden mittlerweile feste Infrastrukturen und haben mit sich eine digitale pornografische Kultur gebracht. Wer früher nur in Chatrooms erotische Nachrichten schrieb, schaut, gebraucht und verbreitet heute vor allem Bilder von nackten Körpern. Die gemeinsame Teilhabe an dieser pornografischen Praxis wurde der neue „Cybersex" (vgl. Jacobs 2007). Der Konsument wird hier zunächst nur insofern selbst zum Pornografen, als er die Bilder, die er von anderen erhalten hat, an wieder andere weitergibt (Günzel 2013). Wie viele andere Bereiche des Internets zuvor hat erotisches Entertainment in den vergangenen zwanzig Jahren schließlich die Wende zum Web 2.0 vollzogen, wie sich an der nicht überschaubaren Fülle ‚amateurpornografischer' Angebote im Netz ablesen lässt. Nutzer sind nicht länger nur Konsumenten und Distribuenten erotischer Angebote – sie wurden zunehmend selbst zu Produzenten und gar Protagonisten pornografischer Bilder und Videos, die sie über Datenbanken und Sharing-Portale wie YouPorn.com mit der Netzöffentlichkeit teilen und sich zum Beispiel auf Ratingseiten von anderen Nutzern beurteilen lassen (Waskul/Radeloff 2010). Beim Camming verschmelzen diese Rollen vollends, indem sie auch zeitlich zusammenfallen: Schnellere Datenverbindungen und die Verbreitung von hochauflösenden Kameras in zahlreichen Technologien des Alltags ermöglichen die videobasierte Interaktion mit anderen in Echtzeit. Autopornografische Praktiken können ohne Bilder nicht stattfinden: Teilnehmer tauschen sie in Form von digitalen Fotografien und Videoliveübertragungen aus. Auf CammingSite.com sind Bilder in Gestalt von digitalen Fotos auf Computerdisplays elementarer Bestandteil des praktischen Geschehens. Die Teilnehmer begegnen einander (und sich selbst) vermittelt durch Medientechnologien zugleich auf dem Bildschirm und vor ihm.

1.2 Medien und das Ende ‚echter' Intimität?

Für Außenstehende scheinen die Nutzer von CammingSite.com einen wenig ausgeprägten Sinn für Privatsphäre und Schamgefühl und dafür eine ausgeprägt narzisstische Faszination für die Selbstveröffentlichung zu haben. Die Kombination von Sexualität und Medien stand und steht in den meisten ihrer Spielarten in irgendeiner Weise unter Verdacht, sowohl in der öffentlichen Meinung als auch im wissenschaftlichen Diskurs. So ist etwa zu lesen, Pornografie verderbe und gefährde die Jugend (vgl. Stulhofer/Schmidt/Landripet 2009: 13 f.), die Bilder allein sollen gar zur Vergewaltigung anstiften (vgl. Dworkin 1981; MacKinnon 1993; Schwarzer 1990). Die mediale

Überfrachtung des Alltags mit sexuellen Bildern treibe uns aber ohnehin die Lust aus (Schmidt 1996: 41 ff.) und die neuen Medien machten aus intimer Begegnung bei Kerzenlicht heruntergelassene Hosen und hochgerutschte Röcke im fahlen Licht von Computerdisplays, der moderne *Neosexer* ziehe sich aus dem schmuddeligen Körpersex lieber zurück in den Raum virtueller Erregung (Sigusch 2005a). Und auch vor der unschuldigen Romantik macht die Entfremdung durch Medien nicht halt: So fürchtet etwa Eva Illouz (2006), dass die Übersetzung von Menschen in Daten, wie sie z. B. im Rahmen von Datingwebsites stattfinde, Menschen zur Ware werden lässt und Liebe kapitalistisch kompromittiert. Derlei kulturkritische Generaldiagnosen stellen mediatisierte Sexualformen oft fragwürdigen romantisierten Idealen gegenüber, die auf die ‚Echtheit‘ und Ursprünglichkeit körperlicher Unmittelbarkeit abheben.

Will man Intimität in Medienkulturen verstehen, bedarf es demgegenüber zunächst einmal der unaufgeregten Analyse der spezifischen erotischen Praktiken, in die Medien involviert sind, die Medien ermöglichen oder erfordern sowie der sinnlichen Erlebnisse und Sinnstiftungspraktiken derjenigen, die in sie involviert sind. Jenseits der Rede vom Niedergang der Intimität durch die mediale Veröffentlichung und Durchsetzung des Intimen scheinen soziologisch gerade die neuen Intimverhältnisse interessant, die durch Objektbeziehungen (Knorr-Cetina 1998) erst ermöglicht werden. Die Vergleichsfolie nicht mediatisierter Sexualität ist heuristisch so hilfreich wie heikel, wenn es darum geht, die Spezifika sexualisierter Medienpraktiken zu verstehen. Sie lässt auf den ersten Blick durch Medien geformte Umgangsformen in mediatisierten sexuellen Interaktionen schnell merkwürdig erscheinen: Im Verlauf dieser Studie wird deutlich, dass hier Artefakte zeitweise wie Gegenüber und körperlich Mitanwesende zeitweise wie Artefakte behandelt und selbst auf intime Distanz medial vermittelt wahrgenommen werden. Sexualpartner unterliegen Multitasking, erotische Lust einem Prozessmanagement. Bei genauerer Betrachtung lässt sich allerdings erkennen, dass auch andere Formen von Sexualität der Beteiligung von Artefakten bedürfen. Auch im erotischen Nahkontakt unter nackten Körpern werden zu einem wesentlichen Teil Körper wie Dinge gehandhabt und andere als Oberflächen gelesen, oder sie machen sich zu ‚Benutzeroberflächen‘ für ihre Interaktionspartner. Sexuelle Praktiken, und vielleicht auch Sozialität im Allgemeinen, haben eine generelle Medialität, die die Beteiligung visueller Medien im Fall Camming nur sichtbarer macht. Die sozial- und kulturwissenschaftliche Cybersexforschung hat sich früh von moralisierenden Betrachtungen mediatisierter Sexualität verabschiedet und demgegenüber ein empirisches Interesse an den mit Medien aufkommenden Sexualformen und der Perspektive der an ihnen Beteiligten entwickelt. Die für die Untersuchung von Camming einschlägige Literatur wird in Kapitel 1.3 kurz vorgestellt.

1.3 Vom Internet als körperlosem Raum zur körperlosen Cybersexforschung

Galt das Internet innerhalb und außerhalb des wissenschaftlichen Diskurses lange als körperloser Raum[5], so beschäftigen sich medienwissenschaftliche und soziologische Forschungen rund um das Internet und andere Medientechnologien seit einiger Zeit zunehmend auch mit der Körperlichkeit ‚virtueller‘ Räume und mediatisierter Interaktion. Gerade die Forschung zu internetvermitteltem Sex bzw. zu sexuellen Praktiken mit Medieneinsatz und -beteiligung, lange unter dem in den 1990er-Jahren geprägten und inzwischen etwas aus der Mode gekommenen Leitbegriff *Cybersex* subsumiert, war und ist davon fasziniert. Dies ist verständlich, gilt doch Sexualität als körperliche Interaktion par excellence, die durch die Spezifika mediatisierter Interaktionssituationen entsprechend besonders herausgefordert erscheint. Die einschlägige Forschung lässt sich in Phasen unterteilen, die mit den Entwicklungsphasen digitaler Kommunikationsmedien und -möglichkeiten korrespondieren, die wiederum konstitutiv und auch namengebend für verschiedene Gattungen internetvermittelter sexueller Interaktion sind. Üblicherweise wird zumindest zwischen rein textbasiertem und videobasiertem Cybersex unterschieden (vgl. Döring 2004). Im Folgenden werden die wesentlichen Fragerichtungen, Zugänge, Vorgehensweisen und einige Ergebnisse der für den Rahmen dieser Studie relevanten Forschung überblickhaft dargestellt. Diese Übersicht bildet zugleich den Stand des Forschungsgebiets ab. Die Darstellung konzentriert sich auf die Forschung zu medienvermittelter Sexualität und thematisch auf den Aspekt der Körperlichkeit; dies zum einen in den untersuchten Feldern (Was hat die bestehende Forschung zum Thema Körperlichkeit in internetvermittelter sexueller Interaktion herausgefunden?), zum anderen in den Forschungsansätzen der Studien (Mit welchem Verständnis von Körperlichkeit wird in den Studien gearbeitet?). Den Horizont der kritischen Würdigung bildet ein praxeologisches Verständnis cybersexueller Praktiken, das in Kapitel 1.4 erläutert wird. In der Forschung zu internetvermittelter Sexualität hat der Körper, vor allem gedacht als materielles Objekt, einen typischen Platz: außerhalb der vermeintlich ‚virtuellen‘ Umgebung der Interaktion und damit zugleich außerhalb der wissenschaftlichen Betrachtung. Den Cammingteilnehmern nicht unähnlich, hat sich die Cybersexforschung von Beginn an hauptsächlich für das interessiert, was sich *innerhalb* des Bildschirmrahmens abspielt. In den frühen Tagen des Cybersex handelte es sich hierbei um rein textbasierten verbalerotischen Austausch: erotische Chats. Sex im Internet bedeutete also vor

---

5 Die Utopie der totalen Entkörperung der Sexualität mit der medientechnischen Durchsetzung sexueller Praktiken und sexuellen Erlebens wurde verschiedentlich beschworen und pathologisiert. Der Sexualforscher Volkmar Sigusch liest am Phänomen Cybersex beispielsweise einen „allgemeinen Traum von der Prävention des Somatischen und der Überwindung des Körpers" ab, den er dem „E-Sexer" unterstellt, der „die leibhafte Sexualität hinter sich lassen [wolle], ohne die Gefahren der elektronischen Kopulation bereits zu kennen" (Sigusch 2005a: 14).

allem die gemeinsame Autorschaft an einer geteilten und gemeinschaftlich verschrift-lichen erotischen Erzählung bzw. Fantasie (einen Überblick bietet Ross 2005). Gera-de weil die physische Körperlichkeit der Teilnehmer unter diesen Bedingungen ver-meintlich zum Handicap wird bzw. außen vor bleibt, wird der Körper in dieser Form der erotischen Interaktion mit Bedeutung aufgeladen. Sexualität bleibt nämlich so-wohl für Chatteilnehmer als auch in den forschungsleitenden Annahmen der Studi-en dazu als eine spezifisch *körperliche* Angelegenheit gesetzt und Körperlichkeit wird als physische Materialität verstanden: Als Spezifikum des Cybersex und Bezugspro-blem der Interaktionen wird entsprechend die („nur') medial vermittelte Anwesenheit (also materiell-räumliche Abwesenheit) der Körper, die medieninduzierte Entkörpe-rung der Situation vorausgesetzt und dann nach Lösungsstrategien der Teilnehmer gefragt.

Eine verbreitete Vorstellung im Zusammenhang mit Körpern im Internet, auch unabhängig von Cybersex, ist die von Übersetzungen des physischen Körpers in den Zeichenraum der internetvermittelten Interaktion. Die physischen Körper der Teil-nehmer, ihr Gewebe und Gebaren, ihre Körper- und Gefühlsregungen oder (auch geschlechts-)körperliche Eigenschaften werden aus dieser Perspektive als in sprachli-che Bezeichnungen und Beschreibungen oder parasprachliche Marker wie *Emoticons* übersetzt bzw. durch diese ersetzt betrachtet. Aus solchen Zeichen bestehen, so et-wa die Kommunikationssoziologin Christiane Funken (2002, 2004), Körper online. Solche Prozesse werden in der Literatur vor allem für die Geschlechtszugehörigkeit von Körpern beschrieben, welche in textbasierten Sexchats in und mit sprachlichen Strategien inszeniert wird (vgl. Dekker 2004; Del-Teso-Craviotto 2008; Lübke 2005). Der Körper an der Tastatur *vor* dem Bildschirm wird als mehr oder weniger lose an die Geschehnisse auf dem Bildschirm gekoppelt beschrieben – etwa wenn Teilnehmer die Plausibilität einer Körperkonstruktion im Chat mit ihrem Wissen um „realweltli-che" Körper testen (vgl. Dekker 2003, 2004, 2009). Nicht nur Körper, sondern auch ihre Empfindungen sind Gegenstand der so angenommenen Übersetzungsprozesse. Kate Robson (1998) spricht in ihrer Studie zu einer Mailingliste für Patienten mit einer besonderen Darmerkrankung davon, dass der physische Körper der Patienten und seine Gefühlsregungen im Gebrauch des Forums einerseits mit medialen Zeichen „artikuliert", also in Zeichen übertragen werde, diese Kommunikationsinhalte aber andererseits auch auf den Körper und seine Gefühle zurückwirkten (etwa die Trauer über die Mitteilung vom Tod eines anderen Patienten im Forum). Robson impliziert das Modell einer Übertragung von körperlichen Zuständen auf eine Art informa-tischen ‚Quellcode': Physisch-körperliche Ereignisse werden zunächst in textuelle Repräsentationen codiert, die sich dann wieder zu körperlichen Erfahrungen beim Empfänger rückübersetzen. Dieses Modell sieht die Autorin auch auf Erfahrungen beim Cybersex übertragbar.

Die bislang umfassendste Auseinandersetzung mit Cybersex legte Anfang der 2000er-Jahre der amerikanische Soziologe Dennis Waskul vor. In *Self-Games and Body-Play* (2003) beschäftigt sich Waskul aus interaktionstheoretischer Sicht und auf

Basis qualitativer Interviews mit dem Verhältnis von Körperlichkeit, Selbst und sozialer Interaktion am Beispiel von textbasiertem und auch videobasiertem Cybersex. Waskul fragt, wie sich das Verhältnis von Körper und Selbst in sozialen Interaktionen beschreiben lässt, in denen „selfhood is situationally freed from the empirical shell of the body" (Waskul 2003: 79). Der Körper im Cyberspace, speziell im Rahmen des Chatgeschehens, sei von dem empirischen Körper vor dem Bildschirm entkoppelt und rein symbolisch. Insofern, so Waskul, sei die Bezeichnung „virtuell" für die Vorgänge beim textbasierten Cybersex adäquat. Da der Körper für die Chatinteraktion von den Beteiligten interaktiv konstruiert werden müsse, spricht Waskul beim textbasierten Cybersex von „outercourse" – sexueller Interaktion, die nicht *zwischen* zwei anwesenden Körpern stattfindet, sondern in der diese Körper erst mit Bezug auf soziokulturelle Wissensbestände verbalisiert und so konstruiert werden. Durch die Abwesenheit physischer Körper, die im nicht medial vermittelten sozialen Alltag als Identitätsaufhänger und ‚Behälter' von Personen funktionieren und gelten, und die so eine Vielzahl von Selbst-Facetten zu einer Person integrieren können, seien in Chatinteraktionen gesteigerte Möglichkeiten eines Spiels mit der Selbstinszenierung („self-game") gegeben – dies vor allem, weil der fleischliche Körper transzendiert und der virtuelle Körper beliebig geformt werden könnten („body-play"): „fixed bodily features become self-selected variables" (Waskul 2003: 81). Gleichwohl, so stellt der Autor fest, orientieren sich die Teilnehmer nach wie vor an klassischen Grenzen, inszenieren sich als männlich *oder* weiblich, und folgen klassischen Konventionen körperlicher Attraktivität. Die im Zusammenhang mit dem Cyberspace häufig geäußerte Utopie eines Raums vollständiger Gleichheit (weil losgelöst von körperlicher Existenz auch an Körpern festgemachte soziale Normen an Bedeutung verlören), sieht Waskul zwar gegeben, jedoch um den Preis der Diversität: Im virtuellen Raum sei jede(r) attraktiv, alle Körper (oft unrealistisch, superhuman) perfekt und schön (Waskul 2003: 85 f.). Obgleich also der physische Körper eigentlich nicht von Relevanz sei, würden die Erwartungen, die im sozialen Alltag an ihn gestellt würden, auf den selbst geschaffenen virtuellen Körper übertragen. Für die Teilnehmer(-innen) stelle sich der virtuelle Raum so als Freiheit zur Selbstdefinition dar; diese Freiheit sei aber letztlich nur die Freiheit, aus einem begrenzten Fundus an kulturellen Körperidealen auszuwählen. Gleichwohl sieht Waskul im „disembodiment", der ‚Entkörperung' virtueller Räume ein geradezu ideales Umfeld für ein sich als multipel begreifendes „postmodernes" Selbst, für das die Erfahrung physisch-körperlicher Konstanz widersprüchlich erscheinen könne.

Gegenüber diesem „disembodiment" beschreibt Waskul videobasierten „televideo cybersex" als eine körperliche und verkörperte (embodied) Erfahrung. Verkörpert sieht Waskul die Teilnehmer in den Bildern, die diese mit der Webcam von sich anfertigen und die sie aus ihrer Sicht (und Waskuls theoretischer) zugleich repräsentierten. Die schiere Sichtbarkeit des nackten Körpers beim videobasierten Cybersex über Webcams führe gar zu einem „total embodiment" (Waskul 2004b: 56), indem sie seine Festlegung auf sein tatsächliches Aussehen und darüber (s)eine (etwa geschlechtliche oder ethnische) Identität impliziere. So sei der nackte Körper „in glaring clarity, a *gendered* body [Hervorh. d. Verf.]" (Waskul 2003: 55). Durch die Liveübertragung des Kamerabilds werde der im textbasierten Cybersex gegebene Spielraum bei der Selbstinszenierung empfindlich eingeschränkt, das facettierte Selbst „schrumpfe" auf das Bild des Körpers zusammen (Waskul 2003: 49). Besondere Aufmerksamkeit schenkt Waskul dabei der Nacktheit. Diese sei beim videobasierten Cybersex zum einen „undeniably and unambiguously about sex" (Waskul 2003: 41), zum anderen lasse gerade sie Körper und Selbst quasi automatisch in eins fallen: Mit dem Ablegen der symbolischen Schichten der Kleidung und durch das typische Verbergen des Gesichts als Identitätsmerkmal werde die Person zu einem „nackten Selbst", das mit sich und seinem nackten Körper bzw. dessen Bild identisch sei. Der Körper werde so auch im videobasierten Cybersex zum virtuellen Betrachtungsobjekt, für die sich auf diese Weise zeigenden Teilnehmer wie auch für die zuschauenden Interaktionsgegenüber. Damit funktioniere videobasierter Cybersex wie eine Art „erotischer Spiegel" (Waskul 2003: 57), dessen Außenperspektive auf den eigenen Körper und das eigene Selbst zu deren interaktiver Konstitution beitrage.

Vor allem Waskuls interaktionstheoretische Erträge sind wertvolle Beiträge zum Verständnis von cybersexuellen Interaktionen. Für das Verständnis von Körperlichkeit in mediatisierten Situationen und eine Betrachtung der materiellen, körperpraktischen Seite des „televideo cybersex" lässt die Studie zugleich Fragen offen. So ist das von Waskul als gegeben angenommene Repräsentations- und Korrespondenzverhältnis zwischen Bild und Körper aus praxeologischer Sicht als eine Hervorbringung der Praktik zu rekonstruieren, in der erst festgelegt wird, wie für die Beteiligten Bilder als Bilder ihres Körpers entstehen oder wie aus Bildern auf eine spezifische Weise kopräsente andere Teilnehmer und interaktive Gegenüber werden. Die Rede von der „Verkörperung" der Teilnehmer in den Bildern bedarf ebenfalls empirischer Ausbuchstabierung. Wie geht diese vonstatten und wie wird das Verhältnis zwischen den (dann erst) beiden Instanzen eines verkörperten Selbst praktisch ausagiert und vollzogen? Analog gilt für die von Waskul als Zustand angenommene Nacktheit der Körper, dass diese als Vollzugswirklichkeit rekonstruiert werden muss. Jenseits der Differenz von nackt/bekleidet gilt es zu untersuchen, wie und als was nackte Körper für die Beteiligten sichtbar werden und wie ihre Eigenschaften und sozialen Zugehörigkeiten auch jenseits textil-materieller Einhüllungen an den Körpern angebracht werden. So ist die Annahme, mit der Nacktheit eines Körpers sei sein Geschlecht schon quasi unübersehbar gegeben, unbefriedigend. Umgekehrt wäre zu untersuchen, wie die interaktive Aushandlung von Geschlechtszugehörigkeit *selbst* im Angesicht nackter Körper und entblößter Genitalien (oder *trotz* dessen) vollzogen wird (s. Kap. 5). Daneben gilt es, umgekehrt zur häufiger untersuchten Entsexualisierung von Nacktheit (z. B. in medizinischen Kontexten) ihre spezifische Sexualisierung mit den Mitteln der Praktik zu untersuchen (s. Kap. 4.3.1).

Der deutsche Sexualforscher Arne Dekker untersucht in seiner Studie zu „Online-Sex" (2012) neben Raumkonstruktionen beim Cybersex[6] auch die „körperlichen Subjektivierungsformen", die in den Berichten von Teilnehmern an (vor allem textbasierten) Cybersexinteraktionen zum Ausdruck kommen. Prozesse sexueller Subjektivierung, so Dekker, seien als Prozesse der Konstitution materieller Körper zu untersuchen, und gerade im Internet gingen diese über rein sprachliche „Identitätskonstruktionen" hinaus (Dekker 2012: 210) (Dekker ordnet die Arbeiten von Dennis Waskul kritisch unter diesen Begriff ein). Damit will Dekker explizit auch materielle Körperpraktiken in sein Forschungs- und Theoriedesign einschließen. Körperkonstruktionen sind in seiner Studie konzeptuell (und auch, so Dekker, beim Cybersex) untrennbar mit Raumkonstruktionen verbunden. Vor dem Hintergrund der eigentümlichen doppelten und gleichzeitigen Platzierung von Cybersexteilnehmern und ihren Körpern im „utopischen Raum" des Chatgeschehens einerseits und dem „heterotopischen Raum" am Platz vor dem Bildschirm andererseits, die in den Raumkonstruktionen der Teilnehmer (bzw. deren sprachlichen Rekonstruktionen) zum Ausdruck kommt, interessiert Dekker vor allem, wie die beiden mit diesen verschiedenen Räumen korrespondierenden Körper von den Teilnehmern erfahren und in Beziehung gesetzt werden.[7] In den Selbstbeschreibungen der Interviewten zeichnet Dekker verschiedene typische Formen nach, in denen Teilnehmer ihre körperliche Verfasstheit beim Cybersex verstehen. So markierten sie einen unterschiedlichen Distanzgrad zwischen ihrem physischen und utopischen Körper bzw. verorteten sich und ihren Körper unterschiedlich. Dies geschehe vor allem in Abhängigkeit davon, wie ähnlich die Teilnehmenden ihre textuelle Körperrepräsentation gegenüber ihrem physischen Körper gestalten und als wie kongruent sie sie entsprechend erleben. So ergibt sich in Dekkers Studie eine Art Kontinuum von vollständiger Immersion (bei der die beiden Körper sozusagen in eins fallen und der physische Körper aus der Wahrnehmung verschwindet) bis zum „Puppenspiel", bei dem die Teilnehmer sich ganz im „realweltlichen Raum" vor dem Bildschirm wähnen und ihre textuelle Repräsentation reflexiv steuern (Dekker 2012: 215 ff.). Die Verknüpfung von „realweltlichem" und „fiktionalem" Körper, und damit eine Praktik der Subjektivierung durch Verkörperung, sieht Dekker vor subjektivierungstheoretischem Hintergrund und in der diskurstheoretischen Linie von Foucault und Butler im Prozess der *Anrufung*, der „die „fiktionalen Verkörperungsprozesse an ein realweltliches Körperwissen [...] anschließen" könne (Dekker 2012: 211). Konkret

---

6 Auf diesen Aspekt wird in Kap. 2.4 näher eingegangen.

7 Neben der von Foucault entlehnten Unterscheidung „heterotopisch"/„utopisch" verwendet Dekker weitere analytische Unterscheidungen synonym. So wird etwa auch die Differenz von „realweltlich" versus „fiktional" sowohl zur Qualifizierung von Räumen als auch Körpern verwendet. Diese analytische Unterscheidung auf konzeptueller Ebene spiegelt sich auch in den Teilnehmer(re)konstruktionen der Interviews, in denen vergleichbare Zuordnungen vorkommen; es ist allerdings nicht nachzuvollziehen, inwieweit die Unterscheidung durch die Anlage des Untersuchungsdesigns oder aufgrund der Interviewfragen dorthin gelangte.

sieht Dekker eine solche Anrufung etwa darin, wenn Teilnehmer berichten, anlässlich der erotischen Textinhalte im Chat auch körperlich erregt zu sein, oder in Authentifizierungsstrategien (Dekker 2012: 217ff.), mit denen Teilnehmer die Übereinstimmung von textlicher Selbstdarstellung ihrer Gegenüber mit einer realen Körperlichkeit auf die Probe stellen, und bei der die „virtuelle Körperpraxis an die realweltliche Körpergeschichte und damit auch an die realweltliche Subjektgeschichte rückgebunden wird" (Dekker 2012: 236). Eine ähnliche Schnittstelle bildet für Dekker das Butler'sche Konzept der *Morphe* im Sinne einer psychologischen Dimension des Körpers. Hier, so Dekker, verschränkten sich Imaginationen des fiktionalen Körpers und des physischen Körpers und könnten sich so gegenseitig informieren. Die nur analytisch sinnvolle Differenz zwischen diskursiven und nicht diskursiven Praktiken sieht Dekker in derlei Verknüpfungen zusammenbrechen.

Dekkers subjekttheoretischer Beitrag ist konzeptuell interessant, gleichwohl lösen die Interviewanalysen die theoretischen Vorhaben und Ansprüche der Studie nicht vollends ein. Im Zentrum von Dekkers Analysen stehen, bei aller Betonung des Autors, wie elementar die Berücksichtigung der materiellen Praktiken vor dem Bildschirm für die Analyse von Cybersex sei, vor allem sprachliche Berichte über Wahrnehmungen und Erfahrungen, die die Studienteilnehmer beim Cybersex gemacht haben. Die konkrete körperliche Praktik, auf die Dekker argumentativ so viel Gewicht legt, bleibt in Material und Analysen unsichtbar. Die Beziehung zwischen Körperlichkeit vor dem Bildschirm und auf dem Bildschirm wird aufwändig diskurstheoretisch, stellenweise metaphorisch gefasst oder bleibt implizit, kann aber empirisch nicht gezeigt werden. Dies gilt in gleichem Maße für die Ausgangssituation, aus der heraus die Teilnehmer von Dekkers Studie ihre Raumkonstruktionen praktizieren: Die doppelte Platzierung der Körper, die zu der eigentümlich gedoppelten Körperlichkeit der Teilnehmer führt, ist nicht nur ein ‚Schon-platziert-Sein', sondern ihrerseits eine soziomaterielle Praktik und deren Ergebnis: Körper müssen ‚vor' den Bildschirm und ‚auf' ihn *gelangen*, Artefakte und Körper in bestimmte räumliche Relationen und sinnesmodale Kontaktverhältnisse gebracht und dort gehalten werden usw. In diesem fortwährenden ‚Werkeln', so wird später ersichtlich werden, ereignet sich die Cybersexpraktik und mit(-tels) ihr die Körper(-lichkeit) der Teilnehmer, die sozialen Grenzen und der Interaktionscharakter der Situation und die mediale Qualität der beteiligten Entitäten. Und obgleich sich text- wie videobasierter Cybersex durchaus durch eine spezifische Erlebensweise auszeichnen, bestehen sie genauso aus dem ganz profanen Klicken, Doppelklicken, Scrollen, Tippen, dem Webcamaufbau, deren Ausrichten etc., das mehr ist als nur ein ermöglichendes Begleitgeschehen. Neben dem erlebten und berichteten Zusammenhängen von Körpern auf und vor Bildschirmen hat Cybersex eine materielle Dimension des praktischen Zusammen-Hängens im Sinne einer körperlichen Vollzugspraxis, die es aus praxeologischer Sicht zu untersuchen gilt.

Zusammenfassend lässt sich festhalten, dass die Forschung zu internetvermittelter sexueller Interaktion zwar die Körperlichkeit cybersexueller Praktiken als Gegenstand adressiert, in ihren Forschungszugängen und ihrem Methodendesign aber bislang recht einseitig betrachtet hat. Die starke Beschäftigung mit der vermeintlich immateriellen Qualität mediatisierter Räume und der Fokus auf die räumliche Distanz zwischen den an erotischen Interaktionen beteiligten Körpern ließ die Forschung ein weiteres interessantes Charakteristikum von mediatisierten sexuellen Interaktionen übersehen: die Anwesenheit fleischlich-materieller Körper vor dem Bildschirm und der Kamera und die intime Nähe zwischen Körpern und Medien, im doppelten Sinne von Bildern und Zeichen als auch Artefakten. Beim Cybersex ist der materielle Körper der Nutzer mit dem technischen Artefakt des Computers und der informationellen und grafischen Infrastruktur der Bildschirminhalte und Nutzerinterfaces gekoppelt. Eine Perspektive, die ganz auf den geteilten Interaktionsraum fokussiert und die Einbettung der medial vermittelten Interaktion in situierte Anordnungen aus Artefakten und Körpern nicht berücksichtigt, führt den Blick zu eng. Körper bleiben dann meist auf den Status von Referenten symbolisch-zeichenhafter Repräsentationen beschränkt. Es ist aber nicht geklärt, in welchem praktischen Verhältnis diese Zeichen zu dem Körper stehen, von dem die Teilnehmer wissen und spüren, dass sie ihn am Computer sitzend haben und dass sie dieser Körper sind. Hier stellt sich die Frage nach dem Status von Repräsentationen für den Raum und die Praxis jenseits des Zusammenspiels von Zeichen innerhalb des digitalen Raums.

Was bisher also fehlt, ist eine Analyse des konkreten Umgangs mit Körpern und deren Umgang mit den anderen zur Praxis gehörenden Entitäten, eine Innenansicht mediatisierter Situationen und der praktischen Bewerkstelligung ihrer Körperlichkeit: ihr Zustandekommen, die Herstellung ihrer Interaktivität etc. Ich erweitere im Rahmen dieses Buches den Blickwinkel vom Bildschirm weg auf die materielle Infrastruktur der Cammingpraxis und auf das zu ihr gehörende Wechselspiel von Körpern, Dingen und Bildern, und frage nach der spezifischen An- und Abwesenheit von Körpern in mediatisierten Interaktionen sowie nach der Emergenz von Körpern und Körperlichkeit in verschiedenen ‚Aggregatzuständen‘ als Ergebnis von Praktiken. Die grundsätzliche Diagnose der bestehenden Arbeiten zum Thema wird dabei umgekehrt: Dass die Körper nicht anwesend sind, ist nicht das zu bewältigende Problem. Vielmehr soll gefragt werden, auf welche Weise(n), in welchen Formen und Stofflichkeiten Körper in mediatisierten Situationen schon diesseits von Bildschirm und Kamera anwesend sind. Zu beschreiben, wie die dazugehörigen Prozesse ablaufen, wie sie die an ihnen beteiligten Entitäten als Körper, Bilder und Medien hervorbringen, ist Gegenstand und ein Ziel dieser Studie.

1.4 Autopornografische Praktiken und ihre Materialitäten

Ich betrachte das lüsterne Geschehen an den Schauplätzen autopornografischer Praktiken als soziale Praxis im Sinne praxeologischer Theorieansätze (Reckwitz 2003; Schatzki/Knorr-Cetina/von Savigny 2001; Schatzki 1996, 2002). Die Praxeologie als

Forschungsrichtung und die Teilnehmer an Cammingpraktiken teilen ein Interesse am konkret Beobachtbaren. Aus praxeologischer Perspektive lassen sich die Praktiken auf CammingSite.com zunächst ganz unaufgeregt und unsexy als ‚Bündel von *Doings* und *Sayings*' (Schatzki 1996: 89), als Aneinanderreihungen von körperlichen Bewegungen und sprachlichen Äußerungen betrachten, die sich mehr oder weniger eindeutig vor (*doings*) oder auf dem Bildschirm (*sayings*) abspielen. Gleichzeitig sind diese beiden Orte schon in der Praxis der Teilnehmer verschränkt: Eine Äußerung im Chatgespräch auf dem Bildschirm (*saying*) ist auch eine körperliche Aktivität vor dem Bildschirm; Finger fliegen tippend über eine Tastatur, Blicke wechseln zwischen Text und Bild, dabei wird der Körper in einer bestimmten Position gehalten bis die Hände von der Tastatur wieder auf den Körper und zu einer masturbatorischen Bewegung übergehen, während der der Blick auf einen Punkt am Bildschirm fixiert bleibt und dort darauf wartet, dass eine Antwort erscheint. Mit dem Körper eine Pose und darüber ein Bild auf dem Bildschirm zu erzeugen (*doing*) ist vor allem eine körperliche Vollzugspraxis, die sich jedoch zugleich gebannt auf dem Bildschirm verfolgt und die Passung des Ergebnisses in den Kontext der restlichen Bildschirminhalte beobachtet. Das auf dem Bildschirm zu sehende Bild wird so zum ganz materiellen Bewegungsrahmen für den Körper vor dem Bildschirm (s. Kap. 4). Diese beobachtbaren Ereigniszusammenhänge werden, praxeologisch betrachtet, (u. a.) organisiert durch ein vorreflexives praktisches Wissen, das in den körperlichen Routinen der Teilnehmer liegt, und das sich in seinem Vollzug zugleich performativ expliziert: Soziale Praktiken nutzen Körper als ‚Displays' und machen sich als die Praktiken, die sie sind, erkennbar und verstehbar. Auf CammingSite.com werden so nicht nur aufschlussreiche Bilder von hüllenlosen Körpern für interessierte Blicke zugänglich, sondern, forschungspraktisch opportun, auch die zeitgleich stattfindende Praxis ‚hinter' diesen, die sie erst und laufend hervorbringt. Sie läuft an den verschiedenen Schauplätzen der Cammingpraktik als situierte Praktik in einem materiellen Setting bestehend aus Körper(n), Artefakten, Zeichen und Bildern ab: Ein Körper liegt etwa auf einem Bett, neben sich einen Laptop, der durch eine Maus und eine externe USB-Webcam für diese Situation ‚aufgerüstet' wurde. Auf dem Display sind neben den Bildern nackter Körper Textnachrichten in Chats, aber auch die grafische Infrastruktur des digitalen Nutzerinterfaces zu sehen. Neben dem Körper liegen eventuell noch weitere Dinge wie Taschentücher oder ein Smartphone. Theodore Schatzki bezeichnet in seiner Sozialontologie solche Kontexte als „arrangements", die zusammen mit den dort ablaufenden Praktiken „sites of the social", also *Schau*plätze des Sozialen, bilden (Schatzki 2002). Kalthoff (2011) unterscheidet drei Aspekte der Materialität solcher Praxisanordnungen: menschliche Körper, technische Artefakte und semiotische Repräsentationen. Aus ihrem Zusammenspiel besteht die je spezifische soziomaterielle Praxis und mit(-tels) ihr(-er) können sinnhafte Phänomene entstehen, im von Kalthoff behandelten Fall des Schulunterrichts z. B. Leistung oder Wissen. Autopornografische Praktiken involvieren Körper, technische Bildmedien wie die Webcam und das Computerdisplay sowie die darauf angezeigten digitalen Bilder, die im Ablauf der Praktik in je andere Wechselwirkungen und Dynamiken gelangen. Daneben können jedoch auch weitere Entitäten wie Gefühle (Erregung oder Lust) oder Imaginationen der Teilnehmer in der Praxis relevant werden. Die Praxis im Sinne der Wechselwirkung innerhalb ihrer Anordnung wirkt auf die an ihr beteiligten Elemente zurück: Deren situative Bedeutung ergibt sich, so die praxeologische Annahme, aus diesem situativen Geschehen. „Was etwas innerhalb einer Anordnung ist, hängt davon ab, als was es dort [praktisch] verstanden wird" (Jonas 2009: 3). Körper und Objekte existieren aus dieser Perspektive nicht unabhängig von ihrem Gebrauch oder ihrer Inanspruchnahme durch Praktiken, sondern werden in sozialen Praktiken als solche relevant, praktisch definiert, mit Bedeutung versehen, und in diesem Sinne letztlich als die Dinge, die sie sind, auch (im-)materialisiert und verkörpert. Dies geht über eine je unterschiedliche symbolisch-sinnhafte Rahmung von Objekten hinaus: So betonen etwa Ansätze der Actor Network Theory (Latour 1996, 2007) die Einbindung von Objekten in Netzwerke, innerhalb derer ihnen in ihrem spezifischen ganz materiell-vollzugspraktischen Zusammenwirken (also in der Art und Weise, wie sie zusammen wirken) ihr Status als Aktanten oder humane bzw. nicht humane Entitäten zukommt und changieren kann. Auch in ihrer materiellen Beschaffenheit geben Objekte zwar einen gewissen Umgang mit sich vor oder legen diesen nahe, zugleich werden Objekte auch in ihrem Gebrauch praktisch (um-)definiert; so etwa, wenn sie zwischen Praxiskontexten wechseln oder im Rahmen einer Praktik verändert werden (vgl. Kalthoff 2014).

Eine auf den Körper als Produkt situativer Praktiken fokussierende Perspektive legt die niederländische Ethnografin und Philosophin Annemarie Mol (2003) vor. Am Beispiel der Krankheit Arteriosklerose beschreibt sie, wie in der medizinischen Praxis je nach Einsatz von Apparaten, Behandlungsmethoden, Orten oder Beteiligten eine andere Arteriosklerose auftaucht und hervorgebracht wird: Mal ist sie z. B. ein erhöhter Wert in einer Tabelle, mal ein visueller Eindruck von einem Patienten oder einer Patientin. Dabei handelt es sich, so Mol, um mehr als verschiedene sprachliche Rahmungen und ebenso um mehr als verschiedene Aspekte ein und derselben, konstanten bzw. mit sich identischen Sache. Mol geht von verschiedenen „Versionen" eines Objekts aus, die situativ hervorgebracht werden (Mol 2003: 77). Mit der Krankheit, so Mol, werde nun auch der Körper „multipliziert": In Untersuchungen in der Poliklinik ist er ein fleischlich-materielles Ding, das abgetastet wird (und *indem* er abgetastet wird), in der Pathologie wird er als eine Masse oder Substanz unter Mikroskopen betrachtet. Für die Patienten ist ihr Körper wiederum vor allem Quelle unangenehmer leiblicher Empfindungen. Die Sache ‚selbst' hat in dieser Perspektive eine fluide, praktische Ontologie, ist je nach Praktik eine andere – je nachdem, wie sie im Rahmen der Praktik behandelt wird und in das Geschehen involviert ist. Dies erstreckt sich auch auf ihre Stofflichkeit; Materialität wird nicht nur insofern situativ relevant, als hier hervorgebracht wird, was etwas für die Belange und im Rahmen einer Praktik ist, sondern auch im Sinne einer performativen Materialisierung sozial konstruierter Entitäten, des *Wie* ihrer Existenz. Die amerikanische Physikerin und Technikphilosophin

Karen Barad fasst im Rahmen ihres Konzepts des „Agentialen Realismus" die Distinktheit und spezifische materielle oder imaterielle Qualität von an Praktiken beteiligten Entitäten als Effekt von performativen und zugleich konstitutiven Grenzmarkierungen (*cuts*) auf, die ontologische Zuständlichkeiten erst hervorbringen. Die ontologische Unterscheidung von Humanem und Dinglichem, Körpern und Dingen, Materiellem und Immateriellem, so Barad sinngemäß, ist Angelegenheit der Praxis selbst und kann ihr von wissenschaftlicher Seite weder abgenommen noch vorweggenommen werden (vgl. Barad 2003). Vor diesem Hintergrund wäre für die vorliegende Studie als kleinste Einheit der Beobachtung entsprechend das Phänomen ‚Autopornografie' zu betrachten, aus dem heraus Körper, Medien und Bilder als distinkte Entitäten erst hervorgehen. Zu untersuchen ist dann, ob und wie sie nicht nur sprachlich-kognitiv als ontologisch verschieden voneinander unterschieden werden, sondern wie sie im praktischen Geschehen materialisiert werden bzw. wie ihre Zuständlichkeiten ineinander übergehen, flüssig werden, verhärten etc. (vgl. Mol 2003: 814 ff.). Die folgenden Ausführungen verstehen sich vor dem Hintergrund dieser doppelten Kontingentsetzung von an sozialen Praktiken beteiligten (bzw. erst durch sie hervorgebrachten) Entitäten: ihrer praktischen Ontologie und performativen Materialisierung.

Hieraus ergibt sich eine begriffliche Schwierigkeit für die vorliegende Studie: Wenn man, was in den untersuchten autopornografischen Situationen ‚der' oder ‚ein Körper', was ein ‚Bild', und was ‚das Medium' ist, als Ergebnis und Effekt der vor Ort ablaufenden Praxis begreift und untersucht, wird die Analyse sozusagen laufend mit (auch eigenen) ontologischen Vorannahmen konfrontiert, die den Blick auf die Praktik verstellen können. Wenn ich nun die von mir untersuchten Praktiken als aus Körpern, Medien und Bildern zusammengesetzt beschreibe, setze ich damit begrifflich und logisch distinkte Entitäten voraus, die miteinander in Beziehung stehen. Dies ist eine Art Kurzsprechweise, eine Abkürzung ans ‚Ende' der Praktik (wenn es das gibt): Sie setzt voraus, dass Einheiten [sic!] schon unterschieden und verschieden sind, dass ihre Differenz und Identität schon feststehen. Es stellt sich ein vergleichbares Problem wie es Arbeiten aus den Gender Studies kennen: über das situative Werden und Bestehen von vergeschlechtlichten Teilnehmer/innen einer Situation zu sprechen, ohne sie im schreibenden Sprechen auf kategoriale Identitäten festzulegen, dabei aber gleichzeitig so zu schreiben, dass Autor_in und LeserIn verstehen können, was der/die eine von beiden erlebt hat und dem/der anderen nun vermittelt. Ich wechsle in meiner Beschreibungssprache insofern immer wieder die Perspektive, verschiebe sozusagen den ‚ontologischen Regler' und beschreibe stellenweise, wie Körper aus Praktiken erst entstehen, nehme sie dann im nächsten Moment als gegeben an und beschreibe meine Wahrnehmung von Situationen, an denen sie beteiligt waren. Es geht mir dabei nie um eine orthodoxe Beschreibung, die einer theoretischen oder analytischen Perspektive treu bleibt, sondern um einen pragmatischen Umgang mit Beschreibungsmöglichkeiten, der die analytische Ausbeute erhöht. Für die Beschreibung von Praxisanordnungen und die skizzenhafte Vorstellung der von mir untersuchten Praktiken orientiere ich mich vorerst an Begriffsverständnissen, die möglichst nah am Alltagsverständnis bleiben. Im Folgenden betrachte ich die drei wesentlichen Komponenten (bzw. Hervorbringungen) von Cammingpraktiken im Einzelnen kurz genauer: Körper, Bilder und Medien.

Körper bezeichnet im Alltagsverständnis (aber auch in weiten Bereichen der Soziologie) gemeinhin das somatische Korrelat von sozialen Personen, dessen Oberfläche und Außengrenze, die Haut, die Schnittstelle zur sozialen Umwelt ist. Im Alltagsverständnis wird in der Regel zum Körper gezählt, was sich innerhalb der Kontur der Haut befindet.[8] Praxeologisch betrachtet können Körper mit einem Begriffsvorschlag von Stefan Hirschauer als „Partizipanden" verstanden werden, die „in den Praktiken stecken" und dabei und dadurch als für die jeweilige Praktik *spezifische Körper* hervorgebracht werden (Hirschauer 2004). Im Zentrum der Bilder und Aktivitäten auf CammingSite.com stehen vor allem nackte Körper. Sie sind Dreh- und Angelpunkt dieses Geschehens und zugleich dessen Teilnehmer und Produkte. Autopornografische Praktiken können als lokale und zugleich dislozierte Praxis (also vor Ort im Rahmen der Anordnung, zugleich aber an jedem Ort, an dem die Praktik im Rahmen einer solchen Anordnung abläuft) verstanden werden, die als typisch für moderne Medienkulturen gelten kann: Im Wechselspiel mit digitalen Bildmedien gehen die Körper der Teilnehmer immer neue Beziehungen mit technischen Artefakten ein, werden in bildgebenden Praktiken vervielfältigt, situativ neu verteilt und konfiguriert. So entstehen spezifische mediatisierte Körperlichkeiten und Körpererfahrungen, die ich während meiner Studie am eigenen Leib erleben konnte. Statt den Körper also als der Praxis vorgängig zu verstehen, als einfach vor der Kamera ‚da', um von ihr abgefilmt zu werden, untersuche ich den Körper als etwas, das *für* die Praxis und *durch* sie, und in einer praxisspezifischen Version, also z. B. als ein visuelles Objekt oder eine über verschiedene Trägermedien und Sinnesmodi verteilt wahrgenommene subjektive Körperlichkeit hervorgebracht wird. Die vorliegende Studie will die spezielle Körperlichkeit mediatisierter Situationen ethnografisch erschließen und damit einen Beitrag zum Verständnis des Zusammenhangs von Materialität und (Bild-)Medialität mit Körperlichkeit in Medienkulturen leisten

In autopornografischen Praktiken fallen (sowohl den Teilnehmern als auch wissenschaftlich interessierten Beobachter) vor allem *Bilder* als in das Geschehen involvierte Partizipanden auf. Auf CammingSite.com sind Bilder vor allem digitale fotografische Körperbilder auf elektronischen Displays, die die Teilnehmenden auch als Abbilder von (ihren) Körpern verstehen und behandeln. Von ihnen gibt es zwei Formen: dauerhafte, statische Momentaufnahmen (im Teilnehmerjargon ‚Bilder' oder ‚pics'), und flüchtige, bewegte Videoübertragungen in Echtzeit (im Teilnehmerjargon werden diese allenfalls als ‚deine Cam' bezeichnet, also eher als ein Geschehen als ein Bildformat wahrgenommen). Damit Camming stattfinden kann, muss eine

---

8 Diese Zugehörigkeitsgrenze ist definitorisch auch im Alltag alles andere als eindeutig. Vielmehr ist sie Ergebnis kultureller Grenzmarkierungsprozesse (vgl. Boll 2017).

regelrechte Bildwerdung der Körper betrieben werden. Im Rahmen meiner eigenen Teilnahme habe ich mich so z. B. zunächst vor der Webcam (aber auch der Kamera in meinem Smartphone) ausgezogen und habe meinen Körper fotografiert, gefilmt und die entstandenen Bilder veröffentlicht. Bald veröffentlichte ich meinen Körper nicht nur vor der Webcam zu Hause, sondern verschickte auch Bilder von ihm über Smartphones und Apps wie *Instagram*, *Grindr*[9] oder *Skype*. Ich trieb mich auf erotischen bzw. pornografischen Blogs herum, wo ich mich schließlich eines Tages als von anderen kommentiertes und begutachtetes Bild wiederfand, das einer meiner Zuschauer von CammingSite.com als Screenshot gespeichert und veröffentlicht hatte. Ich wurde einer der zahlreichen Körper bzw. eines ihrer zahllosen Bilder, wie sie in Chatrooms und in erotischen sozialen Netzwerken kursieren. Mein Körper wurde so auch Teil eines pornografischen Bildrepertoires, und ich einer derer, die hinter diesen Bildern stehen und masturbierend vor ihnen sitzen.

Die (Im-)Materialität von Bildern, ihr Status als ‚virtuell‘, semiotisch oder dinghaft ist selbst Gegenstand theoretischer Debatten (Brown 2010; Burri 2008a; Finke/Halawa 2012). Die Bildlichkeit und Materialität von Bildern ist ein Fall der ontologischen Unterscheidung von Materiellem und Immateriellem, Sinnhaftem und Sinnlichem. Im Sinne einer „inneren Duplizität des Bildes" (Finke/Halawa 2012: 14) wird in der Bildwissenschaft etwa zwischen dem als materiell klassifizierten ‚Substrat‘, einer Trägermaterialität eines Bildes und seinem immateriellen semiotischen Gehalt unterschieden (paradigmatisch ist hier die von Mitchell (1995) eingeführte Unterscheidung von „picture" und „image"). Materialität lässt sich allerdings nicht auf die Dinglichkeit von Bildträgern beschränken; sie ist vielmehr Bedingungsvoraussetzung von Bildlichkeit überhaupt: Die spezifische Materialität eines Bildes (gleich ob aus Pigment oder Licht) lässt dieses überhaupt erst erscheinen. Ähnlich den an Praktiken beteiligten Entitäten lassen sich Bild und Bildträger nicht ex ante voneinander unterscheiden, sie sind ebenfalls als Ergebnis sozialer Bildpraktiken zu beobachten.

Die Wissenschafts- und Techniksoziologin Regula Valérie Burri hat in ihrer Auseinandersetzung mit medizinischen Bildern ein Framework für eine visuelle Soziologie entwickelt, die an den Praktiken des Umgangs mit Bildern ansetzt (Burri 2008a). Erst durch dieses „Doing Images" würden Bilder, so Burri, zuallererst zu Bildern. Bis dahin unterschieden sie sich nicht von jedwedem anderen Artefakt bzw. seien konzeptuell nicht unterscheidbar. Burri definiert Bilder über ihre Doppelfunktion und Doppelgestalt als „sowohl visuelle als auch materielle Objekte" (Burri 2008a: 342), deren soziale Dimension berücksichtigt werden müsse. Im Wechsel von „visueller Rationalität" und „soziomaterieller Rationalität" als generativen Prinzipien würden Bilder so einmal mehr als das Gezeigte, einmal mehr als Anzeige in Praktiken realisiert.

---

9 *Grindr* ist ein standortbezogener Dienst, der an Sex mit Männern interessierten Männern über eine Smartphone-App ermöglicht, andere Männer in der Umgebung zu lokalisieren, mit ihnen zu chatten und Bilder auszutauschen (vgl. Liegl/Stempfhuber 2014).

Visualität sei entsprechend nicht als ontologische Eigenschaft von Bildern zu verstehen, sondern Ergebnis epistemischer Praktiken, die das Bild zur Anzeige von etwas machen (Burri 2008a: 347). Der Bildbegriff bezeichnet bei Burri ausschließlich technisch produzierte Bilder und wird von inneren Bilden (Vorstellungen), Performanzen (Darstellungen) und der schieren visuellen Phänomenologie der Welt (Erscheinung) abgegrenzt. Burris Ansatz erscheint für das Verständnis von Bildern in autopornografischen Praktiken fruchtbar, wenngleich der Bildbegriff dafür erweitert werden muss: Die Bilder auf CammingSite.com, also auf den Bildschirmen der Teilnehmer, beinhalten körperliche Performanzen (sie sind ihre in Echtzeit an die Bilder gekoppelte Entstehungsgrundlage), zugleich stehen sie, wie in den Kapiteln 4 und 5 gezeigt wird, in einem Verhältnis der Realisierung (nicht nur der Repräsentation) zu ,inneren' Vorstellungsbildern einerseits und kulturell geteilten Ideal- und Vorbildern andererseits. Die ethnografische Analyse im Rahmen dieser Studie soll den Blick hinter die Offensichtlichkeiten ermöglichen, die die Teilnehmer autopornografischer Praktiken herstellen: in das komplexe Zusammenspiel technischer, medialer, körperlicher und menschlicher Entitäten, das hinter den expliziten Bildern steht.

Mit *Medien* sind in diesem Buch vor allem elektronische, digitale Bildmedien wie Kameras und Displays angesprochen. Mit einem Begriffsvorschlag von Karin Knorr-Cetina begreife ich Kamera und Display als *skopische Medien*. „Der Begriff skopische Medien steht für Beobachtungs- und Bildschirmtechnologien, die distante bzw. unsichtbare Phänomene situational präsent machen [...]. Durch skopische Medien werden [...] soziale Situationen in synthetische Situationen transformiert, das heißt z. B. Face-to-Face-Beziehungen durch Face-to-Screen-Beziehungen ersetzt oder ergänzt." (Knorr-Cetina 2012: 168) „[S]olche Mechanismen [bündeln] Aktivitäten, Interessen und Ereignisse und fokussieren sie auf eine Oberfläche, von der aus die Resultate dann wiederum [...] projiziert werden können." (Knorr-Cetina 2012: 170) In soziale Praktiken sind skopische Medien in Doppelgestalt und -funktion als Bild und materielles Artefakt eingebunden. Sie sind neben den beteiligten Körpern und anderen Gegenständen in die Dynamik der Praxis verwickelt und tragen auf ihre Weise zu ihrem Ablauf bei.

In Gegenwartsgesellschaften ist ein beachtlicher und zunehmend großer Teil der Welt, die wir wahrnehmen und mit der wir interagieren, über Bildschirme vermittelt (vgl. Introna/Ilharco 2006: 58). Displays sind heute allgegenwärtige und wichtige Weltzugänge. Bei autopornografischen Praktiken sind sie genauso elementar wie beim Fahrkartenkauf am Automaten: Beide Praktiken können ohne die Beteiligung von Bildschirmen nicht stattfinden und beide Praktiken setzen voraus, dass die Nutzer wissen, wie mit Bildschirmen umzugehen ist. Dass es sich bei der leuchtenden Flüssigkristallfläche jedoch um etwas handelt, das etwas ,zeigt', ergibt sich aus dem praktischen Umgang mit dem und der praktischen Hinwendung zum Bildschirm: Introna und Ilharco (2006) schlagen aus einer phänomenologischen Perspektive vor, die „Screenness" von Bildschirmen in der Art zu lokalisieren, wie Betrachter sich manchen Oberflächen als Bildschirm, als Oberflächen, die etwas sonst vor Ort nicht zu

Sehendes sichtbar werden lassen, zuwenden. Die Autoren begreifen Bildschirme mit Heidegger als Dinge-in-der-Welt. Sie sind immer schon in einer bestimmten Welt im Sinne eines referenziellen Ganzen da und erhalten in dessen Verweisungsrahmen ihre Bedeutung bzw. Existenz. Diese Welt ist nach den Autoren im zweifachen Sinne zu verstehen. Zum einen als eine Welt im Sinne eines Hintergrunds von Verweisungen zwischen Dingen und Bedeutungen, in der z. B. die Visualisierung von Informationen auf Oberflächen etabliert ist, in der es Computer gibt etc., zum anderen als eine (Um-)Welt im Sinne einer lokal gegebenen Umgebung, in der der Bildschirm dadurch als solcher ausgezeichnet ist, dass Nutzer sich ihm in der Erwartung zuwenden, dass die Oberfläche situativ Relevantes präsentiert („screening world", Introna/Ilharco 2006: 64). Die Autoren stellen fest (Introna/Ilharco 2006: 62 ff.), dass es in der Regel nicht gelingt, den Bildschirm an und für sich wahrzunehmen, sondern in aller Regel das wahrgenommen wird, was er zeigt – der Bildschirm funktioniert in diesem Sinne als Medium, das sich mehr oder weniger sichtbar macht (vgl. Krämer 2008).

Diese phänomenologische Perspektive lässt sich praxistheoretisch neu fassen: Damit ein Bildschirm ein Display wird, bedarf es nicht nur einer bestimmten Hinwendung zu ihm im Sinne einer Wahrnehmungshaltung, sondern einer praktischen körperlichen Hinwendung und eines entsprechenden praktischen Umgangs mit dem Artefakt und dem eigenen wahrnehmenden Körper (in der Regel wird mit Bildschirmen nicht im Sinne händischer Manipulation ‚umgegangen', geformt werden hier meist die vor ihnen platzierten, auf sie ausgerichteten Körper). Bildschirme erhalten ihre Bedeutung im Rahmen von Kontexten aus Aktivitäten und anderen Artefakten. Beim Camming werden Kamera und Bildschirm als Schnittstelle zur Öffentlichkeit außerhalb der eigenen vier Wände und als Visualisierungsinstrumente[10] für Körper eingesetzt, als Beobachter und Anzeigen. Zu untersuchen ist, wie die beteiligten Medienartefakte in die Praxis eingebunden sind und wie sie durch die Praktiken der Teilnehmer als visuelle Medien, die etwas zur Anschauung bringen, in Anspruch genommen und hervorgebracht werden. Gleichzeitig werden sie in dieser Studie auch jenseits des Zeitraums der autopornografischen Praktik im Rahmen der ethnografischen Schreib- und Analysepraxis als dokumentarische und epistemische Instrumente eingesetzt (vgl. Schindler 2012).

Die situativen praktischen Konstruktionsprozesse dieser drei Entitäten (und anderer, die hier nicht explizit hervorgehoben wurden) verlaufen in einer Cammingsituation simultan, sie setzen einander voraus, schließen aneinander an oder überlagern

---

10 Visualisieren ist hier doppelt konnotiert: Zum einen zeigen Bildmedien als Verbreitungsmedien etwas an, das sich schon vor seiner medialen Verdoppelung als visuell versteht (so verstehen die Teilnehmenden ihre Körperoberfläche als sichtbar und ‚zum Anschauen' und Bilder davon im Rahmen einer Wirklichkeitsunterstellung (Bohn 2012: 41) als Bilder ‚von sich' bzw. ‚ihres Körpers'), zum anderen übersetzen sie in ihrer Eigenschaft als Visualisierungsmedien etwas erst in den Modus visueller Betrachtbarkeit, das vorher so nicht existierte (vgl. Bohn 2012: 49 f.): Sie machen etwas nicht nur sichtbar, sondern *seh*bar, was erst durch sie eine visuelle Qualität annimmt.

sich. An den praktischen Prozess der Definition des Bildlichen oder Nichtbildlichen ist die Konstitution von Körpern angelagert, Bildpraktiken und Verkörperungspraktiken sind so eng miteinander verwoben, dass sie phasenweise so wenig unterscheidbar werden wie ihre Gegenstände. Dies geht wiederum einher mit einer spezifischen Weise, in der die Medien als Medien (oder nicht) hervorgebracht werden, aber auch mit einer Mediatisierung von Bildern und auch Körpern. Gemeinsam mit ihren Konturen als (mehr oder weniger) distinkte Entitäten werden auch die Materialität und Medialität der Partizipanden der autopornografischen Praktiken bestimmt. Die Ausführungen in diesem Buch steigen insofern auch nicht in die Debatten um die (Im-)Materialität und die ‚entkörpernden‘ Effekte mediatisierter Kommunikation ein, sie wechseln die Perspektive und gehen von der Annahme aus, dass Medialität und Materialität Effekte und Ergebnisse sozialer Praktiken sind. In den von mir untersuchten autopornografischen Praktiken wird die (Im-)Materialität von Bildern immer wieder handlungspraktisch relevant bzw. Gegenstand von Aushandlungen: wenn z. B. ein Bild den Bewegungsrahmen des Körpers vor dem Bildschirm geradezu physisch einschränkt oder wenn das Repräsentationsverhältnis zwischen Bild und Körper aktiv körperlich hergestellt werden muss.

1.5 Mediatisierung als Zustand, Metaprozess und soziale Praxis

Der Einzug und die Verbreitung digitaler Medien in nahezu sämtliche Lebensbereiche ist eines der kennzeichnenden Merkmale von Gegenwartsgesellschaften, die entsprechend auch als „Medienkulturen" bezeichnet worden sind (Hahn 2009). Der Medienwissenschaftler Manfred Faßler spricht gar von der Gegenwart als „Screenage" (Faßler 2008: 211). Digitale Medientechnologien eröffnen Handlungsoptionen, erzeugen Verhaltenszwänge und konfigurieren so die Lebenswelten moderner Individuen. Nicht zuletzt haben sie das Verhältnis von Öffentlichkeit und Privatheit neu konfiguriert. Im Kern dieser neuen Optionen und Umgebungen stehen soziale Medien. Sie bieten neue Vergesellschaftungsformen, aber auch neue Selbsttechnologien (vgl. Paulitz 2014). Onlinecontent zu produzieren und zu konsumieren sind in Medienkulturen zunehmend integraler Bestandteil davon geworden, die eigene Identität zu prozessieren; dies gilt in jedem Fall für die Generationen, die aktuell im Teenageralter sind (vgl. Livingstone 2012). Doch auch für Erwachsene (sofern sie die Teilnahme an neuen Formen mediatisierter Vergemeinschaftung nicht verweigern) kann dies gelten. Der Begriff „Mediatisierung" soll diesen Umstand erfassen. Er stammt aus der Kommunikations- und Medienwissenschaft und geht auf den Kommunikationswissenschaftler und Soziologe Friedrich Krotz zurück (vgl. Krotz 2007).[11] Gemeint ist im weitesten

---

11 In der Kommunikations- und Medienwissenschaft gibt es Bemühungen, die Begriffe „Mediatisierung" und „Medialisierung" als zwei verschiedene zu definieren. Bislang ist dies nicht trennscharf

Sinne die empirische Beobachtung, dass gesellschaftliches Leben über Medien vermittelt stattfindet, verbunden mit der Feststellung, dass dies gerade in „mediengesättigten Gesellschaften" (Lundby 2009: 2) in jüngster Zeit verstärkt geschieht, etwa durch die gesteigerte räumliche Mobilität und Integration von Medientechnologien in den sozialen Alltag. Die Präsenz von Medientechnologien und -inhalten nimmt zeitlich (unbeschränkter Zugang), räumlich (Internetzugang nahezu überall) und sozial zu: In allen Lebensbereichen von Beruf bis Sexualität werden Medien verwendet und Medieninhalte zu Gesprächsthemen (vgl. Krotz 2007: 94 ff.). Krotz begreift Mediatisierung nicht als ein historisch neues Phänomen, das erst mit der Verbreitung elektronischer Kommunikationsmedien entstanden ist, sondern als einen schon immer dagewesenen „Metaprozess" gesellschaftlichen Lebens, der nur historisch variable Formen (von z. B. bevorzugten Medien von der Keilschrift bis *Twitter*) annimmt (Krotz 2007: 39 f.). Mediatisierung müsse immer als kultur- und zeitgebunden begriffen werden und der Begriff entsprechend empirisch ‚gefüllt' werden, gefragt sei also eine genaue Betrachtung der Mediatisierungsverhältnisse in einer je spezifischen historischen Phase und in einem spezifischen kulturräumlichen Kontext. Der empirische Fall, der das von Krotz vorgeschlagene Konzept informiert, ist Kommunikation, die Krotz als „kommunikatives Handeln" auffasst (Krotz 2007: 38). Er postuliert drei Grundmodi des mediatisierten kommunikativen Handelns (Krotz 2007: 90): (1) Kommunikation mittels Medien mit anderen Menschen, (2) Kommunikation mit Kommunikaten, die auf Medien repräsentiert sind (Texte, Bilder), und (3) Kommunikation mit interaktiven Systemen wie virtuellen Agenten, die mehr als ein Kommunikat, aber weniger als ein menschliches bzw. personales Gegenüber seien (Krotz 2007: 119 ff.).[12] Referenzpunkt für Krotz ist, wie für viele Autoren, die als nicht medial vermittelt angenommene Face-to-Face-Interaktion unter Anwesenden (Krotz 2007: 85 ff.). Mediatisierte Kommunikation wird ihr gegenüber als abgeleitetes Phänomen verstanden. Für Krotz ist dies deshalb naheliegend, weil Teilnehmende mediatisierter Kommunikationssituationen auf Verhaltensmuster und Interaktionslogiken der Face-to-Face-Interaktion zurückgreifen, dabei aber wissen (so Krotz), dass es sich nicht um eine solche handelt.

Knorr-Cetina geht mit ihrem Konzept der „synthetischen Situation" (2009) über die Vermittlung von Interaktionen hinaus und betrachtet unterschiedliche Formen, in denen Medien (in der Regel Bildschirme) zu sozialen Situationen hinzutreten. In

---

gelungen und sie werden zumeist synonym verwendet (vgl. Lundby 2009). Im Rahmen dieses Buchs verwende ich „Mediatisierung", da er mir gegenüber der Betonung einer unidirektionalen Überführung in den ‚Bereich des Medialen' mehr die Durchsetzung von Praktiken mit Medien und Medialität zu konnotieren scheint. Wenn man die Beteiligung von Medien(-technologien) an sozialen Praktiken bzw. deren Durchsetzung mit Medien(-technologien) annimmt, ist damit noch keine Annahme eines ‚originären' Zustands ohne Medien, vor der Mediatisierung impliziert: Man interessiert sich einfach für einen Aspekt der Beschaffenheit sozialer Ereignisse und Entitäten.

12 Vgl. empirisch z. B. Krummheuer (2010).

synthetischen Situationen holen Medien Elemente in die Situation bzw. visualisieren sie dort, die ohne das Medium lokal nicht verfügbar wären. Interaktionen können dann nicht nur über Medien vermittelt, sondern auch in ihrer Gegenwart und im Rahmen der durch sie angezeigten Inhalte stattfinden (wie Knorr-Cetina an einem Ehestreit illustriert), oder Medien können im Rahmen von Face-to-Screen-Beziehungen ganz zum Gegenüber für Situationsteilnehmer werden. Als Mediatisierung wäre hier im Unterschied zur von Krotz betonten Vermittlungsleistung von Medien also eher das Einziehen einer weiteren Wirklichkeitsdimension in eine bestehende Situation zu verstehen.

Die in dieser Studie behandelten autopornografischen Praktiken können dementsprechend verschieden betrachtet werden: Nach mancher Definition handelt es sich bei dem, was hier stattfindet, um eine „computervermittelte zwischenmenschliche Interaktion", eine Form „mediatisierter Beziehungen" (Döring 2009). Damit ist gemeint, dass sexuelle Interaktionen oder Situationen mit Medien(-technologien) durchsetzt sind, über sie vermittelt oder in ihrem Rahmen stattfinden. Die Bildmedien(-technologien) würden dann verstanden als Instrumente, die es den Teilnehmenden ermöglichen, miteinander in Interaktion zu treten, indem sie ihre Körper in Zeichen transformieren, die über die konkret-materielle räumliche Situation hinaus transferierbar sind (s. die Darstellung von Waskuls Studie in Kap. 1.3). Umgekehrt können autopornografische Praktiken als rein lokale Interaktivität mit den Bildschirminhalten betrachtet werden. Und in der Tat ist der interaktive bzw. kommunikative Status der Situation alleine vor dem Bildschirm gegenüber der einsamen Masturbation zu Pornografie erklärungsbedürftig. Statt, wie Krotz' Modell, die Interaktivität der medial vermittelten (hier: autopornografischen) Situation schlicht vorauszusetzen, werde ich zeigen, dass der Status ‚Kommunikation' bzw. ‚Interaktion' für die Geschehnisse auf CammingSite.com Ergebnis der Praxis ist, in der zugleich die Mediatisierung der Situation und die Medialität von Bildern, Bildschirmen und Körpern ausgehandelt wird.

In der Soziologie wird die Gegenwartsgesellschaft ebenfalls als „Mediengesellschaft" oder „fortgeschrittene Medienkultur" beobachtet (vgl. Hahn 2009). Für diese sei anzunehmen, so etwa Kornelia Hahn (2007), dass die grundsätzliche Unterscheidung von Face-to-Face-Interaktion und medienvermittelter Interaktion nicht mehr plausibel ist, speziell die Stilisierung der nicht medienvermittelten Kommunikation als eigentlicher Fall könne nicht mehr überzeugen. Eine nicht mediatisierte Face-to-Face-Situation ist heute, fasst man den Mediatisierungsbegriff weit, kaum mehr vorstellbar. In der Jackentasche, an der Wand im Restaurant oder im Wohnzimmer warten Medientechnologien, sie können jederzeit aktiviert werden, um z. B. Informationen in die Situation zu importieren (man kennt das reflexartige Zücken von Smartphones rund um einen Tisch, an dem eine fehlende Information nicht durch Nachdenken gefunden werden kann) (Knorr-Cetina 2012: 168 ff.). Daneben kommen solche Situationen typisch über den Gebrauch von Kommunikationsmedien zustande: Termine werden über digitale Kalender mit elektronischen Planungsassistenten ‚vereinbart',

kurz vorher per SMS bestätigt oder ‚gecancelt'. Diese Art der Kommunikation einer mediatisierten Form *gegenüberzustellen* ist also nichts weiter als eine konzeptuelle und
empirische Verengung des Blicks. In der Tat ist die gesellschaftliche Gegenwart und
sind viele soziale Praktiken heute kaum umfassend zu beschreiben, wenn man die
Beteiligung von Medien(-technologien) bzw. Medialität nicht systematisch mitdenkt.
Wenn soziale Praktiken mit Medien(-technologien) angereichert und durchsetzt sind,
verändert das diese Praktiken bzw. entstehen ganz neue Praktiken, die ohne Medien
nicht möglich wären (ein Gespräch unter vier Augen ist kein adäquater Ersatz für ein
Telefonat).

Es ist vor diesem Hintergrund nicht mehr ohne weiteres plausibel, mediatisierte
Situationen an einem ‚Vorher' zu messen, oder das *sine qua non* der Mediatisierung
in den Veränderungen zu finden, die sie gegenüber einer vorgestellten nicht mediatisierten Variante sozialer Situationen bedeuten (was als Heuristik gleichwohl nützlich
sein kann). Der historische „Metaprozess" Mediatisierung (Krotz 2007) ist, so schlage ich vor, eher als ein grundlegender Aspekt von sozialen Ereignissen und Entitäten zu betrachten und die mit ihm einhergehenden und ihn ausmachenden Prozesse
im Rahmen konkreter Situationen und Praktiken zu untersuchen. Es erscheint mir
gewinnbringender, Praktiken mit Medienbeteiligung als spezifische Praktiken eigenen Rechts zu begreifen (ohne dabei Vergleichsfälle ohne Medienbeteiligung aus dem
Blick zu verlieren) und nachzuzeichnen, welche Prozesse hier tatsächlich ablaufen,
welche Bedeutungen die Beteiligten den Situationen tatsächlich beimessen, welchen
Status aber auch Kommunikate, Artefakte und Körper hier tatsächlich vor dem Hintergrund der ablaufenden Praktik haben (ob sie zu Medien werden oder nicht, und was
das impliziert) und wie nicht nur die Medientechnologien, sondern alle an der Praxis
Beteiligten Situationen ‚mediatisieren'.

1.6 Der Ethnograf als Forschungssubjekt, Forschungsobjekt und Sexualobjekt

Wie jede ethnografisch angelegte Studie, macht auch die vorliegende den Ethnografen als Autor und Beobachter vor Ort stark. Darüber hinaus wird er, werde ich, wird
mein Körper jedoch auch als Gegenstand dieser Arbeit herangezogen und argumentativ belastet. Mein Verhältnis zu Medienpraktiken und Körperbildern ist insofern für
die Arbeit im Sinne der Klärung des ethnografischen Standpunkts von Relevanz. Vor
diesem Hintergrund erfolgt an dieser Stelle eine Quellenklärung. Wie viele der Nutzer
von CammingSite.com kann ich zu den „Millenials" gezählt werden – denjenigen, die
Anfang der 1980er-Jahre geboren wurden, die mit dem Internet aufgewachsen sind,
und die ganz selbstverständlich annehmen und erwarten, dass es in allen Aspekten
ihres Lebens eine Rolle spielt. Virtuelle Räume erweisen sich gerade für meine Generation als immer wichtigerer ‚Ort' für alle möglichen Aktivitäten von Einkaufen bis Sex.
Die Interaktion mit digitalen Medienartefakten ist, nach anfänglichem Staunen Mitte

der 1990er-Jahre, zu einer alltäglichen Selbstverständlichkeit geworden (Carstensen u. a. 2014: 15 f.). So bestand auch ein wesentlicher Teil meiner sexuellen Aufklärung in einer mediengestützten Selbstaufklärung: Ich habe vieles über Sexualität in den ersten Chatrooms der 1990er-Jahre gelernt. Wie die anderen Nutzer, von und mit denen ich in dieser Studie erzähle, werde auch ich von einer Vielzahl und Vielfalt erotischer Inhalte erregt. Schon bevor ich angefangen habe, mich wissenschaftlich mit Pornografie und pornografischen Praktiken zu beschäftigen, habe ich für diese Arbeit relevante Erfahrungen gesammelt. Mit meinem ersten Modem habe ich nächtelang mit wildfremden anderen gechattet, alsbald auch erotische Erlebnisse und im Netz gesammelte Pornobilder mit ihnen geteilt, verstohlen Pornografie gesucht, geschaut und gesammelt. Ich finde nicht nur, aber hauptsächlich schwulen Porno erregend, und bin, was die Protagonisten und Praktiken angeht, wenig festgelegt. Eine Sexszene zwischen zwei haarlosen, muskulösen Collegetypen kann mich genauso begeistern wie eine ‚härtere‘ Szene zwischen zwei ‚Bären‘ mit stämmigem Körperbau, starker Körperbehaarung und Lederoutfit (s. Kap. 5). Ich kann stilisierten, hoch ästhetisierten Hochglanzporno genauso genießen wie ‚schmutzige‘ kleine Clips von schwitzenden Normalkörpern.

Für die Arbeit an meiner Studie habe ich mich mit meinem eigenen Körper in Situationen begeben, in denen er nackt für die Blicke anderer zugänglich war, die zudem anonyme Fremde waren. Er wurde damit nicht nur Gegenstand von Blicken, sondern auch von Kommentaren. Zwar hielt ich, wie viele Andere Nutzer, mein Gesicht bis auf wenige Ausnahmen stets verborgen; schon die öffentliche Sichtbarkeit meines Körpers allein, und auch seine spezifische neue Sichtbarkeit für mich selbst, wurden für mich jedoch zur Herausforderung. Diese Art, meinen Körper öffentlich zu machen, war bis dahin für mich untypisch und neu, vor allem unter erotischem Vorzeichen. Zwar wurde ich nicht besonders prüde erzogen (aber auch nicht besonders freizügig), gleichwohl war mein Körper, soweit ich erinnern kann, nie ein völlig unproblematisches Ding, sondern immer ein Stück jenseits der Norm meines (seines) Umfelds. Ich war zunächst ein dickes Kind, dann ein gewöhnlich genitalfixierter schwuler Teenager mit der doppelten Sorge, das eigene Genital könne in der Gruppendusche ungewollt zur Erektion werden, und dass ihm umgekehrt im nicht erregten Zustand sein Wachstumspotenzial nicht anzusehen ist, später dann ein junger Mann mit für den Körpertrend der Zeit etwas zu ausgeprägt starker Körperbehaarung und schließlich irgendwann ein Mann, der den eigenen Körper mit einem ausgesprochen kritischen, evaluierenden Blick und einer gewissen Körperscham betrachtet. Mich vor anderen auszuziehen, war nie fraglos oder nebensächlich, sondern Auslöser für Scham, Nervosität und Selbstzweifel. Verschiedenste Körperoptimierungstechniken (Blick in den Spiegel, Bauch einziehen, rasieren etc.) waren schon früh feste Bestandteile meines Alltags. Zu einem erotischen Körper wurde ich gleichwohl natürlich nicht erst im Zuge meiner Studie. Ich habe ein bestimmtes Körperbild und eine Art, dieses wahrzunehmen, und schließlich eine Art, ein Körper zu sein, in meine Forschung ‚geschleppt‘, und konnte beobachten, wie es sich im Laufe meiner Teilnahme veränderte. Dieses

Buch ist also in seiner autoethnografischen Anlage auch eine Erzählung über mich selbst, und muss dies auch sein. Ich erzähle von vielen Dingen, die ich getan und erlebt habe, auch wenn sich nicht alles genauso zugetragen hat. Ja, hier und da verschweige und zensiere ich auch. Das Buch gibt keinen geheimen und verstohlenen Einblick, der repräsentativ abbilden könnte, was in ‚der' Autopornografie passiert. Es gibt einen individuellen Einblick und zeigt diejenigen anderer. In der autopornografischen Szene treibt sich eine heterogene Vielfalt sozialer Typen herum: Frauen, Männer, Lesben, Nerds, Bären etc. Ich habe viele von ihnen beobachtet und viel davon in meine Überlegungen einfließen lassen. Ich erzähle von etwas, von dem ich weiß, dass es viele meiner Mitmenschen (vor allem aus meiner Generation) tun, auch wenn ich nicht mit allen gesprochen habe. Immer jedoch habe ich dabei und dafür mich selbst beobachtet und mein eigenes Wahrnehmen und Teilnehmen als Teil des Phänomens reflektiert (s. Kap. 2). Insofern ich immer auch meine eigene Teilnehmerpraxis untersuche, die eng mit meiner ethnografischen Beobachterpraxis verbunden ist, hat dieses Buch einen homosexuellen Bias: Es interessiert sich für erotische Medienpraktiken unter Männern. Das macht diese nicht automatisch zu ‚schwulen Praktiken': Zum einen sind viele der Teilnehmer, die sich auf entsprechenden Websites erigierte Penisse anschauen und dazu eventuell unter Zuhilfenahme eines Dildos masturbieren, ihrem Selbstverständnis nach heterosexuelle Männer (s. Kap. 5); zum anderen scheinen mir viele der Aussagen, die ich über das Verhältnis von und die Beziehungen zwischen Körper(lichkeite)n und Medien mache, unabhängig von Geschlecht und sexueller Orientierung plausibel. Das zu überprüfen, wird Aufgabe anderer Arbeiten sein. Die vorliegende Untersuchung ist das Ergebnis eines Vortastens in zwei Richtungen: in ein Feld und in den Forscher. Zugleich ist sie Produkt zweier reflexiver Praktiken, der Autopornografie und der Autoethnografie. Sie ist eine autoethnografische Fallstudie autopornografischer Praktiken. Damit ist sie auch ein Stück Autopornografie (und dann auch wieder nicht).

1.7 Überblick über die Kapitel dieses Buches

Das Buch ist in vier Kapitel gegliedert. Kapitel 2 gibt Einblick in Forschungsdesign und Forschungspraxis der Studie. Dabei werden die untersuchte autopornografische Praxis und die (auto-)ethnografische Untersuchungspraxis in ihren spezifischen Überschneidungen betrachtet. Es wird deutlich, dass diese beiden Praktiken einige Ähnlichkeiten aufweisen und dass die Grenzen zwischen ihnen im Forschungsprozess verschiedentlich auszuhandeln bzw. zu reflektieren sind: Eine besondere Herausforderung liegt in der Überlagerung und Interferenz von Beobachtungs- und Dokumentationspraktiken, die für beide Praktiken konstitutiv sind. Es wird untersucht, inwiefern Camming eine Form teilnehmender Beobachtung ist und wie diese in Beziehung zu ethnografischem Beobachten steht. Daneben wird die Kontinuität von Forscherkörper und eingesetzten Medien zwischen autopornografischen und ethnografischen Situationen auf ihre forschungspraktischen Implikationen hin betrachtet und der epistemische Status von visuellen Dokumentationen visueller Praktiken reflektiert. Kapitel 2 thematisiert schließlich die spezifische Beschaffenheit von mediatisierten Praktiken und Situationen als ‚Feld‘ ethnografischer Forschung, das durch Situierungsleistungen von Praxisteilnehmern und Ethnografen gleichermaßen konstruiert wird. Überlegungen zu den Schamgrenzen autoethnografischen Schreibens und zur Forschungsethik beschließen das Kapitel.

Kapitel 3 stellt Camming als soziomaterielle Praxis und ihren Aufbau aus Medien und Körpern vor und behandelt den materiellen und strukturellen Aufbau sowie die grundlegenden Praktiken der erotischen Interaktion mit(-tels) Webcams. Zunächst wird untersucht, inwieweit Cammingportale und die um sie herum entstehenden Communitys soziologisch als Gemeinschaften verstanden werden können und wie Mitgliedschaft und Mitgliedwerden zu und in ihnen organisiert ist. Es wird gezeigt, dass Zugehörigkeit darüber entsteht und darin besteht, formale Teilnehmerrollen zu besetzen, aber vor allem auch, kompetent mitmachen zu können. Diese Mitgliedschaft sedimentiert in Daten, Körpern und Artefakten. Ferner werden verschiedene Interaktionstypen und ihre Besetzung erläutert und im Besonderen der Interaktionsstatus von mediatisierten Situationen analysiert. Der Fokus liegt dabei auf dem Zusammenspiel und der unscharfen Grenze zwischen der Interaktivität mit Medienartefakten und sozialer Interaktion mit personalisierten Gegenübern. Schließlich werden die verschiedenen zeitlichen Logiken betrachtet, die eine Cammingsession organisieren.

Kapitel 4 betrachtet das Verhältnis von Bildern und Körpern genauer. Ausgehend von Überlegungen zur Bildhaftigkeit und Bildartigkeit von Körpern wird rekonstruiert, wie Körper praktisch durch *bildgebendes Verhalten* zu visuellen Objekten und damit zu den spezifischen „Körpern zur Ansicht“ der Cammingpraktik werden. Dabei wird gezeigt, wie die Körper der Teilnehmer in Wechselwirkung mit der medientechnischen Anordnung der Cammingsituation und den entstehenden Bildern ihre Grenzen ausweiten, wie diese neu definiert werden und wie die klare ontologische Grenze zwischen somatischem und semiotischem Körper unscharf wird. Kapitel 4 behandelt außerdem die verschiedenartige(n) Materialität(-en) von Körperbildern und problematisiert einen Aspekt autopornografischer Praktiken, der paradoxerweise ob seiner Offensichtlichkeit leicht als erklärungsbedürftig übersehen wird: Die spezifische erotische Nacktheit der Körper beim Camming wird als performative Hervorbringung von Praktiken reformuliert.

In Kapitel 5 wird das Verhältnis von materiellen Körpern, imaginierten Körper- und Selbstbildern sowie kulturellen Vorbildern und Idealbildern thematisiert. Damit wird versucht, die Remediatisierung verschiedener Zuständlichkeiten von Körperbildern analytisch zu fokussieren. Am Beispiel von ‚Männlichkeit‘ wird untersucht, wie kulturelle imaginäre Idealbilder verkörpert werden und wie die spezifische Qualität solcher transsituationalen Bilder jenseits metaphorischer Begrifflichkeiten praxeologisch gefasst werden kann. Die homosozial männliche Vergemeinschaftung auf CammingSite.com wird daneben als Raum der Aushandlung von Männlichkeit im

Sinne einer prestigeträchtigen Ressource, aber auch von Männlichkeit*en* als konkurrierenden Modellen und Sets von Eigenschaften analysiert. Es wird gezeigt, wie ‚Männlichkeit' in den Praktiken der Teilnehmer als verschiedene Dinge realisiert wird, u. a. indem ihre quantitative und qualitative Bestimmbarkeit und (Wert-)Schätzung verhandelt werden. Kapitel 6 wirft einen Blick zurück auf die im Verlauf der Arbeit präsentierten Analysen und Argumentationen und eruiert empirische, konzeptuelle und methodologische Erträge der Studie.

2 Autoethnografie als Autopornografie (und umgekehrt)

Das folgende Kapitel stellt das Forschungsdesign und methodologische Überlegungen zu dieser Studie vor. Zugleich ist es ein ,vorgezogener Rückblick' auf meine Forschungserfahrung, der bereits Einblicke in die untersuchte Praxis gibt. Dies ist notwendig, weil es in der Anlage meiner Studie zu Überlappungen und Interferenzen zwischen der autoethnografischen Untersuchungspraxis und der untersuchten autopornografischen Praxis kam, die den Forschungsprozess beeinflussten und einer Reflexion bedürfen.

Eingangs wird das autoethnografische Forschungsdesign erläutert und begründet (Kap. 2.1), gefolgt von der Diskussion einer zentralen Überlappung zwischen Forschungspraxis und beforschter Praxis: Sowohl die Autoethnografie als auch die Autopornografie sind schaulustige Beobachtungspraktiken, die zudem stark reflexiv sind (Kap. 2.2). Nach einer Klärung der Datenbasis der Studie (Kap. 2.3) wird die eigentümliche Beschaffenheit ihres ,Feldes' diskutiert und als eine praktische Herstellung von ethnografischen und pornografischen Schauplätzen rekonstruiert (Kap. 2.4). Das Kapitel schließt mit einer Reflexion der Grenzen und Schamgrenzen einer autoethnografischen Erforschung devianter Praktiken (Kap. 2.5).

2.1 Die autoethnografische Beobachtung autopornografischer Selbstbeobachtung

Von der pornografischen zur ethnografischen Schaulust

Den Teilnehmer/innen autopornografischer Praktiken geht es vor allem um drei Dinge: etwas zu *zeigen* (ihren nackten Körper), etwas zu *sehen* (die nackten Körper anderer Teilnehmer und deren Reaktionen auf den eigenen Körper), und etwas zu *erleben* (erotische Interaktionen, sexuelle Erregung und in aller Regel (den) einen (oder anderen) durch Masturbation herbeigeführten Orgasmus). Als ich begann, autopornografische Angebote im Internet zu durchstöbern und mich auf den entdeckten Seiten herumzutreiben, teilte ich vor allem die letzten beiden Interessen. Fasziniert von diesen eigentümlichen Orten, an denen jeder nackt sein Intimstes vor der Webcam herzeigte und scheinbar alle Welt gemeinsam masturbierte, waren meine ersten Blicke neugierig, gierig und auch ein bisschen verschämt. Vor allem aber waren sie persönlich und privat: Was mich an den Webcamübertragungen interessierte, waren ihr erotischer Reiz und der Anstrich des Verbotenen, der Übertretung, den diese Einblicke in die Privaträume, Bekleidung und Körperöffnungen von völlig Fremden hatten. Ich ließ mich in den Bann dieses Spektakels ziehen und hatte bald entsprechende Sehgewohnheiten und -vorlieben entwickelt; die autopornografischen Selbstinszenierungen auf CammingSite.com wurden Teil des von mir konsumierten Pornografierepertoires.

https://doi.org/10.1515/9783110580266-002

In der Position des erotisch engagierten Betrachters und Beobachters hatte ich also schnell Erfahrung. Mich selbst vor der Webcam anderen zu *zeigen* war für mich jedoch ausgeschlossen. Abgesehen davon, dass ich damals noch keine Webcam besaß, war diese Position in erotischen Beobachtungsverhältnissen für mich vollkommen ungewohnt und befremdlich. Mir mich selbst als erotisches Betrachtungsobjekt vorzustellen, bereitete mir in mehrerlei Hinsicht Probleme: Meine Bedenken in Sachen Anonymität und eine ausgeprägte Scham, meinen nackten Körper anderen zu zeigen, machten die Vorstellung zwar reizvoll, aber auch ebenso abschreckend.

Neben der persönlichen Faszination entwickelte ich bald zunehmend ein soziologisches Interesse an den Körpern und Praktiken, die sich auf Cammingportalen so zahl- und detailreich zur Beobachtung anboten. Diese Bilder schienen Einblicke in intimste Sozialräume und Praktiken zu erlauben, die für die empirische Forschung sonst unzugänglich bleiben. Ihren Nutzwert für eine empirische Sexualforschung jenseits von Fragebögen und Labormessungen und für die Ethnografie intimer Körperpraktiken zu erproben, war entsprechend verlockend. Wie konnte eine solche Forschung aussehen?

Studien, die sich bis dato mit erotischem Bildertausch und sexueller Interaktion über visuelle Medien beschäftigt hatten, konzentrierten sich vor allem auf Analysen der Bilder und der sonstigen Inhalte wie Texte und Chats, die auf einschlägigen Seiten zu finden sind (Kibby/Costello 1999, 2001; Eichenberg/Döring 2006; Jones 2010; Waskul/Radeloff 2010). Die bei den erotischen Medienpraktiken entstehenden Inhalte wurden meist als „natürliche Daten" verwendet, also solche, die nicht explizit zu Forschungszwecken und ohne das Zutun von Wissenschaftler/innen entstehen (Bergmann 1985). In der Tat stellen diese Bilder und Videos eine Schnittstelle der untersuchten Praktiken zur Öffentlichkeit dar. Sie machen sich über sie beobachtbar und dokumentieren sich dabei in ihnen zugleich selbst.

Neben ihrer Funktion als Quelle von Datenmaterial schienen mir die einschlägigen Webseiten aber auch und gerade als empirische Zugänge interessant. Auf den ersten Blick, im Denkstil der etablierten empirischen Sexualforschung, sah ich vor mir eine schier unüberschaubare Zahl digitaler ‚Schlüssellöcher', die mir die Beobachtung sexuellen Verhaltens mit eigenen Augen ermöglichten. Tausende von Menschen, die Medien in ihre sexuelle Praxis integrierten und ihr Sexualverhalten frei zugänglich für jedermann veröffentlichten – der Traum eines jeden Sexualforschers schien hier Realität geworden zu sein.

Dieser scheinbar einfache Weg entpuppte sich bei näherer Betrachtung jedoch als Irrgarten: Zu überdenken waren u. a. das Verhältnis dessen, was ich dort zu sehen bekam, zur kommerziellen Pornografie, aber auch zur Sexualität ohne Kameras.[1] Schnell wurde klar, dass die Übertragungen dieser Webcams nicht ohne Weiteres

---

1 Diese systematischen Fragen zum Nutzen solcher kameragestützten Selbstveröffentlichungen und anderer Formen von Pornografie für eine soziologische Sexualforschung habe ich in meiner Diplomarbeit (Universität Mainz) „Soziologie der Pornografie. Zur Theorie und Empirie unanständiger Do-

als sexualwissenschaftliche oder soziologische Videodaten verwendet werden konnten. Wie medizinische Bilder (Burri 2008b), Visualisierungen in Labors (Amann/Knorr-Cetina 1988) oder Ultraschallbilder von Ungeborenen (Heimerl 2014) entstanden diese Bilder im Rahmen spezifischer Praktiken ihrer Hervorbringung, Verwendung und Bedeutung, zu dem sie sozusagen ‚gehörten' und aus dem sie nicht problemlos extrahiert werden konnten. Ohne Einbettung in ein Verständnis der Praktiken ihrer Produktion und Rezeption, aus denen diese bildgewordenen Geschehnisse hervorgingen, waren sie soziologisch ‚stumm', bzw. erzählten sie nur die halbe Geschichte. Sie zu Daten zu machen, setzte voraus, das hinter ihnen liegende spezifische Beobachtungsverhältnis und seine Praxis selbst zum empirischen Gegenstand zu machen und aus erster Hand, durch eigene Teilnahme als Beobachter *und* Beobachteter zu untersuchen, also den *ursprünglichen* Prozess ihrer Betrachtung und Herstellung zur Datenerhebung zu machen.

Hinter den expliziten Bildern und den Bildschirmen steckt ein komplexes Bündel sozialer (Körper-)Praktiken, das einer eigenen Betrachtung wert und Gegenstand dieser Studie ist. Beim Camming bringen die Beteiligten in Wechselwirkung mit technischen Medienartefakten und digitalen Bildern eine zur Praxis gehörende erotische und visuelle Körperlichkeit hervor. Dieser Prozess spielt sich im materiellen Rahmen und Zeitraum der Cammingsituation ab und besteht aus praktischen Handhabungen von Körpern und Artefakten, weiteren körperlichen Praktiken wie Gestenkommunikation und Masturbation, einem subjektiv empfundenen erotischen Spannungsbogen und schließlich verbalem Austausch über Chat oder lautlich über Mikrofon und Lautsprecher. Die dabei entstehenden Bilder erhalten ihren spezifischen Sinn im Rahmen dieses Geschehens.

Um an diese praktische Dimension der Autopornografie heranzukommen, musste ich vom erotisch motivierten Pornokonsument nicht nur zum analytisch motivierten wissenschaftlichen Betrachter autopornografischer Inhalte, sondern zum ethnografischen Beobachter und Teilnehmer dieser Praktiken ‚hinter' den Bildern werden. Ich wollte verstehen, was sich abspielt, wenn Personen mit Bildmedien erotisch interagieren, wie Körper und Artefakte dabei Koppelungen und Wechselwirkungen eingehen, welche Rolle die entstehenden Bilder für Vorstellungen von Selbst und Körper spielen, wie beim Camming praktisch mit ihnen umgegangen wird, welche Arten von Körperlichkeit hier prozessiert werden und wie sie mit dem Körpersein außerhalb von mediatisierten Praktiken zusammenhängen – kurz: wie es ‚geht', einer dieser Körper zu sein, die sich in jüngster Vergangenheit zunehmend online veröffentlichen.

Für die vorliegende Studie habe ich mich also über einen Zeitraum von ca. einem Jahr zum Mitglied der Cammingcommunity gemacht und mich als regelmäßiger und intensiver Nutzer verschiedener autopornografischer Internetdienste betätigt. Ich ha-

---

kumente" behandelt (Boll 2009). Sie werden hier nur selektiv, soweit für die aktuelle Studie nötig, referiert.

be mich unter die Tausenden begeben, die diese Praktiken oft täglich ausüben (wenngleich ich dabei der einzige Körper im Raum war), und wurde sukzessive einer von ihnen: nicht nur kompetenter Teilnehmer dieses Praxisfeldes – sondern auch ein von ihm in Beschlag genommener Körper.

Meine Analysen basieren auf teilnehmenden Beobachtungen, die ich auf verschiedenen Cammingportalen, mit Videochatprogrammen und Social-Media-Apps gemacht habe. Mein Vorgehen orientierte sich am gängigen Instrumentarium und der allgemeinen Forschungshaltung ethnografischen Arbeitens (Breidenstein/Hirschauer/Kalthoff 2013; Hirschauer/Amann 1997; Hitzler/Honer 2006): in teilnehmender Beobachtung die Praktiken eines Feldes mit den Augen der Beteiligten sehen lernen, und dabei kontrolliert Rückzüge vorzunehmen, um diese oft zu bekannten Praktiken aktiv zu befremden. In meinem konkreten Fall hieß teilnehmen, Stunden vor dem Computer zu verbringen, durch CammingSite.com zu surfen, dabei durch verschiedene Webcamübertragungen zu klicken und mit anderen Nutzern zu chatten. Sobald ich selbst eine Webcam einsetzte, gehörte zur Teilnahme, meinen eigenen Körper vor ihr zu entkleiden und anderen zu zeigen. Fast immer gehörte dazu, beim Zuschauen, Chatten und vor der Webcam zu masturbieren. Ich habe dieselben Medien eingesetzt und Dinge getan, wie viele andere Teilnehmer, und konnte so Blicke auf die Selbstdarstellungspraktiken der Autopornografie und zugleich hinter deren Bühnen werfen. Ich habe gelernt, wie man beim Camming ein erotischer Körper ist, wie man ihn zeigt, wie man Körper sieht und bewertet, und habe auf einem noch unbewussteren Level gelernt, was es heißt, ein ‚guter‘ (bzw. eher: ‚geiler‘) Körper zu sein. Dafür wurde neben der teilnehmenden Beobachtung der Praktiken von innen heraus die Selbstbeobachtung von mir *als Teilnehmer* nötig.

Von der teilnehmenden Beobachtung zur Selbstbeobachtung

Neben den Besonderheiten mediatisierter Felder und Praktiken für ethnografische Forschungszugänge (s. Kap. 2.4), ist eine Eigenschaft autopornografischer Praktiken, dass Beobachten hier im Sinne einer erotischen Tätigkeit selbst ganz elementar zur Teilnahme gehört, und dass diese Beobachtung sich auch auf den Beobachtenden selbst richtet: Als Teilnehmer autopornografischer Praktiken stand ich nicht nur unter der reziproken Beobachtung durch diejenigen, die ich selbst beobachtete; ich wurde zudem laufend auf mich selbst in Form meines eigenen Körperbildes auf dem Display zurückgeworfen und so auch für mich selbst zum Beobachtungsobjekt (s. Kap. 2.5). Dieses schon aus dem Begriff hervorgehende selbstbezügliche Moment autopornografischer Praktiken sollte in meinem Forschungsdesign durch ein ähnlich akzentuiertes ethnografisches Vorgehen eingeholt werden.

Ethnografische Ansätze unterscheiden sich (u. a.) darin, wie viel Bedeutung sie der aktiven Teilnahme des Ethnografen an den Aktivitäten des Feldes und seiner Teilhabe an den dortigen Erlebensmöglichkeiten beimessen, und welche Bedeutung sie dem Erleben und Empfinden des Ethnografen im Forschungsprozess und schließlich seiner Sichtbarkeit in der Analyse einräumen. Zwar wird der befremdende Rückzug aus dem Feld in allen Spielarten ethnografischer Forschung für unabdingbar erachtet,[2] die üblichen Positionierungen des Forschers in den untersuchten Feldern und Praktiken reichen jedoch von einer eher begleitenden Teilnahme, die strategisch gerne solche Teilnehmerpositionen besetzt, die nicht zu sehr ins Geschehen involvieren und so Freiheitsgrade für Beobachtung und Notizen bieten, über eine aktiv mitmachende Anteilnahme, die den Nahkontakt mit der Praxis am eigenen Körper sucht, bis hin zur existenziellen Hingabe an ein Feld, bei der der eigene Körper und die Forscherperson den Einflüssen und Auswirkungen der Praktiken des Feldes anheimgestellt und als Erkenntnisinstrument eingesetzt werden.

Vor allem unter der Vorsilbe *auto-* firmierende ethnografische Ansätze machen die persönliche Involvierung von Forschenden in die untersuchten gesellschaftlichen Felder und sozialen Praktiken forschungsstrategisch stark: Sie versuchen vor allem über die Analyse der subjektiven Erfahrung des Forschenden die typische kulturelle Erfahrung eines Feldes zu verstehen (einen Überblick bieten Ellis/Adams/Bochner 2010). Die sonst im Forschungsprozess gerne im Hintergrund operierende, Selektionen anleitende persönliche Erfahrung des Forschers wird vor die analytische Linse geholt. Forschungspraktisch und -logisch bedeutet das, dass der Ethnograf sich Erfahrungsmöglichkeiten öffnet und übereignet, die Erlebnisse für ihn generieren. Diese Erlebnisse werden in teils sehr persönlichen Erzählungen/Berichten verschriftlicht, unterstützt durch in den Situationen gemachte Notizen oder Aufzeichnungen. Neben den Geschehnissen im Feld macht der Autoethnograf so vor allem sein eigenes Handeln, Denken, Erleben und Wahrnehmen zum Gegenstand der Beobachtung und Analyse und wird zugleich Forschungsobjekt, Erkenntnisinstrument und Wissensspeicher. Das Verstricktsein in soziale Praktiken, so die Annahme, erlaubt z. B. über den privilegierten Zugang zum eigenen Erleben des Geschehens nicht nur weiterreichende Beobachtungen als das schiere Draufschauen, sondern auch solche *Augen-Blicke*, die für das bloße Auge unsichtbar sind (vgl. Honer 2011). Der Ethnograf erfährt beispielsweise die Veränderungen, die eine Involvierung in soziale Praktiken mit sich bringt, am eigenen Leib und (Er-)Leben, wo sie dann durch Selbstbeobachtung und Reflexion analytisch aufgesucht und reflektiert werden können.

Gerade weil die Beobachtung autopornografischer Praktiken von innen heraus eine stark persönlich-körperliche Involvierung meinerseits notwendig machte, schien es unabdingbar, mich in diesem Prozess in autoethnografischer Einstellung auch selbst zum Beobachtungsgegenstand zu machen. Das selbstbezügliche Moment teilte meine autoethnografische Forschungspraxis gewissermaßen mit der autopornografischen Teilnehmerpraxis. Einer der Körper, die ich während meiner Zeit auf CammingSite.com mit zunehmender Schaulust betrachtete, war mein eigener. Er wur-

---

2 Ausnahme ist hier vielleicht die so genannte „fokussierte Ethnografie" (Knoblauch 2001), die sich nicht wirklich ins Feld begibt.

de für mich zum Betrachtungsobjekt und bisweilen auch zum Lustobjekt (s. Kap. 4.4), daneben war ich selbst bzw. waren meine eigenen Körperpraktiken genauso Teil meines Datenmaterials und des Untersuchungsgegenstand meiner Studie wie die der anderen Teilnehmer, denen ich bei meiner Forschung begegnet bin. Als Cammer wie als Ethnograf spielte die Selbstbeobachtung mittels visueller Medien eine wichtige Rolle. Daneben konfrontierte mich meine Studie auf eine Weise mit mir selbst, meiner eigenen Körperlichkeit und Sexualität, die einen hohen Reflexionsbedarf erzeugte.

Eine Herausforderung meiner Studie bestand nun darin, über die der untersuchten Praxis eigene Form der (Selbst-)Beobachtung und das schreibende Reflektieren über meine persönlichen Erfahrungen hinauszugehen, um sie soziologisch für ein Verständnis der Autopornografie nutzbar zu machen. Es ging mir also einerseits darum, einen Akzent auf eine Dimension sozialer Praktiken zu setzen, die ethnografisch sonst gerne empirisch unberücksichtigt und analytisch ungenutzt und -reflektiert bleibt; andererseits ging es mir um eine analytische Forschungshaltung, die über idiosynkratische Selbstberichte (Vorwurf: ‚Nabelschau!') hinausgeht (Anderson 2006).

Eine solche analytische Haltung bedarf eines gegenüber der Reflexivität der autoethnografischen Selbstbeobachtung gesteigerten Reflexionsniveaus. Konkret stellen sich drei methodische Herausforderungen: Der sich selbst vor die Linse nehmende Ethnograf muss sich sein eigenes Erleben und Wahrnehmen (1) *bewusst machen*, es also persönlich reflektieren. (2) Er muss es im ethnografischen Text *kenntlich machen*, also seine Ausführungen nicht nur als Bericht über Erlebtes, sondern auch als eine Erzählung über ein vergangenes Erleben ernstnehmen und ausweisen. (3) Schließlich muss er die so gemachte persönliche Erfahrung dann auch im Text *verständlich machen*, also für die Lesenden nachvollziehbar. Bei all diesen Schritten ist das Schreiben als Kerntechnik der Ethnografie (Hirschauer 2001a) hilfreich: Sprechhemmungen beim Aufschreiben machen so z. B. Schamgrenzen des Ethnografen (zuallererst auch für ihn) erfahrbar (vgl. Kap. 2.5).

Insofern autoethnografische Protokolle immer *retrospektive* und *selektive* Erzählungen über gemachte Erfahrungen sind (Ellis/Adams/Bochner 2010: Abs. 9), fanden sie in meiner Studie neben anderen Datentypen Verwendung, mit deren Hilfe ich sie einer befremdenden ‚Zweitbetrachtung' unterzog. Im Rahmen meiner Studie habe ich, anders als die meisten anderen Teilnehmer auf CammingSite.com, meine Aktivitäten dokumentiert, bzw. auf andere Weise als die meisten anderen Teilnehmer dokumentiert. Mein methodisches Vorgehen kombiniert, wie für ethnografische Studien üblich, verschiedene Datenformate, die unterschiedliche Aspekte der untersuchten Praxis einfangen sollten: Visuelle Daten[3] in Form von digitalen Mitschnitten des Geschehens, das sich während meiner Teilnahme auf dem/im Rahmen des Bildschirms abspielte, wurden als visuelle Gedächtnisstütze bzw. visuelle Feldnotiz eingesetzt; da-

---

[3] Streng genommen handelt es sich hier um multimodale Daten, da in den aufgezeichneten Videomitschnitten neben bildlichen Elementen auch Ton und Text enthalten sind.

zu gesammelte digitale Fotos und Videoclips sowie Logdateien von Chatkonversationen. Diese Daten sollten vor allem die Interaktivität zwischen Medium und Körper sowie den zeitlichen und (interaktions-)logischen Aufbau von Cammingsessions im Detail sichtbar und nachvollziehbar machen (s. Kap. 3.3). Reflektierende Erinnerungsprotokolle sollten das Erleben (in) der Situation ‚vor dem Schirm' abbilden, Zugang zu meinen Gedanken, inneren Vorgängen und Empfindungen geben. Schreiben und Aufzeichnen waren dabei nach Orten und Verortungen zum praktischen Geschehen aufgeteilt. Diese räumliche Verteilung von Datenformaten auf verschiedene Schauplätze der Praktik ergab sich auch aus praktischen Gesichtspunkten: Beim Beobachten stand ich, da selbst vor der Webcam, selbst unter Beobachtung und verstärkter interaktiver Inanspruchnahme, was das Notieren ‚nebenher' erschwerte bis unmöglich machte.

2.2 Autopornografisches Beobachten autoethnografisch beobachten

Auf den ersten Blick erscheinen Cammingportale als Orte und Infrastrukturen, die exhibitionistisches Zeigen und voyeuristisches Sehen zusammenführen, also komplementäre Lüste befriedigen. Zeigen und Sehen sind dabei jedoch meist nicht auf zwei Nutzergruppen, Sich-Zeigende und Zuschauende, aufgeteilt; Cammingteilnehmer tun in der Regel beides zugleich: Zur lustvollen Fremdbeobachtung anderer Körper gehört beim Camming, den eigenen Körper zu zeigen sowie das Betrachtetwerden durch Andere und die Betrachtung des eigenen Körpers auf dem Bildschirm, aus einer Fremdperspektive. Kontrollierende, evaluierende oder vergleichende Blicke auf meinen eigenen Körper und dessen Abbild auf dem Display waren für mich als Teilnehmer obligatorisch.

Als (Auto-)Ethnograf kam für mich noch eine weitere Ebene der Beobachtung hinzu: Die Beobachtung des *Beobachtens* selbst, als Teilnehmer- und Forschungspraxis, und komplementär dazu die Beobachtung der Hervorbringung von *Beobachtbarkeit* als Effekt der beobachteten und beobachtenden Praktiken. Gerade bei der Untersuchung visueller Praktiken müssen im Sinne der Reflexion des eigenen Vorgehens solche Beobachtungen zweiter Ordnung gemacht und muss der analytische Blick auch auf den eigenen Blick und das eigene Blicken gerichtet werden (Abel 2011). Hier gibt es also eine Ähnlichkeit zwischen der Untersuchungspraxis und der untersuchten Praxis: So wie die Teilnehmer der autopornografischen Praktiken andere und den eigenen Körper betrachten, so müssen auch (auto-)ethnografische Beobachter den Blick nicht nur auf andere und das Geschehen um sich herum, sondern auch auf sich selbst und das Geschehen in ihrem Innern richten.

Beobachten und Beobachtbarkeit sind Grundelemente aller sozialen Praktiken, denen immer ein „didaktisches Grundmoment" innewohnt (Schindler 2011: 344). Sie machen sich als die Praktiken, die sie sind, für ihre Partizipanden und für Außenstehende erkennbar, beobachtbar und nachvollziehbar und bringen eigene, spezifische Arten der Wahrnehmung, etwa des Sehens hervor (die umgekehrt wiederum konstitutiver Teil der Praktiken sind): Professionelle Arten des Sehens (Goodwin 1994) wie der chirurgische (Hirschauer 1991) oder der fotografische Blick (Abel 2011) interessieren sich für je Spezifisches, sind aber auch auf je spezifische Art (und durch bestimmte Medien und Artefakte) ermöglicht und werden auf verschiedene Art praktiziert. Beobachten geht über ein passives phänomenologisches Wahrnehmen hinaus und ist immer als eine verstehende soziale Elementarpraxis zu verstehen, die Teil anderer Praktiken sein kann und je unterschiedlich abläuft und unterschiedliche Partizipanden involviert.

Im Rahmen autopornografischer Praktiken ist Beobachten eine zentrale Aktivität; Beobachten *ist* Teilnehmen. Autopornografische Praktiken erzeugen mittels visueller Medien Beobachtbarkeit und Beobachtungsmöglichkeiten und konfigurieren die Wahrnehmung und Wahrnehmungsmöglichkeiten ihrer Teilnehmer. Auch ethnografisches Beobachten stellt im und durch den Forschungsprozess Beobachtbares und dessen Beobachtbarkeit aktiv her (Scheffer 2002), und auch hier sind Medien, und oft auch visuelle Medien wie Kameras, konstitutiv beteiligt (Kalthoff 2003; Schindler/ Boll 2011). Als ethnografischer Beobachter konnte ich in meinem Forschungsprozess also einerseits an die Beobachtungsmöglichkeiten der autopornografischen Praktik anschließen, musste andererseits aber zugleich beobachten, wie das spezifische ‚Beobachten‘ der Cammingpraxis geht, wie diese Praktik ‚beobachtet‘ und wie sie Beobachtbares und Beobachtbarkeit herstellt und dokumentiert, indem Körper, Bildtechnologien und Zeichen in bestimmter Weise konfiguriert werden.

Durch die Überlagerung von Beobachten als Forschungsaktivität und beforschte Aktivität kam es im Forschungsprozess zu Interferenzen zwischen professionellem und lustgesteuertem Sehen. Während meiner Teilnahme an Cammingsessions war mein forschender Blick in einer Zwickmühle: Er musste sich, wie der erotische Blick, von der Schaulust leiten lassen, um der untersuchten Praxis gerecht zu werden, durfte darüber aber sein professionelles Nebenengagement nicht vergessen. Die erotische Beobachtung interessierte sich wiederum nicht für Dinge, die mich als Forscher interessierten, wie z. B. die genaue Sequenzierung von Körperhaltungen und -bewegungen. Wenn ich die Cammingsituation mit einem solchen Fokus beobachtete, trat ich mit einer (wissenschaftlich-analytischen) Einstellung an sie heran, die nicht zu ihr passte und die meine Teilnahme störte. Sie war wie ein ‚Klotz am Bein‘, das involvierte Mitmachen an der Praxis wurde zum „So tun als ob" (Honer 1994: 89 f.).

Das Problem interferierender Teilnehmer- und Forscherrelevanzen gehört zu jeder Ethnografen stärker involvierenden Forschung; bei der teilnehmenden Beobachtung erotischer Praktiken ist es zugespitzt. Sie verlangen gemeinhin gerade ein sukzessives Loslassen und die Aufgabe von Kontrolle und Selbstbeobachtung, und eine passiv-rezipierende Hingabe an die Situation. Je näher man der Praxis aber kommt, je intimer man sozusagen mit ihr wird, desto schwerer wird das ethnografisch motivierte Beobachten, das *dabei* noch aufmerksam sein, registrieren, memorieren soll. Gibt man sich nun aber in der beobachteten Situation ganz dem Teilnehmerblick hin – wie bekommt man ihn vor die analytische Linse?

Eine Lösung für dieses Problem boten in meinem Forschungsprozess digitale Mitschnitte des Geschehens auf dem Bildschirm während der Cammingsession. Sie sollten mich das Gesehene später noch einmal sehen lassen, ermöglichten mir darüber aber auch ein indirektes Beobachten des Beobachtens. Bei der zeitlich nachgelagerten Analyse der Bildschirmvideos kam es zu einer überraschenden Sehbehinderung: Die Mitschnitte waren jenseits des situativen Geschehens der Cammingsession für mich nicht mehr ‚lesbar‘, konnten mir als Betrachter nicht mehr das zeigen, was sie mir in der Teilnahmesituation vor Augen führten. Bei der Arbeit an ihnen fiel auf, dass einerseits meine Beobachtung in der Cammingsituation systematisch Dinge übersah (wie etwa das regelmäßige Ein- und Ausblenden meines eigenen Videofeedbacks, das bei der Analyse als nicht nachvollziehbar, beinahe störend erschien), andererseits in der Analyse Dinge nicht zugeordnet werden konnten, die in der ursprünglichen Situation unproblematisch waren oder gewesen sein mussten (so fiel es mir schwer, Interaktionszügen zu folgen oder zu rekonstruieren, wofür sich mein Blick in einem längeren Standbild interessiert hatte).

Obgleich die Videos also dasselbe zeigten, sah ich sie nun anders: Ich sah zugleich mehr und weniger als das, was ich auch in der Cammingsession auf dem Bildschirm zu sehen bekommen hatte. Ein naheliegender Grund hierfür liegt in den unterschiedlichen Arten des Beobachtens, die autopornografische und autoethnografische Praktiken ausmachen. Die autopornografische Beobachtung ist ein lustgesteuertes Schauen, ein nach Erregungsmöglichkeiten Ausschau haltendes ‚Browsen‘, mitunter ein ‚gieriges Starren‘, das in erster Linie *konsumiert*. Der ethnografische Blick ist dagegen eher *registrierend* und weniger ins Geschehen engagiert; er beobachtet es eher von halb-außen. Der analytische Blick der Dateninterpretation schließlich sieht immer schon über das konkret Sichtbare hinaus und etwas Anderes, etwa Einheiten, Sequenzen, Themen oder Muster.

Neben unterschiedlichen Beobachtermotivationen liegt die Perspektivendifferenz aber auch in der spezifischen Koppelung von Körper und Medium in der jeweiligen Praxis und der hieran geknüpften Praxisgebundenheit der Wahrnehmung. Neben den Bildschirmvideos gab es noch zwei weitere Importe aus der Cammingsituation in die Analysesituation: In beiden Phasen meiner Arbeit kam üblicherweise dieselbe Technik zum Einsatz, ebenso blieb ich als beobachtende Person und involvierter Körper konstant. In der Analysesituation fehlte nun allerdings gerade jener Teil des Geschehens, der sich nicht innerhalb des Bildschirms abspielt: Der Körper war nicht mehr (erotisch) an das Bild ‚angeschlossen‘. So erforderte die Analysearbeit am Datenmaterial eine andere Körperpositionierung als die erotische Inszenierung beim Camming. Teil hiervon waren auch Bekleidungskonventionen: Der analysierende Körper war meist bekleidet (etwa im Kontext des Büros) und wurde bei der Analysearbeit nicht selbst berührt. Seine Sichtbarkeit durch das Medium war nicht relevant – er war nur noch sehender Körper und wurde nicht mehr simultan mit dem abgebildeten Körper auf dem Bildschirm erfahren. Daneben gehörte erotische Erregung nicht zu seinem Repertoire an Körpertechniken (Schindler/Boll 2011). Das auf dem Bildschirm zu Sehende stand also auch in einem anderen Praxiskontext und -aufbau, in dem es mir als Betrachter anders gegenübertrat. Gerade weil die beteiligten Medien diese situationsabhängige Perspektivität nicht betrifft, konnten sie mir als Forscher zeigen, was ich sonst mit dem bloßen Auge beim Camming *nicht sah*, und erlaubten so den Wechsel vom Blick eines Feldteilnehmers zum Blick eines Forschers, den ethnografischen Blick auf den Teilnehmerblick und den Wechsel von der erforschten Praxis zur Forschungspraxis.

Bei der Datenanalyse kam es nun zu Interferenzen dieser verschiedenen Wahrnehmungsweisen. Die zum Camming gehörende erotische Wahrnehmung und die für die Analyse nötige distanzierte Wahrnehmung gerieten in Konflikt. Zwar konnte ich die angefertigten Bildschirmvideos in der Analysesituation nicht so (auf dieselbe Weise) (an-)sehen wie in der Cammingsituation, sie verloren ihre erotische Qualität aber wesentlich langsamer als ihren Bezug zum ursprünglich beobachteten Geschehen und Beobachtungsgeschehen. Wenn ich Bildschirmvideos, vor allem nach längerer Zeit, erneut betrachtete (um beispielsweise Transkriptionen zu überprüfen), so waren sie für mich meist nicht mehr bildgewordene lebhafte Erinnerungen, wirkten aber immer noch bzw. jetzt nur noch wie ‚herkömmliche‘ Pornografie, und wirkten sich nicht selten auch so aus. Sie waren also nie ‚nur Daten‘, sondern immer auch potenzielle Lustobjekte.

Auf diese methodische Problematik im Umgang mit erotischem Datenmaterial weist Murray Davis (1983) bereits in seiner mittlerweile klassisch zu nennenden Studie zur phänomenologischen Ausdifferenzierung von erotischer und nicht erotischer Realität hin. Davis setzt sich mit seiner eigenen Materialwahl (die erotisches Material umfasst) und dem eigenen methodischen Vorgehen auseinander, und konstatiert, dass die wissenschaftliche Auseinandersetzung mit Sexualität oder Pornografie das Wissen um die Grenze zwischen nicht erotischer und erotischer Betrachtung sowie die Übergänge zwischen ihnen selbst beherrschen und einsetzen können müsse, um sie nachvollziehen zu können. Gleichwohl dürfe für den Wissenschaftler nicht jedes pornografische Material in Masturbation enden oder mit ihr einhergehen (Davis 1983: 7 f.).

Bei den von mir generierten und analysierten Materialien verhält sich dies insofern anders, als sie aus dem Praxiszusammenhang der Cammingsession stammen, zu dem die erotisierende Wahrnehmung konstitutiv gehört: Die erotisch motivierte Betrachtung ist schließlich, was die Geschehnisse auf dem Display entscheidend mitlenkt; zugleich ist sie der Betrachtungsmodus, in dem die Bilder den zur Praxis gehörenden Sinn ergeben. Nur wenn man die Bildschirminhalte mit der entsprechenden Schaulust betrachtet, kann man sie sehen, wie sie Cammingteilnehmer sehen. Als ethnografischer Betrachter bekommt man sie durch die analytische Distanzierung und ‚Abkühlung‘ der Daten (die schon mit der Dokumentation von Geschehnissen *als* Daten einsetzt) zwar einerseits besser vor die analytische Linse, dies kann aber erst erfolgen, *nachdem* sich der Ethnograf in der Beobachtungssituation der lustgesteuerten Beobachtung hingegeben hat. Er braucht eine praxisgeschulte Sehfertigkeit (Schindler/Liegl 2013), die ihn in den ‚abgekühlten' Videos noch erkennen lässt, was sie ihm einst zeigten. Gleichzeitig ‚schiebt' sich eine andere Betrachtungsweise vor die analytische Linse: die schon viel stärker habitualisierte Betrachtung erotischer und pornografischer Inhalte im Sinne ‚herkömmlicher' erotischer Stimuli. Sie entspricht weder der Wahrnehmung in der Cammingsituation (zu ihr gehört mehr als das passive Rezipieren der Bilder) noch der in der Analyse (sie bleibt erotisch unmotiviert) und funkt wie eine habituelle Altlast oder störende Angewohnheit in den Analyseprozess.

2.3 Daten: Visuelle Spuren und textuelle Spurensuche

Soziale Praktiken sind situativ und flüchtig, was Ethnografen vor die Herausforderung stellt, Strategien zu entwickeln, mit denen sie die Geschehnisse an den Schauplätzen sozialer Praktiken festhalten und über die Grenzen der Situation hinaus transportieren können – muss doch die Analyse des im Feld Erlebten gerade an einem anderen Ort und in anderen sozialen Zusammenhängen erfolgen. Hierfür bedienen sich Ethnografen in aller Regel einer Vielfalt und Vielzahl von Technologien und Techniken: Neben dem namengebenden Schreiben[4] oder auch Anfertigen von Skizzen nehmen sie die Geschehnisse im Feld fotografisch oder auf Video auf oder sammeln dort vorfindbare, also nicht eigens von ihnen und für den Forschungsprozess angefertigte Dokumente und Artefakte (Kalthoff 2003). Mit und auf ihnen transportieren sie Spuren aus Feldsituationen in Situationen der wissenschaftlichen Reflexion und Analyse und importieren sie so auch in andere Praxiskomplexe (Schindler 2012; Schindler/Boll 2011), zum ethnografischen ‚coming home' gehört auch ein ‚bringing home'. Die Wahl und der Umfang der Datentypen und -menge richtet sich nach der Eigenlogik der untersuchten Praktiken (so wird man schweigende Meditationspraktiken nicht mit Tonaufnahmen dokumentieren) sowie nach den Möglichkeiten, die das Feld dem Ethnografen anbietet, sich um sein ‚Nebenengagement' der ethnografischen Schreib- und Dokumentationsarbeit zu kümmern: Sie ist feldspezifisch und variiert von Feldern, in denen Notieren und Dokumentieren ohnehin Teil der feldeigenen Praktiken sind und in denen komfortable Beobachterpositionen vorhanden sind, bis zu Feldern, in denen schon die Anwesenheit von Notizblock oder Kamera das Feld hochgradig irritieren würde, und in denen eine hohe Beteiligung des Ethnografen an den Geschehnissen erwartet wird (wie z. B. in Newmahrs Ethnografie eines S/M-Clubs (Newmahr 2008),

---

4 Ethnografisches Schreiben ist gleichwohl mehr als eine Dokumentationsmethode (Hirschauer 2001a).

in dem die Ethnografin Notizen heimlich und unter Zeitdruck in der Toilettenkabine auf ihre eigene Handymailbox sprechen musste). Ethnografen brauchen also Beobachtungs- *und* Dokumentationsmöglichkeiten.

Autopornografische Praktiken machen ihre Teilnehmer zu beobachteten Beobachtern. Einerseits hat so auch der ethnografisch interessierte Teilnehmer eine auf den ersten Blick ideale Beobachterposition, die andererseits aber nur um den Preis zu haben ist, gleichzeitig in die Feldpraktiken involviert zu sein, die mit dem ethnografischen Beobachten konkurrieren. Die eigene gesteigerte Sichtbarkeit durch den bildmedialen ‚Präsentierteller‘ hindert zudem am Anfertigen von Notizen. Die eigentliche Herausforderung für mich war, im Rahmen meiner Studie in den Cammingsessions einerseits so involviert zu sein, dass meine Art zu beobachten den Anforderungen der Cammingpraktik entsprach, und genau dieses Beobachten wiederum später vor die analytische Linse zu bekommen, mir also selbst über die Schulter zu schauen. Ich habe in meinem Forschungsdesign Involvierung und Distanzierung zwischen Situationen aufgeteilt: In der Cammingsituation habe ich mich ganz von der Praktik leiten lassen und mich nicht ethnografisch zurückgehalten bzw. engagiert (gleichwohl ‚funkte‘ der Ethnograf hin und wieder in die lustgesteuerte Beobachtung des Teilnehmers). Mich in der Cammingsituation systematisch *ethnografisch* beim Beobachten selbst zu beobachten war kaum realisierbar, weil die Teilnahme gesteigerte Aufmerksamkeit für den Bildschirm und Engagement ins Geschehen erforderte. Aus Perspektive der erotischen Luststeigerung entsprach dem ein Loslassen und Hingeben an die situative Erfahrung. Die Cammingsession verlangte also zu viel oder zu wenig für ethnografische Abstecher. Diese Distanz habe ich dann, ermöglicht durch den medialen Export eines Teils der Situation aus ihr heraus und durch andere Zugänge (Notizen, Literatur) später eingeholt.

Selbstdokumentationen und Notationen

Im Vergleich mit anderen sozialen Praktiken haben autopornografische Praktiken ein besonderes Verhältnis zu ihrer Flüchtigkeit. Obwohl sich die Beteiligten ein Stück weit auf die Flüchtigkeit der Geschehnisse in einer Cammingsession verlassen (in der Hoffnung, dass die heute gelebte und erlebte private Freizügigkeit nicht mit der beruflichen Zugeknöpftheit von morgen kollidiert), produzieren autopornografische Praktiken laufend Spuren: Die Übertragung von Körperbildern zwischen den Teilnehmern und die Übersetzung sozialer Interaktionen und Praktiken in Bild und Schrift, sonst vor allem Zuständigkeit von Ethnografen, ist hier bereits Teil der untersuchten Praktiken. Dabei entstehen Verdauerungen des flüchtigen Geschehens, fortwährende (Selbst-)Dokumentationen der Praxis. Aus flüchtigen Interaktionen und Selbstdarstellungen wird digitaler „bit-based content" (Boyd 2011: 46). So sind die auf Cammingportalen zu sehenden Körperinszenierungen zwar im Prinzip live und damit flüchtig; die Portale legen jedoch mitunter automatisch Verlaufsdarstellungen der Webcamübertragungen an, indem in regelmäßigen Abständen Standbilder aus der

Liveübertragung gespeichert und als ein visueller Zeitstrahl, als „Historys" auf Nutzerprofilen präsentiert werden. Daneben laden sie Nutzer ein, ihr Profil mit eigenen Fotos von sich dauerhaft auszustaffieren.

Für mein Forschungsvorhaben war es natürlich verlockend, die Produkte dieser bei der erotischen Praxis mitlaufenden Datenproduktion als vorgefundene Dokumente zu nutzen. Lokale Kopien der hier veröffentlichten Bilder anzufertigen und auch, mit entsprechender Software, Mitschnitte der Liveübertragungen anzufertigen und zu speichern, ist eine im Feld, wenngleich kritisch betrachtete, so doch nicht unübliche Praxis, der ich mich auch bediente. Bei meinen ‚Abschöpfungen' musste ich allerdings über die eigenen Dokumentationsleistungen der Praxis hinausgehen. Wenn Nutzer von CammingSite.com Mitschnitte von Webcamübertragungen anfertigen oder Standbilder von Übertragungen speichern, so meist, um sie lokal in einer eigenen Sammlung pornografischer Inhalte zu speichern (und sie dann *als Pornografie* zu betrachten und gebrauchen), oder um diese Inhalte dann auf anderen Webdiensten und Sharing-Portalen wie YouPorn.com oder der Blogging-Plattform *tumblr* mit einer anderen, größeren Öffentlichkeit zu teilen.

Meine eigenen Verwendungsabsichten waren zum einen anders gelagert, etwa im Hinblick auf den Schutz der Identität der Teilnehmer, zum anderen war im Rahmen meiner Forschung die mehrfache Kontextualisierung des Geschehens nötig, das die Bilder der Webcamübertragungen zeigten: Zwar dokumentierte sich das vor den Kameras und *für* die Kameras stattfindende Geschehen in diesen Bildern; Dies galt aber nicht für das Geschehen außen herum – das *auf* dem Bildschirm und das *vor* dem Bildschirm. Die tatsächlichen pornografischen Bilder und bewegten Ansichten nackter Körper, auf die sich die autopornografische Schaulust und Dokumentationspraxis richten, stechen zwar (aus Teilnehmersicht) aus der Bildschirmumgebung hervor und drängen sich dem Betrachter auf, sie werden aber immer im Kontext des restlichen Bildschirminhalts, bestehend aus weiteren Bildern, grafischen Elementen und verschiedenen Arten Text, angezeigt (und betrachtet). Diese visuelle Umgebung rahmt das im Fokus stehende Webcambild zugleich grafisch und semiotisch, und ist so analytisch zunächst nicht von ihm zu trennen. Darüber hinaus sind einzelne Webcamübertragungen in einen fortlaufenden Prozesses des Browsens, Selektierens, Aus- und Einblendens eingebunden, der mit Maus und Tastatur betrieben wird, also als eine körperliche Praxis *vor* dem Bildschirm.

Ich habe für meine Analysen deshalb stets Mitschnitte des gesamten Bildschirminhalts angefertigt. Zeitlich deckt ein Bildschirmvideo, wie ich es im Rahmen meiner Studie angefertigt habe, den Bildschirminhalt vom Einrichten der Webcam, über das Einloggen in ein Cammingportal, über das Browsen und Betrachten anderer Webcams, bis hin zum Beenden der Übertragung und die anschließenden ‚Aufräumarbeiten' auf dem Bildschirm ab. Neben dem Geschehen auf den Bildern der Webcamübertragungen zeigen diese Videos auch weitere Spuren der Praxis wie die Bewegungen meines Mauszeigers oder Chats, samt meinen eigenen Eingaben, aber z. B. auch zunächst eingegebenen und dann wieder gelöschten Nachrichten: Beides sind quasi Spuren meines Blicks in der Cammingsituation, bzw. Hinweise auf diesen Blick.[5]

Gerade bei so bereitwilligen Datenproduzenten wie den Nutzern von CammingSite. com ist die Versuchung groß, alles und jedes, das man im Feld vor Augen bzw. die Linse bekommt, einzusammeln und einem bald nicht mehr zu bewältigenden Datenfriedhof zuzuführen. Um dies zu umgehen, beschloss ich früh im Forschungsprozess, nur visuelles Material zu generieren und gezielt methodisch weiter zu bearbeiten, wenn ich auch selbst aktiv vor der Webcam an den Cammingsessions teilnahm. Beim ,nur' zuschauenden Browsen durch die Webcams anderer Nutzer hielt ich meine Eindrücke lediglich in meinen Notizen fest und fertigte keine Mitschnitte an. Diese Spezifizierung ergab sich auch aus dem praxistheoretischen Ansatz meiner Studie, nach dem die hier produzierten Bilder immer Bilder im Rahmen einer Praktik sind, nach deren Maßgaben und Verständnis und aus deren eigenen Beobachterposition(ierung)en heraus sie betrachtet werden müssen.

Einer stark auf Visuelles fixierten Praxis mit visuellen Methoden zu Leibe zu rücken, scheint zunächst intuitiv plausibel[6], hat aber auch methodische und methodologische Implikationen und bedarf einiger Vorsicht, will man dem Okularzentrismus des Feldes nicht unreflektiert auf den Leim gehen. Eine visuelle Soziologie (auf Basis) autopornografischer Bilder darf diese nicht als selbst-evidente und schlicht abschöpfbare Daten begreifen, sondern muss ihre Visualität und die zu ihr gehörenden Praktiken des Zeigens und Sehens selbst zum Gegenstand machen und das Verhältnis zwischen den feldeigenen Blickpraktiken und der wissenschaftlichen Anschauung reflektieren. Sehen und Wahrnehmen müssen Teil des Gegenstandsbereichs werden.

Analysestrategisch gehörte im Rahmen meiner Studie dazu auch, die scheinbare visuelle Evidenz der Bilder immer wieder zu irritieren, indem sie z. B. wechselnd mit anderen, vor allem textuellen, Datentypen kontextualisiert wurden. In einem ersten Schritt analysierte ich die generierten Bilddaten *als (bewegte) Bilder*, indem ich mir zunächst die Aufzeichnungen im Anschluss an die Cammingsessions bzw. mit zeitlichem Abstand erneut und wiederholt ansah, Sequenzen identifizierte und beim Betrachten erste Notizen und Verschlagwortungen machte. Schon dieses Herauslösen des Videos aus seinem ursprünglichen Kontext war analytisch insofern hilfreich, als mich die Videos im Rahmen der analytisch interessierten Betrachtung im Büro sehen ließen, was ich sonst kompetent übersehen musste, um an der Praktik teilzunehmen (die Steigerungslogik erotischer Lust interessiert sich z. B. recht wenig für

---

5 Ich verfolgte meine Blicke während der Cammingsessions (soweit möglich) aufmerksam und fertigte im Anschluss so bald und schnell wie möglich detaillierte Erinnerungsprotokolle an. Forschungstechnisch derzeit lockende Methoden wie Eyetracking wurden jedoch nicht eingesetzt (vgl. für eine Studie, die die Betrachtung erotischer Stimuli per Eyetracking untersucht, Lykins/Meana/Kambe 2006).
6 Die Untersuchung visueller Praktiken muss natürlich nicht unbedingt mit visuellen Methoden passieren. Vgl. z. B. für eine ethnografische Untersuchung von Videoüberwachung ohne den Einsatz zusätzlicher visueller Medien durch die Ethnografen Norris/Armstrong (1999).

die einzelnen Bewegungsschritte, die eine ‚Pose' hervorbringen). Daneben habe ich auch Möglichkeiten der technischen Manipulation von Videodaten zur Befremdung genutzt (Kalthoff 2003: 83 f.). Die Erhöhung der Abspielgeschwindigkeit war zunächst eine Lösung für eine zunehmende Langeweile und Übersättigung beim Durchsehen der immer gleichen Abläufe, erlaubte mir aber auch, Aspekte von Cammingsessions wie die zeitliche Strukturierung und die Regelmäßigkeit und Eintönigkeit des Browsens durch die übertragenden Webcams auf der Suche nach Erregungspotenzial zu erkennen. Verlangsamte Wiedergabe und Bild-für-Bild-Betrachtung gaben wiederum Einblicke in die Sequenzialität von Abläufen, die auf den ersten Blick gleichzeitig erschienen, z. B. die Abfolge von körperlichen Bewegungen und Chatbeiträgen.

Zusätzlich zu diesen Analysen ‚am Bild' habe ich die Mitschnitte in einem späteren Schritt transkribiert. Bei der Übertragung der Videos in Text ging es nicht darum, quasi verlustfreie Neuausgaben der bewegten Bilder in einem anderen Medium anzufertigen – dies ist schlicht unmöglich: „Notationen [= Transkriptionen, TB] sind immer etwas gänzlich *Anderes* als das Originalbild und sie sind immer sowohl weniger als auch mehr als das Original." (Reichertz 2014: 61) Zwar verwende ich Transkripte von Videos auch im Rahmen dieser Arbeit zur Illustration und Wiedergabe von Felderlebnissen, in meinem Analyseprozess kamen sie jedoch von Anfang an hauptsächlich als Befremdungs- und Analysetool zum Einsatz. Ziel der Vertextung war gerade nicht die „Datenfixierung" (Reichertz 2014: 65), sondern die Videodaten ‚in Bewegung zu bringen': Diese zeigen selbst denjenigen, die in der abgebildeten Situation dabei gewesen sind, nicht alles. Der durch Teilnahme geschulte Blick übersieht Erklärungsbedürftiges, das wieder oder zuallererst zur Sprache gebracht werden muss (Hirschauer 2001a). Ich musste mir im Schreiben erst selbst bewusst machen, was ich dort (nicht) sah. Zudem bedürfen die Bilder, wenn sie als Dokumentation einer Situation taugen sollen, einer Anreicherung durch Wissen und Erfahrungen aus der Cammingsituation, die die Kamera aber nicht einfangen kann. Die Transkripte versuchen also zwar zum einen, sichtbare Abläufe in Sprache zu notieren, sie enthalten aber nicht nur und geben nicht nur das wieder, was die Videos zeigen, sondern was für mich in ihnen sichtbar wurde. Die mitgeschnittenen Bildschirmvideos mussten rekontextualisiert werden, um den Sinn der Praktiken, in die sie involviert waren, zu rekonstruieren. In der Transkription und auch später beim Schreiben von Szenenportraits ‚vervollständigte' ich die Bilder also sozusagen. Wenn ich z. B. in einem Transkript beschrieb, dass ein Teilnehmer auf der Tastatur tippt, kann auf dem Bild *tatsächlich* nur zu sehen gewesen sein, wie sich ein Oberkörper mit gesenktem Kopf und ausgestreckten Armen nach vorne lehnt, und schon auf die Bewegung der Hände musste ich *schließen*. Dieses Vervollständigen mag zwar an einer exakten Beschreibung der Bilder vorbeigehen, verweist dabei aber auch auf eine Teilnehmerkompetenz: Der Teilnehmerblick sieht immer mehr als im Bild tatsächlich zu einem gegebenen Zeitpunkt abgebildet ist (z. B. auch zukünftige Möglichkeiten, den aktuell zu sehenden Körper zu betrachten).

Zur Herausforderung bei dieser Verschriftlichung wurde die Multimodalität des Videomaterials: Chatnachrichten und sprachlich-textliche Bestandteile der Nutzeroberflächen, die bereits in Form von Text im Videomaterial abgebildet waren, schrieb ich ab, hörbare Mitschnitte von Gesprächen über Mikrofon und Lautsprecher verschriftlichte ich, und die bildlich verfassten Gesten und Bewegungen der Körper sowie die Bewegungen der Maus versuchte ich so dicht wie möglich, *move* für *move* (verstanden als „kleinste bedeutungstragende Einheit" – Reichertz/Englert 2010: 13 ff.) in Worte zu fassen. Dieses kleinteilige Suchen nach dem treffenden Wort, die Absicht, ein Geschehen möglichst umfassend zu beschreiben, ermöglichte mir, an der sich beim schieren Betrachten der Videos in Echtzeit schnell einstellenden Langeweile, aber auch an zu schnell weiterschauen wollender erotischer Schaulust vorbei meine Aufzeichnungen mit Aufmerksamkeit zu betrachten. Dieses Vorgehen war zudem hilfreich dabei, mir über die Beteiligung von Gefühlen und Empfindungen an den beobachteten Praktiken klar zu werden: Gerade die bewusste Beschränkung auf Sichtbares triggerte immer wieder den Bedarf, der Beschreibung des Gesehenen auch die Erzählung von Erlebtem hinzuzufügen, und so die Simultanität des Erlebten in der Situation, das Zusammenspiel von Sehen und Empfinden zu rekonstruieren. Die Verschriftlichung des Ges(ch)ehenen und Erlebten diente mir also klassisch ethnografisch nicht in erster Linie zur Dokumentation, sondern war schon ein erster Schritt der analytischen Befremdung und der Herstellung des Falls (s. auch Kap. 2.5.1 und 2.5.2). Ebenfalls ertragreich war das absichtliche Vorbeisehen an der Multimodalität des dokumentierten Geschehens: Bilder ohne die sie rahmenden Texte zu betrachten (und umgekehrt) ließ deutlich werden, wie sehr sich die beiden Aspekte im Ablauf der Praktik erst im Zusammenspiel verständlich machen.

Im nächsten Schritt brachte ich meine Transkripte als ‚Sehhilfen' für die erneute Betrachtung der Bildschirmvideos ins Spiel. Diese erschienen im Licht ihrer Transkription immer wieder anders: Episoden und Sequenzen wurden durch die Notwendigkeit, Anfänge, Schließungen und Übergänge zu beschreiben, später (erst) als Einheiten erkennbar, aus gefundenen Bezeichnungen entwickelten sich Codes, das anzügliche Geschehen auf dem Bildschirm warf gerade im Licht der um einen möglichst objektiv-distanzierten Blick bemühten Beschreibung neue Fragen auf. Zudem diente die Verschriftlichung als Befremdung der Sehkompetenzen, die ich mir als Teilnehmer der Praktik angeeignet hatte: So wurde mir erst bei der Verschriftlichung einer Szene bewusst, dass ich zwar als Teilnehmer in der Situation einen anderen nackten Körper sah, dass das Bild aber im strengen Sinne (sozusagen im fahlen Licht der analytischen Situation betrachtet, und mit einem auf sprachliche Beschreibung eingestellten Blick) nur Teile, Ausschnitte eines Körpers zeigte, die ich folglich in der originären Beobachtungssituation zu einem Anderen synthetisierte bzw. mit Imaginiertem anreicherte. Hier zeigte sich die produktive Verquickung von ethnografischem Sehen und Schreiben.

Um methodisch an den Teil des Geschehens heranzukommen, der sich bei einer Cammingsession vor dem Bildschirm und dabei außerhalb des tatsächlich in der Übertragung sichtbaren Bereichs abspielt, habe ich zum einen die ohnehin schon medial aufgerüstete Camming- und Forschungssituation temporär mit einer zusätzlichen

Kamera ausgestattet, die den Aufbau aus Computer, Webcam und meinem Körper aus einer anderen Perspektive, quasi ‚von außen' filmte. Daneben bedurfte es aber auch nicht visuell-technischer Strategien. Unmittelbar nach den Cammingsessions habe ich Erinnerungsprotokolle angefertigt, in denen ich meine Eindrücke und Erlebnisse festhielt. Zusätzlich habe ich in einem Tagebuch unabhängig von der konkreten Teilnahme an Cammingsessions meine Eindrücke und Erfahrungen im längeren Zeitrahmen gesammelt.

Die verschiedenen so entstandenen Textformate habe ich später zu typischen Szenen oder Situationsportraits synthetisiert. Solch ein Portrait kann etwa auf Basis von Transkriptionen verschiedener Videos, einem Tagebuchauszug und einer Feldnotiz eine typische Aufräumsequenz am Ende einer Cammingsession oder das Anbahnen einer Zweierinteraktion beschreiben. Diese Situationsportraits erheben freilich keinen Anspruch auf ‚Authentizität' im gängigen Sinn. Vielmehr sind sie aus Sicht eines teilnehmenden Beobachters und versierten Teilnehmers einer sozialen Praktik generierte Darstellungen, die typische Situationen und Aspekte autopornografischer Praktiken veranschaulichen können. Sie erfüllen im Rahmen dieser Studie vor allem den Zweck, ethnografisches *showing* und *telling* (Anderson 2006: 381 f.) zu kombinieren, um einen Eindruck meiner Erlebnisse als Teil der Cammingcommunity zu vermitteln. Sie werden in Kombination und im Kontrast mit anderen Formaten verwendet, die andere analytische Zwecke bedienen (z. B. reine Videotranskriptionen für den Nachvollzug von Bewegungsfolgen oder Interaktionszügen und Chatprotokolle für Analysen sprachlicher Aushandlungen).

Der vorliegende Text bringt neben verschiedenen Daten- und Textformaten verschiedene Schreibstile und damit Erkenntniszeitpunkte zusammen: Teilweise ‚führt' der Text den Leser in der ersten Erzählperson durch Situationen, die im Präsens beschrieben sind, an anderer Stelle wird ‚im größeren Bogen' von Erfahrungen und Veränderungen über die Zeit berichtet. Dies ist auch nötig, um der konzeptuell-theoretisch gesetzten Instabilität der beteiligten Partizipanden der Praktik Herr zu werden: Während an einigen Stellen Zustände wie z. B. Nacktheit oder Sichtbarkeit als praktische Hervorbringungen beschrieben werden, bleiben sie, je nach Erkenntnisinteresse, an anderer Stelle eingeklammert und werden als Parameter von Situationen und Eigenschaften von Entitäten vorausgesetzt. Die „dichte Beschreibung" der Praxis (Geertz 1983) soll auch durch diese Mehrebenenhaftigkeit entstehen.

Zur Datenbasis der Studie gehören außerdem Gespräche mit anderen Nutzern der Portale. Bei diesen handelt es sich um natürlich vorkommende (meist: Chat-)Gespräche, die als Teil der untersuchten Praktiken stattfanden; eigens für die Abschöpfung von Teilnehmerwissen initiierte Interviews habe ich nur zweimal durchgeführt, mit Personen, die ich außerhalb der Cammingportale kennengelernt habe (und mit denen ich selbst nie dort interagiert hatte). Gerade weil Studien auf Basis von Teilnehmerberichten über die eigenen Erfahrungen mit erotischen Webcaminteraktionen bereits vorliegen, die Einblicke in die persönlichen Erfahrungen sowie Interpretationen und Reflexionen von Teilnehmern geben, liegt der Fokus dieser Studie auf Camming als soziomaterieller Praktik, womit ihr körperlicher Vollzug und die Wechselwirkung von Körpern und Artefakten in den Vordergrund rücken. Diese praktische Dimension einer Cammingsession lässt sich, wie gesagt, nur schwer erfragen, oder von ihr berichten (wie ich bei der Verschriftlichung meiner eigenen Erfahrungen feststellen konnte), und selbst wenn dies gelingt, so bekommt man sie als Forscher damit noch immer nicht *vor Augen*. Der Schwerpunkt meiner Studie liegt entsprechend sowohl bei der Datengenerierung als auch bei der Analyse auf Beobachtungsdaten.

Beobachtungs- und Beschreibungseinheiten

Bei der ethnografischen Beobachtung autopornografischer Praktiken überlagern sich mehrere Sequenzordnungen und Zeitordnungen, sodass es zu verschiedenen Entsprechungsverhältnissen von Beobachtungs- und Beschreibungseinheiten kommt. Die Beobachtungseinheit des Feldes, also beim Camming, ist die ‚Session‘, die Zeit der eigenen Nutzung von CammingSite.com (zur spezifischen Zeitlichkeit einer Cammingsession s. Kap. 3.3.4). Genauer handelt es sich dabei um den zeitlichen Ausschnitt, in dem es aus Teilnehmersicht ‚etwas zu sehen‘ gibt. Die ethnografische Beobachtungseinheit erstreckt sich in beide Richtungen über deren Anfang und Ende: Für den ethnografisch an der Praxis interessierten Blick gibt es bereits vor dem Aufbau des ‚Sets‘ und auch nach dessen Abbau, wenn die Webcam schon lange ausgeschaltet ist und auch auf dem Bildschirm keine nackten Körper mehr zu sehen sind, Sehenswertes. Weitere zeitliche Einheiten sind markiert durch den Beginn der Übertragung mit der eigenen Webcam und das Ende der Übertragung (eine ‚Show‘), und die zeitlichen Klammern interaktiver Episoden, von denen während einer Cammingsession mehrere, nacheinander aber auch parallel zueinander, stattfinden.

Charakteristisch für die Zeitlichkeit solcher Interaktionssequenzen auf CammingSite.com ist ihre fragmentierte Form, die durch den laufenden Wechsel zwischen verschiedenen Situationen mit jedem Mausklick stattfindet, der einen anderen Gegenüber auf den Bildschirm holt. Dies fiel mir vor allem beim Sichten der Bildschirmvideos meiner Cammingsessions mit zeitlichem Abstand auf. Hier wurden Interaktionen mit einzelnen Gegenübern, für die ich mich mit dem analytischen Blick gerade interessierte, laufend unterbrochen, weil ich (also die Version von mir, deren Verhalten in den Bildschirmvideos visuelle Spuren hinterlassen hatte) durch andere offene Browsertabs klickte und mir Profilseiten von anderen Besuchern meines Chatrooms ansah oder mit wechselnden anderen Nutzern chattete. Dieser stetige Wechsel zwischen Interaktionspartnern ist auf CammingSite.com eine typische und ständige (Hinter-)Grundaktivität. Während einer typischen Cammingsession öffnete ich über ein Dutzend verschiedene Nutzerprofile und Webcamübertragungen, schrieb in mehreren Chatrooms mit, interagierte mit wechselnden Gegenübern, manchmal nur für einen Moment, manchmal für eine Stunde oder länger.

Die interaktiven Episoden, die im Rahmen der folgenden Darstellungen als Vignetten gezeigt werden (genauer: diesen zugrundeliegen), entstanden insofern durch den Analyseprozess, sie sind synthetische Produkte: Eine mehrfach durch andere Aktivitäten unterbrochene Interaktion mit einem anderen Nutzer wird in der Darstellung zu einer Vignette zusammengezogen. Was in der Schriftform des Protokolls wie eine zusammenhängende Interaktionssequenz mit einer ‚Netto'-Dauer von 30 Minuten wirkt, erstreckte sich oft über mehrere Stunden, weil der Austausch mit einem einzelnen Nutzer immer wieder unterbrochen wurde. Die Toleranz von Interaktionen für Unterbrechungen und deren Dauer kann auf CammingSite.com sehr unterschiedlich sein.

Diese Syntheseleistung findet sich schon während der Teilnahme am Geschehen: auch hier können sich in den Augen und im Verhalten der Beteiligten aus dem ständigen Wechselgeschehen einzelne (ihrerseits laufend unterbrochene) Interaktionen als konturierte ‚Schauplätze' oder als Hauptgeschehen hervorheben, neben denen das übrige Geschehen zu einer Art ‚visuellem Rauschen' wird. Für die Darstellung der Cammingpraxis verwende ich im Folgenden teilweise längere, zusammenhängende bzw. zusammengestellte Sequenzen, teilweise ‚werfe' ich aber auch nur Ausschnitte in meine Ausführungen, in Abhängigkeit davon, was gezeigt werden soll. Dieser Wechsel und die fragmentarischen Eindrücke ähneln dem ‚Zappen' zwischen verschiedenen Kontexten, in denen man sich beim Camming wiederfinden kann.

Was zeigen Bildschirmvideos (nicht)?

In welchem Verhältnis stehen die Bildschirmvideos zu den Cammingsessions? Was ist hier zu sehen, wenn das situative Geschehen (bzw. dieser Teil von ihm) als Geschehenes aus der ursprünglichen Situation transportiert wird? Hier lohnt zunächst ein Blick darauf, wie Bildschirme an Cammingsessions beteiligt sind und welchen Status das auf ihnen Angezeigte hier hat. Bildschirme werden beim Camming auf verschiedene Arten und in verschiedenen Graden zu Medien gemacht: Während der Cammingsession ist der Bildschirm der visuelle Fokus und Aufmerksamkeitsfluchtpunkt der Situation. Die Wahrnehmung verengt sich auf das Geschehen im Bildschirm. Hier spielt sich ein großer Teil der situativen ‚Action' ab, der mit dem restlichen körperlich-materiellen Geschehen vor dem Schirm verflochten ist. Der Bildschirm bedient als *Anzeige* die voyeuristische Schaulust, indem er die zahllosen räumlich abwesenden Körper appräsentiert und beobachtbar macht.

Neben dieser Funktion sind Bildschirme in Cammingsessions zusammen mit Kameras zugleich *Visualisierungsinstrumente*, die es den Teilnehmern erst erlauben, Dinge zu sehen, die es außerhalb der Situation (und innerhalb von ihr!) ohne sie nicht gäbe – allen voran den eigenen Körper als visuelles Objekt, das erst durch die Wechselwirkung zwischen dem Medium und dem Körper des Teilnehmers entsteht. Schließlich wird der Bildschirm im Fortgang einer Session zu einer Art *Stellvertreter* für Dinge, die auf ihm zur Anzeige kommen, etwa für ein interaktives ‚Gegenüber' (vgl. Kap. 3.3). Der Bildschirm bringt also räumlich abwesende andere Körper vor Ort zur Ansicht, und bildet (aus Teilnehmersicht) den eigenen Körper am Ort vor der Kamera ähnlich einem Spiegel ab, verweist also auf den Platz vor der Kamera, der zugleich der Ort vor dem Bildschirm ist, von dem aus geschaut wird; daneben zeigt er nicht bildhafte weitere Inhalte wie Chatnachrichten und die grafische Infrastruktur der Software und der genutzten Webseiten an. Der Bildschirm einer Cammingsession ist also nicht einfach nur (irgend-)eine Anzeige. Er wird im situativen Geschehen zu dem Medium, das er ist, wird dort mit seiner spezifischen „Screenness" ausgestattet (Introna/Ilharco 2006).

Meine digitalen Aufzeichnungen des Bildschirminhalts während der Cammingsessions zeigen rein technisch gesehen genau dasselbe, was in der Session auf dem Bildschirm zu sehen war. Was ich *sah*, aber durch die Dokumentation von Mausbewegungen und Klicks auch, *wie* ich es zu sehen bekam bzw. betrachtete. Sie sind insofern zugleich Dokumentationen des Beobachteten *und* des Beobachtens. Mein Beobachterstandpunkt im Rahmen der Cammingsituation ist dem Material so gewissermaßen technisch eingeschrieben, über die Positionierung der Kamera hinaus (Mohn 2007; Schindler/Liegl 2013). Die Videos zeigen, was *Ich-in-der-Cammingsession* aus meinem subjektiven Beobachterstandpunkt heraus im Moment der Teilnahme vor Augen *hatte*. Zugespitzt ist dies bei meinem eigenen Körperbild. Gerade weil ich als Betrachter zwischen der Cammingsituation und der Analysesituation konstant blieb, wurde das Verhältnis zwischen den generierten Bildern und dem Betrachterstandpunkt virulent.

Bewegte Bilder stehen, so stellt der Medientheoretiker Stephan Günzel fest, in einem besonderen Verhältnis zum Standpunkt ihres Betrachters, insofern sie in unterschiedlicher Weise ein sehendes Subjekt implizieren und evozieren. Günzels Analyse verschiedener Typen von „Bewegungsbildern" und ihrer implizierten Betrachterstandpunkte (Günzel 2013) kann als Heuristik für die Klärung des Beobachterstandpunkts im Forschungsdesign meiner Untersuchung genutzt werden. Günzel vergleicht Bewegungsbilder von Ego-Shooter-Computerspielen mit anderen Bewegungsbildern, wie z. B. filmischen Bildern. Erstere machen in der Ich- und Zentralperspektive eine „originäre Sichtweise" für den Betrachter erfahrbar, weil *point of view* und *point of action* hier in eins fallen: Der Spieler sieht sich auf dem Bildschirm handeln, bzw. über die Handlungen auf dem Bildschirm sich selbst als deren Ursprung. Filmbilder, so Günzel, seien demgegenüber zwar immer insofern ‚subjektiv', als sie ebenfalls in Zentralperspektive aufgenommen sind, sie verwiesen damit also auf den Zuschauer, aber nicht auf einen *subjektiven* Standpunkt, von dem aus gesehen wurde. Dort ist niemand, außer der sich unsichtbar machenden Kamera (Günzel 2013: 126). In der *Cammingsituation* verweist diese Ansicht über die Gleichzeitigkeit meiner Bewegungen (etwa mit der Maus) und deren Nachvollziehbarkeit auf dem Bildschirm auf meinen Beobachterstandpunkt vor dem Bildschirm zurück und zeigt mich sozusagen in der dritten und ersten Person gleichzeitig. Der Mitschnitt in der *Analysesituation* zeigt mir mich nur noch in der dritten Person: Ich betrachte mich als jemand anderes und mein Betrachten als das eines anderen. Hier verweist das Video auf einen vergangenen (Zeit-) *point of view*, den es so nicht mehr gibt, und der zu dem, an dem ich hier jetzt sitze, nicht mehr ‚passt'.

Befremdliche Blicke und Blicke befremden

Bei Cammingpraktiken und ihrer ethnografischen Untersuchung überlagern sich verschiedene Blickperspektiven und -arten. Der Blick ist während der Teilnahme an einer Cammingsession fast ausschließlich auf den Bildschirm fixiert, wo er nach potenziell reizvollen Gegenübern sucht, Körperbilder visuell ‚abtastet' und laufend auf der Suche nach neuen Stimuli in Form von Bildern oder Textnachrichten ist. Meine subjektive Wahrnehmung und Aufmerksamkeit zog sich im Verlauf einer Session zunehmend auf den Bildschirminhalt zusammen, die situative Umgebung trat in den Hintergrund, inklusive meiner körperlichen Betätigungen (sprich: Masturbieren und die Bedienung von Maus und Tastatur), die phänomenologisch transparent wurden.

Der Blick am Medium vorbei, und z. B. unvermittelt auf meinen eigenen Körper, fand wesentlich seltener statt. Vor allem der Blick in den Raum und aus der in der Wahrnehmung auf den Raum zwischen Körper und Bildschirm kontrahierten Cammingsituation ‚hinaus' wurde leicht zum befremdlichen Blick, der für mich einen imaginierten Blick ‚von außen' auf die Situation, in der ich mich befand, in meiner Vorstellung aufrief. Mir wurde im fahlen Licht dieser Momente, aus dem Geschehen auf dem Bildschirm herausgerissen, bewusst, dass ich alleine und nackt vor einem Bildschirm saß.

Was im Geschehen einer Cammingsession potenziell krisenhaft sein kann, ist forschungsstrategisch durchaus gewollt: Der Bruch mit der Innensicht des Teilnehmers, um eine ethnografische Außensicht auf das Phänomen zu erhalten. Um am Sog des Bildschirms vorbei und über die Standortgebundenheit meines Blicks als Teilnehmer vor der Kamera hinaus befremdende Ansichten des Geschehens vor und mit dem Bildschirm zu erhalten, setzte ich wie gesagt nach einiger Zeit eine zweite digitale Videokamera ein. Diese stand in der gegenüber liegenden Ecke des Raumes und zeigte den Aufbau des Sets und das dortige Geschehen in einer Totale und Außenperspektive.

Anders als in den Aufzeichnungen der ins Geschehen involvierten Kamera und in den Mitschnitten des Bildschirmgeschehens, hatte diese Kamera Distanz zum Geschehen und eine andere Selektivität, sowohl als die involvierte Kamera als auch als ich selbst. Sie stand in keiner Beziehung zum Gesehenwerden oder Sehen von mir als Teilnehmer, sie ‚starrte' sozusagen undifferenziert von außen auf die Situation. Gerade da mein eigenes Blicken, seine Richtung und Intensität, durch die autopornografischen Interaktionen stark vereinnahmt war, erwies sich die Einführung eines weiteren, ‚technischen Blicks' als hilfreich: In der späteren Analyse dieser Videos wurde mir der (mein) Körper vor dem Laptop richtiggehend fremd. Ich sah einen nahezu regungslos daliegenden Körper, tumb vor sich hin masturbierend und mit leerem Blick in den Bildschirm starrend. Das passte so gar nicht zu meinen protokollierten Erinnerungen von erotischer Spannung und Aktivität während des Cammings. Diesem Körper bei dem zuzuschauen, was er dort machte, hatte etwas Voyeuristisches: Ich betrachtete, *beobachtete* mich wie einen anderen, beliebigen Körper. Bewusst wurde mir diese Perspektive, als ich meinen eigenen Körper zum ersten mal ‚abcheckte': Ich betrachtete und beurteilte ihn wie einen anderen Männerkörper, den ich auf seine Attraktivität und seine Vorzüge visuell ‚abtastete‘ (was mir wiederum bewusst wurde, als ich ein eigenartiges Gefühl deswegen empfand – *„was mach’ ich denn da?“*). Dieser Blick von außen half mir dabei, meinen Blick im Binnenraum der Praktik besser zu verstehen.

Das Video dieser ‚außenstehenden‘ Kamera ist in erster Linie ein ethnografisches Video: Seine einzige Beziehung zur Praxis ist die Dokumentation, ein Erkenntnisinteresse. Damit ergibt sich quasi eine Verschachtelung von Perspektiven: Die statische Kamera spannt einen ethnografischen Beobachtungsraum auf, in dem mit dem Set der Cammingpraktik wiederum ein ethnografisch/pornografischer Beobachtungsraum aufgespannt wird. Damit entsteht eine ähnliche Vervielfältigung der Blicke der technischen Partizipanden der Situation, die die verschiedenen Blickmöglichkeiten menschlicher Teilnehmer spiegelt und dabei erlaubt, deren örtliche Gebundenheit und eingeschränkte Sicht ein Stück weit zu überwinden.

Die ethnografische Re-Präsentation pornografischer Selbstdarstellungen

Im Rahmen dieses Buches gebe ich auf verschiedene Weise Einblicke in meine Erlebnisse auf CammingSite.com. Neben textförmigen Daten verwende ich dafür auch Abbildungen. Ich nenne sie ‚Darstellungen‘, um zu markieren, dass sie im Rahmen dieser Arbeit mit einer bestimmten Absicht von mir eingesetzt und auf bestimmte Weise gerahmt werden, die nicht mit ihrer ursprünglichen Verwendungsweise korrespondiert. Die Bilder stammen aus dem multimodalen und multisensorischen Insgesamt der Cammingsession, und sind daraus in mehreren Schritten herauspräpariert: Zunächst stehen sie meist für kurze Sequenzen, Einheiten, die bereits doppelte Selektionen aus den ursprünglich mehrstündigen Videodaten sind. Aus der vielschichtigen und multifokalen Teilnahme- und Forschungssituation am Computer habe ich einen Fokus und eine Dimension herausgegriffen. Aus diesem Bewegtbild habe ich Bilder wiederum zweifach herausgeschnitten: *zeitlich* durch die Auswahl von Sequenzen oder Einzelbildern (Momenten) und grafisch-*räumlich* durch Zuschnitt auf das, was ich im Rahmen der folgenden Ausführungen zeigen, bzw. mit dem ich etwas zeigen will.

Um die Bilder für den analytischen Blick etwas zu schärfen, habe ich sie pornografisch etwas entschärft, indem ich für die Darstellung in dieser Arbeit die ehemals digitalen Bilder in einem nächsten Schritt in Abzeichnungen im Stil einer Bleistiftzeichnung übertragen habe. Diese Darstellungsform löst einige Probleme (vor allem das der Anonymität der Abgebildeten), verfremdet dabei die ursprünglichen Bilder jedoch nicht nur, sondern konstruiert ganz neue Bilder. Inwieweit sind solche Darstellungen ethnografisch valide und zu gebrauchen?

Die Möglichkeit, im Forschungsprozess entstandene Bilder digital nachzubearbeiten (also zu verändern), wird mitunter kritisch gesehen. Einige naturwissenschaftliche Journals erließen jüngst Richtlinien, um die digitale Veränderung von Bildern in Publikationen zu regulieren (Frow 2012). Die Grenze zwischen der ‚unschuldigen‘ Verschönerung digitaler Bilder und ihrer irreführenden Fälschung ist Gegenstand von Aushandlungen, mit denen auch die Rolle und Bedeutung von ‚Objektivität‘ in wissenschaftlichen Darstellungen verhandelt wird. Die Frage, wann ein Bild noch nah genug oder schon zu weit von der Realität entfernt ist, die es abbilden soll, ähnelt der Diskussion um die Repräsentation ethnografischer Erfahrung in ethnografischem Schreiben und die Validität ethnografischer Berichte. Die Funktion ethnografischen Schreibens ist allerdings nicht die ‚realitätsgetreue‘ Wiedergabe von Wirklichkeit. Dies ist u. a. nicht *möglich*, weil diese Wirklichkeit oft vorsprachlich ist, Nichtsagbares umfasst, und durch ethnografisches Schreiben zuallererst ‚artikuliert‘ wird (Hirschauer 2001a). Die Aufgabe des ethnografischen Autors ist in diesem Sinne, in der Beschreibung das Erlebte ‚zur Kenntlichkeit zu entstellen‘ (Hirschauer 2001a: 445). Ich verwende die gewählte Darstellungsform analog zu Hirschauers Ausführungen zum ethnografischen Schreiben als Zeigeinstrument. Die Bilder werden damit von an der untersuchten Praktik beteiligten Entitäten zu Illustrationen typischer Beobachtungen und Instrumenten ethnografischer Autorschaft. Dies korrespondiert mit ihrer Überführung in eine neue Praxis der wissenschaftlichen Darstellung, die die untersuchte Praxis immer für ihre eigenen Belange und mit ihren eigenen Mitteln zurichten muss.

2.4 Siting und Sighting: CammingSite.com als ‚Feld‘ und seine Schauplätze

Camming ereignet sich an verschiedenen Orten zugleich und über sie hinweg. Hierzu zählen (1) der feste Platz, an dem ein Set für eine Cammingsession aufgebaut ist und von dem aus eine Webcamübertragung stattfindet, (2) die Internetseiten, die die Webcamübertragungen dem Zugriff der Besucher zur Verfügung stellen und (3) die durch den Mediengebrauch entstehende interaktive Situation ‚zwischen‘ den Bildschirmen. Meine Studie kann, obgleich sie im Wesentlichen an einem Ort (nämlich vor meinem Bildschirm) stattfand, in diesem Sinne und in Abwandlung von Marcus (1995) als eine ‚multi*situative* Ethnografie‘ bezeichnet werden: weniger, weil sie verschiedene mit dem Geschehen auf dem Bildschirm assoziierte geografische Orte aufsucht (wie z. B. Greschke 2009), sondern weil sie Situationen aufsucht und untersucht, in denen sich andere Situationen auftun und sich die Grenzen von Situationen verschieben, und indem sie die Praktiken beschreibt, mit denen solche mehrbödigen Situationen entstehen.

Im Fall einer solchen Untersuchung ist von einem ‚Feld‘ im gängigen Verständnis kaum sinnvoll zu sprechen, da sich der Schauplatz der ethnografischen Beobachtung nur temporär und vor allem nur in Abhängigkeit von seinen Komponenten aufspannt; er entsteht simultan mit dem fortschreitenden Eintreten in die Praxis. Der Feldaufenthalt besteht im Fall Camming selbst aus dem fortwährenden Ein- und Ausklinken aus der Situation vor dem Computer (vgl. Greschke 2007). ‚Feldforschung' ist hier also weniger das Aufsuchen eines Ortes, als der Nach- bzw. Mitvollzug der *Verortung* der Praktik.

Das ‚Feld' autopornografischer Praktiken ist verschieden verortet: Auf der Ebene des Beobachtungszugangs ist es an einem Ort nur situativ und zeitlich begrenzt anzutreffen und muss durch die Beteiligten hervorgebracht werden (und dies in noch stärkerem Maß als bei der Feldkonstruktion in jeder ethnografischen Studie). Im Feld zu sein heißt, an den Praktiken teilzunehmen, die das Feld ausmachen, und die es laufend neu konfigurieren. Um dieses Praxisfeld herum (bzw. aus ihm heraus) entspinnt sich daneben so etwas wie eine Community der Teilnehmer, eine ‚Insiderschaft' von kompetenten Teilnehmern, zu der ich sozial Zugang erhalten musste, indem ich z. B. Praktiken, Begriffe und Gepflogenheiten lernte (diesen Aspekt behandelt Kap. 3.1).

Im Laufe meiner Forschung habe ich systematisch verschiedene Cammingportale aufgesucht und zumindest einmal (in aller Regel mehrmals) auch an Camminginteraktionen auf jedem Portal teilgenommen. Die Beobachtungsintensität variierte dabei: Der überwiegende Teil meiner Beobachtungen fand in regelmäßigen (zeitweise täglichen) Besuchen auf zwei ausgewählten Portalen statt, ergänzt um vier weitere, die ich eher sporadisch besuchte. Dazu traten noch andere Dienste wie Chatrooms mit zuschaltbarer Videofunktion, Videochatsoftware (*Skype*) und später auch Smartphone-Apps wie *Instagram*, *Snapchat* und einschlägige Messenger. Diese flankierenden Dienste und Praktiken gehören zum weiteren autopornografischen Praxisfeld.

Alle Angebote, auf denen ich meine Untersuchung durchgeführt habe, waren zum Zeitpunkt der Untersuchung öffentlich und kostenfrei zugänglich. Im Bezug auf die Cammingportale müssen allerdings zwei Relativierungen vorgenommen werden. (1) Dass die Angebote kostenfrei sind, bedeutet nicht, dass sie nicht kommerziell sind. Ähnlich wie pornografische Videoportale (z. B. YouPorn.com, xtube.com), auf denen nicht nur, wie ursprünglich von den Urhebern intendiert, von privaten Nutzern selbst produzierte ‚Amateurpornografie' zu sehen ist, sondern zunehmend auch kommerziell produzierte Pornografie, die, legal oder illegal, von Nutzern in Ausschnitten hochgeladen wird, funktionieren auch Cammingportale teilweise nach dem Anbieter-Kunden-Prinzip. Zuschauer können hier als Kunden gegen Geld die Protagonisten vor der Kamera in private Sessions bestellen, vergleichbar einem *lap dance* in einer Tabledancebar, in der die Modelle dann nur für den Kunden zu sehen sind und nach seinen Anweisungen agieren. Zwar erhoben die von mir besuchten Seiten für die grundsätzliche Nutzung keine Gebühren; gleichwohl standen zahlenden Mitgliedern, wie in einem geschlossenen Club, mitunter erweiterte (Blick- und Interaktions-)Möglichkeiten zur Verfügung. Die Abwesenheit von Zahlungen bedeutet weiterhin nicht, dass Camminginteraktionen frei von ökonomischen Prinzipien sind. Die Interaktion folgt häufig der Logik eines reziprok organisierten Tauschgeschäfts, bei dem die Teilnehmer jeden Zug (das Ausziehen eines Kleidungsstücks, das Zeigen eines Körperteils oder einer Handlung) aushandeln (Jones 2005, 2008). (2) Die Seiten sind zwar öffentlich zugänglich, deshalb aber noch nicht ‚öffentlich'. Zwar sind alle untersuchten Seiten für jedermann zugänglich, gleichwohl verfügen die Teilnehmer über eigene Mechanismen der Schließung und Herstellung von privatisierten Bereichen. Öffentlichkeit ist selbst ein Produkt der autopornografischen Praktiken. Die Frage nach der öffentlichen Zugänglichkeit der Seiten ist gleichwohl von forschungsethischer Relevanz (s. Kap. 2.5.3).

Die Schauplätze autopornografischer Praktiken

Mit erotischen oder sexuellen Situationen sind typischerweise bestimmte Erwartungen an Proximitätsverhältnisse verbunden. Beim Sex, so die Annahme, sind die Beteiligten beieinander, an- und ineinander, typischerweise im direkten Hautkontakt, allenfalls und auch nur partiell unterbrochen durch eine 0,06 mm dicke Schicht Latex. Umso irritierender waren seit jeher Varianten von Sexualität, bei denen Medien beteiligt waren: vom solitären Pornografiekonsum über Telefon- und schließlich computergestützten Cybersex. Alle diese Formen von Sex mit Medien haben gemeinsam, dass die Beteiligten räumlich gesehen allein und voneinander entfernt sind, dabei aber sinnbildlich miteinander unter einer Decke stecken. Statt Face-to-Face oder ‚Skin-to-Skin' gehen die Beteiligten auf Tuchfühlung mit Interfaces und Bildschirmen.

Auf den ersten Blick kann man so in Camming lediglich das sehen, was Thomas Laqueur als „Solitary Sex" bezeichnet hat: Masturbation bzw. mediengestützte Autosexualität (Laqueur 2004). Auf den zweiten Blick kann man in der zurückgezogenen Masturbation zu Bildern anderer Körper oder textuell entwickelten erotischen Fantasien eine interaktive medienvermittelte Form von Sex erkennen, die immer neue Bezeichnungen bzw. Präfixe erhalten hat: „Cybersex", „Internet Sex", „Online-Sex" oder „Net.Sex". All diese Präfixe verweisen vor allem auf einen Umstand: Mit Medientechnologien als Partizipanden erotischer Interaktionen wird Sexualität nicht nur interkorporal und interpersonell, sie wird intersituativ, sozusagen medienvermittelte ‚Telesexualität' mit anderen, oder zwar ‚Autosexualität', aber translokal gemeinsam erlebt. Wo findet Camming nun also eigentlich statt?

Mit dem im Folgenden ausgeführten dritten Blick ist die Entscheidung für das eine oder andere Modell als ein Fall der Markierung von Situationsgrenzen zu erkennen, der Herstellung der Situation des Camming durch (in diesem Fall wissenschaftliche) Beobachter. Wie zuvor erwähnt, begreife ich Camming als dislozierte Praktik; sie findet ‚auf den Cammingportalen' statt, aber gleichermaßen und zuallererst an jedem einzelnen Ort, an dem jemand vor einen Computer mit Webcam sitzt und mitmacht – und das heißt, je nach Blickwinkel, in der Regel: *alleine* an *sich* ‚herummacht'. Den Reiz beim Camming macht für die Teilnehmer nun aber gerade aus, dass sie es als gemeinschaftlich und öffentlich erleben, dass sie für und vor, mit und unter anderen masturbieren. Die Teilnehmer an autopornografischen Praktiken haben also eigene Vorstellungen und Wahrnehmungen davon, wo die Grenzen ihrer Situation verlaufen. Wie kann man diese eigenartige situative Verfasstheit von Camming verstehen?

Ich betrachte im Folgenden zunächst noch einmal wissenschaftliche Begriffsangebote zum konzeptuellen Verständnis mediatisierter Situationen. Im Anschluss gebe ich einen Einblick in meine Situierungsleistungen als Teilnehmer. Schließlich zeigt sich eine weitere Verwandtschaft zwischen meiner ethnografischen Praxis und der autopornografischen Praxis: Beide Praktiken stellen auf ihre je eigene Weise und mit ihren Absichten ‚Schauplätze' her.

Wissenschaftlich-konzeptuelle Situationsanalyse. In der einschlägigen Literatur zu medienvermittelter Sexualität werden die begrifflich prekären situativen Verhältnisse gerne mit räumlichen Metaphern gehandhabt: Das Diesseits und Jenseits von Bildschirm oder der Hör-Sprech-Kombination werden dann mit Begriffen wie „Kommunikationsraum und Wahrnehmungsraum" (Herzer 2000), „utopischer und heterotopischer Raum" (Dekker 2009) oder der hoffnungslos überholten Unterscheidung von „virtuellem und realem Raum" beschrieben. In den Anfängen der Cybersexforschung war vor allem die Idee der kommunikativen Herstellung eines geteilten Raums gängig, in den die Beteiligten dann nach ihrer Übersetzung in Zeichen eintreten. Bei den genannten Begriffspaaren handelt es sich zunächst einmal um eigene Beobachterkategorien und damit Raumkonstruktionen wissenschaftlicher Beobachter, also Beobachtungen und Kategorien *erster* Ordnung. Auch die Teilnehmer an medienvermittelten sexuellen Praktiken machen sich, wenig überraschend, mit Raumkonzepten einen Reim auf die eigenartige Verfasstheit ihrer Positionierung.

Solche Raumkonstruktionen beim Cybersex rekonstruiert, wie einleitend bereits angerissen, der Sexualsoziologe Arne Dekker aus qualitativen Interviews mit Sexchattern. Dekker fragt, wie die Beteiligten die Raumverhältnisse bei ihren Tätigkeiten selbst begreifen. Aus ihren sprachlichen *Re*konstruktionen der Raumkonstruktionen der Teilnehmer arbeitet er mit Foucault (1992) die Unterscheidung von „heterotopischem" Raum (vor dem Bildschirm) und „utopischem" Raum (jenseits der Bildschirmoberfläche) heraus: In den präsentierten Interviewausschnitten steht für einen Teil der Befragten der „utopische" Raum jenseits des Bildschirms im Vordergrund des Erlebens, für einen anderen steht die materielle Situation vor dem eigenen Bildschirm im Vordergrund. Für Dekker sind die beiden Arten der Raumwahrnehmung nun Lösungsstrategien für an euklidisches Raumdenken gewöhnte Bewusstseine: indem sie die paradoxe Situation der doppelten Lokalisierung von Körpern entschärfen, ermöglichen sie überhaupt erst den Cybersex (Dekker 2009: 8). Raumkonstruktionen stellen sich hier hauptsächlich als Wahrnehmungs- bzw. Ansichtssache dar: Wie man sich fühlt, so sitzt man. Solche kommunikativen Grenzmarkierungen finden sich auch in den von mir untersuchten Camminginteraktionen, wenn man etwa „nicht hier" die letzte Hülle fallen lassen will (d. h. sein Gesicht zeigen will), sondern dafür „in Skype rübergeht". Mit der Betrachtung dieser Teilnehmertopologien erfährt man einiges über die Relevanzen der Beteiligten, aber noch wenig über die Situationen, in denen das stattfindet, was dort stattfindet – die materielle Praxis der „realweltlichen Platzierung fleischlicher Körper an materiellen Orten" und der „fiktionalen Platzierung von Zeichenkörpern an semiotischen Orten"

(Dekker 2009: 3 f.). Zu untersuchen ist dann noch, wie die Situierung der Situation(-en) mit der Situierung von Körpern, Artefakten und Medien vollzogen wird, und wie die Grenzen der Situation(-en) jenseits sprachlicher Unterscheidungen markiert werden.

Hirschauer (2015) macht darauf aufmerksam, dass sich durch die Anreicherung von Situationen mit Medientechnologien Situationen multiplizieren, und sich damit auch die Parameter dafür ändern können, was (noch oder schon) als eine Situation gilt. Eine mediatisierte Interaktion umfasse mindestens drei Situationen: Das räumliche Hiersein (1), das medial vermittelte Dortsein des Anderen (2), und den „interaktiven Raum" (3), der sich dazwischen ereignet. Der Situationscharakter eines Ereignisses sei u. a. von seiner zeitlichen Strukturierung durch Klammern, aber auch von Toleranzen für Interaktionspausen abhängig zu machen.

Jenseits der sprachlichen (und kognitiven) Praxis, sich und einem Gegenüber (gleich ob Komasturbant oder Forscher) einen Reim auf die Situationsgrenzen einer mediatisierten erotischen Begegnung zu machen, interessiert mich im Folgenden die ganz ‚handfeste' praktische Konstruktion von Situationsgrenzen. Der Medienanthropologe Manfred Faßler (2008) spricht hier von „User Generated Spaces" und meint damit „erzeugte, belebte, produktiv aktivierte Medien-Räume" (Faßler 2008: 197 f.), die in der Interaktivität zwischen User und Interface entstehen. Sie sind als Effekte dieser Aktivität immer umgebungs- und interaktivitätsgebunden, und bedürfen Praktiken ihrer Hervorbringung und Aufrechterhaltung (und das sind nicht nur Praktiken des Imaginierens oder Formulierens). Solche Praktiken finden in einem materiellen Rahmen ‚vor Ort' statt und greifen auf diesen zu. Es entstehen temporäre und punktuelle „Raumphasen" (Faßler 2008: 208), die immer daran hängen, wie und ob die Interaktion zwischen Medium und Nutzer gerade stattfindet und funktioniert. Translokalität ist nach diesem Verständnis eine Teilnehmervorstellung, Raum eine Beobachtungskategorie (Faßler 2008: 195).

Ich betrachte die ‚Situativität der Situation' autopornografischer Praktiken im Folgenden als Ergebnis und Effekt der autopornografischen Praktiken selbst und werde zeigen, wie durch die Wechselwirkung von Körpern und Medien am *Schauplatz der Praxis* die *Praxis als Schauplatz* entsteht, mit der am einsamen Ort vor Bildschirm und Kamera Sehen und Gesehenwerden möglich werden. Die Cammingsituation ist nicht einfach ‚da', sie ist aber ebenso wenig alleinige Leistung der Teilnehmer und ihrer Fantasie oder Kommunikationen, noch durch die schiere Anwesenheit von Medien bedingt; sie entsteht im Zusammenspiel aller beteiligten Entitäten und ihrer Wechselwirkungen. Der variable Grad der Vermitteltheit dieser Situation ist eine Eigenschaft bzw. ein Effekt der Praxis.

Methodisch stellte sich für die Beobachtung und Beschreibung dieser Situierungsleistungen das eigentümliche Problem der (zu) hohen Verfügbarkeit und zugleich beschränkten Zugänglichkeit autopornografischer Situationen: Einerseits kommen sie zu Hunderten vor, die Frage ist nur, wie man an diese Orte kommt, und wo man dann hinschauen muss. Für meine Beobachtungen war ich ganz auf den Ort *vor* meinem eigenen Bildschirm angewiesen: Der Blick *durch* meinen Bildschirm in andere Situationen war ja bereits Teil und Effekt der situationalen Grenzmarkierungen, die untersucht werden sollten. Die Bildschirmanzeige ist im Rahmen einer Cammingsession visueller Fluchtpunkt und Aufmerksamkeitsfokus. Als skopisches System visualisiert sie, im Sinne von Karin Knorr-Cetina, eine Welt, der die Teilnehmer als externe Realität begegnen, während sie allerdings selbst Teil davon sind und zu dieser Welt durch ihre Eingaben und Transaktionen aktiv beitragen (Knorr-Cetina 2009: 64). Diese ‚Welt da draußen' (zu der auch die anderen Situationen gehören, mit denen die Medien den Teilnehmer vor Ort verbinden sollen) existiert also auch und vor allem in den Praktiken der Teilnehmer vor Ort. Für meine Beobachtungen musste ich also konsequent *auf* und *vor* den Bildschirm schauen, um diese Art der Situationsherstellung zu untersuchen, die ich, wie die anderen Teilnehmer, neben chatten, masturbieren und flirten auch betrieb.

Im Folgenden beschreibe ich im Sinne einer Schwellenanalyse (Wohlrab-Sahr 2011), wie ich als Teilnehmer in die Cammingsituation ‚hinein' und wieder ‚heraus' kam. Dabei fokussiere ich auf sechs Phasen der Situierung der Cammingsituation und die Übergangspunkte zwischen ‚drinnen' und ‚draußen'. Eine detailliertere Innenansicht der einzelnen Phasen erfolgt im weiteren Verlauf des Buches.

1. *Getting the situation together.* Camming findet in einem ‚Set', einer Anordnung von Medien, Artefakten und dem Körper des Cammers statt, das temporär (für die Dauer einer Session) aufgebaut wird (vgl. Kap. 3.2). Dafür werden zunächst physikalische Räume und Zeiträume ausgewählt, an denen das Set aufgebaut und Camming stattfinden kann, und werden so zu Orten gemacht. Dann werden an diese so ‚begonnenen Orte' Dinge gebracht und *um* einen Ort arrangiert, der damit (erst) als Setting der späteren Teilnahme entsteht: ein Laptop wird zum Bett getragen, eine entsprechende Unterlage für ihn gesucht, die Webcam angeschlossen etc. Mit dem raumsoziologischen Beschreibungsvokabular von Martina Löw (2001) kann man hier eine Form von „Spacing" erkennen: Mit dem Einrichten der Situation, indem Dinge und Körper an ihre bestimmten Stellen positioniert und entsprechend in Relation zueinander gebracht werden, wird der Raum der Praxis ‚aufgespannt'. Dieses Spacing ist immer schon auch ein *Siting*, die Herstellung eines ‚Schauplatzes' nach Kriterien der Sichtbarkeit für Andere, räumlich nicht Anwesende: Durch die Positionierung und Ausrichtung der Kamera auf einen Teil des Raumes wird ein Bereich des potenziell Sichtbaren (de-)markiert, der dann weiter ausgestattet wird. Ein Bezugspunkt ist dabei der später in diesem Set eingefügte Körper. Dinge wie Handtücher, Sextoys etc. werden in seine Reichweite und/oder außer Sichtweite gebracht.

2. *Getting on Set.* Dieser Prozess geht weiter, wenn der eigene Körper in die so entstandene materielle Anordnung integriert wird. Zunächst, indem er räumlich hinbewegt wird, dann indem der Aufbau an den Körper und der Körper an den Aufbau angepasst wird: Bildschirm, Kamera und Körper werden so zueinander in räumliche Relation gebracht, dass der Körper den Bildschirm und die Kamera den Körper sehen

kann, und der Teilnehmer sich selbst und den Computer manipulieren kann. Der Körper wird so zum Bestandteil, zu einer Komponente des Sets und bereits durch dieses materiell mitgeformt.

3. *Getting on Screen*. In meiner eigenen Praxis war ich zu diesem Zeitpunkt zunächst noch ‚offline', d. h. mein Laptop hatte zwar eine Internetverbindung, ich war aber noch auf keiner Cammingplattform eingeloggt und hatte die Übertragungsfunktion meiner Webcam noch nicht aktiviert. Davor richtete ich zunächst die Webcam und meinen Körper aneinander aus, indem ich ein Programm verwendete, das mir das Bild meiner Webcam zeigen konnte, ohne dass es dafür bereits öffentlich übertragen werden musste. Der Bildschirm war zu diesem Zeitpunkt noch eine Anzeige, die wie ein Spiegel funktionierte, zugleich aber schon einen spezifischen Körper visualisierte. Zu einem skopischen System im Sinne Knorr-Cetinas – zu etwas, das ‚eine Welt' darstellt, zu der man sich dann verhalten kann, und das entsprechend auch die Situation für mich ausweitete – wurde der Bildschirm erst im und durch den weiteren Ablauf der Praxis. Hirschauer unterstreicht die Bedeutung des Körpers als ‚Anker' von Situationen (entgegen der üblichen Rede von der Körperlosigkeit mediatisierter Interaktion) und begreift die mediale Infrastruktur als „Situierungsleistung, die das gleichzeitige Geschehen an vielen Orten der Welt an die sensuellen und kognitiven Möglichkeiten eines hier und jetzt agierenden Körpers anpasst" (Hirschauer 2015: 124).

Medien appräsentieren immer den Sinnesleistungen eines Körpers etwas (und werden von Körpern rezipiert). Anders als beim rein voyeuristischen Pornokonsum im Internet appräsentiert das Bildschirmmedium in einer Cammingsession nicht nur ‚von außen', also Situationen jenseits des Bildschirms. Es legt zuallererst eine weitere Dimension in die Situation ‚vor Ort', indem es den *eigenen* Körper auf dem Bildschirm dupliziert, vor und auf dem sich der Teilnehmer dann quasi simultan befindet. Damit entsteht ein ‚Link' zwischen Medium und Körper: die Körperwahrnehmung ist bereits vor Ort (teilweise) medial vermittelt. Der Bildschirm re-präsentiert den eigenen Körper so, wie ihn der Teilnehmer sonst nicht sehen kann, nämlich aus der Sicht Anderer. Schon damit werden verschobene Situationsgrenzen zumindest vorbereitet und angedeutet. Sich selbst auf dem Bildschirm zu sehen, führt die potenzielle situationsübergreifende Sichtbarkeit des eigenen Körpers bereits vor Augen.

4. *Getting together*. Nach dem Einloggen fordert das Portal den Nutzer dazu auf, sich mit einer so genannten ‚Statuszeile' an andere, an sein zukünftiges Publikum, zu richten und die Übertragung der eigenen Webcam zu starten. Sobald der Button mit der Aufschrift ‚Übertragung starten' auf der Benutzeroberfläche geklickt wird, das grüne Licht an der Webcam aufleuchtet und die eigene Übertragung beginnt, sind ‚die Anderen' als *potenzielle Andere* präsent. Ihre Präsenz stellt sich, noch vor allen konkreten Anzeichen, im Erleben ein, mit dem subjektiven Gefühl, (potenziell) für andere sichtbar zu sein. Dieses Gefühl äußert sich in einer kurzen gesteigerten Aufmerksamkeit für den eigenen Körper, die sich auch in einer körperlichen Reaktion beobachtbar macht (aufrecht sitzen, ein prüfender Blick auf den Bildschirm). Es folgt die Vergewisserung, *ob tatsächlich jemand zuschaut*: Der Blick sucht hier nach Zei-

chen für die Anwesenheit anderer: eine angezeigte Zahl von anonymen Zuschauern, eine Liste von Nicknames aktuell zugeschalteter Zuschauer in der Besucheransicht neben der eigenen Webcam, oder auch Nachrichten im Chat. Damit wird immer wieder gestisch aktualisiert und ausagiert, dass es sich um eine (potenziell) öffentliche Situation handelt, es wird immer wieder die Blickperspektive anderer ganz konkret eingenommen (man ist sich ihrer nicht nur bewusst). Das einsame Sitzen vor dem Bildschirm wird mit diesen ersten Vollzügen, dieser typischen Eröffnungssequenz, zu einer (proto-)sozialen Situation, insofern ich mich als wahrnehmbar und potenziell adressierbar erlebte (zur sukzessiven ‚Population‘ autopornografischer Situationen vgl. Kap. 3.3).

Hinzu kommt, dass die Situation *vor* dem eigenen Bildschirm *auf* dem Bildschirm mit anderen Schauplätzen in Beziehung gesetzt wird; zunächst durch visuelle Relationierung: Neben den Vorschauansichten der aktuell übertragenden Webcams wird u. a. der geografische Ort, an dem sich der Übertragende aufhält, angezeigt wird (vgl. die Darstellungen 3.1 und 5.3). Das Cammingportal stellt sich als einen translokalen Ort dar und her, *indem* es auf die konkrete Örtlichkeit der zu sehenden Körper explizit verweist und macht damit den Ort vor der eigenen Kamera zu einem Ort unter vielen, die es grafisch wie sinnhaft miteinander vernetzt. Die Synthese von Situationen geht innerhalb des Bildschirms (im Rahmen des Bildschirms) weiter: In den Webcamübertragungen derjenigen, denen ich zuschaute, sah ich nicht selten auch deren Bildschirme und damit, was *sie* in den Situationen ‚auf dem Schirm‘ hatten. So entstand auf dem Display eine Ansicht einer Beobachtungsordnung mehrerer ‚ineinander verschachtelter‘ Situationen und ihrer visuellen Verkettung, innerhalb derer ich mich selbst verorten konnte. Die Situierungsleistung des skopischen Mediums liegt also darin, dass es über eine grafische Darstellung ein Netzwerk von Situationen erzeugt, in das es die Situation hier und jetzt, in der sich der einzelne Teilnehmer mit allen Sinnen wiederfindet, über einen bildlichen Platzhalter einfügt.

5. *Getting in the mood (and getting it on).* In dieser protosozialen Situation, noch vor jeder Interaktion mit anderen, findet vor allem Interaktivität zwischen Medium und Nutzer(-körper) statt und es stellt sich eine spezifische Form der Wahrnehmung und des Erlebens ein. Die Wahrnehmung zieht sich sukzessive auf den Bildschirm zusammen, der gespürte Körper tritt in den Hintergrund. Die Hände bewegen sich wie automatisch, fortwährendes Browsen, Klicken und Scrollen, ein Sich-treiben-Lassen und Den-Blick-schweifen-Lassen. Zur Manipulation des Computers tritt die masturbatorische Berührung des eigenen Körpers. Diese Selbstberührung ist zu großen Teilen automatisch, sie läuft beinahe wie im Hintergrund ab; das Wesentliche geschieht jetzt *auf* dem Bildschirm: Webcams werden aufgerufen, ‚weggeklickt‘, in offenen Browser-Tabs auf Stand-by gehalten, auf dem Bildschirm herumarrangiert, im Wechsel immer und immer wieder kurz tatsächlich angeschaut. Hierbei handelt es sich nicht unbedingt um eine Suche nach einem konkreten Interaktionspartner. In meinem Wahrnehmungshorizont war für mich klar, dass ich potenziell mit den Personen auf den Bildern in Kontakt treten könnte. An diesem Punkt (der sich eher ‚anschleicht‘ als schlagartig

bemerkbar macht) ist man ‚drin'. Man ist dabei immer noch ‚vor Ort', verändert hat sich allerdings vor allem der „Wahrnehmungsstil" (Saerberg 2006). ‚Drin' oder ‚on' ist man ab hier allerdings nicht ein für alle Mal – dieser Zustand muss laufend aufrechterhalten werden, als Prozess weiterlaufen (vgl. Kap. 3.3.4).

Die Situationsgrenzen der Cammingsession verschwimmen also schon ‚vor Ort': Die Situation vor dem Schirm und die auf dem Schirm sind nicht mehr eindeutig zu trennen; sie sind fortwährendes Ergebnis von Situierungsleistungen und orientieren sich dabei aneinander. Die einzelnen Komponenten der Situation werden laufend verändert und immer neu integriert. In diesem laufenden Prozess bestehen zugleich das ‚Drinsein' und die Grenzen dessen, in dem man da ist. In situierten Praktiken, die hier und jetzt stattfinden, entsteht das spezifische ‚Hier und Jetzt' der Cammingsession. Das ‚Synthetische' dieser Situation liegt nicht allein in der Anreicherung der vermeintlich natürlichen Situation mit Informationsgehalten, sondern wesentlich darin, dass diese Situation fortwährend zusammengefügt wird, sowohl in der Wahrnehmung als auch durch praktische Vollzüge.

6. *Getting off* & *Getting out*. Das obligatorische Ende einer Cammingsession markiert aus Teilnehmersicht in der Regel der eigene Orgasmus (vgl. Kap. 3.3.3). Von hier aus wird die Situation umgekehrt sequenziell wieder dekonstruiert: Die Wahrnehmung verändert sich, die Kamera wird ausgeschaltet, das Browserfenster geschlossen, der Körper aus dem Set entfernt und dieses schließlich wieder abgebaut. Die Nutzer von CammingSite.com stellen also beim und für das Camming die Situationen her, die sie dann transzendieren. Die Teilnehmer betreiben simultan „Sighting" und „Siting" (Welz 2009): Mit der Art, wie sie die Situationsgrenzen praktisch definieren, produzieren sie ‚Schauplätze', an denen es etwas zu sehen gibt und an denen sie gesehen werden können. Dieses Definieren ist ein bestimmtes Wahrnehmen und körperliches Verhalten, ein praktisches Aushandeln durch den Umgang mit Artefakten und dem eigenen Körper.

Als ethnografischer Beobachter einer Praxis erotischer Beobachtung habe ich sozusagen doppelt dasselbe gemacht wie die anderen Teilnehmer. Zum einen habe ich als Teilnehmer an den Situierungspraktiken des Feldes teilgenommen. Zum anderen – davor, dabei, danach – habe ich als Ethnograf an den Situierungspraktiken meiner Fachkultur teilgenommen, bei der Feldforschung sowie auch immer wieder im Rahmen der Ausführungen in diesem Buch. Das ‚Feld' ethnografischer Forschung ist in einem ähnlichen Sinn (und bereits in nicht mediatisierten Zusammenhängen) als eine Konstruktion des ethnografischen Beobachtungs- und Forschungsprozesses zu verstehen: Dass es sich bei den Orten, an denen Ethnografen arbeiten (bzw. bei dem Ort vor Computer und Webcam), um Schauplätze (*sites*) handelt, an denen es etwas zu sehen gibt (*sights*), ist Ergebnis von diese Orte bewerkstelligenden Praktiken.

Die Transsituativität des Sozialen wurde von der Ethnografie nicht erst im Zusammenhang mit dem Vormarsch moderner Telekommunikationstechnologien als Herausforderung erkannt. Die Annahmen der örtlichen Gebundenheit, klaren Umgrenzbarkeit und der Angesichtigkeit als dominantem Modus von Sozialität im ‚Feld' wurden sukzessive als Mythen der Feldforschung reflektiert. Die variable Reichweite sozialer Anlässe ist ein grundsätzlicher Parameter ethnografischer Forschung (vgl. Hirschauer 2015: 130). Die Grenzen eines Ortes oder Gebietes als Forschungs-,Site' werden von Forschenden gesetzt, die damit diese Orte als Schauplätze hervorbringen (Welz 2009: 202 f.). Zu dieser *field work* gehören z. B. die Auswahl mancher Orte als ,mögliche', d. h. analysier- oder beobachtbare Felder, die Auswahl von konkreten Orten für eine Untersuchung im Rahmen einer *multi-sited ethnography* (Marcus 1995: 96), oder die Einrichtung der ethnografischen ,Linse', ob man sich z. B. für ein gesamtes soziales Feld interessiert, oder auf einen Ausschnitt, etwa eine Situation fokussiert (Knoblauch 2001). Aber auch die Art, wie Informanten ausgewählt werden und wie mit ihnen gesprochen wird – die soziale Konfiguration des Feldes – wird nicht selten durch Visa und Einreisemodalitäten mit entschieden, oder durch die Aussicht auf Finanzierungs- und Karrierechancen oder disziplinäre Trends (Gupta/Ferguson 1997: 11). Die spezifische ,Erfassung' eines Feldes und Feldaufenthalts in ,Daten' ist eine weitere Praxis, in der das Feld als Ort der Beobachtung erst entsteht, z. B. in einer Hochauflösung, die seinen üblichen Bewohnern nicht zugänglich ist, oder die sie gar nicht interessiert (z. B. mit dem Einsatz von Aufzeichnungstechnik).

In meiner Forschung war diese Arbeit am Feld ganz ,handfest': Ich habe das Feld nicht nur symbolisch konstruiert, ich habe es materiell aufgebaut. Schon in meiner methodologischen Positionierung definiere ich konzeptuelle Situationsgrenzen und positioniere mich ,innerhalb' von ihnen, wenn ich behaupte, dass man von ,hier' schauen müsse. Um dort aber überhaupt etwas zu sehen, musste ich ,von außen' draufschauen. ,Von außen' heißt hier ganz wörtlich: nicht nur aus der *kognititven Perspektive* eines Teilnehmers, sondern etwa durch die Perspektive der zweiten Kamera. Begreifen erfordert hier ein ständiges Anpacken.

Neben dieser strukturellen Frage nach dem Feld autopornografischer Praktiken und dem Zugang zu seinen Schauplätzen stellt sich im Rahmen (m)einer Ethnografie die Aufgabe, Zugang zur Gemeinschaft der Teilnehmenden zu bekommen, um aus einer Binnenperspektive beobachten zu können. Mein Zugang gestaltete sich hier in einer Abfolge von Phasen, in denen ich sukzessive in die zur Praxis gehörenden Vorgänge und die Gepflogenheiten des Feldes involviert wurde. Teilnehmer zu werden, bedeutete für mich, graduell vom distanzierten Beobachter zum involvierten Darsteller zu werden. Teilnehmen hieß für mich zunächst, die auch im Feldjargon so genannte Position eines *Lurkers* einzunehmen, also zunächst nur die Webcamübertragungen anderer zu betrachten und sonst selbst nicht aktiv teilzunehmen, anonym zu beobachten und nicht selbst vor der Kamera oder in Chats aktiv zu werden (Attwood 2009). Der nächste Schritt bestand darin, selbst Nutzerprofile auf verschiedenen Seiten anzulegen und während des Zuschauens mit anderen Nutzern zu chatten. Schließlich habe ich die Grenze zwischen Zuschauer und Darsteller ganz eingeebnet und selbst mit und vor der Kamera teilgenommen. Die spezifische Form von ,Gemeinschaft' autopornografischer Communities und meine Zugangsschwellen erörtere ich in Kapitel 3.1.

2.5 Methodische (Scham-)Grenzen der Autoethnografie

So wie autoethnografisches Forschen Grenzen überschreitet, die andere Forschungs-
ansätze typischerweise aufrecht erhalten (Distanzgrenzen zum Feld, Grenzen zwischen Forscher und Feld, Grenzen zwischen Erlebtem und Publiziertem), so stößt
autoethnografische Forschung ihrerseits an methodische Grenzen. Neben den bereits
thematisierten forschungspraktischen Herausforderungen kann es sich dabei auch
und speziell um persönliche Grenzen der Forschenden handeln. Dies trifft vielleicht
in besonderem Maße auf Arbeiten zu, die sich sexuell konnotierten Themen widmen.
Sexualität, und vor allem solche Praktiken, die häufig als deviant oder anstößig beäugt werden (wie z. B. Fetischsexualität oder prostitutiver Sex, aber auch der hier
im Fokus stehende Pornokonsum oder Masturbation) sind auf Seiten derer, die sie
ausüben, nicht selten schambehaftet. Gefühle der Scham markieren die Grenze zwischen dem gesellschaftlich Akzeptablen, ‚Anständigen‘ und dem sozial Suspekten
oder Verwerflichen.

In meiner Forschung mussten Schamgrenzen auf verschiedenen Ebenen über-
schritten werden. Die Erforschung autopornografischer Praktiken konfrontierte mich
zunächst einmal stark mit sehr Persönlichem: mit mir selbst, meiner Beziehung zu
mir und meinem Körper, meinem Selbstbild. Eine erste zu überwindende Grenze, nach
dem Schritt, vom Zuschauer zum Anschauungsobjekt zu werden, war in meiner Arbeit
die persönliche Grenze, mir vermittelt über die untersuchte Praktik selbst ‚ins Auge‘
zu sehen, bzw. einen neuen Blick auf mich selbst und meinen Körper zu erwerben und
diesen sozusagen auch ‚auszuhalten‘. Wie sich erwies, war er zudem mit dem Wechsel
aus dem Feld bzw. dem Ende meiner Teilnahme im Feld nicht leicht abzulegen. Gerade
autoethnografische Studien zu körpernahen Praktiken haben das Potenzial, auf diese
Weise ‚unter die Haut zu gehen‘.

Daran schließt die Überschreitung der (Scham-)Grenze an, das als sehr persönlich
Erlebte einem Publikum zu erzählen und öffentlich zu machen, um damit Aussagen
über ein Feld oder eine soziale Praktik machen zu können. Gerade die eigene Erfahrung und Selbstbeobachtung sind wichtige Datenformate und Erkenntnisquellen autoethnografischen Forschens.

Nicht unwesentlich sind schließlich professionelle und disziplinäre Grenzen, innerhalb derer sich das eigene Vorgehen rechtfertigen und positionieren muss. Jenseits
des richtigen Maßes und Umgangs mit persönlichen Narrativen gehört dazu auch die
Reflexion darüber, wie mit anderen umgegangen wird, die in die eigenen, persönlichen Erfahrungen des Forschers verstrickt waren und dazu beigetragen haben.

2.5.1 Sprechprobleme und Schreibhemmungen

Der selektive Umgang mit im Feld Gesehenem und Erlebtem ist notwendig Teil jeder
Ethnografie. Über die Selektionskriterien kann durchaus spekuliert werden. Verständ-

licherweise möchte man davon ausgehen können, dass immer nur wissenschaftliche Maßstäbe entscheiden, was publiziert wird und was unveröffentlicht bleibt, und geht gerne davon aus bzw. hält an der Prämisse fest, dass Ethnografen tugendhaft, präzise, aufrichtig und anständig sind. Fine (1993) weist darauf hin, dass man mit diesen Annahmen und Hoffnungen allerdings schnell prominenten (Selbst-)Täuschungen der ethnografischen Zunft erliegt. Dass Ethnografen oft genug lasterhaft, schlampig, unehrlich und lüstern sind, ist aber nicht notwendigerweise bösen Absichten oder Unprofessionalität geschuldet, so Fine, sondern kann schlicht unvermeidbar oder sogar unumgänglich sein, um z. B. deviante, klandestine oder die Aufmerksamkeit überfordernde Praktiken zu untersuchen. Die ethnografische Darstellung von Erlebnissen im Feld ist immer schon eine Edition, die bestimmte Dinge hervorhebt und dafür in Kauf nimmt, dass andere unsichtbar werden. Das Ausbleiben von Inhalten geht auf verschiedene Ursachen zurück: Kürzungen aus Platzgründen oder zur thematischen Zuspitzung sind übliche und akzeptierte Formen der Auslassung. Doch auch die Entscheidung für ein Transkript statt eines Bildes oder eines Videos ist eine technisch bedingte Form der Auslassung. Dazu treten sanktionierte Auslassungen, die dazu dienen, Material zu verschweigen und zu verbergen.

Der Verdacht der systematischen Verzerrung des ethnografischen Berichts durch Verschweigen und Schönen kann im Fall den Forscher potenziell diskreditierender oder gar stigmatisierender Praktiken schnell im Raum stehen. Gerade sexualisierte Praktiken bieten eine Vielzahl von möglichen Schwierigkeiten, mit ihrer Untersuchung als wissenschaftlich redlich durchzugehen. Sexuelle Anziehung zu anderen im Feld muss man z. B. üblicherweise zwischen den Zeilen von Ethnografien herauslesen (Grauerholz u. a. 2013). Umgekehrt steht auch das zu großzügige Teilen von persönlichen Erlebnissen während des Feldaufenthalts unter Verdacht.

Ethnografen sollen also einerseits Einblicke geben, aber andererseits auch nicht zu viele. Der Balanceakt meiner Studie bewegt(e) sich also zwischen der Anforderung, einerseits eigene (Scham-)Grenzen zu durchbrechen und Dinge zu versprachlichen, zu konfrontieren und zu veröffentlichen, andererseits fremde Grenzen zu respektieren und das richtige Maß zwischen nötiger Veröffentlichung und zu weit gehender Entblößung zu treffen. Tatsächlich setzt sich die Selbstentblößung, die bei meinen Feldaufenthalten erforderlich war, in diesem Buch in gewisser Weise fort. Im Verlauf meiner Ausführungen gebe ich Einblicke in Dinge, die ich getan und erlebt habe, und die als absolut privat, vielen auch als anstößig, vielleicht auch ekelhaft gelten, und die speziell im Rahmen einer wissenschaftlichen Arbeit schnell fehl am Platz wirken – was in der einen Situation angemessen, gar erforderlich erscheint, ist in der anderen unpassend, peinlich, schambesetzt. Die unweigerlich editierten, aber auch für das Verständnis autopornografischer Praktiken nötigen Inhalte müssen ihrerseits reflektiert werden.

1. *Beim Schreiben.* Als intim geltende Lebensbereiche, Praktiken und Empfindungen sind oft stumm oder sprachlos: Das Verhältnis zum eigenen Körper oder zur eigenen Attraktivität, sexuelle Wünsche und Fantasien u. Ä. bleiben außerhalb persön-

licher Tagebücher oder therapeutischer Gespräche nicht selten ungesagt oder unformuliert. Ich stand bei meiner eigenen Arbeit früh vor dem Problem, derlei Dinge, noch vor dem Problem der Wortwahl überhaupt *zur* Sprache zu bringen. Anders als bei der Beschreibung einer Situation, die sich zunächst an einer Auflistung von Ereignissen entlanghangeln kann, hatte ich hier keinen Ansatzpunkt. Die so entstandenen Texte erweckten in mir oft den Eindruck therapeutischer Selbsterzählungen. Bereits beim Formulieren der eigenen Gedanken und Verschriftlichen der eigenen Erlebnisse hatte ich also schon mit der ‚Schere im Kopf' zu schaffen, die nach der wissenschaftlichen Relevanz und Sagbarkeit dessen fragte, was ich dort formulierte. Meine Schwierigkeiten gehen über Techniken der Imagepflege im Sinne Goffmans (1986) hinaus: Es geht hier um ein grundsätzlicheres Unvermögen, Dinge in Sprache zu fassen.

2. *Beim Ansehen.* Die ethnografische Auseinandersetzung mit autopornografischen Praktiken erfordert, sich mit den angefertigten Daten intensiv zu beschäftigen. In meinem Fall handelte es sich neben Daten in Textform vor allem um das generierte Bild- und Videomaterial. Mir dies bei der Datenanalyse wiederholt anzusehen hieß in meinem Fall nun auch, mir selbst immer und immer wieder bei Aktivitäten zuzuschauen, die in der (bekleideten!) Analysesituation in anderem Licht erschienen, und mich damit konzentriert zu befassen, um hinter ihrer Offensichtlichkeit auf ethnografisch Aufschlussreiches zu stoßen. Man muss sich bewusstmachen, wie eigentümlich und ungewohnt diese Tätigkeit ist. Bald stellten sich, vor allem zu Beginn meiner Forschung, Unlust und eine eigenartige Fremdscham mir selbst gegenüber als methodische Probleme ein: Der ethnografische Blick hatte sozusagen nicht immer dieselbe Schaulust und Lust beim Schauen wie der pornografische, und mochte schnell am liebsten gar nicht hinsehen. Mich acht Stunden am Tag konzentriert und auf diese Weise mit mir selbst, bzw. dieser Version meiner selbst, zu beschäftigen, brachte mich auch an konditionelle Grenzen. Ich stieß hier quasi auf das umgekehrte Problem der beschriebenen erotischen Schaulust, die sich in den Analyseprozess einschlich.

3. *Beim Weitergeben.* Hatte ich bereits beim Aufschreiben und Verschriftlichen meiner Erlebnisse den ersten Schritt von der persönlichen Erfahrung hin zu einem potenziell öffentlichen Bericht gemacht, und insofern schon ein unbestimmtes Publikum im Hinterkopf, so wurde dieses Publikum mit den ersten Data Sessions im Kolleg/-innenkreis und den ersten Vorträgen zum Thema noch einmal anders aktuell. Zwar hatte ich mich nach einiger Zeit daran gewöhnt, mich selbst auf dem Bildschirm zu sehen und mit den Videodaten unaufgeregt analytisch umzugehen; unter dem ‚Vorzeichen' betrachtet, dass Andere (nicht an der ursprünglichen Cammingsession Beteiligte) sie sehen, erschienen sie mir jedoch wieder peinlich und schlicht unzeigbar. Oftmals wurde mir erst bewusst, dass ich in einem Video zu sehen war, als es daran ging, es für die Verwendung in einer Data Session oder einem Vortrag aufzubereiten. Das Publikum waren zudem konkrete Andere: persönliche Bekannte und (in Personalunion) professionelle Kolleg/-innen, die auf den Bildern und in den Protokollen nicht nur (irgend-)einen Körper und Teilnehmer, sondern auch ‚mich' erkennen wür-

den. Diese (visuellen und imaginierten) Bilder würden in ihr Bild von mir eingehen. Als besonders prekär empfand ich den Umstand, dass wir in der Data Session diese Bilder gemeinsam betrachten würden und ich Zeuge der Blicke Anderer auf mich werden musste. Ich war in dieser Situation sozusagen in zwei Ausgaben meiner Person anwesend, und mit Facetten und Ansichten von mir im Gepäck, die üblicherweise nicht in solchen Situationen vorkommen. Beim Auswählen von Protokollen und Passagen stellte ich bald fest, wie mein Blick nach Passagen suchte, die ich als potenziell peinlich wahrnahm, um sie dann zu umgehen.

4. *Beim Publizieren.* Mit der Veröffentlichung meiner Daten für ein unbestimmtes Publikum im Rahmen einer (dieser) Buchpublikation wird dieses Publikum die Referenzöffentlichkeit, an deren erwarteter Reaktion ich mein Verhalten ausrichte. Meine Daten werden zugleich noch weniger flüchtig als in einer Vortragssituation, und die unmittelbaren Reaktionen darauf für mich nicht mehr nachvollziebar und kontrollierbar. Es ist nicht mehr, wie in Vorträgen, genau steuerbar, wann und für wie lange welche Zuschauenden was zu sehen bekommen. Vor diesem Hintergrund zeigt der vorliegende Text nicht alles. Er verbirgt vieles und schließt damit in gewisser Weise an das ‚Spiel‘ mit Zeigen und Verbergen in der autopornografischen Praxis an. Der Ethnograf muss kein alles offenbarender Erzähler sein; er kann sich dieselbe Art von *facework* (Goffman) zugestehen, wie sie beispielsweise Interviewteilnehmer eigenmächtig für sich in Anspruch nehmen. Gleichwohl hat er eine andere Verpflichtung: seinen privilegierten, exklusiven Blick ‚hinter die Kulissen‘ in einem zweiten Anlauf zu nutzen, um seine eigene Selektivität zu reflektieren.

2.5.2 Sprachprobleme: Belastete Register und ‚Dirty Talk‘

Sexualität ist ein symbolisch stark aufgeladenes Feld, und darüber zu sprechen ist nicht unheikel. So diagnostiziert etwa Werner Faulstich, es sei mit den gegebenen sprachlichen Mitteln schlicht nicht möglich, ‚neutral‘ über Sexualität zu kommunizieren, da sämtliche sexualitätsbezogenen Begriffe spezifischen Kontexten entstammen, deren Konnotationen sie (weiter-)tragen: Medizinisch-fachterminologische Ausdrücke (‚Labien‘, ‚Koitus‘) wirken für die Sexualität als Alltagsphänomen und als urpersönlich wahrgenommenes Erlebnis künstlich und aufgrund ihrer Nähe zum medizinischen Kontext distanzierend, ja fast ‚desinfizierend‘. Ähnlich unpassend können kindersprachliche Wendungen (‚Pillermann‘, oder im englischsprachigen Raum ‚pee-pee‘ oder ‚coochie‘ (Martin u. a. 2010)) erscheinen. Die Verwendung vulgärsprachlicher Ausdrücke (‚Ständer‘, ‚ficken‘) pornografiere den Sex; der umgangssprachliche Code schließlich verwende Hüllwörter (‚Schambereich‘, ‚miteinander schlafen‘), die zudem mehrdeutig seien; ‚sich lieben‘ finde etwa auch zwischen Mutter und Kind statt (Faulstich 1994: 21 ff.). Faulstich betrauert hier die sprachliche Unerreichbarkeit der ‚eigentlichen‘ Sache Sex. Immer scheint das Gesagte schon einem bestimmten Register zuzuordnen, und damit die perspektivlose Betrachtung zu verunmöglichen. Bei dem von Faulstich genannten Umstand handelt es sich m. E. allerdings weniger um ein Problem als ein erstes Datum bei der Erforschung des Sexuellen, das, je nach verwendeter Sprache, anders sozial zur Existenz gebracht wird. Für die vorliegende Arbeit stellt sich dieses Problem vor allem durch die Überlagerung verschiedener Semantiken.

Autopornografische Praktiken verfügen über einen schier ununterbrochenen ‚Untertitel' bzw. mitlaufenden Kommentar aus ‚unanständigen' Ausdrücken. Cammer bedienen sich zumeist des pornografischen Sprachregisters und machen auch damit die Situationen, in denen sie sich wiederfinden, zu pornografisch-sexuellen. Während meiner Teilnahme im Feld habe auch ich mich ganz selbstverständlich dieses Registers bedient. Dabei handelt es sich um einen situationsspezifischen Wechsel in eine Sprache, die außerhalb dieser Praxis vollkommen unangemessen erscheinen kann (so wie umgekehrt z. B. ein Kompliment für ein ‚wohlgeformtes Skrotum' beim Camming zumindest Nachfragen hervorrufen würde).

Der sukzessive ‚Eintritt' in die Praxis kommt auch einem Eintritt in den Geltungsbereich eines anderen Sprachspiels gleich, so wie umgekehrt der Wechsel in ein anderes sprachliches Register den Übergang in die Cammingpraxis markiert. Den ‚richtigen' Ausdruck, die passende Bezeichnung zu verwenden, richtet sich im Rahmen der gemeinsamen Masturbation beim Camming nicht nur nach dem, was bezeichnet wird, sondern ist auch mitverantwortlich für das Erleben der Situation und des eigenen Körpers in ihr. So können die Teilnehmer während einer Cammingsession z. B. subjektiv tatsächlich über „fette Prügel" verfügen, auch wenn sie sich in anderen Situationen womöglich für ihren „kleinen Schwanz" schämen. Es geht bei den hier verwendeten Ausdrücken nicht nur um andere Bedeutungen für dasselbe Ding; die entsprechenden Begriffe sind auch in bestimmte Phasen der Interaktion fest eingelassen und erfüllen insofern auch interaktive Funktionen (s. Kap. 3).

Beim Verfassen von Erinnerungsprotokollen oder beim Transkribieren von Videomaterial stand ich regelmäßig vor dem Problem, den richtigen Ausdruck zu finden, um eine Szene oder ein Erlebnis adäquat zu beschreiben. Die im Feld gebräuchlichen Ausdrücke konnten in meine *analytische* Sprache nicht ohne weiteres übernommen werden. Sie sind zwar auch im vulgärsprachlichen Register der Alltagssprache weit verbreitet, zugleich sind sie aber praxisspezifische Teilnehmerbegriffe. Wenn Teilnehmer z. B. von „wichsen" sprechen, dann ist die Verwendung dieses Begriffs nicht aus etwaigen Peinlichkeitsgefühlen problematisch, sondern weil damit noch nicht gesagt ist, was dazu im Rahmen autopornografischer Praktiken gehört, und inwieweit es sich von konventionellen Assoziationen mit dem Begriff unterscheidet. Dasselbe gilt für andere, unverfänglichere Begriffe wie ‚zeigen' oder ‚zuschauen': Sie bezeichnen komplexe Aktivitäten, an denen z. B. im Rahmen der Aktivitäten auf CammingSite.com Körper und Artefakte auf je spezifische Weise beteiligt sind, und die im Rahmen der Analyse ‚ausbuchstabiert' werden müssen.

Zur Beschreibung dieser Vorgänge greife ich in der Regel auf das medizinisch-biologische Register zurück. Es ist unter den oben skizzierten das im Alltag am wenigsten markierte und es gilt als ,neutral'.[7] Wenn in diesem Buch z. B. von einem ,rhythmischen Vor- und Zurückziehen der Vorhaut mit der um den erigierten Penis zur Faust geschlossenen Hand' die Rede ist, dann ist dies nicht eine schamhafte Umschreibung von ,Wichsen', ,Masturbation', ,einen runterholen' o. Ä., sondern eine heuristisch eingesetzte, absichtlich umständliche ,Langschreibung', bemüht um „rein deskriptive Protokollsätze, die sich scheinbar jeder Sinnschließung enthalten" (Reichertz 2014: 69). Sie soll(-te) über die Zeit allzu Bekanntes für mich neu befremden, und meine Erlebnisse für eine Leserschaft ohne Teilnehmererfahrung nachvollziehbar machen.

2.5.3 Die Weiterveröffentlichung von Selbstveröffentlichungen

Als Cammer gehörte Selbstveröffentlichung für mich zu den typischen Aktivitäten. Meine ethnografisch motivierte teilnehmende Beobachtung, mein wissenschaftliches ,Nebenengagement', erfolgte jedoch, bei aller Selbstveröffentlichung im Rahmen der beobachteten Praktiken, verdeckt. Für meine Feldphase wurde ich für die anderen Teilnehmer einer der zahllosen (und meist kopflosen) Körper, die über den Bildschirm flimmern. Mich als Forscher zu erkennen zu geben und meine Teilnahme sozusagen unter das Vorzeichen wissenschaftlichen Interesses zu stellen, wäre aus leicht nachvollziehbaren Gründen für die Anlage meiner Studie schädlich gewesen: Es ging mir gerade darum, die typische Erfahrung eines Teilnehmers dieser Praktiken am eigenen Leib zu erfahren, die ablaufenden Aktivitäten, Praktiken und Erlebnisse *in situ* und aus erster Hand zu erleben. Eine Rahmung meiner Anwesenheit als Forschungsaufenthalt hätte zu jenem Ergebnis geführt, das ich mit einem zeitweise angelegten zweiten ,Forscherprofil' erlebte: Ich wurde von niemandem kontaktiert und schlichtweg ignoriert – die mich interessierenden mediatisierten Begegnungen mit Anderen fanden also gar nicht erst statt. Teilnehmer bei einer laufenden Übertragung auf meine Studie anzusprechen, wäre dem Betreten einer Peepshow mit Klemmbrett und gezücktem Bleistift gleichgekommen. Die Einforderung einer informierten Einwilligung (,informed consent') würde diese Praxis noch massiver stören, sie gehört nicht zu ihr, schon die Vorstellung ist geradezu absurd: Anders als in einer klinischen Studie, in der sich Forschende und ,Beforschte' *als* Forscher und Studienteilnehmer begegnen, würde die Aufklärung über die Absichten und Konsequenzen einer Studie, die so stark auf die Beziehung zwischen Situationsteilnehmern *jenseits* dieses Rollengefüges und -gefälles fokussiert, den Gegenstand der Studie kaputt machen.[8]

---

7 Indem ich dieses Register verwende – dies sollte deutlich geworden sein – räume ich den Begriffen und meiner Beschreibung nicht den Status des ,Neutralen' ein.

8 Die Studie von Hamman (1997) führt vor, wie problematisch die strikte Trennung von Forscheridentität und ,privater Identität' für Studien dieser Art ist: Bei der Durchführung von Online-Interviews zum Thema Cybersex ist der Autor so damit beschäftigt, schriftliche Einverständniserklärungen einzuholen und auch in der chatbasierten Interviewsituation immer wieder klarzustellen: „I am asking

An der verdeckten teilnehmenden Beobachtung führte für mich forschungspraktisch kein Weg vorbei, wohl weil sie eben auch zum Gutteil die Praxis *ist*, die ich untersucht habe. Gleichwohl gilt es, bei der Durchführung und Veröffentlichung meiner Beobachtungen forschungsethische Überlegungen ernstzunehmen und entsprechende Implikationen zu reflektieren, etwa im Hinblick auf den weiteren Umgang mit den auf diese Weise gemachten Beobachtungen und vor allem ihren Dokumentationen.

Die Beziehung zwischen Forschenden und ‚Beforschten‘ wird in der ethnografischen Literatur häufig unter dem Aspekt der Forschungsethik diskutiert. Dabei werden häufig Maßstäbe angelegt, die aus anderen Forschungsbereichen und -logiken, vornehmlich dem klinischen Bereich importiert sind und die auf die besonderen Verhältnisse ethnografischer Forschung nicht so recht passen wollen. Ich teile die Ansicht, dass Ethnografen die Beziehungen zu denjenigen, die ihre Forschung ermöglichen, in besonderer Weise reflektieren müssen. Ich meine allerdings, dass forschungsethische Fragen vor allem als Fragen der Beziehungsethik zu diskutieren sind.

Während meiner Zeit als Cammer auf CammingSite.com geriet ich auf verschiedene Weisen und in verschiedenen Intensitätsgraden in Beziehungen zu Anderen. Der Standardfall ist die, wenngleich manchmal eine Stunde oder länger andauernde, so doch flüchtige Begegnung, die entsteht, wenn (mindestens) zwei Nutzer über das Portal ‚miteinander verbunden‘ sind. Durch wiederholtes Sehen können Bekanntschaften, Fanbeziehungen und intensivierte Austauschbeziehungen entstehen, die sich über einige Zeit halten können, dann abbrechen oder zu Beziehungen ‚auf Reserve‘ werden, die bei Bedarf wieder aktivierbar sind. Letzteres kann z. B. so aussehen, dass ein Teilnehmer zu einem Namen unter Dutzenden in einer ‚Buddy‘-Liste wird, von der bei Bedarf (nach Zuschauern, Aufmerksamkeit oder attraktiven Körpern) Einzelne direkt (z. B. über *Skype*) kontaktiert werden.

Das Verständnis davon, was in Interaktionen und Beziehungen obligatorisch, angemessen, noch ‚okay‘ oder verwerflich ist, variiert zwischen sozialen Feldern und Schauplätzen (die Regeln für Verschwiegenheit sind in einer Großbank andere als in einem Ruderverein oder in einer Krabbelgruppe). Autopornografische Praktiken haben ihre eigenen Vorstellungen von ‚informed consent‘. Die Teilnehmer haben einen eigenen Ethikkodex der Beobachtung und der Weiterverwendung der Geschehnisse in Cammingsessions, der mit den Allgemeinen Geschäftsbedingungen der Anbieterseiten nicht identisch ist. Die feldeigene Beziehungsethik ist der Maßstab für jede Forschungsethik, die im Rahmen einer Erforschung des jeweiligen Feldes überdacht werden muss. Es handelt sich hier um ein komplexes Als-gegeben-Annehmen (einerseits) und Aushandeln (andererseits) von Blickrechten, Zeige- und Schweigepflichten.

---

the questions I do for research purposes, not for my own arousal", dass Interviewsituationen schlicht zusammenbrechen oder gar nicht zustande kommen.

Für die forschungsethische Reflexion meines Vorgehens werde ich im Folgenden die feldeigene Beziehungsethik des autopornografischen Praxisfeldes nachzeichnen und dabei prüfen, inwieweit mein Vorgehen mit ihr vereinbar ist.

Den Teilnehmern, deren Selbstveröffentlichungen ich im Rahmen meiner Forschung und dieser Studie dokumentiere, war nicht bewusst, dass sie Gegenstand meines ethnografischen Interesses waren. Sie waren entsprechend auch nicht darüber aufgeklärt, dass ich unsere Begegnungen dokumentierte und was mit diesen Dokumenten geschehen würde, nachdem unsere Begegnung schon lange vergessen sein würde. Die Teilnehmer veröffentlichten ihre Bilder zwar im Rahmen prinzipieller Sichtbarkeit für Mit-Anwesende (also auch mich), aber auch *anlässlich* meiner Anwesenheit, oder gar auf meine Aufforderung hin – ‚Regieanweisungen' bzw. ‚Bildvorschläge' sind typischer Teil autopornografischer Praktiken (s. Kap. 3.3.4). Ihre Intention war nicht, Teil bzw. Gegenstand einer wissenschaftlichen Studie über ihre (unsere!) Praktiken zu werden. Sie haben zwar explizit, durch Worte oder Antwortgesten ihr Einverständnis zum erotischen Geschehen während unserer wechselseitigen Beobachtung gegeben, ihr explizites Einverständnis für ihre Involvierung in meine Studie aber nicht gegeben und geben können.

Man könnte fragen, ob ich als Ethnograf gegenüber meinen Interaktionspartnern forschungsethisch korrekt gehandelt habe, wenn ich doch mit dem Hintergedanken mit ihnen gesprochen, gelacht, geflirtet und masturbiert habe, irgendwann einmal in Form und im Rahmen eines Buchs unbeteiligten Dritten davon zu erzählen. Reformuliert man diese Frage aus der Perspektive der sozialen Beziehung zwischen Forscher und Beforschten, stellt sie sich als eine Frage nach Fairness: War dieses Handeln gegenüber den anderen Nutzern fair? Meine Gegenüber haben mit mir zusammen ‚gecamt' und sich so verhalten, weil die Situation für sie als Cammingsession gewahrt blieb. Mit mir als Partner war dies so (un-)befriedigend wie mit anderen Teilnehmern auch. In Interaktionen mit mir konnten sich andere Teilnehmer außerdem genauso wenig sicher sein, ob ich Mitschnitte von der Session anfertige und was ich im Nachgang mit den Erinnerungen und Bildern machen werde, wie im Austausch mit jedem anderen Teilnehmer. Das heißt, meine Interaktionspartner haben mir, wenn man so sagen will, ihre Bilder und unsere Erlebnisse in diesem Sinne unter demselben Vorzeichen wie gegenüber jedem anderen Teilnehmer anvertraut.

Zur Klärung eventueller forschungsethischer Vorbehalte ist es hilfreich, die spezifische Beschaffenheit der ‚Öffentlichkeit' autopornografischer Praktiken zu betrachten. ‚Das Private' und ‚das Öffentliche' wurden und werden in der Literatur und im Alltagsverständnis gerne verabsolutiert und als gegenteilige soziale Räume beschrieben (Hahn/Koppetsch 2011), die definitorisch und logisch aufeinander verwiesen sind. Gegenüber der kategorischen Unterscheidung von öffentlichen und privaten Situationen scheint es jedoch sinnvoll davon auszugehen, dass die Öffentlichkeitsverhältnisse von/in Situationen und Praktiken nie absolut sind, sondern jede Situation öffentliche und private Aspekte hat. Auf dieser Linie schlägt Wohlrab-Sahr (2011) vor, im Sinne einer „Schwellenanalyse" die Grenzziehungen nachzuvollziehen, mittels derer die

Bereiche und Charakteristika des ‚Privaten' und ‚Öffentlichen' erst (de-)markiert werden und so entstehen. Statt Privates und Öffentliches definitorisch und kategorisch zu unterschieden, ist zu untersuchen, inwieweit und wie Situationen und Praktiken (ver-)öffentlich(t) oder privat(-isiert) werden.

Die scheinbar zügel- und restlose Veröffentlichung alles noch so Privaten in den autopornografischen Praktiken auf CammingSite.com ist durchzogen von kleinen Privatisierungen: praktischen und kommunikativen Markierungen von Schwellen, Methoden der Ausdifferenzierung des ‚Privaten', die durchaus unscharf sein können:

1. *Verbergen der Cammingsituation.* Durch die raumzeitliche Ausdifferenzierung der Cammingsituation wird die gesamte Situation vor Ort, also beispielsweise in meinen vier Wänden, als privat gerahmt. Innerhalb dieser privatisierten Situation tut sich dann jedoch eine spezifische Öffentlichkeit auf, die als kommunikative Adressierbarkeit und von den Teilnehmern vor der Kamera mit inszeniertem Gesehenwerden prozessiert wird. Sie wird außerdem als eine Öffentlichkeit im Sinne eines Publikums erkennbar: Cammer begegnen einander in der Regel bzw. im häufigsten Fall als anonyme Fremde, bzw. als Körper (s. Kap. 3.3.2). Als Teilnehmer rechnet man also mit einer unbestimmten (wenngleich möglichst hohen) Zahl nicht persönlich bekannter Zuschauer; ich wähnte mich, sobald ich und meine Webcam online waren, unter vielen gleichgesinnten Anderen. Man weiß beim Camming nie, wer zuschauen wird, und oft genug auch nicht, wer zuschaut. Darum wissen die Teilnehmer, genau dies macht die Teilnahme am Geschehen für sie reizvoll.

Dieses Geschehen ist prinzipiell für jedermann im Internet zugänglich, den tatsächlichen Zugang suchen aber nur manche. Daraus ergibt sich ein Bild ineinandergeschachtelter (Teil-)Öffentlichkeiten. 1. alle Internetnutzer/-innen, 2. die Interessierten (die potenziellen Zuschauer), 3. die tatsächlichen Zuschauer. Quer dazu können aus subjektiver Teilnehmersicht ein intendiertes, ein imaginiertes, und ein tatsächliches Publikum mehr oder weniger zur Deckung kommen. Es gibt aus Teilnehmersicht also so etwas wie eine geschätzte, gewollte, eingeladene Öffentlichkeit, und einen eher bedrohlichen Horizont negativer Öffentlichkeit, gegen den die Teilnehmer selbst Vorkehrungen treffen. Die Unterscheidung zwischen diesen beiden Bereichen ist keine, die *ex ante* oder pauschal getroffen werden kann. Die Teilnehmer verhandeln diese Grenzen laufend selbst.

So herrscht zwar Freizügigkeit einerseits, aber andererseits auch das ständige Misstrauen gegenüber den Motiven anderer Nutzer. Man muss immer damit rechnen, dass jemand weitererzählt oder Gesehenes z. B. speichert und weitergibt und tut dies in aller Regel auch. Das Bezugsproblem der Teilnehmer, das forschungsethisch relevant werden kann, ist also der Schutz der eigenen Anonymität. Das Verbergen der eigenen Identität kann insofern relevant sein, als ‚cybersexuelle' Praktiken nicht selten parallel zu bestehenden Paarbeziehungen, auch in Unkenntnis des Partners unternommen werden (Thomas 2004). Daneben stellt die Nutzung der Webcam den Teilnehmer in einen Raum, der sich zwischen ‚Vorderbühne' und ‚Hinterbühne' (Goffman 1959) verorten lässt. Einerseits dient der Rahmen für die Inszenierung von Attraktivität, Geschlechtszugehörigkeit oder Begehrbarkeit, andererseits spielt sich dieser gesamte Rahmen weit jenseits von professionellen oder auch familiären Rollenerwartungen ab. Teilnehmer treffen deshalb verschiedene Vorkehrungen:

2. *Verbergen vor der Kamera.* Vor der und für die Webcam wird bei einer Cammingsession selten ,alles' gezeigt. Dies ist schon technisch-praktisch nicht möglich (man kann einen Körper nur mit einer Seite der Kamera zuwenden), neben diesem schieren Nicht-zu-sehen-Sein wird Anderes aber explizit verborgen: Eine verbreitete Art, die eigene Identität zu schützen, und die eigene Person bei voller Sichtbarkeit des Körpers zu verbergen, geschieht über eine Manipulation des Bildausschnitts, die das Gesicht (den Körperteil, der auch im öffentlichen Alltag in der Regel ,nackt' gesehen wird, und insofern für Wiedererkennung besonders anfällig ist) aus dem sichtbaren Bereich der Webcamübertragung ausschließt. Diese Anonymisierung nimmt als Möglichkeit vorweg, dass unter den Zuschauern jemand sein könnte, der den Körper einer Identität zuordnen kann, oder dass die Echtzeitdarstellung zu Bilddokumenten (gemacht) werden könnte, die dann dazu führen könnten, dass jemand die Verbindung zwischen Bild und Identität an anderer Stelle herstellt. Ohne das Gesicht als Identifikationsmerkmal werden die Teilnehmer zu einem generischen Körper(-typ), „just another body" (Waskul 2004b: 51). Zwar verbergen nicht alle Nutzer auf diese Weise ihr Gesicht; der kopflose Torso mit erigiertem Penis ist gleichwohl ein häufiger Anblick auf CammingSite.com. Eine zweite Strategie ist die Manipulation der persönlichen Erscheinung durch Sonnenbrillen, Strumpfmasken, Perücken o. Ä. Drittens schließlich wird auch der Raum innerhalb des Blickfelds der Kamera um Identitätsspuren bereinigt.

3. *Veröffentlichungsmanagement.* Eine andere Vorkehrung zum Schutz der eigenen Anonymität, die mir während meiner Zeit auf CammingSite.com immer wieder begegnete, waren kurze, von den Nutzern eingefügte Texte auf ihren Profilseiten, die im Stil einer Nutzungsvereinbarung unter Bezugnahme auf gesetzliche Regelungen den Umgang mit den schriftlichen und bildlichen Inhalten des eigenen Profils regelten, also etwa verboten, Mitschnitte anzufertigen oder den Text zu kopieren. Diese Disclaimer übersetzen eine in der Regel unausgesprochene Übereinkunft unter den Teilnehmern autopornografischer Praktiken – ,Was hier geschieht, bleibt in diesem (nach allen Seiten offenen) Raum' – in eine Sprache, die auf andere Sanktionsmöglichkeiten verweist. Wer einen solchen Disclaimer nutzt, zeigt zwar dennoch potenziell ,alles' (sich vor der Webcam und auf Fotos), will jedoch die weitere Verwendung dieser Ansichten regulieren: Zuschauer dürfen alles sehen, es aber nicht andere sehen *lassen*. Die Flüchtigkeit des Moments und die Vergänglichkeit der Bilder, die bei einer Cammingsession entstehen, sichern Vergessenwerdenkönnen. Dokumentation bedeutet, dass die Bilder einer Öffentlichkeit zugänglich werden können, für die sie nicht intendiert waren, und so die Person jenseits ihrer Beteiligung als vor Webcams Masturbierender mit dem Körper vor der Kamera verknüpft werden kann und das per-

sönliche Image schaden nehmen könnte. Es handelt sich also um eine Art *face work* bzw. *impression management* (Goffman).[9]

4. *Verbergen und Ent-decken.* Neben diesen Formen des Verbergens und Zeigens ‚unter Auflagen', die Privatheit im Sinne einer zu schützenden Ressource produzieren, kann die Markierung des Privaten beim Camming auch ganz anders genutzt werden: Sie ermöglicht, überhaupt *Sehenswertes* zu generieren. Mit einem Zeigemedium wird explizites Verbergen *zeigbar*. Das kann heißen, dass die Kamera zeitweise zur Seite gedreht und damit Nicht-Öffentliches inszeniert wird; häufig wird z. B. die masturbatorische Beschäftigung mit dem eigenen Körper außerhalb des Blickwinkels der Kamera gehalten und nur durch die Bewegung des Armes angedeutet; in einem besonders expliziten Fall konnte ich ein Paar vor der Webcam beobachten, das sich noch mit den Worten „we're going to have sex now" verabschiedete, bevor es die Übertragung abbrach, nachdem es über eine Stunde lang nackt gemeinsam masturbierend vor der Kamera verbracht hatte. Mit dem Hinzuziehen der Kamera wird das Private also noch nicht restlos veröffentlicht, das Intime nicht aufgegeben, vielmehr wird so etwas wie das vorgängige Private erst geschaffen, indem etwas explizit gezeigt und teilweise verborgen wird. Solche Privatisierungen werden seitens der Zuschauer als reizvoller Anlass zum Nachhaken und für Überzeugungsstrategien aufgegriffen. Sie sind auf ihre spätere gemeinschaftliche (Nicht-)Entblößung hin organisiert und produzieren Schauwert. Sie sind nötig, damit es überhaupt etwas zu sehen, zu ent-decken gibt.

Wie ist forschungsethisch und forschungspraktisch mit dieser eigentümlichen Form der Öffentlichkeit/Privatheit umzugehen? In meiner Arbeit dokumentiere ich Dinge, die für die Flüchtigkeit intendiert waren. Ich veröffentliche Bilder (weiter), die im Rahmen meiner Teilnahme entstanden sind, also auch solche, die andere Teilnehmer mir und einer graduell begrenzten Öffentlichkeit zugänglich gemacht haben oder bei deren Entstehen andere involviert waren. Und ich erzähle von – bei aller Öffentlichkeit – intimen Erlebnissen, die ich mit anderen Teilnehmern gemacht und geteilt habe. Obgleich unter den Teilnehmern autopornografischer Praktiken ein (mit der arglosen Person des sozialen Alltags) vergleichsweise hohes Bewusstsein und eine hohe Wachsamkeit in Fragen des Datenschutzes herrschen, erhalten die Bilder, Texte und Videos, die ich im Rahmen meiner beobachtenden Teilnahme beim Camming generiert habe, durch ihre Überführung in den Status wissenschaftlicher Daten eine neue Brenzligkeit.

Die Frage für den Ethnografen ist dann, wie mit diesen Erlebnissen umzugehen ist. Meine Bemühungen um Anonymisierung bauen auf die feldeigene Anonymisierungspraktik der Teilnehmer auf. Wann immer ich Datenausschnitte zur Illustration

---

9 Interessant ist, dass die Konsequenz aus derlei Bedenken nicht ist, auf technisch selektiver kontrollierbare Kanäle zu wechseln oder mehr im Bild zu verbergen, sondern dass man sinnbildlich den Maschendrahtzaun stehen lässt und ein Schild davorstellt: ‚Fotografieren verboten!'. In dieser Studie wurden Inhalte entsprechender Profile nicht gespeichert oder weiter in der Analyse verwendet.

verwende, habe ich diese über die Anonymisierungsleistungen der Teilnehmer hinaus unkenntlich gemacht. Im Fall der Bilder besorgt dies deren Übertragung in grafische Darstellungen, Hinweise auf Nicknames von Nutzern und die Klarnamen der besuchten Portale habe ich aus dem Material entfernt.[10] Nicknames werden von den Teilnehmern oft als Aushängeschild und Hinweisgeber für die Selbst- und intendierte Fremdwahrnehmung eingesetzt (Attwood 2009). Wenn in dieser Arbeit Nicknames verwendet werden, so handelt es sich um von mir ausgewählte Pseudonyme für die von den Teilnehmern gewählten Pseudonyme. Bei der Wahl dieser Ersatznamen habe ich versucht, etwaige semantische Bedeutungsgehalte der Nicknames so gut wie möglich zu erhalten.

Neben dem Schutz der anderen Teilnehmer gehört zur Forschungsethik dieser Studie, dass ich mich umgekehrt genauso (un-)sichtbar mache wie sie. Ich erzähle in diesem Buch zwar einiges von jenen, mit denen ich die erotischen, erregenden, verwirrenden, ekelerregenden und überfordernden Erlebnisse geteilt habe, von denen ich berichte; im Wesentlichen erzähle ich dabei aber viel von mir selbst und von meinen persönlichen Erlebnissen. Die auf eigenartige Weise öffentlich-intimen Praktiken auf CammingSite.com werden zudem auch noch ‚übergriffig‘: Sie ziehen den Forscher gewissermaßen ins Séparée – er muss mit ihnen ‚intim werden‘, wenn er verstehen will, worum es geht, was es dort zu sehen und erleben gibt – und verlangen ihm damit gleichzeitig ab, seine eigene Privatheit jenseits der professionellen Forscheridentität zu investieren und zu riskieren. Anders als meine ‚Buddies‘ auf CammingSite.com kann ich dabei nicht hinter einem Nickname verborgen bleiben. Mich selbst im Rahmen dieser Studie zum Gegenstand zu machen, zu thematisieren und zu ‚zeigen‘ geschieht neben den eingangs erläuterten methodologischen Überlegungen also auch aus einem Gedanken der Fairness: So wie die eigene Beteiligung an devianten oder anstößigen Praktiken Anlass für Schönungsverdachte sein kann, so ist, selbst an diesen Praktiken teilzunehmen und die eigene Beteiligung an ihnen auch im Text offenzulegen, umgekehrt auch ein Präventivmittel davor, die Teilnehmer einer Praxis als deviante Freaks zu inszenieren.

---

10 Nicknames – selbstgewählte Pseudonyme für den Onlinegebrauch – sind zwar an sich (oft) selbst schon anonymisierend, zusammen mit dem ‚Ort‘, an dem ein Nickname registriert ist, können sie allerdings zu aufsuchbaren Adressen werden.

3 Cam2Cam: Sex mit(-tels) Kameras

Mit der Entwicklung und Verbreitung von Webcams in den 1990er-Jahren dauerte es nicht lange, bis sich neben Kaffeemaschinen[1], Landschaftsansichten und Sehenswürdigkeiten auch menschliche Körper vor deren Linsen einfanden. Nicht nur, um mit Familie und Freunden zu video-telefonieren (ein Begriff, der heute schon einen leicht veralteten Klang hat), sondern auch, um einer anonymen Öffentlichkeit Einblick ins private Leben zu geben. Das Gesicht dieser Form der Webcamnutzung ist die Amerikanerin Jennifer Rigley, die in den 1990er-Jahren eine Webcam in ihrem Zimmer in einem Studentenwohnheim installierte und im Abstand von einigen Minuten ein Bild ins Netz stellte (zu solchen „Homecams" vgl. allgemein Neumann-Braun 2009).

Solche Webcams waren und sind über öffentliche Portalseiten im Internet zu finden, die tausende von Webcams in Form eines Katalogs durchsuchbar und auffindbar machen. Allgemeine Webcamportale, die Landschaftskameras und solche von Privatpersonen gleichermaßen zusammenstellten, wurden alsbald ‚erotisch unterwandert' und umgenutzt. Inzwischen gibt es eine Vielzahl solcher Webcamportale, die auf Privatpersonen spezialisiert und explizit als erotisch oder pornografisch gerahmt sind. CammingSite.com steht hier stellvertretend für solche Portale. Je nach Wochentag und Tageszeit übertragen hier mehrere tausend Nutzer mit ihrer Webcam live, besuchen und durchsuchen mehrere Zehntausend die Seiten und schauen zu. Werfen wir zur Verdeutlichung einen Blick auf den Bildschirm, wie er sich Besuchern der Angebote darstellt. Zur Illustration sind in den folgenden Darstellungen Screenshots von zwei solchen erotischen Cammingportalen zu sehen, die in verfremdeter Form dargestellt werden.

Darstellung 3.1 zeigt die Homepage eines Cammingportals, also die Ansicht, die Nutzer zuerst sehen, wenn sie die Seite in ihrem Browser aufrufen. Auf der Startseite einer solchen *Community*, wie solche Seiten sich oft auch nennen, werden die aktuell übertragenden Webcams in Form einer Matrix aus Miniaturbildern angezeigt, sortiert bzw. sortierbar in Kategorien nach Geschlecht und Zahl der Protagonist/-innen vor der Kamera (hier in Form von Registerkarten über den Miniaturbildern zu erkennen). Mit einem Klick auf ein Miniaturbild wird das Geschehen vor der jeweiligen Webcam live übertragen, zusammen mit einem Chatfenster, in dem die Übertragenden und ihre Zuschauer Textnachrichten austauschen können.

Die Ansicht, die User dann vor sich sehen, entspricht in den meisten Fällen ungefähr dem im Hintergrund von Darstellung 3.2 zu sehenden Bildschirminhalt. Er zeigt eine *Profilseite* (1). Zu erkennen sind am linken Rand das Bild der geöffneten Web-

---

[1] Die erste bekannte Webcam übertrug von 1991 an in regelmäßigen Abständen ein Bild der Kaffeemaschine aus dem Computerlabor der Universität Cambridge ins Netz und ersparte Mitarbeitern so den enttäuschenden Gang zur leeren Kanne (vgl. http://www.cl.cam.ac.uk/coffee/qsf/timeline.html, letzter Aufruf am 20.7.2018).

https://doi.org/10.1515/9783110580266-003

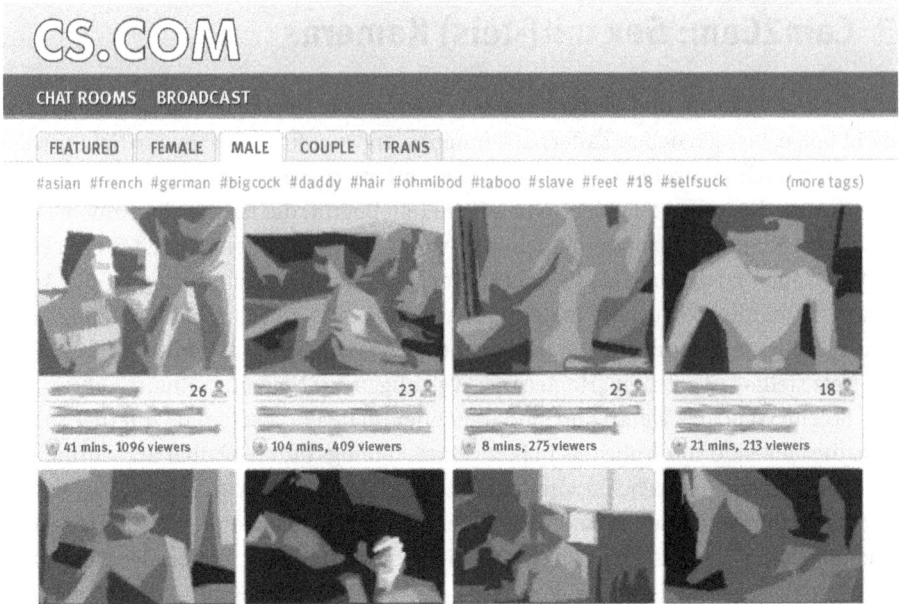

Darstellung 3.1: Screenshot Cammingportal mit Miniaturenmatrix und Menü.

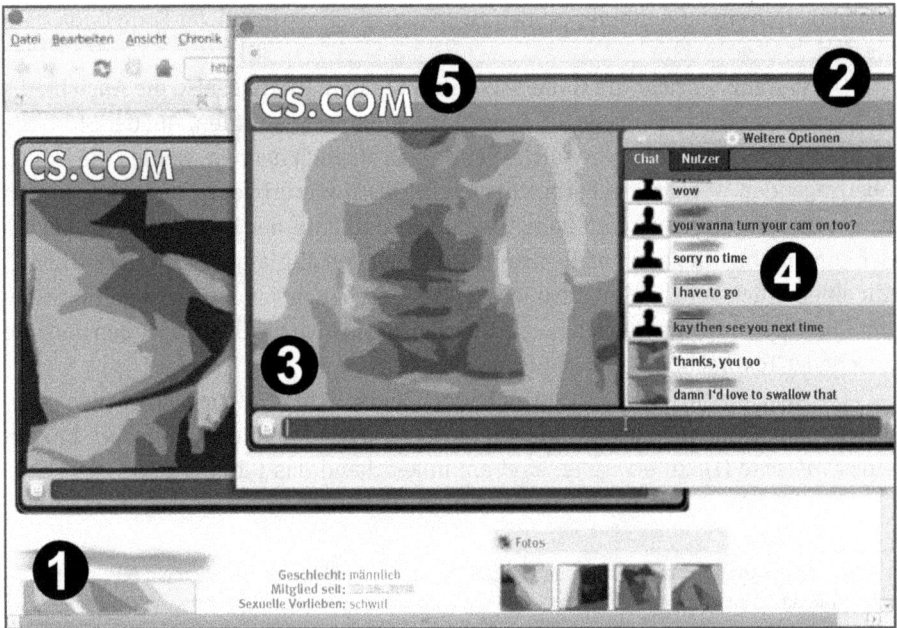

Darstellung 3.2: Screenshot Cammingportal mit Userprofil und Übertragungsfenster.

camübertragung, darunter ein Profilbild (hier am linken unteren Rand teilweise zu sehen), rechts daneben einige Angaben zur Person und in diesem Fall eine Galerie mit weiteren Fotos (hierauf wird noch genauer eingegangen). Darüber bzw. davor ist in diesem Screenshot ein weiteres, kleineres Fenster, das *Übertragungsfenster* zu sehen (2), in dem der Übertragende (der hier zugleich der Zuschauer der Webcam im größeren Browserfenster im Hintergrund ist) zum einen das Echtzeit-Bild seiner eigenen Webcamübertagung sieht (3), daneben befindet sich ein Chatroom (4), in dem der Nutzer mit den Besuchern seiner eigenen Profilseite und Zuschauern seiner eigenen Webcamübertragung chatten kann. Über dem Bild der Webcam ist die *Statuszeile* (5) zu erkennen (in der hier „bear chub" angezeigt wird – dazu mehr in Kap. 5). Dieser Chatroom findet sich so auch rechts neben der Webcamübertragung in der Profilseite im Hauptfenster im Hintergrund. Jede Webcam, die zusätzlich, etwa in einem weiteren Browser-Tab geöffnet wird, wird samt Chatroom auf diese Weise dargestellt. Die eigene Webcamübertragung und der Chatroom des Übertragenden bleiben für ihn immer im separaten Fenster angezeigt.

Die genaue Zahl dieser erotischen Webcamportale ist schwer zu beziffern. Zum einen fluktuierte während meiner Feldphase das Angebot stark: Es entstanden immer wieder neue Portale, während andere eingestellt wurden. Daneben werden Camming-funktionalitäten oft auch auf Onlinesinglebörsen o. Ä. angeboten (und dann porno-grafisch umgenutzt), also Seiten, die nicht explizit als Cammingangebote ausgeflaggt sind. Im Rahmen meiner Untersuchung habe ich auf sechs verschiedenen Portalen Profile angelegt und an Camminginteraktionen teilgenommen. Darunter befanden sich, wie ich im Lauf meiner Teilnahme in Chats mit anderen Nutzern und in Online-foren der Cammingcommunity feststellen konnte, zwei unter Cammern besonders bekannte und beliebte Seiten, die anderen vier waren schwächer frequentiert. Ba-sierend hierauf schätze ich die Zahl tatsächlich aktiv genutzter Cammingportale im niedrigen zweistelligen Bereich.

Als ähnlich schwierig stellte sich heraus, genauere Angaben zu den Nutzerzahlen der Seiten zu erhalten (so stellen auch Van Doorn und Velthuis (2018) fest). Direkte An-fragen an die von mir genutzten Portale, in denen ich mich als „internet researcher, trying to get an overview of the webcam business online" auswies, blieben sämtlich unbeantwortet. Internetrecherchen ergaben nur vereinzelte Angaben zu registrierten Nutzern und Nutzeraktivität, die auf Selbstauskünften der Seitenbetreiber oder jour-nalistischen Darstellungen beruhen. So ist für das Portal MyFreeCams.com (online seit 2002) von über 5 Millionen Nutzern die Rede[2], das Portal CAM4.com (online seit 2007), das sich als die „größte Camming Community online" bezeichnet, gibt über 150 Millionen Besucher pro Monat an.[3]

---

2 Vgl. http://www.xbiz.com/news/news_piece.php?id=129084&mi=all&q=Myfreecams#, letzter Auf-ruf am 4.3.2016.
3 Vgl. https://www.cam4bucks.com/, letzter Aufruf am 20.7.2018.

Das Amazon-Unternehmen Alexa.com, das Webtraffic analysiert und die Ergebnisse kommerziell verwertet, sammelt Daten über Seitenabrufe von Websites und stellt diese als statistische Auswertungen zur Verfügung. Diese Zahlen lassen – wenn auch vage – Einblicke in die Nutzerschaft von Cammingportalen zu. Der Großteil der Besucher kommt bei allen von mir untersuchten Seiten aus den USA (wo auch die meisten der Seiten registriert sind). Nutzer aus Deutschland finden sich bei allen größeren bzw. populäreren Portalen unter den vier Nutzergruppen mit den meisten Zugriffen. Die Nutzungsstatistik und Nutzerdemografie variieren stark zwischen den einzelnen Portalen. Der Genderproporz unter den Nutzern im Vergleich zum Internetdurchschnitt ist beispielsweise für das Portal Chaturbate.com deutlich überproportional in Richtung Männer, bei CAM4.com in Richtung Frauen ausgeprägt, ebenso scheinen sich die von mir untersuchten Seiten im Hinblick auf den Bildungshintergrund der Nutzer zu unterscheiden.[4] Diese Angaben basieren auf reinen Zugriffsdaten und zu Großteilen auf Schätzungen, sollten also mit Vorsicht interpretiert werden.

Die ‚Bevölkerung‘ autopornografischer Portale stellt sich, schaut man sich nur ein paar Seiten mit Webcamvorschaubildern pro Portal an, *optisch* als äußerst divers dar. Während meiner eigenen aktiven Teilnahme sah ich tausende Körper, Gesichter, Teilnehmer verschiedenster Hautfarbe, verschiedensten Alters, Attraktivitätsgrads, Geschlechts etc. Es sind gerade nicht, wie man annehmen könnte, nur junge, konventionell als attraktiv Geltende, die hier ihre Körper zur Schau stellen: Auch und gerade Körper jenseits ästhetischer Ideale kommen auf CammingSite.com zur Ansicht.

In die digitale ‚Infrastruktur‘ autopornografischer Praktiken reihen sich neben solchen Portalen als Hauptschauplätzen weitere Softwareangebote wie *Skype* ein, die direkte ‚*peer-to-peer*‘ Verbindungen und Videotelefonie zwischen (nur) zwei Nutzern erlauben. Daneben finden auch ganz andere Medientechnologien Verwendung, allen voran das Smartphone, das der Computer sein kann, auf dem Nutzer an Camminginteraktionen teilnehmen (eher selten), das eigene Apps zum Austausch von Live-Video oder erotischen Bildern anbietet (wie *Snapchat*), oder mit dem ein weiterer Kommunikationskanal während einer laufenden Cammingsession eröffnet werden kann.

3.1 Communitys, Gemeinschaft und Mitgliedschaft

Die neuen Produktions- und Rezeptionsmöglichkeiten von Inhalten, die mit der Ausbreitung der sozialen Medien, bzw. der Transformation des Internets zum Web 2.0 einhergingen, haben neue Formen von Vergemeinschaftung mit sich gebracht. Gerade die Veröffentlichung persönlicher Inhalte macht einen deutlichen Anteil der Aktivität in Sozialen Medien aus. Nutzer tauschen sich nicht nur über Inhalte aus, sie werden

---

4 Vgl. http://www.alexa.com/siteinfo/chaturbate.com, http://www.alexa.com/siteinfo/cam4.com, letzter Aufruf am 20.7.2018.

im Web 2.0 gewissermaßen selbst zum Content: Internetnutzer teilen heute routiniert private Alltagserlebnisse und Eindrücke mit der Netzöffentlichkeit, in Form von digitalen Fotos, textförmigen Statusupdates oder kurzen Videoclips. Digitale Medien sind heute in zwischenmenschliche Beziehungen ganz selbstverständlich eingelassen und formen insofern auch die Möglichkeiten und Wege, auf denen Identität interaktiv ausgehandelt, zugeschrieben und aufrechterhalten wird (Reichert 2008; Schreiber 2015). Durch den Austausch von persönlichen und personenbezogenen Inhalten wird online Zusammengehörigkeit praktiziert; gleichzeitig werden damit verschiedene Zugehörigkeiten (zu Freundeskreisen, Konsumentengruppen, Fangemeinschaften, ...) verhandelt. Und auch um einzelne soziale Medienangebote bilden sich in einem ganz weiten Sinne ‚Communitys‘, deren Mitglieder zunächst einmal nicht viel mehr verbindet als die Nutzung dieser Angebote.

Der Begriff ‚Community‘ findet sich vor allem in den Selbstbeschreibungen von Web 2.0-Diensten. Der Fotosharingdienst *Instagram* verfügt z. B. über „Gemeinschaftsrichtlinien" (ein Ausdruck für Allgemeine Geschäftsbedingungen), *Facebook*-Nutzer wenden sich bei technischen oder anderen Problemen zunächst an die Hilfsangebote in den „Community-Pages" etc. Diese Fremdzuschreibung kann auch Teil der Selbstbeschreibung werden, wenn sich z. B. *Instagram*-Nutzende als „IGer" bezeichnen oder die Nutzer von CammingSite.com als „Cammer". Aus dieser sehr losen Masse von Nutzern können stärker konturierte Gemeinschaften um spezifische Websites oder Dienste entstehen, die auch die Öffentlichkeiten ausmachen (bzw. zu ihnen werden), für die und vor denen die Teilnehmer posten, kommentieren und sich inszenieren. Viele Nutzer von CammingSite.com verstehen sich explizit als Nutzer einer spezifischen Seite, und tun etwa in Chats kund, dass sie explizit nicht auf anderen ähnlichen Seiten cammen, weil deren Nutzerklientel z. B. zu jung oder zu unattraktiv sei oder die Funktionen zu beschränkt. Dies hängt allerdings von Schließungsgraden und -praktiken ab, mit denen Nutzer Gemeinschaften und Grade von Vergemeinschaftung oder geschlossene Publika zuallererst herstellen. So kann sich beispielsweise eine S/M-Community als Interessengruppe *innerhalb* von *Facebook* bilden und nach außen abgrenzen, oder auch, wie im hier untersuchten Fall, eine Community *um* einen spezifischen Webdienst entstehen. Den spezifischen ‚Gemeinschaftscharakter‘ der Nutzercommunity autopornografischer Praktiken zu verstehen ist also insofern wichtig, als vor seinem Hintergrund erst zu klären ist, was Teilnahme und Mitgliedschaft, beide konstitutiv für den ethnografischen Zugang, aber auch Öffentlichkeit hier ausmacht.

Zur näherungsweisen Bestimmung ist es hilfreich, bestehende soziologische Begriffsangebote an den Fall anzulegen. Von der auf einem gemeinsamen „Wesenwillen" basierenden *Gemeinschaft* im Sinne von Tönnies (1920) scheint die gemeinsame Selbststimulation auf CammingSite.com auf den ersten Blick maximal weit entfernt. Um die Vergemeinschaftung der Teilnehmer autopornografischer Praktiken zu charakterisieren, scheinen sich eher Kriterien einer *Gesellschaft* im Sinne Tönnies‘ anzubieten: Wer hier mitmacht und sich hier herumtreibt, ist zuallererst an seinem *eigenen*

Erleben und seiner *eigenen* Befriedigung interessiert, und ist dafür auf Andere quasi lediglich instrumentell als Stimuli angewiesen, fühlt sich ihnen deshalb aber nicht im Hinblick auf ein gemeinsames übergeordnetes Ziel soldarisch verbunden oder verpflichtet.

Während meiner Zeit als aktiver Teilnehmer habe ich etliche Andere kommen und gehen sehen, und das heißt vor allem: ihre gesichtslosen Körper, oder nur Teile von ihnen, über meinen Bildschirm wandern sehen. Zwar kann die Interaktion mit ihnen insofern als ,intim' bezeichnet werden, als Nacktheit und Sexualität eine Rolle spielten, diese Anderen wurden für mich aber deshalb nicht immer auch intime Vertraute. Meist waren und blieben sie für mich fremde, namenlose ,Leute', die vor meinen Augen vorüberzogen. Schon der Status Anderer als ,Leute' war nicht stabil: Nicht selten handelte es sich aus meiner Teilnehmerperspektive bei der Interaktion mit diesen Anderen eher um die schiere Rezeption von pornografischen Bildinhalten (zur unterschiedlichen Inszenierung von Cammern als mehr oder weniger Interaktionspartner oder schierer Körper s. Kap. 3.3.2).

Die ,Mitglieder' der Cammingcommunity teilen statt eines Gemeinschaftsgefühls oder der geteilten Vorstellung einer Zugehörigkeit zu einer größeren imaginierten Gemeinschaft (Anderson 1983) vor allem (und lediglich) ein Interesse, das Engagement in einer Praxis und eine Erfahrung; sie sind dabei aber nicht im strengen Sinne durch Beziehungen verbunden. Joseph Kotarba (1980) schlägt basierend auf seiner Beschäftigung mit chronisch Kranken den Begriff der „amorphen sozialen Welt" für eine solche geteilte Erfahrungswelt vor, zu deren ,Bevölkerung' Personen insofern zählen, als sie etwa die Erfahrung chronischer Schmerzen mit anderen gemein haben. Die Teilnehmer auf CammingSite.com teilen eine spezifische Erfahrung und Art der Verkörperung mit Medien, die nicht zuletzt eine neue Beziehung zu sich selbst und dem eigenen Körper und eine neue Selbsterfahrung vermitteln. Im Rahmen der Cammingpraxis entstehen kleine situierte Erfahrungsräume, die an den Gebrauch der Medien, das situative Engagement in der Praxis gebunden sind. In dieser geteilten Erfahrung sind die Teilnehmer auf CammingSite.com nun aber zumindest prinzipiell, eben technologisch, miteinander verbunden: Das mediale Verknüpftsein macht Camming aus. Die Verknüpfungen bestehen aber wiederum nicht dauerhaft, stabil und auch nicht in erster Linie zwischen den Teilnehmern (und wenn, dann nicht zwischen allen); vielmehr bestehen sie nur zeitweilig und in erster Linie zwischen jedem einzelnen Teilnehmer und dem Dienst oder der App, in der sich die Beziehungen der anderen ,kreuzen'.

Cammer sind also weniger als Mitglieder einer Community im Sinne einer sozialen Gruppe denn als ko-aktive Teilnehmer an einer Praxis zu verstehen, zu deren Eigenschaften die temporäre Vergemeinschaftung im Sinne einer sozial niedrigschwelligen Vernetzung bei selektiver wechselseitiger Wahrnehmung gehört. Die Teilnehmer auf CammingSite.com bilden eine amorphe, da ständig fluktuierende soziale Form, solange und insofern sie am Geschehen auf CammingSite.com teilnehmen. Ihre Gemeinschaftlichkeit ist zugleich translokal und gleichzeitig, und basiert wesentlich auf einem gemeinsamen Tun und Erleben. Sie bewohnen sozusagen eine ‚Erlebensinsel‘, deren Konturen sich laufend verschieben.

Neben der situativen Teilnahmeerfahrung und dem konkreten Involviertsein in die Praxis ist ein weiterer Aspekt der Zugehörigkeit zur Cammingcommunity eine spezifische, auf einen Ausschnitt der Alltagsrealität konzentrierte und um ihn herum entstehende Wirklichkeits- und Selbstwahrnehmung sowie ein entsprechendes Relevanzsystem, das bestimmte Dinge (etwa einen bestimmten Umgang mit dem eigenen Körper oder eine bestimmte Art des sexuellen Umgangs mit Anderen) als selbstverständlich und (auch im Unterschied zur Alltagswirklichkeit) erwünscht begreift. Die Cammingcommunity kann insofern über die Ko-Aktivität der Teilnehmer hinaus als eine Art „kleine soziale Lebenswelt“ (Hitzler und Honer 1988) charakterisiert werden – als eine ausschnitthafte Öffentlichkeit, die durch zu ihr gehörende Praktiken sowohl erschlossen als auch hervorgebracht wird, und zu der ein typisches Erleben der Teilnehmer gehört, das ich im Verlauf meiner Studie an mir selbst feststellte und das insofern zum Gegenstand der Analyse gemacht werden kann.

Teilnehmer autopornografischer Praktiken zu sein, heißt also, das zu tun und zu beherrschen, was alle tun, und vor allem das zu erleben und es auf dieselbe Weise zu erleben, wie die anderen. Erst darüber entsteht die Form der Vergemeinschaftung, zu der man ‚gehören‘ kann. Dieses Dazugehören entwickelte sich in meinem Fall in zwei Schritten:

1. *Mitmachen lernen.* Zu Beginn meiner Studie war ich, wie gesagt, autopornografischen Praktiken gegenüber nicht mehr völlig unbedarft und fremd. Ich hatte schon einige Zeit vor dem Bildschirm verbracht und als anonymer und spurenloser Voyeur mit privater Neugier das Geschehen auf verschiedenen Cammingportalen betrachtet. Mein sukzessiver Übergang vom gelegentlichen Teilnehmer, der bildhaft gesprochen an der Türschwelle stehend nur schaut, aber selbst nichts von sich zeigt, zum existenziell involvierten Ethnografen dieser Praxis machte mich zu einem Hybrid zwischen „opportunistischem“ Ethnografen und „konvertiertem“ Forscher, mit einem Bild von Leon Anderson gesprochen (Anderson 2006: 379): Während Ersterer eine Lage, in der er sich ohnehin befindet, zum Forschungsgegenstand macht, wird Letzterer durch und mit seiner Beforschung des Feldes erst zum vollwertigen Teilnehmer. Ich befand mich quasi in einem ‚going native – all the way‘ (das also schon eingesetzt hatte). Im Sinne des autoethnografischen Forschungsprogramms *als Mitglied* dabei zu sein und (be-)schreiben zu können, verlangte, mich weitaus stärker in die Praxis zu involvieren, sozusagen mit dem Gegenstand intim zu werden und die gesamte Bandbreite dessen zu erleben, was die Teilnahme ausmacht.

Dies bedeutete ganz grundsätzlich, mich, meinen Körper, in das materielle Arrangement mit Laptop und Webcam ‚einzufügen‘ und auf diese Weise meine Wahrnehmungs*möglichkeiten* zu konfigurieren. Dieser grundsätzliche Prozess, kompetenter Teilnehmer einer situierten Praktik zwischen Körper und Technik zu werden, und damit eine Wahrnehmungsweise und bestimmte Körpertechniken (Mauss 1975) zu erlernen, ist der Rahmen, in dem sich der spezifischere Prozess ereignet, sukzessive in eine Community von Nutzern eines bestimmten Portals oder Dienstes einzutreten und ein Teilnehmer unter vielen zu werden.

2. *Mitglied werden.* Innerhalb des autopornografischen Praxisfeldes stellen einzelne Dienste und Portale umgrenzte Interaktionsräume dar und her. Dies geschieht u. a. durch eine soziale Schließung, die verschiedene Kategorien oder Grade von Mitgliedschaft unterscheidet. Formal markieren Cammingportale eine Innen/Außen- bzw. Insider/Outsider-Differenz in Form von Mitgliedschaftskategorien, die auch in die informationstechnische Infrastruktur ‚eingebaut' sind. Korrespondierend mit dieser formalen Einteilung liegen auf *praktischer* Ebene verschiedene Teilnehmerrollen, die sich in verschiedenen Aktivitätsformen und Involvierungsgraden darstellen. Teilnehmen und ‚Dabeisein' sind graduell abgestuft, vom anonymen Rezipieren bis zum aktiven Übertragen mit der eigenen Webcam, Posieren vor der Kamera und Interagieren mit Anderen. Diese graduelle Involvierung hängt von den Möglichkeiten und der Bereitschaft der Teilnehmer ab, sie ist aber auch durch technische, der Nutzeroberfläche eingeschriebene Zugangsschwellen und Zugangsbarrieren bedingt.

Sämtliche Cammingportale, die ich während meiner Studie besuchte, sind *öffentliche* Angebote: Jeder kann, nach nur kurzer Bestätigung eines *legal disclaimers* (rechtliche Hinweise und Haftungsausschluss der Anbieter), zumindest aktuelle Standbilder der jeweils übertragenden Webcams sehen und meist auch die Liveübertragungen betrachten. Solche Besucher ohne Registrierung werden auf den meisten Seiten als „Gäste" geführt (während meiner ersten Annäherung an CammingSite.com war dies auch meine Nutzerrolle). Gäste können zwar Webcamübertragungen ansehen, dabei aber weder chatten oder sich anderweitig in die Interaktion involvieren, noch mehrere Webcams zeitgleich öffnen. Sie stehen, bildhaft gesprochen, hinter einer Art schalldichtem venezianischen Spiegel, der sie zusehen lässt, sie für andere aber unsichtbar hält, und diese anderen interaktiv unerreichbar hält.

Inwiefern ist dieses in erster Linie rezeptive *Lurken* aktive Teilnahme, und an welchem Geschehen? An meinem Platz vor dem Bildschirm war durch die Webcams zu browsen in einen aktiven Prozess erotischer Erregung integriert: Ich konsumierte diese Bilder als Pornografie. Das ‚Dabeisein' von Gästen beläuft sich aus Sicht derer, die vor Webcams und in Chatrooms *aktiv* involviert (und das heißt auch: für andere ersichtlich) teilnehmen, auf eine angezeigte Zahl von anonymen Zuschauern, die um eins steigt oder fällt, wenn Zuschauer zu- oder wegschalten. Die Innen/Außen-Differenz zwischen registrierten Nutzern und anonymen, gesichtslosen Besuchern ist also nicht, wie etwa bei einer kommerziellen Peepshow, *sehen/nicht sehen*, sondern *sehen/mehr sehen* bzw. ‚dabeisein'. In das Geschehen ‚auf dem Bildschirm' war ich so (noch) nicht involviert. Ich war der klassische Voyeur: Jemand, der sieht, ohne ins Geschehen einzugreifen, und vor allem: ohne selbst gesehen zu werden (Benkel 2010). Diese Phase der Teilnahme und meiner Forschung lief unregelmäßig und eher unstrukturiert ab; das Surfen durch die entsprechenden Seiten ergab sich meist spontan, je nach Situation. Dies musste in gewisser Weise auch so sein: Selbst wenn der Umgang mit pornografischen Inhalten wissenschaftlich gerahmt ist, stehen Forscher, die mit pornografischen Inhalten arbeiten, häufig vor Schwierigkeiten und auch rechtlichen Problemen (vgl. Allen 2009; Attwood/Hunter 2009). Auch an meinem Arbeitsplatz in der Universität ist das Aufrufen entsprechender Seiten verboten. Im privaten Umfeld kann ihre Nutzung durchaus als Vertrauensbruch oder gar Seitensprung in Intimbeziehungen gewertet werden (Thomas 2004; Whitty/Quigley 2008; Brandenburg 2009; Wysocki/Childers 2011). Eine erste Erfahrung, die ich in diesem Zusammenhang machte, war die Notwendigkeit von Techniken des Verbergens, die zugleich Mechanismen der Grenzmarkierung sind. Sie waren nicht nur für mich von Bedeutung, sondern begegneten mir immer wieder auch im Umgang mit anderen Cammern, und scheinen allgemein von Relevanz für Cammer zu sein, die sich nur scheinbar in allen Einzelheiten der breiten Öffentlichkeit zur ‚Begaffung‘ anbieten, dabei jedoch immer auch vieles nicht offenbaren oder überhaupt alles zeigen können. Häufig las ich in Chats, dass Intimpartner/-innen oder Ehefrauen „gone to work" seien, oder dass Mitbewohner/-innen hören könnten, wenn man z. B. zu laut stöhnen würde.

Der formale Eintritt in die Cammingcommunity erfolgt über die meist kostenlose Registrierung auf einem Portal, das Anlegen eines Nutzerprofils. Hierzu ist die Angabe von persönlichen Daten nötig, und zugleich die Übersetzung der eigenen Person in Zahlen, Text und Fotos. Zuschauer treten damit ein Stück weit aus der Unsichtbarkeit, werden unter einem Nickname adressierbar und wiederauffindbar: Das Profil dient, wie in der Chatkommunikation üblich, als Stellvertreter, wenn Nutzer offline sind oder die Webcam ausgeschaltet ist.[5] Registrierte Nutzer können an Chats teilnehmen und so mit den Teilnehmern vor den Webcams, denen sie zugeschaltet sind, und anderen Teilnehmern interagieren – auch, wenn sie selbst keine Webcamübertragung anbieten. Mein zunächst zaghafter Umgang mit anderen Teilnehmern, der noch lange sehr stark dem *Lurken* ähnelte, wich zunehmend einer offensiveren Sprache und einem fordernderen Auftreten, gepaart mit einem zunehmenden Wissen darum, was man wie verlangt und verlangen kann und wie man seinen Gegenüber überzeugt, zu zeigen, was er eigentlich verbergen will (z. B. indem man sein Profil mit einem Profilfoto ausstattet, das den konventionellen Vorstellungen eines erotischen Körpers entspricht).

Der Übergang vom ausschließlichen Zuschauer zum Darsteller vor der eigenen Webcam, vom Zusehenden zum Zu-Sehenden, ist wohlgemerkt kein *Wechsel*. Anders als andere, kommerzielle Livecamangebote, in denen Zuschauer- und Darstellerpositionen klar verteilt sind (wer zahlt, sieht), sind die Mitglieder von Angeboten wie CammingSite.com immer beides zugleich: Wer hier zuschaut, ist immer zumindest potenzieller Darsteller, wer überträgt, schaut zumindest prinzipiell anderen (und sich selbst) zu.

Im Lauf der Zeit, mit wiederkehrender Teilnahme, entsteht zudem, neben der sich einstellenden Teilnehmerkompetenz und sich einschleifenden Körpertechniken, eine

---

5 Wenn die Webcamübertragung läuft, verliert es allerdings nicht an Relevanz, sondern wird zu einer Facette der Person im Bild und ihres Körpers.

Art ‚sedimentierte‘, in Artefakten und Dokumenten gespeicherte Mitgliedschaft. Zwar fertigte ich schon aufgrund meiner ethnografischen Absichten digitale Dokumente von meinen Cammingsessions an, daneben fing ich aber auch im späteren Verlauf meiner Feldphase an, jenseits aller ethnografischen Absichten Screenshots während Cammingsessions zu machen und diese zu speichern (in der Regel dann, wenn ich den Anblick meines eigenen Körpers, der auf dem Bild meiner Webcam zu sehen war, besonders ‚gut‘ fand), und auch außerhalb von Cammingsessions mit der Webcam oder meinem Smartphone Nacktfotos von mir zu machen, um sie z. B. als Avatar für mein Nutzerprofil zu verwenden, in einer Galerie auf dem Profil einzustellen, oder sie zunächst ohne konkreten Anlass auf meiner Festplatte zu speichern. Die Praxis, Bilder meines nackten Körpers anzufertigen, verselbständigte sich mit der Zeit, wurde von einer anfänglich problembehafteten forschungspraktischen Notwendigkeit zu einem Selbstzweck, aus dem ich auch erotischen Nutzen zog. Auf meinem Smartphone entstand eine wachsende Zahl von Selfies, zunächst als automatische Nebenprodukte von erotischen Chats mit Bildertausch, dann als ‚Vorrat‘ für künftige Chats, während derer ich keine neuen Fotos anfertigen wollte.

In solchen Dokumenten ‚ruht‘ eine Mitgliedschaft, bis sie wieder angesehen, verschickt, getauscht, kommentiert werden etc. Dies gilt analog für die beteiligten Artefakte wie Laptop, Smartphone und Webcam: Sie werden nicht nur zu Speicherorten digitaler Daten, sondern auch praktisch umgedeutet und immer einfacher umdeut*bar* zu Instrumenten erotischen Erlebens. Die Mitgliedschaft zu einer autopornografischen Community findet also in verschiedenen Dimensionen statt: Sie ist eine *formale Mitgliedschaft*, die in einem Nutzernamen und einem Profil gespeichert liegt; eine praktische „Mitspielkompetenz“ (Reichertz 1989: 92), die in körperlichen Routinen und der Anordnung der Praxis aus Artefakten und Körper sedimentiert; ein sich allmählich verfestigendes *Einer-von-denen-Sein* als Selbstauffassung und diffuses Zugehörigkeitsgefühl.

Mein Zugang zur Community auf CammingSite.com gestaltete sich in einer Abfolge von Phasen, in denen ich sukzessive in die zur Praxis gehörenden Vorgänge und die Gepflogenheiten des Feldes involviert wurde. Ich führe dies im weiteren Verlauf des Kapitels aus.

3.2 Übergänge: Einrichten, Anschließen und Einfühlen

Camming ähnelt sexuellen bzw. sexuell konnotierten Praktiken im Allgemeinen in seinem Verhältnis zum Alltagsleben. Auch wenn vielfach die nahezu vollständige Durchsetzung und Überfrachtung des gesamten öffentlichen wie privaten Alltags mit sexuellen Bildern und Reizen proklamiert wird (dazu kritisch: Attwood 2006; Gill 2009), so finden sexuelle Interaktionen und Situationen (wie z. B. Pornografiekonsum) typischerweise vom Alltagsleben abgegrenzt statt. Sexualität hat und schafft ‚ihre‘ Orte und Zeiten. Sexshops und Erotikkinos z. B. markieren eine Grenze zwischen ihrem sexuell konnotierten Innen- und dem entsexualisierten Außenraum (vgl. Berkowitz 2006). In Bezug auf sexuelle Interaktion gelten räumliche Settings wie das konventionelle verschlossene und/oder abgedunkelte Schlafzimmer, aber auch als unkonventionell geltende Orte wie etwa Umkleidekabinen in öffentlichen Bädern oder Kaufhäusern als sexualisierbare Orte, die sexuelle Interaktion nahelegen bzw. sexuell umgedeutet werden können. Ebenso sind Tageszeiten und Rhythmen in kulturellen sexuellen Skripten (Simon/Gagnon 1973) mit Bedeutung versehen: der frühe Morgen, das Wochenende, ‚wenn die Kinder nicht da sind‘, „immer freitags" (Luhmann 1995) oder stereotype Sequenzen wie die amerikanische ‚Date-Night‘: Essen, Kino, ‚zu mir oder zu dir‘.

Diese Abgrenzungen sind normativ, aber auch performativ: Sie unterscheiden sexuelle von nicht sexuellen Bereichen und damit legitime von illegitimer Sexualität. Diese sinnhafte Unterscheidung übersetzt sich dann wiederum ins Sinn*liche*. So scheinen der Operationssaal oder die Kassenschlange im Supermarkt sexuelle Erregung tendenziell nicht nahezulegen, sie wird als unangebracht empfunden und nicht in sexuelle Praxis übersetzt. Materielle Strukturen wie der Perlenvorhang oder die verdunkelten Scheiben, die (Blick-)Eingänge zu Sexshops für gewöhnlich aufweisen, oder die Einsehbarkeit von Räumen tragen dazu bei, sie müssen aber auch entsprechend in Praktiken eingebunden und durch unterschiedliches Verhalten innerhalb und außerhalb der Grenzen mitperformiert werden.

Aus einer phänomenologischen Perspektive fasst Murray S. Davis (1983) diese Grenzmarkierung begrifflich als die Unterscheidung zwischen „erotischer" und „alltäglicher Realität" als zwei Realitäten im Sinne Schütz' (Schütz 1945). Davis zeigt, wie diese beiden Realitäten sich in verschiedenen Hinsichten unterscheiden, z. B. über die Art, das Gegenüber wahrzunehmen oder das unterschiedliche Timing von Situationen inner- und außerhalb der raum-zeitlichen Grenzen sexueller Situationen. Von besonderem Interesse sind für ihn die Übergänge zwischen diesen beiden Realitätsphasen, und die Techniken, mit denen diese Übergänge bewerkstelligt werden. Wie wird aus einer ‚erotischen Spannung‘, die ‚in der Luft liegt‘ der Wechsel zu einer erotischen Sequenz? Für diesen Wechsel oder das Driften, Gleiten oder Abrutschen (Davis spricht von „shifts" und „slides" – Davis 1983: 12 ff.) sind Raumanordnungen und -wechsel, auch materielle Dinge (wie die kaltgestellte Flasche Champagner), Bekleidungskonventionen, Nähe- und Distanzgebote, die Neukonfiguration von Körperzonen (z. B. in für Berührungen erlaubte, erwünschte, zu vernachlässigende) und vieles mehr mitverantwortlich.

Autopornografische Praktiken sind für ihre Teilnehmer erotische, sexuelle Erlebnisse mit einem begrenzten zeitlichen Rahmen. Die Übergänge und Grenzmarkierungen zwischen der Cammingsession als sexualisierter Episode und dem umgebenden Alltag werden praktisch bewerkstelligt. Wie diese Übergänge stattfinden, ist für eine ethnografische Untersuchung dieser Praktik in zweierlei Hinsicht relevant: Das erfolgreiche Hinüberleiten von einem Realitätsbereich in einen anderen war als Teil der untersuchten Praktik Gegenstand meiner Analyse; zugleich war es aber auch notwendiger Teil meines methodischen Vorgehens. Es ähnelt dem Übergang zwischen der Feldsituation und der wissenschaftlichen Arbeit nach dem *coming home*. Eine forschungspraktische Herausforderung liegt darin, dass vor allem der Übergang *in* die erotische Episode der Cammingsession im Alltagswissen und in der Alltagswahrnehmung, und so eben auch für mich, als ein Loslassen, ein gradueller Kontrollverlust (bzw. eine -abgabe), als etwas, das einen ‚überkommt' gerahmt ist. Bei meiner Beobachtung stand ich also vor der Herausforderung, mein Erleben sozusagen „mit angezogener Handbremse"[6] durchleben zu müssen, also immer genug der Praxis zu überlassen, damit der Übergang gelingt, mich dabei aber zugleich in analytischer Einstellung interessiert selbst zu beobachten.

Beim Camming vollzieht sich der Wechsel zwischen Alltag und sexueller Episode als Wechsel zwischen verschiedenen Praxiskontexten, genauer in und mit dem Aufbau der materiellen Infrastruktur der Praktik und dem ‚Anschluss' des Körpers an diesen Aufbau. Beim Camming bewegen sich also nicht, wie bei anderen Praktiken (wie z. B. Schwimmen oder Klettern) Körper an bestimmte Orte, sondern sie schaffen sich ‚ihre' Orte zuerst. Zu Beginn steht eine räumliche, zeitliche und soziale Ausdifferenzierung der Cammingsituation: In meinem Fall konnte ich nur in meinen Privaträumen auf CammingSite.com aktiv werden (und nicht etwa im mit einer Kollegin geteilten Büro), und nur dann, wenn ich dort alleine war. Dieses Alleinsein musste zeitlich abgepasst werden – eine Session konnte nur stattfinden, wenn ich alleine zuhause war –, es musste aber auch materiell-räumlich hergestellt werden, indem ich etwa die Jalousie herunterließ, um Blicke der benachbart wohnenden Ordensschwestern fernzuhalten (bzw. diese Blicke vor den auf meiner Seite der Fensterscheibe entstehenden Anblicken zu bewahren). Damit unter und in diesen Rahmenbedingungen Camming dann tatsächlich stattfinden kann, muss eine Anordnung aus verschiedenen Komponenten geschaffen, müssen verschiedene Objekte zueinander in Stellung gebracht werden: Ein Computermedium mit Bildschirm, Maus und Tastatur, ein Nutzer(-körper), und evtl. in Reichweite gebrachte weitere Artefakte wie Hand- und Taschentücher, Sexspielzeug oder Gleitgel und die räumliche Infrastruktur in Form von Möbeln u. Ä. Mit dem Einrichten dieses ‚Sets' wird die autopornografische Praxis erst möglich und situativ ‚aufgespannt'.

Werfen wir einen Blick (zeitlich) *vor* eine Cammingsession und auf das, was dafür in meinem eigenen Fall nötig war. Der folgende Protokollauszug beschreibt meinen ersten Feldversuch mit der Webcam.

> Ich stelle den Laptop auf den Boden vor dem Bett und setze mich davor. ((Zuvor hatte ich versucht, den Laptop mit im oberen Displayrand fest integrierter Webcam mit auf mein Bett zu nehmen. Der Blickwinkel der Webcam fing hier jedoch mein Gesicht ein, und der Laptop wackelte mit jeder meiner Körperbewegungen auf der Matratze. Ich beschloss deshalb, mit dem Laptop ‚umzu-

---

6 Für diese Formulierung danke ich den Autor/-innen des Call for Papers zu den 3. Fuldaer Feldarbeitstagen, 2.–3. Juni 2011, Hochschule Fulda.

ziehen'.)) Mit dem Rücken lehne ich mich am Bettrahmen an, was ziemlich unbequem ist, auch der kalte Laminatboden und die Teppichkante sind unangenehm *Das ist so absurd. Jetzt sitze ich hier in Unterwäsche auf dem Boden...*[7] Ein Blick auf den Bildschirm zeigt, dass der Ausschnitt immer noch gleich ist: Am oberen Bildrand ist immer noch mein Gesicht zu erkennen. Ich neige das Display noch einmal nach vorne, in Richtung wo ich sitze, dabei schaue ich weiter auf den oberen Bildrand, um zu sehen, wie weit ich das Display neigen muss, damit mein Gesicht nicht mehr zu sehen ist, ich aber immer noch etwas sehen kann. Ich justiere ewig herum – Bildschirm hoch, Bildschirm runter, näher ran, weiter weg. Immer noch zu weit – ich müsste mich ziemlich weit nach vorne neigen und dann quasi von unten auf den Bildschirm schauen. Ich versuche, den Laptop höher zu positionieren und hole ein paar große Bücher aus dem Regal, mit denen ich eine Art Podest für den Laptop aufbaue. So geht es tatsächlich: Ich kann auf den Bildschirm sehen, und sehe mich, aber nicht mein Gesicht.

Dafür fällt mir jetzt auf, dass auf dem Bild der ganze Kram unter meinem Bett zu sehen ist – Schuhkartons usw. *Kann das jemand wiedererkennen? Und auch wenn nicht: wie sieht das denn aus?* Ich bin schon einigermaßen genervt. Ich hole eine helle Decke und lege sie über die Hälfte des Bettes und lasse sie über die Bettkante hinunter auf den Boden fallen, und lege auch den Boden vor dem Laptop damit aus. Wenn ich jetzt auf den Bildschirm schaue, sehe ich mich quasi vor einer weißen Fläche sitzen. *Auf dem Bild sieht das auch irgendwie bequemer aus als vorher, aber es fühlt sich immer noch unbequem an.* Ich stehe noch einmal auf und hole ein Kissen, das ich unter die Tagesdecke auf den Boden lege, an die Stelle, an der ich gleich sitzen werde. Ich lasse mich fast auf das Kissen fallen und schaue wieder auf den Bildschirm. So sieht das Bild okay aus. Ich sitze jetzt so, dass der Laptop zwischen meinen Füßen steht, wenn ich mit geöffneten Beinen vor der Cam sitze. Mit den Schultern lehne ich mich hinten am Bett an. Ich beschließe, dass das gut genug ist und greife nach der Maus, um die Übertragung zu starten – diese ist aber zu weit entfernt und ich kann sie mit meiner Hand nicht erreichen.

(Erinnerungsprotokoll)

Die relative Anordnung von Laptop mit Maus, Möglichkeit zum Anlehnen des Rückens und anderen Artefakten bildet den situativen materiellen Raum, in dessen Rahmen sich Camming als Körperpraktik später ereignet, und der das Funktionieren des Körpers vor der Kamera ermöglicht: Die Ausstattung und das Layout des Raums nehmen die Positionierung des Körpers vorweg und orientieren sich an ihr, stellen sie aber auch mit her. Umgekehrt gibt der Körper die Anordnung der anderen Dinge vor: Er ist es, der später ‚richtig' von der Kamera erfasst werden und die Bedienelemente des Laptops anfassen können muss, und dabei selbst ‚richtig' positioniert bleiben können muss.

Im obigen Fall spannt sich die gesamte Situation um den Laptop herum auf, für den zunächst der richtige Ort gefunden werden muss (wo er stabil stehen kann während der Körper vor der Webcam später aktiv wird), und an dem er dann wiederum an anderen beteiligten Objekten (wie meinem Körper) und mit anderen Objekten (wie dem Bücherstapel) ausgerichtet und positioniert werden muss. Dieser ‚Schauplatz'

---

7 *Kursiv gedrucktes* in Protokollauszügen gibt Erinnerungsprotokolle meiner Gedanken in der Situation wieder, Auslassungen werden mit (…) markiert und ggf. in Sekunden (") angegeben, nachträglich hinzugefügte Anmerkungen und Erläuterungen stehen ((in Doppelklammern)).

wiederum tut sich in einem ihn umgebenden, vorgängigen Raum auf (hier: mein Schlafzimmer), der durch die Einrichtung des Sets seinerseits neu konfiguriert wird. Parameter dafür ist die Sichtbarkeit des Körpers und damit zusammenhängend die der Person. Die auf den Bereich unterhalb des Halses reduzierte Ansicht des Körpers bietet bereits einen gewissen Grad an Anonymisierung: Personen werden in der Regel an Gesichtern identifiziert. Nicht nur, dies zu bewerkstelligen ist hier problematisch, zum Problem wird auch, dass Personen nicht nur ihre Körper bewohnen, sondern ausgedehntere Habitate: Wie das Gesicht bietet auch die Ausstattung privater Räume die Möglichkeit, die Person vor der Kamera zu identifizieren, bzw. den Körper als zu einer Person gehörig. Typische Merkmale wie Fotos oder Wandbilder mit Wiedererkennungswert, oder in meinem Fall Schuhkartons unter dem Bett, werden durch die Auswahl des Bildausschnitts, durch ihren physischen Transport außerhalb des (immateriellen) Bildrahmens oder die Umgestaltung des Raumes unsichtbar gemacht und damit *für* die Praktik (die Blicke der Zuschauer) und mit ihren Mitteln quasi generische Räume geschaffen, die so überall sein könnten. Die Tagesdecke im obigen Beispiel schafft einen eigenschaftslosen Raum, der in ihm positionierte Körper ist damit *(n)irgendwo*. Die Anonymität des Raumes sichert die Anonymität des in seinem Rahmen exponierten Körpers. Solche zugleich ‚bereinigten‘ Räume ohne Eigenschaften sind ein typisches Bild auf CammingSite.com.

Die materiell-räumliche Anordnung des Sets konfiguriert den Körper nun auf verschiedene Weise. Der Körper und die anderen zum Set gehörenden Artefakte müssen einerseits ‚richtig‘, d. h. so aneinander ausgerichtet werden, dass das richtige bzw. gewünschte Bild auf dem Display entsteht, zum anderen muss die Anordnung auch auf Ebene der Praktik, der materiellen Wechselwirkung der beteiligten Partizipanden ‚funktionieren‘: Der Körper muss den Computer bedienen können und dabei nicht in Daueranstrengung sein müssen. Dieser Zustand muss zu Beginn einer Cammingsession gesucht und hergestellt werden. Im obigen Protokollausschnitt gelingt mir dies (noch) nicht: Wenn der Körper auf die richtige Weise im Display sichtbar wird, kann er davor die Maus nicht mehr erreichen. Schaut man am Fokus der Bilder auf CammingSite.com, also der nackten Haut, vorbei, sieht man sonst unsichtbar bleibende regelrechte ‚Stützkonstruktionen‘ für die Körper, die dort zu sehen sind. Hier finden sich aufgestapelte Kissen, Handtücher oder in bequeme Reichweite gebrachte Artefakte (Telefon, Tastatur, Sexspielzeug), die den Körper in Position und Form bringen und ihm erlauben, dort bzw. so zu bleiben (s. Darstellung 3.3).

Je nach spezifischer Ausstattung des Sets verändert sich auch die körperliche Praxis. Wenn die Kamera in den oberen Rand eines Laptopdisplays eingelassen ist, kann ihr Blickwinkel nur variiert werden, indem der gesamte Aufbau gedreht oder anders positioniert wird, durch Drehen des Laptops oder Neigen des Bildschirms. Im obigen Protokollauszug entsteht dadurch ein Konflikt zwischen Sehen und Gesehenwerden: Um den oberen Rand des übertragenen Bildes so einzustellen, dass mein Gesicht nicht zu sehen war, musste ich den Bildschirm nach unten neigen. Dadurch wurden aber zunehmend der Gebrauch der Tastatur und der Blick auf den Bildschirm (und mit diesem

Darstellung 3.3: Temporär verlassene Sets (Quelle: Screenshot-Zuschnitte, original mehrfarbig).

auch die Kontrolle des Bildausschnitts) unmöglich. Später, im Nachgang der hier protokollierten Situation, würde mir eine über ein Kabel an den Laptop angeschlossene zweite Webcam erlauben, das Sichtfeld der Kamera und die Ausrichtung meines Körpers voneinander zu entkoppeln. Die Kamera musste mit dieser Neuerung im Aufbau fortan nicht mehr von dort schauen, wo ich hinsah. Mit den Blickmöglichkeiten der Kamera variieren so auch die Möglichkeiten der Körperinszenierung. Eine mobile Kamera, die beispielsweise in die Hand genommen werden kann, lässt Nahaufnahmen oder ein ‚Abtasten‘ des Körpers mit der Kamera zu, ohne dass der Körper aus einer einmal gefundenen Position gelöst werden muss.

Durch eine neue Zusammenstellung der Anordnung der Praktik verändern sich also die an ihr beteiligten Partizipanden. Die Kombination aus Laptop und Webcam wird durch eine Neukonfiguration, das Hinzufügen einer anderen Webcam, zu einem *anderen* Zeigemedium gemacht: Sie schaut dann nicht mehr statisch in einen Raum, den sie zugleich als Handlungsspielraum der Körper entwirft, sondern wird zu einem Instrument, das diesen Raum und den in ihm vorkommenden Körper erkundet. Damit zusammenhängend wird dann ein *anderer* Körper möglich und nötig. Das Verhältnis von Mobilität und Statik ist im Fall der fest installierten Kamera umgekehrt: Sie blickt fix in eine Richtung, sodass der davor befindliche Körper justiert werden muss (im Sitzen, durch Aufstehen, Drehen etc.).

In dieser Koppelung liegt ein Moment der Herstellung des spezifischen Körpers der autopornografischen Praktik. Der Körper des Cammers ist nicht nur einfach vor der Kamera ‚da‘ und wird von dieser abgefilmt – er wird durch die Eigenschaften des Mediums und die in ihm liegenden Handlungszwänge aktiv geformt. Das anfängliche Einstellen der Kamera (und auch des Körpers) erfolgt auf den späteren Zustand hin, in dem der Körper nicht mehr in erster Linie mit der Technik, sondern mit sich selbst beschäftigt ist, und in dem manches verborgen und anderes sichtbar sein soll. Es ist eine Doppelfigur aus Zeigen und Verbergen; Teile des Körpers werden ins Zentrum des Bildes (der Aufmerksamkeit) gerückt, während andere aus dem Sichtfeld entfernt werden.

In Darstellung 3.4 ist ein Teilnehmer zu sehen, dessen Übertragung gerade begonnen hat. Er sitzt im Schneidersitz, nach hinten gelehnt mittig vor der Kamera, die Hände liegen im Schoß. Er setzt sich auf und justiert mit einer Hand die Kamera ein

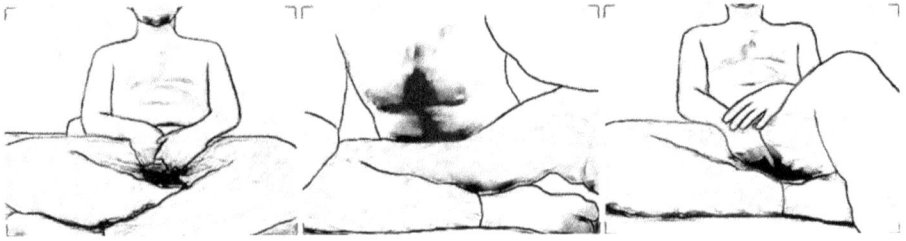

Darstellung 3.4: Einrichten und Anonymisieren des Körpers (Quelle: Skizzen nach Screenshots).

wenig nach unten (zu erkennen am sich verändernden Bildausschnitt). Er lehnt sich dabei weit nach vorne, verbleibt aber örtlich fixiert. Anschließend lehnt er sich wieder zurück, legt wieder eine Hand in den Schoß – dasselbe wiederholt er zweimal. Mit jedem Mal ist von seinem Gesicht in der zurückgelehnten Körperposition weniger zu sehen.

Der Teilnehmer im obigen Ausschnitt betrachtet sich bei den Justierungen des Bildausschnitts über das Videofeedback quasi aus der Zukunft – so wird er später dort sitzen, die Hand wird ebenfalls in seinem Schoß sein, die Hose außerhalb des Bildes. Er justiert die Kamera von diesem Ort aus und darauf hin. Kamera, Bild und Körper werden wechselseitig aneinander ausgerichtet und so auf den späteren wiederkehrenden Wechsel zwischen dem zurückgelehnten Masturbieren und dem nach vorne gelehnten Chatten eingestellt (die Tastatur ist in diesem Fall sozusagen ‚unter' dem unteren Bildrand), der dann entlastet von Gedanken an die Technik und den Verlust von Anonymität geschehen kann (sein Gesicht wäre allenfalls bei zurückgelehntem Körper sichtbar). So wird mit der Justierung eines einzelnen Bestandteils, der Kamera, ein „Habitat" (Schmidt 2006) für einen dazugehörigen Körper (und umgekehrt) geschaffen. Diese Anordnung und wechselseitige Ausrichtung von Körper, Technik und weiteren Artefakten trägt dazu bei, die Technik phänomenologisch in den Hintergrund treten, das Medium transparent werden zu lassen (man muss sich nicht ständig darum sorgen und kümmern), und so das Hingeben an die (auto-)erotische Situation und ihr Erleben zu ermöglichen.

Im folgenden Beispiel ist dies zunächst nur indirekt erkennbar. Darstellung 3.5 zeigt einen Teilnehmer, der der Kamera genau gegenübersitzt. Sein Blick ist gerade nach vorne gerichtet, auf den Bildschirm unterhalb der Kamera. In regelmäßigen Abständen wendet er den Kopf und den Blick seitlich nach unten. Man kann erkennen, dass er mit der Hand, die die gesamte Zeit neben seinem Körper liegt, eine Tastatur bedient. Die andere Hand liegt in seinem Schritt und masturbiert. Nach dem Tippen, teilweise auch schon einen Moment davor, geht sein Blick wieder zurück auf den Bildschirm. Der Körper bleibt ansonsten nahezu unbewegt.

Dieselbe Situation einige Minuten später. Nachdem die Cammingsession und der Darsteller ihren Höhepunkt inzwischen erreicht haben und letzterer das Bild kurzzeitig verlassen hat, betritt er das Bild wieder und setzt sich auf die Couch. Er zieht die

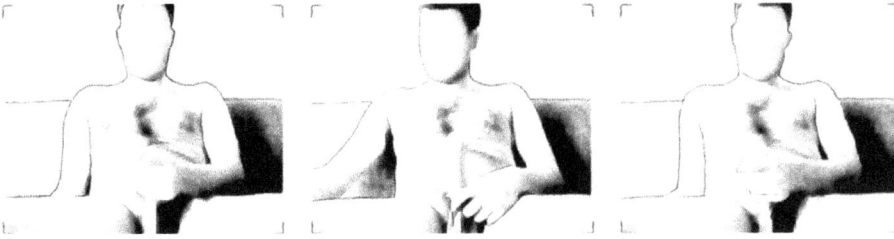

Darstellung 3.5: Statischer Körper beim Camming (Quelle: Skizze nach Screenshot).

Kamera (die vermutlich im oberen Rand eines Laptop-Displays verbaut ist) näher an sich heran und neigt sie etwas nach oben. Das Bild zeigt nur mehr seinen Torso ohne Kopf (s. Darstellung 3.6). Es folgt eine Sequenz, in der der Teilnehmer aufräumt: er hantiert mit einer kabellosen Maus, beginnt dabei seinen Körper hin und her zu drehen und zu neigen, später nimmt er einen Karton auf den Schoß, in dem er eine drahtlose Tastatur verstaut.

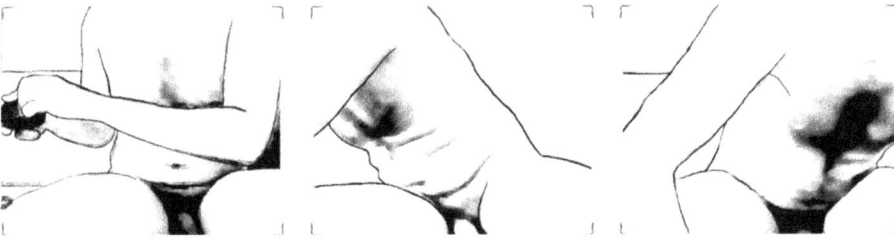

Darstellung 3.6: Dynamischer Körper beim ‚Aufräumen' (Quelle: Skizze nach Screenshot).

Es lässt sich beobachten, dass die zum Camming benötigten Artefakte auch außerhalb der raum-zeitlichen Grenzen der Cammingsituation ihren Platz haben. Zum Ende einer typischen Session wird das Set, bzw. werden temporär errichtete Sets meist wieder dekonstruiert. Wie das *Einrichten* des Sets und meines Körpers typischerweise meinen eigenen Übertragungen mit der Webcam *vorausging*, also für andere Zuschauer unsichtbar blieb, so blieb mir bei meinen eigenen Beobachtungen meist auch verborgen, wie andere Nutzer das Set vor ihrer Kamera aufbauten und einrichteten. Häufiger zu sehen war das *Umräumen*, das laufende Re-Justieren von Artefakten und Körpern; es macht einen wesentlichen Teil des Geschehens vor den Webcams auf CammingSite.com aus. Das *Aufräumen* und Auseinandernehmen des Sets war für mich hingegen häufiger zu sehen. Sowohl das Einrichten als auch das Aufräumen erwecken dabei oft den Eindruck hochroutinierter Abläufe, die zu Beginn bzw. Ende einer Cammingsession ‚abgespult' werden: Die drahtlose Tastatur landet wieder in dem Karton, aus dem sie kam (evtl. ein Hinweis darauf, dass sie nur zu diesem Zweck hervorgeholt wird oder gar angeschafft wurde), Taschentücher fliegen in den Mülleimer, ein Handtuch aus dem Bildrahmen. Die Kamera wird nach der Session vom Laptop getrennt und in der Schublade verstaut.

Das Set einer Cammingsession insgesamt ist typischerweise mit dem Computer an dessen Standort fixiert. Dieser Ort der Praktik scheint zudem einen typischen Ort innerhalb der Wohnung zu finden: Dies konnte ich an den Übertragungs-Historys erkennen, die auch Standbilder aus Cammingsessions vor der aktuell laufenden zeigten und so Veränderungen über längere Zeit erkennbar machten (hintereinander gelegt würden diese Bilder quasi ein Daumenkino der gesamten Existenz eines Nutzers auf einem Portal ergeben). Bei einer genaueren Betrachtung solcher Bildfolgen in den Profilen verschiedener Nutzer konnte ich feststellen, dass sich mit der Zeit ein Ort in der Wohnung als der präferierte Ort für das Set zu etablieren scheint. Das Set wird immer an derselben Stelle aufgebaut, wodurch eine Gleichförmigkeit der Bilder entsteht, die manchmal kaum noch erkennen ließ, wann eine Session endete und eine andere begann (präferierte bzw. typische Orte sind vor allem das Bett, die Couch oder der Schreibtischstuhl); dies vor allem deshalb, weil auch die Lichtverhältnisse, entsprechend also die Tageszeit der Teilnahme oft durchweg ähnlich war(-en). Dies könnte ein Hinweis darauf sein, dass Cammingsessions als erotische Episoden einen mehr oder weniger festen zeitlichen Ort in einem typischen Tagesablauf haben (in meinem Fall: morgens vor dem Gang ins Büro), und nur in (von mir auch beobachteten) Ausnahmefällen eine Beschäftigung sind, die mehrere Tageszeiten überdauert.

Diese Routine kann sich auch in den Aufbauten selbst verstetigen, die so eingerichtet bleiben (z. B. ein Kellerraum oder eine Computerecke). Mit der räumlichen Mobilität der Apparatur kann dann wiederum auch die Praktik ‚mobil' werden, sich über einen weiteren räumlichen Bereich aufspannen: Sie kann in andere Settings transportiert werden und erlaubt den Teilnehmern so auch andere Weisen der Selbstdarstellung. So zeigen sich Teilnehmer im Badezimmer oder auf dem Balkon, oder nehmen gar ihre Zuschauer vom einen Zimmer in ein anderes oder unter die Dusche mit. Mit der Veränderung des Sets geht dann in der Regel eine beobachtbare Veränderung der körperlichen Inszenierung einher.

Gerade der Kontrast zwischen den zwei Phasen in den Darstellungen 3.5 und 3.6 zeigt etwas für Camming typisches: Auffällig ist, dass die Körper vor der Kamera sehr häufig, anders als es die Vorstellung von ekstatischer Sexualität vermuten lässt, geradezu statisch wirken. Teilnehmer fixieren ihre Körper oft regelrecht, indem sie die oben gezeigten ‚Stützkonstruktionen' aus Kissen etc. errichten, zudem bringen sie weitere Objekte wie Handtücher, Sexspielzeug oder Gleitgel in eine bequeme Reichweite, die eine Veränderung der Körperposition unnötig macht und handhaben diese dann automatisiert, ohne sich, abgesehen von isolierten Körperteilen, nennenswert zu bewegen. Mit der Einrichtung des Körpers korrespondiert die Ausrichtung und Engführung des Blicks.

Darstellung 3.7(a) zeigt einen Teilnehmer, der sein ‚Set' mit Handtüchern, einem Sexspielzeug, einem Handy, dem Laptop und einem Kissen eingerichtet hat. Der Kör-

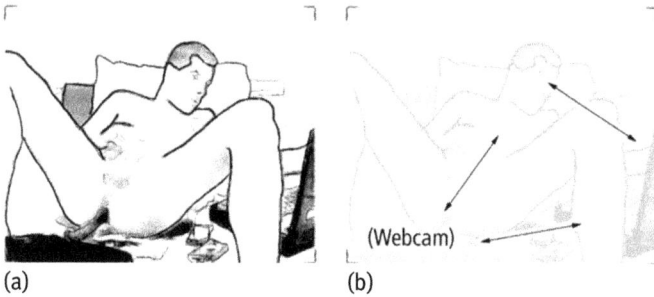

Darstellung 3.7: Doppelt ausgerichteter Körper und Wahrnehmungsschleife (Quelle: Eigene Darstellung).

per liegt nahezu regungslos in Richtung der Kamera mit geöffneten Beinen. Die masturbierende Hand bewegt sich fast völlig isoliert. Das Set hält den Körper in seiner Form, stellt ihn ruhig: Das Kissen hält den Oberkörper in der aufrechten Position, der Standort des Laptops ist in bequemer Reichweite. Der Blick haftet die gesamte Zeit auf dem Bildschirm. Wenn der Körper temporär aus dieser Positionierung gelöst werden muss (etwa weil das Handy klingelt), ‚schnappen' Hand und Blick anschließend direkt zurück in ihre Ausgangsposition.

Der Körper ist so doppelt in Stellung gebracht: Er ist auf die Kamera, von wo aus er gesehen wird, ausgerichtet, das eigene Auge klebt aber geradezu nicht nur an den anderen Körpern, sondern auch am Bild des eigenen Körpers auf dem Display. Die Situation erscheint wie eine Mischung aus Pornografiekonsum und Masturbieren vor einem Spiegel, aus dem ein zweiter, fremder Blick schaut. Durch diese typische Orientierung in zwei Richtungen schließt sich ein Wahrnehmungs-Kreis und der Körper kann sich über das Videofeedback der eigenen Kamera zu sich in Beziehung setzen (vgl. Darstellung 3.7(b)). In der Erlebensperspektive stellt sich hier das Gefühl des Versunkenseins in den Bildschirm ein. Es *zeigt* sich im typischen leicht entrückt wirkenden Blick, der am Kamerafokus vorbei auf den Bildschirminhalt gerichtet ist. Ein Auszug aus einem meiner eigenen Beobachtungsprotokolle zeigt eine ‚Innensicht' einer solchen Wahrnehmungssituation:

> Ab und zu streiche ich mir mit der Hand über den Bauch, auch um zu sehen, ob ich noch in Form bin. (…) Die Haut wirft hässliche Falten. Ich probiere, meinen Oberkörper gerader zu halten und näher an die Kamera zu rücken (ich weiß, dass das besser aussehen kann, ich muss nur noch herausfinden, wie ich das hier hinbekomme). (Erinnerungsprotokoll und Videotranskription)

In diesem Ausschnitt wird der eigene Körper auf zwei Weisen betrachtet. Das eine Betrachten ist ein haptisches Betasten, das feststellt, was *ist*, das andere ist ein visuelles Abgleichen mit dem, was *sein könnte*, einem (gedanklichen) Erfahrungsbild des eigenen Körpers, bzw. einem Bild vom Bild des eigenen Körpers. Daraufhin wird der Körper vor der Kamera manipuliert, um das Bild ‚passend' zu machen.

Die ‚beiden Körper' vor und auf dem Bildschirm werden laufend in Relation gesetzt, bis die Grenze nicht mehr eindeutig ist. Diese unterschiedlichen Zugänge zum Körper illustrieren seine Wahrnehmung in der Situation. Sie lässt sich als eine diffuse, verteilte Körpererfahrung beschreiben. Die Selbstwahrnehmung und deren Beschreibung in meinen Protokollen wechselte laufend zwischen ‚ich', ‚mein Körper' und ‚meinen' Körperteilen. Diese Labels beziehen sich dabei sowohl auf den Körper vor der Kamera als auch das Bild, ohne dass dies jeweils explizit markiert wird. ‚Mein Körper' ist simultan an verschiedenen Orten in der Situation.

Das Set als räumlich-materieller Rahmen formt den Körper also auf ganz konkrete Weise, indem es eine bestimmte Ausrichtung für ihn vorgibt. Das Wissen darum, wie das Set aufgebaut und Körper, Computer und Kamera zueinander in Beziehung gebracht werden müssen, um das ‚richtige' Bild zu erreichen, geht zudem nach einiger Zeit in die eigenen Körperroutinen über, der Körper wird auch auf Ebene seiner Körpertechniken mehr und mehr kompetenter Partizipand der Cammingpraxis und schon vor dem Bildschirm eine Art ‚Bildkörper'. War das richtige Einrichten des Sets am Anfang für mich noch eine aufwändige Aufgabe, die ich mit vielen Fehlversuchen hinter mich bringen musste, so entwickelte ich mit der Zeit ein intuitives Wissen davon bzw. Gefühl dafür, in die Cammingsituation zu gelangen: Ich wusste nicht nur, wie Laptop, Möbel, Kissen, arrangiert sein mussten, wie ich mich hinsetzen und meinen Körper anlehnen musste, um ihn ‚richtig' aussehen zu lassen, mit welcher Hand ich was berührte und benutzte. Ich hatte das Bild, das auf dem Schirm zu sehen sein würde, schon ‚im Kopf' und auch gewissermaßen ‚im Körper': Ich wusste bereits, in welchem Abstand der Laptop zum Bett stehen und in welchem Winkel die Kamera in Richtung Wand zeigen musste, damit neben dem Bild ‚im Kopf', einer visuellen Vorstellung, auf dem Bildschirm eine entsprechende Abbildung Gestalt annehmen konnte. Teil der autopornografischen ‚Community' zu sein, erfordert, den eigenen Körper auf die beschriebene Weise in den geteilten visuellen Bereich des Cammingportals zu bringen und sich zugleich das entsprechende dahinterliegende Teilnehmerwissen anzueignen. So wird es erst möglich, mit anderen Teilnehmern in Interaktion zu treten.

3.3 Interaktivitäten und Interaktionen mit(-tels) Medien

Der bei weitem größte Teil der Webcamübertragungen auf CammingSite.com zeigt einzelne Teilnehmer vor der Kamera. Betrachtet man diese Situation vor der Webcam mit distanziertem Blick, erscheint das übertragene Geschehen mehr wie einsamer Pornokonsum am Computer als erotische soziale Interaktion mit Anderen. Bei diesen ‚Begegnungen' befinden sich, tritt man einen Schritt aus der Situation zurück, nur eine leuchtende, in Plastik eingefasste Flüssigkristallfläche und ein Körper im Raum, der alleine an sich selbst handgreiflich wird. Aus der Binnensicht der Teilnehmer handelt es sich dabei jedoch um ein geteiltes erotisches Erlebnis in der Gegenwart anderer.

Wie kann diese Mehrdeutigkeit und Divergenz von Perspektiven begriffen werden? Die Medienpsychologin Nicola Döring (2004) löst in ihrer Beschäftigung mit mediatisierten erotischen Interaktionen das Problem definitorisch und unterscheidet „Cybersex im engeren Sinne" von solitärem Sex einerseits (Masturbation zu pornografischen Medieninhalten) und von einer reinen Mensch-Maschine-Interaktion andererseits; die Differenz wird also durch das soziale und interaktive Moment markiert (diese Dimensionen von Cybersexinteraktionen jedoch nicht selbst problematisiert). Camming kann nach Dörings Definition als eine Form von Cybersex gesehen werden. Zugleich ist aber eindeutig, dass sowohl die masturbatorische Beschäftigung mit dem eigenen Körper zu pornografischen Bildern als auch die Interaktivität zwischen Computer und Nutzer(-körper) Teil dieser Praxis sind.

Statt zwischen diesen Einzelpraktiken definitorisch Ordnung herzustellen, schlage ich vor, sie als einen Praxiszusammenhang zu begreifen und zu untersuchen, wie sie ineinandergreifen und so das hervorbringen, was aus Sicht der Teilnehmer als eine erotische Interaktion mit anderen erlebt wird: Wie wird aus der einsamen Masturbation vor dem Bildschirm gemeinschaftliche erotische Interaktion? Inwiefern kann Camming überhaupt als Interaktion betrachtet werden? Ich versuche diese Frage im Folgenden als Frage nach der praktischen Herstellung von Interaktivität, im Sinne einer Eigenschaft von Situationen zu rekonstruieren.

3.3.1 Camming als mediatisierte Interaktion (und mehr, und weniger)

Face-to-Face: Interaktion unter Anwesenden. Vergleichsfolie bei der wissenschaftlichen Beschäftigung mit mediatisierten Situationen ist gewöhnlich die nicht mit Medientechnologien angereicherte Face-to-Face-Situation unter körperlich Anwesenden, für deren Analyse die Soziologie Erving Goffmans einschlägig ist. Goffmans Interaktionsverständnis betont den körperlichen und materiell-räumlichen Aspekt des Sozialen: Interaktion setzt hier voraus, dass Personen sich in körperlicher Kopräsenz bzw. kommunikativer „response presence" befinden und sich wechselseitig wahrnehmen können (Goffman 1994), und dies findet immer auch in dinglichen Umwelten statt (Kalthoff 2014: 79). Bei der Gegenüberstellung von mediatisierten Situationen mit diesem Prototyp werden oft weitere Annahmen impliziert, wie die Annahme, es handele sich gerade bei Interaktionen zwischen zwei Teilnehmenden um eine fokussierte Interaktion und bei den Teilnehmenden um menschliche Personen (Ayaß 2005: 33). Gemessen an diesen Kriterien werden mediatisierte Situationen als abgeleitetes (teilweise auch als defizitäres) Phänomen interpretiert, dem gegenüber dem Prototyp z. B. ein Mangel an sinnlicher Dichte attestiert wird.

Face-to-Interface-to-Face: Interaktion mittels Medien. In mediatisierten Situationen tritt zwischen die interagierenden Teilnehmer das elektronische Medium, wodurch sich verschiedene Parameter der Situation verändern: Die Situation der Interaktion spaltet sich in verschiedene Situationen auf (Hirschauer 2015): Die jeweilige

Situation, in der sich Medium und Teilnehmer *Face-to-Interface* gegenüberstehen und die kommunikative Situation, die alle beteiligten Teilnehmer teilen. Damit verändern sich auch die Kriterien und Parameter für Anwesenheit, wechselseitige Wahrnehmung und Fokussierung der Interaktion. Welchen systematischen Unterschied macht es, wenn ‚zwischen' die Interagierenden elektronische Kommunikationsmedien treten? In einer Betrachtung von Interaktionsformen, die von dem Goffmanschen Prototyp abweichen (die Rezeption von Massenmedien, Videokonferenzen und die Interaktion mit Avataren), hält Ruth Ayaß (2005) drei Spezifika speziell von *video*vermittelten Interaktionen fest: (1) *Eine Rekonfiguration der Sinne.* Die Vermittlung über Kamera und Bildschirm löst die Reziprozität des Augensinns auf (i. S. von Simmel 1907). Der Blick ‚in die Augen' (strenggenommen: in Richtung der Augen) des Interaktionspartners führt bei Videokonferenzen in die Linse der Kamera, das Angeblicktwerden durch den Gegenüber wird aber auf dem Bildschirm sichtbar. (2) *Eine Rekonfiguration der (Gleich-)Zeitlichkeit der Interaktion* durch technische Prozesse, wie etwa eine mögliche Verzögerung der Tonübertragung und damit das zeitweise Auseinanderfallen von Gesehenem und Gehörtem (3) *Eine Reduktion der sinnlichen Dichte der Situation* im Sinne der bekannten These der scheinbaren ‚Entkörperung' der Situation durch die Übertragung ins Zweidimensionale (Ayaß spricht von Videokonferenzen als „Interaktionen ohne ‚leibhaftiges' Gegenüber" – 2005: 38 f.).

Für die Untersuchung mediatisierter Interaktionen und Situationen ergeben sich daraus Konsequenzen:

1. Kopräsenz kann nicht durch das akzidentielle Zusammenfallen von Gleichzeitigkeit und Gleichörtlichkeit bestimmt und als mit ihm gegeben angenommen werden, sondern muss als interaktive und praktische Hervorbringung der Situation untersucht werden. Zu untersuchen ist dann z. B., welche Rolle Visualität dabei spielt, wie etwa Sichtbarkeit und Anwesenheit zusammenhängen.

2. Dies gilt auch für andere Parameter, wie wechselseitige Wahrnehmung. Tatsächliche Wechselseitigkeit der Wahrnehmung ist bei Camminginteraktionen nur punktuell gegeben (immer gegeben ist lediglich die prinzipielle Wahrnehm*barkeit*). Teilnehmer befinden sich in gegenseitiger Wahrnehmungsreichweite und kommunikativer Präsenz, dabei handelt es sich jedoch zunächst nur um Ko-Anwesenheit, noch nicht um fokussierte Interaktion. Diese findet immer fragmentiert statt: Gespräche gehen beispielsweise dann weiter, wenn ein Fenster oder Browser-Tab aufgerufen wird, um zu sehen, ob der jeweils andere eine Nachricht geschrieben hat. Kopräsenz und Wechselseitigkeit sind in Camminginteraktionen eine Frage von Rhythmen und punktuellen Synchronisationen.

3. Die soziale Interaktion mit dem Gegenüber findet in mediatisierten Situationen schließlich nicht nur *über* das Medium vermittelt statt – sie wird auch durch die Ko-Aktivität mit dem Medium selbst *angereichert*. Die Medien sind nicht nur als ‚Modulatoren' von Interaktionen forschungspraktisch interessant, sondern sie sind selbst Partizipanden der Interaktionen, die sie ermöglichen und mittragen. Neben den (min-

destens zwei) interagierenden Usern sind Webcam und Bildschirm praktisch mit in die Interaktion involviert.

Face-to-Interface: Interaktivität mit Medien. Der Techniksoziologe Werner Rammert stellt auf dieser Linie fest, dass bei computervermittelter Interaktion „die Frage ‚Interaktivität mit Artefakten' oder ‚Interaktion mit Personen' [...] nicht mehr eindeutig entschieden werden [kann]" (Rammert 1999: 34). Während einer Cammingsession ereignen sich mehrere Formen von Wechselwirkung simultan: Die Interaktion zwischen dem Nutzer vor Ort und anderen an einem anderen Ort (1) wird ‚getragen' von der Interaktivität zwischen dem Nutzer(-körper) und dem technischen Medienartefakt (2) und zwischen dem Nutzer und seinem eigenen Körper, haptisch mit dem Körper vor dem Bildschirm, visuell mit dem Körper(-bild) auf dem Bildschirm.

Jedes Medium, so Rammert, liefere als „duale Struktur" einerseits durch seine Materialität und Programmierung gewisse Beschränkungen für den Umgang mit sich, andererseits biete es Nutzern auch einen Spielraum, neue Nutzungsmöglichkeiten zu entdecken und zu entwickeln. Was ein Medium sei, entstehe so letztlich immer erst im praktischen Umgang (Rammert 1999: 42 f.). Auch Ayaß weist mit Latour darauf hin, dass die Engführung möglicher Gegenüber in Interaktionen auf Menschen voreilig sei, und letztlich empirisch geklärt werden müsse: Was wird in Interaktionen zu interaktiven Gegenübern *gemacht*?

Vor diesem Hintergrund lässt sich eine andere Perspektive auf medienvermittelte Kommunikation entwickeln, die danach fragt, wie Eigenschaften von bzw. Eigenschaftszuschreibungen an Situationen (z. B. als ‚vermittelt', als ‚sozial', ...) als Ergebnis der Praxis entstehen. Die Frage, ob es sich etwa beim Camming um Interaktion mit Menschen, Interaktivität mit Medien und Artefakten oder eine Mischform handelt, wird sozusagen zuallererst ‚vor Ort' und immer temporär entschieden.

Im Folgenden betrachte ich aus zwei Perspektiven die praktische Unterscheidung von Personen, Körpern und Medien in Camminginteraktionen. In Kapitel 3.3.2 zeige ich, wie Teilnehmer sich graduell als Personen und/oder (!) Körper inszenieren, indem Körper und Medien verschiedene Konstellationen eingehen. In Kapitel 3.3.3 betrachte ich verschiedene Interaktionstypen daraufhin, wie ihr Interaktionscharakter und ihre Besetzung durch die jeweilige Wechselwirkung von Medienartefakten, Bildern und Körpern bestimmt werden.

3.3.2 Körper-Medien-Konstellationen und ihre Personen

Medien und Körper gehen beim Camming verschiedene Beziehungen zueinander ein: Sie werden räumlich aneinander ausgerichtet und sind visuell und haptisch in verschiedener Weise miteinander verbunden. So entstehen verschiedene typische Konstellationen aus Medienartefakten und Körpern. Für meinen Forscherblick waren sie und der konkrete Umgang mit den Medien jedoch meist nur *indirekt* zu beobachten. Die eingesetzten Medien bleiben in den Bildern, die beim Camming mit ihnen hergestellt werden, in aller Regel selbst unsichtbar. Ihr Verstricktsein in die Praxis wird in den Webcamübertragungen auf CammingSite.com meist nur an Spuren erkennbar, die der Umgang mit den Meidenartefakten in der Übertragung hinterlässt: so kann eine Veränderung im Bildausschnitt etwa auf eine händische Manipulation der Kamera oder eine Neuplatzierung des Laptops verweisen.

Ein Großteil der Webcamübertragungen auf CammingSite.com zeigt, nicht überraschend, vor allem nackte Haut. Die Bildfläche wird weitgehend von Körpern oder ihren Teilen eingenommen, im Hintergrund ist meist allenfalls eine Wand, die Rückenlehne eines Sofas o. Ä. zu sehen. Die Körper werden als Fokus der Bilder und als ihr wesentliches Motiv inszeniert und visuell ‚herauspräpariert'. Der Teilnehmerblick sieht auf den Bildern entsprechend nichts als nackte Körper, und an den anderen im Prinzip sichtbaren Dingen vorbei (s. Kap. 4.3.1).

Einige Webcamübertragungen zeigten jedoch nicht nur die Körper der Beteiligten vor der Kamera, sondern auch die zum Einsatz kommenden Medien. Hierdurch boten sich erweiterte Beobachtungsmöglichkeiten und darüber hinaus Einblicke in den Zusammenhang zwischen der materiellen Konstellation von Körpern, Artefakten und Medien und der Inszenierung und interaktiven Involvierung von Cammern als mehr oder weniger Körper oder Person.

In diesen Übertragungen konnte ich also nicht nur bloße Körper sehen, die ‚für mich' als Anschauungsobjekt, ‚zum Ansehen' da waren. Die Anwesenheit der Medien, vor allem der Displays im Bild machte zudem erkennbar, dass die Zu-Sehenden zugleich auch selbst Zuschauer waren – ich sah ihnen beim Zusehen zu (Darstellung 3.8(a) und (b)). Gesteigert wurden diese Beobachtungsverhältnisse noch, wenn das Display im Bild zu sehen war, auf das der Nutzer vor der Kamera blickt (Darstellung 3.8(c)). Ich konnte als Zuschauer dann sehen, was der Teilnehmer im Bild sehen konnte, und ich konnte sehen, *dass* der andere sehen konnte, was ich selbst sehen konnte.

Für mich waren solche Sequenzen aufschlussreich, um meine eigenen Sehgewohnheiten auf meinem Bildschirm mit denen anderer Nutzer abgleichen zu können. Darüber hinaus machten sie mich auf Blickordnungen und die Wechselseitigkeit von Beobachtung als Bezugsproblem aufmerksam. Indem Medien und Körper auf ver-

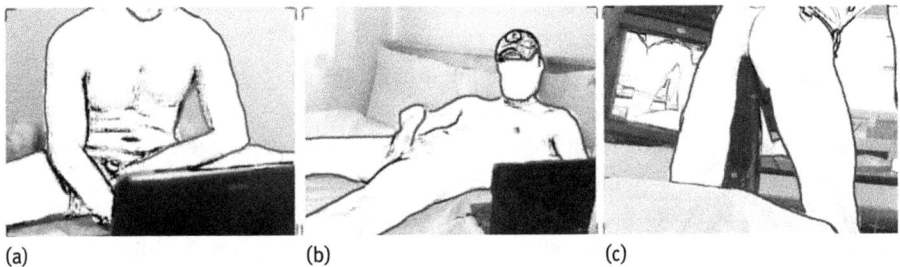

(a)   (b)   (c)

Darstellung 3.8: Körper-Medien-Konstellationen (Collage aus Skizzen u. Screenshot-Ausschnitten).

schiedene Weise arrangiert werden, und durch die Wahl von bestimmten technischen Artefakten und deren Anzahl verändern sich die Beobachtungsgegebenheiten und -möglichkeiten in einer Situation, und über sie bestimmt sich auch ihr Charakter als Interaktion mit. Durch die unterschiedliche Bestückung der Cammingsituationen werden Körper, Person und Medium verschieden ins Verhältnis gesetzt.

Der Grad, zu dem sich die Teilnehmer vor der Kamera auf ihren Körper reduzieren oder sich als Personen darstellen sowie die Art, wie die Teilnehmer diese beiden Facetten zueinander in Beziehung setzen, variieren mit der Konstellation von Kamera, Bildschirm und Teilnehmerkörper. Die so entstehenden Ansichten auf den Webcamübertragungen legen unterschiedliche Beziehungstypen und Interaktionsformen zwischen Zuschauern und dem Teilnehmer im Bild nahe, und wurden in meinem Material häufig auch entsprechend ‚ausagiert'.

Typischerweise sind bei einer Cammingsession Kamera und Bildschirm an einem Ort und gleich ausgerichtet – auf den Körper des Teilnehmers *vor* der Kamera. Hierdurch entsteht eine Zentralperspektive, ein für die Pornografie typisches Inszenierungsmittel (Hentschel 2002). Der Kamera zugewandt und mit dem Laptop beschäftigt, zeigen sich diese Körper tendenziell als zumindest potentielle Interaktionsgegenüber. Variationen von dieser ‚Grundkonfiguration' verändern nun die Art, wie ein Teilnehmer auf dem Bild zu sehen ist und wie er als interaktives Gegenüber erkennbar wird: Mit der jeweiligen Platzierung und Ausrichtung von Körper, Bildschirm und Kamera aneinander entstehen bestimmte Perspektiven, mit denen jeweils andere Körperregionen sichtbar oder fokussiert werden. Daneben macht die Darstellung interaktiver Beteiligung und Präsenz des Teilnehmers vor der Webcam, etwa durch die körperliche Demonstration von „kontrollierter Wachheit" (Goffman 1971: 19) (z. B. durch mimische und gestische Reaktionen auf Nachrichten im Chat) und die schriftsprachliche Beteiligung am Chat, einen Unterschied für die Rahmung der Interaktion.

Zwei Gradienten, entlang derer sich die so entstehenden Interaktionstypen einordnen lassen, sind zum einen der Grad von Präsenz und interaktiver Anwesenheit der Teilnehmer vor der Webcam, zum anderen die graduelle Identität oder das Auseinanderfallen von Person und Körper. Wie diese Parameter verändert werden können, zeigt sehr eindrücklich die Art, wie der Teilnehmer in Darstellung 3.8 (c) die Cammingsituation eingerichtet hat. Er hat die typische Anordnung zum einen in einen Aufbau verändert, in dem die Blickrichtung der Kamera und die Anzeigerichtung des Displays (rechts im Bild (schwer) zu erkennen) gegenläufig sind und er sich zwischen den beiden befindet. Zudem hat er die Situation mit einem zweiten Display weiter medial aufgerüstet, das seine eigene Webcamübertragung im Vollbild anzeigt (im Bildhintergrund links). Er kann so sehen, dass und wie andere ihn von hinten sehen, und seinen Zuschauern und sich selbst zeigen, wie er sich stehend durch körperliche Auf- und Ab-Bewegungen mit einem Dildo penetriert. Die Hände bleiben dabei frei, sodass zeitgleich über die Tastatur auf dem Schreibtisch, vor dem er steht, gechattet werden kann. Der Teilnehmer verdoppelt bzw. spaltet seine Anwesenheit quasi in zwei ‚Aspekte': Seine untere Körperhälfte bzw. hintere Körperseite wird zum Betrachtungsobjekt, während seine Vorderseite, obgleich sie für die Zuschauer unsichtbar bleibt, das Betrachtungssubjekt ausmacht. Sie ist jedoch nicht das interaktive Gegenüber, das *Face*, dem man gegenübersteht. Die *Person* des interaktiven Gegenübers steht gewissermaßen halb außerhalb und betrachtet mit dem interaktiven Gegenüber zusammen sich selbst.

Im Folgenden illustriere ich das so entstehende Spektrum mit einer (nicht erschöpfenden) Liste von typischen Körper-Medien-Konfigurationen. Die Bezeichnungen, die diese Typen tragen, sind keine Teilnehmerbegriffe, sondern dienen meiner eigenen Charakterisierung der Selbstinszenierungen von Cammern. Diese Typen sind zudem keine Nutzertypen, sondern können auch verschiedene Phasen der Selbstinszenierung eines Cammers im Verlauf einer Cammingsession sein.

Gesprächspartner entsprechen dem Anblick bei einem nicht sexualisierten Videochat. Sie sitzen frontal vor der Webcam, mit auf den Bildschirm gerichtetem Blick und reagieren mit Mimik und Gestik auf Geschehnisse auf dem Bildschirm (Lächeln, Lachen, Augenbrauen hochziehen, kurze Blicke in die Linse der Kamera). Diese Teilnehmer inszenieren sich vor allem als Personen, deren Körper sozusagen unwillkürlich ‚mitgesehen‘ werden.

Cammer, die sich als *Anschauungsobjekte* zeigen, machen sich zu passiven Betrachtungsobjekten, indem sie die Blicke auf sich ‚geschehen‘ lassen, diese aber nicht aktiv einladen. Jemand ist auf dem Bild zu sehen, interagiert aber nicht mit den Kommentaren oder Nachrichten, die im Chat eingehen. Die Aufmerksamkeit ist auf den Bildschirm gerichtet, der Körper wird dabei meist nur im Genitalbereich berührt. Masturbieren ist eher ein Begleitgeschehen, eine Nebensächlichkeit, wird nicht als das eigentlich Sehenswerte inszeniert. Die Kamera schaut von außen auf die Situation, ist nicht ‚als Zuschauerin‘ ins Geschehen involviert. Die Zuschauer solcher Cammer stehen, bildhaft gesprochen, hinter einer schalldichten Glaswand; sie können ihnen zusehen, aber nicht mit ihnen in Interaktion treten. Sie richten jedoch oft dennoch Kommunikationen an sie und nehmen sie damit als eine Art Proto-Interaktionspartner wahr, die potenziell ‚animiert‘ werden können. Die hier zu sehenden Teilnehmer(-körper) sind ‚schon‘ alles, was es hier zu sehen gibt oder nicht, was potenziellen Schauwert hat.

Dies ist anders bei Cammern, die sich als *Platzhalter* inszenieren. Die in Webcamübertragungen dieses Typs zu sehenden Körper sind sozusagen ‚nur vorübergehend‘, als Stellvertreter für einen *anderen* Körper da, um den es hier eigentlich geht, und den sie in Aussicht stellen: Es handelt sich dabei um *ihren* Körper, der zwar schon sichtbar ist, der sich aber zukünftig anders zeigen, anders bewegen und andere Dinge tun wird, und so andere Betrachtungsmöglichkeiten und ein anderes Erregungspotenzial bietet.

> Ich klicke auf die Webcam von <BadboyXX>. Im Bild sehe ich einen jungen Mann, ca. Anfang, Mitte zwanzig in einem khakifarbenen T-Shirt und kurzen Haaren, er sitzt vor der Kamera, die ihn im Ausschnitt einer Büste zeigt. In seiner Statuszeile steht „watch me fuck a 9 inch", laut Anzeige hat er aktuell 20 Zuschauer. <BadboyXX> fragt im Chat einen Zuschauer, ob er eine private

Show will, dieser entgegnet, dass <BadboyXX> diese Show doch hier machen solle. Dieser darauf: „it doesn't work like that". Im Hintergrund an der Wand sehe ich einen Dildo mit Saugfuß, der an der Innenseite eines Türrahmens angebracht ist. Ich nehme an, dass sich die „9 inch" in der Statuszeile auf dieses Ding beziehen (das bestimmt 20 cm lang ist). Inzwischen steht in der Statuszeile „who wants a private show? you must have paypal!".
(Beobachtungsprotokoll)

Die in diesem Protokoll beschriebene Webcamansicht wirkt wie eine solche Werbeanzeige für eine andere Version des eigenen Körpers. Der User hat den 9-Zoll-Dildo und seinen Körper nebeneinander im Bild arrangiert und legt so auch visuell nahe, was die Statuszeile verbal ankündigt: dass die beiden zusammen ‚benutzt' werden können. Die Aufforderung „watch me" in der Statuszeile bezieht sich auf einen *zukünftigen* Zeitpunkt: <BadboyXX> bewirbt sich selbst in einer zukünftigen Version und ist auf Zuschauerfang. Seine Kleidung deutet an, dass das hier nicht sofort geschehen soll, ebenso, dass der Dildo nicht in Reichweite ist, sondern dass er zunächst aufstehen müsste, um ihn zu nutzen. Sein Körper ist zwar sichtbar, aber (noch) nicht das, was es hier zu sehen gibt. Dieser Nutzer ‚schaltet' zwischen das aktuell zu Sehende und die zukünftige, ‚eigentliche' Show ein Tauschgeschäft: Nur wer bezahlt, sieht („you must have paypal!"). Ein einzelner anwesender Körper vor der Webcam kann nicht nur Platzhalter für sich selbst in einer zukünftigen Version sein, sondern auch als Teil eines Paares auftreten. Es ist z. B. sehr häufig zu beobachten, dass sich unter der Kategorie ‚Couples' Webcambilder finden, auf denen ein einzelner Mann zu sehen ist (der beispielsweise bewirbt, dass man später sehen können wird, wie er Sex mit jemand anderem hat).

Selbstdarsteller zeigen sich und ihren Körper ostentativ für die Kamera ‚her'. Dieses Zeigen funktioniert oft durch Posieren oder Tanzen vor der Webcam, bei dem der Körper auf die Kamera ausgerichtet bleibt und der *eigene* Blick des sich inszenierenden Teilnehmers am Bild des eigenen Körpers haftet. Der Körper wird berührt, oft auf eine streichelnde Weise. Diese Teilnehmer reihen sich in das Publikum ein, das den eigenen Körper fasziniert anstarrt, und sind zwar ‚mit ihrem Körper', aber auch als eine Art ‚Persona' anwesend. Hier zeigt die Person den Körper und beide sind dabei zeitgleich im Bild zu sehen, diese Inszenierung kombiniert die interaktive Präsenz des *Gesprächspartners* mit einem offensiven ‚Herzeigen' (Darstellung 3.9(a)).

Selbstaussteller zeigen ihren Körper ebenfalls explizit her, aber in gesteigerter Form: Der Körper wird in Großaufnahme gezeigt, der Kameraausschnitt ist hier oft auf ein Körperteil reduziert, das das Bild ausfüllt und so beinahe abstrakt wirkt. Der Teilnehmer in Darstellung 3.9(b) stellt mit der Anordnung von Körper und Kamera eine Großaufnahme seines Analbereichs her, den er neben der Platzierung im Bildvordergrund auch durch seine Körperpositionierung als visuellen Fokus markiert.

Durch das Anheben des Beines wird der Bereich sichtbar gemacht und gehalten, durch Drehen des Oberkörpers zeigt er in Richtung Kamera; der im Bildhintergrund, rechts oben, gehaltene Teil seines Gesichtes bleibt auf den Bildschirm gerichtet und wirkt beinahe, als verbliebe der Teilnehmer sozusagen im Nebenschauplatz

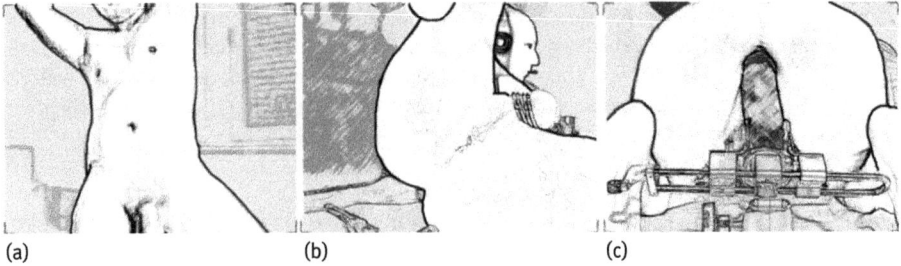

(a) (b) (c)

Darstellung 3.9: Personen, Körper und Körperteile (Skizzen nach Screenshot-Ausschnitten).

als eine Art ‚Disponent' dieses Körperteils, das er im Bildvordergrund ausstellt. Dieser Eindruck wird dadurch unterstützt, dass er ein Headset mit Mikrofon vor dem Mund trägt. Es geht in dieser Inszenierung also nicht darum, sich gegenüber zu treten, sondern sich gemeinsam mit anderen Zuschauern den eigenen Körper als ein drittes *Objekt* anzusehen (Der Teilnehmer hat seiner Übertragung in der Statuszeile denn auch die versächlichende Überschrift „BENUTZBARES FICKSTÜCK" gegeben). Im späteren Verlauf der Übertragung (Darstellung 3.9(c)) ist der User in eine Art Apparatur ‚eingespannt', die ihn maschinell mit einem Dildo anal penetriert, sein Gesicht ist dabei gar nicht mehr zu sehen, der körperliche Schauplatz nimmt das gesamte Bild ein. Er bleibt dabei allerdings noch über das Headset als Stimme ‚aus dem Off' präsent. Er macht (in seinen Worten) einen „Soundcheck" und ersetzt im Folgenden, wenn er Zuschauern seinen Körper anpreist, sein Gesicht durch seine Stimme. Durch diesen ‚split' zwischen Person und Körper macht sich der Teilnehmer zu einem *Anhängsel* seines Körper(teil)s.

Die Frage, wer oder was in den Cammingsessions auf CammingSite.com interagiert, wird also zum einen durch die Selbst-Inszenierungen der Teilnehmer entschieden, die sich mehr oder weniger als Person und/oder Körper(-teil) darstellen und interaktiv verfügbar machen. Diese Inszenierungen geschehen über materielle (Neu-)Anordnungen der das Set bildenden Elemente inklusive des Körpers, die ein Körperbild erzeugen, das wiederum mit textuellen Rahmungen und einem bestimmten Aktivitätsgrad in der Chatkommunikation einhergeht. Die Teilnehmer variieren so das Verhältnis von Körper und Person. Zum anderen wird der Interaktionscharakter von Cammingsessions in den verschiedenen Beziehungskonstellationen bestimmt, die im Verlauf einer Cammingsession unter den Teilnehmenden entstehen. Sie werden im Folgenden betrachtet.

3.3.3 Interaktionstypen und -besetzungen

Nähern wir uns dem Phänomen zunächst formal an. Wie sehen die Interaktionen strukturell aus, die auf CammingSite.com stattfinden? Im Folgenden stelle ich verschiedene Situationstypen und -konstellationen vor, die ich im Rahmen meiner Teilnahme auf CammingSite.com beobachten konnte, bzw. deren Teilnehmer ich war. Ich gehe dabei als Darstellungsprinzip nach zunehmender ‚Population' der Situation vor, also nach der Zahl der Beteiligten, und versuche zu zeigen, wie Artefakte, Bilder und Körper hier jeweils wechselwirken und wie darüber bestimmt wird, um was für eine Art von Interaktivität (und mit wem oder was) es sich handelt.

Alleine vor dem Schirm: (auto-)erotische Interaktivität mit skopischen Medien

Die symbolische medienvermittelte Interaktion mit Anderen ist beim Camming immer auch und zuallererst ein praktischer Umgang mit dem Medium und eine Art „parasoziale Interaktion" (Horton/Wohl 1956) *mit sich selbst*. Der Blick auf den eigenen Körper im Bildschirm durchzieht eine Cammingsession von Anfang bis Ende, das mit dem Medium visualisierte Bild wird zu einem Quasigegenüber, an dem sich das ‚eigene' körperliche Verhalten orientiert. Mit zunehmender Zeit, die ich vor der Webcam verbrachte, also regelmäßig auf CammingSite.com teilnahm, wurde ich von einem Betrachtungsobjekt für andere zunehmend auch zu einem Beobachtungsobjekt für mich selbst. An Camminginteraktionen teilzunehmen, wurde zu einer Selbst(be)schau, in der ich begann, meinen eigenen Körper nicht nur auf seine Vorzeigbarkeit hin zu beobachten (wie zu Anfang meiner Teilnahme), sondern ihn auch in einer neu gefundenen Ansehnlichkeit zu bestaunen (vgl. Kap. 4.4).

Die Anderen, mit denen Teilnehmer beim Camming interagieren, werden durch das Medium appräsentiert und situativ ‚vertreten': Der Bildschirm zeigt ihr körperliches Display und vermittelt textbasierte Kommunikationen, eventuell eingesetzte Mikrofone oder Lautsprecher lassen den räumlich entfernten Interaktionspartner hörbar werden. Das Medium übernimmt *einen Teil* dieser Appräsentationsleistung. Dass es sich hier um eine Situation unter Anwesenden handelt, wird aber vor allem in den praktischen Vollzügen zwischen Teilnehmer und Medium dar- und hergestellt. Hier werden ‚Andere' graduell anwesend *gemacht* und damit das Geschehen vor der Kamera *als öffentlich* erlebbar:

Response presence und Protosozialität

> Ich sitze im Bademantel auf dem Bett, vor mir steht der Laptop, auf dem ich gerade CammingSite.com geladen habe. Den Bademantel habe ich (absichtlich) nur recht ‚lose' an, die beiden vorderen Hälften habe ich im Schoß zusammengeführt, darüber steht er weit offen und gibt den Blick auf meinen Oberkörper frei. Eigentlich habe ich ihn nur angezogen, um ihn später auszuziehen, und um nicht direkt splitternackt dazusitzen. Ich bestätige mit einem Klick auf „Zulassen" den Zugriff auf die Kamera, dann starte ich die Übertragung mit einem Klick auf „Übertragung starten". Das Bild zeigt mich schon im ‚richtigen' Bildausschnitt. Ich sitze im Schneidersitz da, der weiße Stoff des Bademantels rahmt meine dunkle Körperbehaarung und zeigt so meinen Oberkörper, bringt ihn beinahe ‚zur Geltung'. Das Kinn habe ich auf eine Hand gestützt und ich bin nach vorne geneigt, die andere Hand liegt auf der Maus.

Ich schaue zunächst nach, ob evtl. einige meiner „Buddies" als *online* angezeigt werden – keiner da. Ich lasse die Anzeige der aktuellen Zuschauer geöffnet und lehne mich nach hinten und an der Wand an, um nach unten auf den Bildschirm zu schauen und zu überprüfen, ob zu viel von meinem Gesicht zu erkennen ist. Ich neige mich vor, justiere die Kamera ein Stück nach unten, lehne mich wieder zurück und nach vorne. Jetzt bin ich ‚eingerichtet', kann mich nachher auch nach hinten anlehnen, man sieht dann nur den unteren Ansatz meines Kinns und nicht mehr von meinem Gesicht, dass mich identifizierbar machen könnte. (…)
Es ist immer noch niemand im Raum, keiner schaut zu. Es vergehen ca. 5 Minuten, in denen ich durch Übersichten von Webcams scrolle und hier und da mal in eine hineinschaue. Dabei schaue ich auch immer wieder, ob jemand in meinem Raum ist. Ich klicke dazu kurz unten auf der Taskleiste auf das abgelegte Fenster, in dem meine Webcam, der Chat und die Übersicht der aktuellen Zuschauer angezeigt werden. Es ‚zoomt' nach oben. Niemand da. Mir wird etwas langweilig, ich schaue aus dem Fenster und beginne, an meinen Fingernägeln herumzuknibbeln. ((Als ich mir später den Videomitschnitt anschaue, sieht das auch aus wie ein gelangweilter Körper, der ‚auf Pause' zu sein scheint))
(Erinnerungsprotokoll)

Sobald der Button „Übertragung starten" geklickt wird, das grüne Licht an der Webcam aufleuchtet und damit die eigene Übertragung beginnt, sind ‚Andere' als *potenzielle Andere*, eine unbestimmte Öffentlichkeit anwesend. Ihre Präsenz stellt sich, noch vor allen konkreten Anzeichen für sie, im Erleben ein; mit dem Erleben der Situation als *prinzipiell öffentlich* und dem *subjektiven Gefühl*, potenziell sichtbar zu sein. In dem Moment, wo ich die Übertragung freigebe, werden Bilder aus der Situation hinaus übertragen, und Einblicke möglich. Ob diese Einblicke tatsächlich stattfinden, und meine Webcam ein *tatsächlicher* Blickkanal ‚von außen' wird, liegt jetzt jedoch bei diesen potenziellen Anderen. Ich sehe mich auf dem Display zudem als einen der Körper, die ich mir hier auch selbst anschaue.

Der Blick der anderen wird im obigen Auszug in der Gestaltung des Körpers und der spärlichen Bekleidung antizipiert sowie in der Einrichtung des Körpers und des korrespondierenden Bildes in Bezug auf Anonymität vorweggenommen und als Position eingenommen. Das *Gefühl, potenziell beobachtet zu sein*, bildet sich ab, wird sozusagen manifestiert in der ständigen Vergewisserung, *ob tatsächlich* jemand zuschaut. Diese Vergewisserung ist eine beobachtbare Vollzugspraktik: Das kleinere Browserfenster mit meiner eigenen Webcamübertragung verschwand im Verlauf einer Cammingsession immer wieder im Hintergrund und aus dem Blick, sobald ein anderes Fenster ausgewählt war, weil ich z. B. die anderen Webcams auf den Übersichtsseiten des Portals durchsah. Für den vergewissernden Blick nach tatsächlichen Zuschauern musste das Übertragungsfenster also immer wieder von der Taskleiste aufgerufen werden. Ich konnte in meinen Bildschirmvideos beim wiederholten Durchsehen in der Analyse, vor allem im Schnellvorlauf, erkennen, dass ich dieses Fenster ständig, im Abstand von wenigen Sekunden, immer wieder aufrief und nach meist nicht mehr als 1–2 Sekunden wieder verschwinden ließ. (Meine Aufmerksamkeit, mein Blick, und damit der Mauszeiger und der Fensterfokus im Betriebssystem, richteten sich wieder darauf, durch andere Webcams zu browsen und durch die mehreren in meinem Browser gleichzeitig geöffneten Tabs mit weiteren Webcams zu klicken, die ich bereits geöffnet hatte und sozusagen auf Stand-by hielt). Mein Blick suchte bei diesen kurzen Aufrufen meines Übertragungsfensters nach *Zeichen* für die tatsächliche Anwesenheit anderer (die zugleich konkretere Formen sind, die ‚die Anderen‘ annahmen): Eine abstrakte Zahl von gesichtslosen, anonymen Gästen bzw. Nicknames von registrierten Nutzern, die in der Liste aktueller Zuschauer angezeigt wurden, oder auch Nachrichten im Chat.

Schon das Aufscheinen einer Ziffer auf dem Bildschirm, welche anzeigt, wie oft (also an wie vielen unterschiedlichen Orten) die eigene Webcamübertragung gerade angezeigt wird, evozierte zudem eine Art ‚somatisches Display‘: aufrechteres Sitzen, eine temporäre erhöhte Aufmerksamkeit für die Webcam, einen vergewissernden Blick auf das eigene Bild, den eigenen Körper, wie ich darauf aussah; diese Blicke gingen nahezu immer mit verschiedenen Arten und Graden von Selbstberührung einher. Schon diese Veränderung des Bildschirminhalts veränderte die Wahrnehmung des eigenen Wahrgenommenseins, erzeugte eine Aufmerksamkeit dafür, dass mein Körper gesehen wurde, bzw. das Bild des Körpers auf dem Bildschirm auch von anderen gesehen wurde. Die empfundene Öffentlichkeit wird als Präsenz von abstrakten Anderen somatisch gespürt und beantwortet und dadurch als die Anwesenheit anderer am eigenen Leib ausagiert.

Die Veränderung der Körperposition und -haltung und die beginnende Selbstberührung sind einerseits gewissermaßen eine vorgezogene Re-Aktion, die den Blick des Anderen als erste Aktion und damit ihn quasi ‚vorauseilend retrospektiv‘ herstellt. Sie sind insofern auch Manifestationen der Anwesenheit anderer, die zudem die Anwesenheit des Körpers vor der eigenen Kamera aktualisieren, indem dieser in die eigene Aufmerksamkeit rückt und dabei mit verschiedenen Sinnen erfahren wird. Das Medium wirkt hier als Feedback-Device, das dem Cammer vor der Webcam sich selbst auf dem Bild zeigt, das auch andere von ihm sehen können. Der Körper wird damit von einem schlicht ‚vorhandenen‘ Körper zu einem, der für die Kamera da ist und auf entsprechende Weise aktiv(-iert) wird. Schon damit wird die Situation protosozial, noch vor jeder Kommunikation: Die grundsätzliche Präsenz des Gegenübers wird in den körperlichen Praktiken und dem körperlichen Erleben von Ego, der Person vor der Webcam, mitprozessiert, der Körper vor dem Bildschirm stellt sein In-Gesellschaft-Sein und Gesehenwerden, nicht zuletzt für sich selbst, performativ dar und her.

Die Situation ‚besetzen‘ und Anwesenheit konkretisieren

Bis hierhin hat sich die Situation von meinem Alleinsein vor dem Bildschirm in prinzipieller Sichtbarkeit für eine noch nicht näher bestimmte Öffentlichkeit zu einer Situation gewandelt, in der ich mich als von ‚jemandem‘ betrachtet wahrnehme und insofern in der Präsenz eines noch unbestimmten Anderen erlebe. Dieses abstrakte Beobachtetsein kann eine Weile bestehen bleiben. Die Situation vor der Kamera gleicht dann einer Peepshow, in der sich der Teilnehmer vor der Webcam des eigenen Gesehenwerdens bewusst ist, aber nicht genau weiß, wer zuschaut und diese anderen auch nicht sehen kann. Während dieser Phasen war ich vor allem damit beschäftigt, Profile anderer Cammer zu durchstöbern und durch das ‚Angebot' zu browsen; dies trägt auch zur sich allmählich einstellenden sexuellen Erregtheit bei und ist Teil eines anfänglichen In-Stimmung-Kommens. Mein eigener Körper blieb in diesen Phasen, abgesehen von beinahe vorbewusster Selbstberührung, im Hintergrund. Dies änderte sich, sobald in der Liste der Zuschauer neben der anonymen Anzahl ein Name erschien oder eine Nachricht in den Chat gepostet wurde.

> Beinahe aus dem Augenwinkel sehe ich etwas ‚aufblitzen', da tut sich was. Mein Blick richtet sich sofort auf die Liste der Zuschauer, wo ich einen Nickname sehe, der gerade erst aufgetaucht sein muss. Ich schaue auf mein Bild. Zurück zum Namen. *Wer ist das? Schaut der zu?* Ich fahre mir mit der Hand über den Oberkörper, die Brustpartie, und bewege mich ein bisschen hin und her. *Der soll nicht gleich wieder verschwinden.* Ich klicke auf den Namen und öffne das Profil. (…) Im Chat schreibe ich schnell „hey there" und klicke zurück ins Profil. Er sieht sehr gut aus, was mich einerseits anturnt, andererseits auch ein etwas unangenehmes Gefühl in mir aufsteigen lässt (keine wirkliche Scham, aber ich fühle mich irgendwie auch ‚fehl am Platz'). *Was will der sehen? Wie findet der mich?* Ich warte noch auf eine Antwort. Mit der linken Hand spiele ich an meinem Bart herum, dabei neige ich den Kopf so nach unten, dass man etwas mehr davon sehen kann.
> (Erinnerungsprotokoll)

Das diffuse Gefühl, nicht alleine zu sein, wird mit dem Aufscheinen eines Namens auf dem Bildschirm zum Beginn der Herstellung einer sozialen Situation. Der Blick auf das eigene Bild ist, wenn nicht der Blick des Anderen, so doch ein Blick an dessen Stelle, der schaut, was der Andere sieht. Der Andere ist zunächst der Ursprung dieses Blicks und das Bild auf dem Bildschirm ist für mich nun nicht mehr nur *auch für andere sichtbar*, sondern es wird *von jemandem betrachtet*. Der Blick geht zurück auf den angezeigten Namen, der ein indexikalisches (An-)Zeichen für diesen Zuschauer und seine Anwesenheit wird. Es folgt eine schier unmittelbare und unreflektierte Inszenierung von Aktivität, die als Darstellung von ‚Bei-der-Sache-Sein' gesehen werden kann und soll: Ich markiere, dass ich nicht nur ein stummes und passives *Anschauungsobjekt*, einer dieser Körper bin, die sich sehenlassen, und stattdessen bereit bin, etwas zu zeigen. Wenn ich nämlich einer der ersteren wäre, gäbe es hier vielleicht in den Augen des Zuschauers ‚nichts zu sehen'. Der ‚Jemand', der da ist, soll bleiben. Das ‚hey there' im Chat ist vor diesem Hintergrund auch eine Art ‚Testballon' oder ‚interaktiver Köder'.

Ko-Präsenz wird in diesem Ausschnitt in einer (hier schriftsprachlich verlangsamten) schnellen Abfolge von Blicken, Klicks, Körperbewegungen und kommunikativen Handlungen schrittweise aufgebaut und auf verschiedenen Ebenen prozessiert: als gefühlter Zustand und Zeichen auf dem Bildschirm. Damit wird zunächst vor allem die eigene Präsenz aufgebaut, die sich aber zugleich auf die eines Anderen richtet. Sie stellt sich im Verlauf der Session als *response presence* ein: Das potenzielle Kontaktierbarsein kann jederzeit konkret werden und verlangt Aufmerksamkeit und angemessene Reaktionen und Reaktionszeiten (Knorr-Cetina 2009: 74).

Die schiere Tatsache, dass (irgend-)jemand meinen Körper beim Camming betrachtet, war für mich von Anfang an nicht ‚genug‘; im Gegenteil war für mich das Wissen, *dass* jemand zuschaut, aber nicht zu wissen *wer*, ein Auslöser von Unbehagen. Sobald ein Name in der Liste der aktuellen Zuschauer erschien, öffnete ich sofort reflexartig mit einem Klick das dazugehörige Nutzerprofil, um es ‚von oben bis unten‘ zu mustern: Fotos, Angaben zur Person (wie Alter und sexuelle Vorlieben) und die eventuell vorhandene Webcam und andere Bilder in der Galerie. Ich holte so kategoriale und persönliche Informationsfragmente über meinen Zuschauer ein und synthetisierte daraus einen Eindruck. Dieser Eindruck äußerte sich zunächst wiederum in dem subjektiven Gefühl, dass die Beobachtung willkommen und gewollt, oder mir unangenehm war. Das kann damit zusammenhängen, dass ich bestimmte Zuschauer und ihre Blicke so einordnete, dass sie auch mich durch ihren Blick zu etwas machten, in eine Position oder Rolle stellten („*Was will der sehen? Wie findet der mich?*“) Diese Sequenz gleicht einem kurzen ‚Abchecken‘ des Gegenübers, das auf zwei Fragen orientiert ist: *Will ich das sehen?* und *Will ich, dass er mich sieht?* Dieser Blick geschieht mit der Zeit fast so beiläufig und automatisch wie ein Seitenblick im Alltag. Ihm folgt eine impulsive und intuitive Anschlussaktion, ein kurzer Klick mit der Maus, und die Webcam bleibt geöffnet oder wird direkt wieder geschlossen. Meist schaute ich eine Webcam einige Sekunden an, bevor ich sie entweder in einem Browser-Tab ‚für später‘ ablegte oder ggf. zu chatten begann.

Die mediatisierte Interaktion im Rahmen autopornografischer Praktiken wird also nicht nur durch das Hinzutreten eines Mediums zu einer bestehenden sozialen Beziehung besorgt. *Strukturell* öffnet das Medium zunächst einen unbestimmten Kanal nach außen, dessen anderes Ende noch nicht besetzt ist. Die mediatisierte Beziehung *als* Beziehung muss dann zunächst aufgebaut werden. Bis dahin (und auch noch dabei) ist das Geschehen vor allem eine mediatisierte Selbstbeziehung des Körpers vor der Kamera, der über das Medium als Feedback-Device sich selbst als von außen wahrgenommen erleben kann. *Funktional* wird die Vermitteltheit der Situation und die Beziehung samt dem Anderen am ‚anderen Ende der Leitung‘ also durch den Körper am eigenen Ende der Leitung mitprozessiert, der Anwesenheit erlebt, darstellt und nach Zeichen für die Anwesenheit anderer sucht und diese findet. Die Situation wird in und mittels der ablaufenden Praxis vom Alleinsein vor dem Schirm zu einem prinzipiellen Sichtbarsein (*man kann mich sehen*), zum unbestimmten Gesehenwerden (*jemand sieht mich*), zum konkreteren Betrachtetwerden (*jemand schaut mich an/mir zu*), und schließlich *schaut [ein konkreter Anderer/Gegenüber] mir zu*. Dieser Andere wechselt laufend den Ort und Zustand, nimmt verschiedene Gestalten an: Er ist als ein Gefühl präsent, das auf einen imaginierten Blick reagiert, als eine Zahl auf dem Bildschirm, als ein Name, als ein Bild, als ein Insgesamt aus Bild und Textnachrichten. Aus dem abstrakten Jemand kann so sukzessive ein konkreter Anderer werden.

Interaktion mit anderen über die Linse

Ab diesem Zeitpunkt war ich gefühlt nicht mehr alleine: In meinem subjektiven Empfinden *war* ich in Gesellschaft. Diese Gesellschaft kann beim Camming verschiedene Gestalt annehmen: Die Anordnung, bei der sich (nur) zwei Teilnehmer gegenüberstehen, und die man auch von nicht sexualisierten Videotelefonaten kennt, ist in Cammingsituationen auf CammingSite.com eher die Ausnahme. Webcams sind hier ab Beginn der Übertragung öffentlich und damit immer für mehrere Zuschauer gleichzeitig einsehbar, und in aller Regel sind auch mehrere, teilweise mehrere hundert, Zuschauer bei einer Übertragung zugeschaltet. Umgekehrt schauen Nutzer, die sich vor der Kamera zeigen, meist auch mehreren anderen zu. Statt in einer intimen Interaktion zu zweit finden sich Nutzer von CammingSite.com so in einem Netz von möglichen oder tatsächlichen Beobachtungen. Die Intimität der Cammingsession ist also weniger die exklusive Vertrautheit und Zweisamkeit der Sexualität einer Intimbeziehung, als eher vergleichbar mit der Art von Intimität, die vergleichbare, gruppensexähnliche Praktiken auszeichnet. Das Geschehen ist zwar körperlich intim, insofern man sich unter Fremden ungewöhnlich nah kommt (beim Camming eben mit Blicken); der Reiz liegt aber gerade darin, dass es sozial nicht intim ist.

Die Beobachtungs- und Interaktionsverhältnisse während einer Cammingsession können schnell sehr komplex werden. Darstellung 3.10 ist eine schematische Darstellung der Beobachtungsverhältnisse, wie sie in einer Cammingsession entstehen können. Sie ist zugleich der Versuch, die Komplexität dieser Verhältnisse stark zu reduzieren, indem nur auf einen sehr kleinen Ausschnitt eines sonst sehr viel weiter verzweigten Netzwerks von weit mehr Nutzern fokussiert wird; zugleich führt sie aber auch eindrücklich vor Augen, wie kompliziert die Blick- und Interaktionsordnung selbst bei dieser starken Vereinfachung noch sind.

Zur Erläuterung: Die großen Rechtecke repräsentieren die Bildschirminhalte von vier Nutzern (A–D). User A (links oben) hat neben seiner eigenen Webcam (das kleine Fenster im Vordergrund) das Profil samt Webcamübertragung von B angezeigt (im Hintergrund). User B wiederum zeigt aktuell As Webcamübertragung an, sodass A und B sich wechselseitig sehen können. In weiteren, aktuell im Hintergrund bleibenden Browser-Tabs hat User A noch die Profile von C, D und E geöffnet, betrachtet sie aber aktuell nicht. Umgekehrt zeigt C die Webcamübertragung von A an, die Blickverhältnisse zwischen A und C sind also aktuell unidirektional. User D wiederum schaut aktuell die Webcamübertragung von C an, wird seinerseits aber von niemandem gesehen – A und C haben zwar Ds Profil geöffnet, schauen aber nicht zu. Im Chat von A findet ein Austausch zwischen A und B statt, A und B sehen sich also nicht nur wechselseitig, sie kommunizieren auch miteinander. D ist auch an diesem Gespräch beteiligt, aber nicht als Bild auf dem Display bei A oder B präsent (A hat Ds Profil zwar in einem Tab geöffnet, schaut aber nicht zu, B wiederum hat das Profil von D gar nicht angezeigt), B und D kommunizieren also in diesem Moment ‚blind‘. C wiederum ist ein stiller beobachteter Beobachter: Er kommuniziert mit keinem der anderen User.

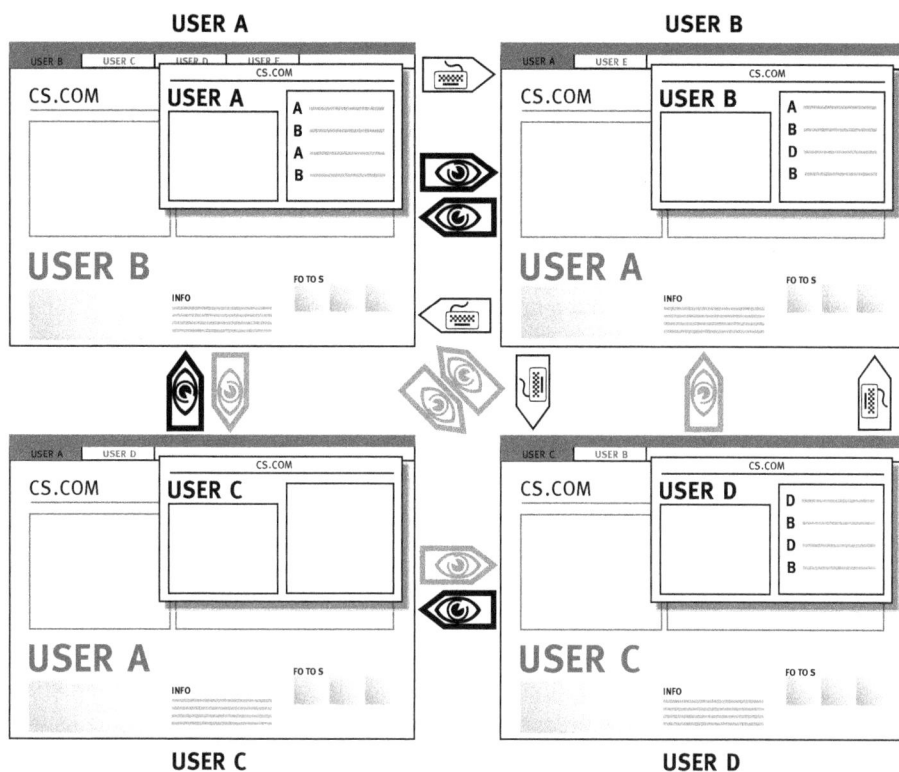

Darstellung 3.10: Beobachtungs- und Interaktionsverhältnisse beim Camming (Quelle: Eigene Darstellung).

Die Darstellung ist, wie gesagt, stark vereinfacht. Hinter jedem offenen Tab kann sich ein Profil auftun, dass aktuell mehrere hundert Teilnehmer in einem Chat versammelt und wiederum etliche unterschiedlichste Anschlüsse und Wechselbeziehungen auftun kann. Es kann z. B. angezeigt werden, dass die eigene Webcam aktuell 100-mal aufgerufen ist, davon wird eventuell in 80 Fällen tatsächlich zugeschaut. Von diesen Zuschauern mögen 40 Zuschauer (nick-)namentlich im eigenen Chat aufgelistet sein, von denen wiederum nur 20 aktiv im Chat Nachrichten posten, von denen mit 10 reziprok gechattet wird; und nur 5 der Webcams dieser 10 sind dabei geöffnet und prinzipiell betrachtbar, nur eine wird jeweils tatsächlich betrachtet. Zudem bildet die obige schematische Darstellung nur einen Moment in einer Cammingsession ab. Mit einem Klick (der ein Fenster oder einen Tab aufruft oder schließt) können sich die Verhältnisse ganz anders darstellen (und tun dies in aller Regel im Verlauf einer Session auch ständig).

Die medienvermittelte Interaktion in einer Cammingsession auf CammingSite. com ist immer multipel und entsprechend mit einzelnen Gegenübern immer nur temporär tatsächlich eine Interaktion im engeren Sinn: Andere Nutzer vor ihren Bildschirmen werden nur punktuell zu tatsächlichen ,Gegenübern' auf dem Bildschirm, verschwinden dann wieder im Hintergrund der Aufmerksamkeit und außerhalb des Blickfeldes, können dabei aber Zuschauer der eigenen Webcam bleiben (oder auch nicht). Auf CammingSite.com online zu sein bedeutet, simultan (bzw. ständig wechselnd) mehreren Konstellationen aus Beobachtern und Beobachteten anzugehören, deren interaktive Struktur und deren interaktiver Charakter variieren, und in die man zudem noch verschieden stark involviert ist. Beobachtungskonstellationen und Interaktionen sind sozusagen in der informationstechnischen Infrastruktur strukturell angelegt, sie werden jedoch nur temporär und sequentiell zu De-facto-Interaktionen.

Eine *exklusive* Interaktion unter vier Augen, mit klaren zeitlichen Klammern, die mit Beginn und Ende der gesamten erotischen Episode und Cammingsession zusammenfallen, findet entweder auf Verabredung oder situativ eingeleitet mit bereits bekannten Anderen statt oder sie muss mit neuen Bekanntschaften erst interaktiv angebahnt werden: So versuchen Teilnehmer, einander ins ,digitale Séparée' zu locken, schlagen z. B. vor, auf einen bidirektionalen Kommunikationskanal wie *Skype* zu wechseln. Ganz allgemein ist die Interaktion unter zweien, ,One-on-One', in Cammingsessions immer nur ein vorübergehendes Phänomen, das im Wechsel mit anderen Aktivitäten stattfindet.

Für die Teilnahme an Camminginteraktionen stellen sich also verschiedene Probleme und praktische Herausforderungen: So wie die Kontinuität einer Interaktion (als *eine* Interaktion) müssen unter diesen Rahmenbedingungen auch weitere Aspekte praktisch bewerkstelligt werden, damit aus ,X schaut mir zu' ,X und ich schauen uns zu' wird. Dazu zählen geteilte Anwesenheit und die Wechselseitigkeit der Wahrnehmung (die im Folgenden behandelt werden) sowie die Synchronisierung und Sequenzierung des Geschehens (das simultane Management von Erregung und Interesse) und das Aufrechterhalten von Spannung und Verbindung (diese Aspekte werden in Kap. 3.3.4 behandelt).

Geteilte Anwesenheit

Die Präsenz der anderen Teilnehmer, genauer: derjenigen, die der eigenen Webcamübertragung zuschauen, äußert sich für die Teilnehmer vor der Webcam, wie gesagt, in Zeichen auf dem Bildschirm, wird aber erst durch ein körperlich-praktisches Zutun der Beobachteten selbst aktuell und praktisch ausagiert. Anwesenheit entsteht in der Wechselwirkung zwischen Nutzerkörper und Computermedium: durch die Zuwendung zu und praktische Behandlung von Bildschirminhalten (ihre Auswahl, Betrachtung, aber auch und ganz wesentlich die Orientierung des eigenen körperlichen Verhaltens an ihnen).

Das Körperbild auf dem Display hat im Rahmen der Cammingsession einen ambivalenten semiotischen Status. Es ist ein indexikalisches Zeichen für die Anwesenheit eines Teilnehmers vor einer Webcam an einem anderen Ort, daneben hat es für die Belange der ablaufenden Interaktion und Erregungspraxis auch ikonischen Charakter:

Das Bild fällt mit dem Körper des Gegenübers in eins.[8] Die Kongruenz bzw. Identität der bildhaften Darstellung mit einem anwesenden Nutzer(-körper) vor dem anderen Computer wird im Regelfall ‚auf Vorschuss' unterstellt, kann in Einzelfällen aber auch zum Testfall werden.

Zum einen hat sich unter Cammern herumgesprochen, dass manche Webcams statt Livegeschehen nur mit Hilfe von Software voraufgezeichnete Videos oder auch Clips von Amateurpornoseiten übertragen und so ‚Echtzeit' nur vorgaukeln. Die Suche nach sogenannten „Fakes", also vorgetäuschter Körperlichkeit, ist nachvollziehbarerweise vor allem beim textbasierten Cybersex verbreitet (kann man doch einen textuellen Körper zumindest prinzipiell beliebig gestalten). Kriterium der Glaubwürdigkeit einer Körperinszenierung ist dort jedoch, wie Dekker (2012) beschreibt, weniger die Kongruenz zwischen der Körperinszenierung im Raum des Chats und dem vor dem Computer, als eine gewisse ‚Stimmigkeit' des textuellen Körpers, die Frage, „ob er ein gelungener, weil überzeugender, authentischer fiktionaler Körper ist" (Dekker 2012: 217). Die Stimmigkeit eines Körpers im Webcambild, bzw. seine reine Attraktivität reicht im Rahmen der videobasierten cybersexuellen Interaktion auf CammingSite.com nicht aus. Authentizität des Bildes bedeutet hier, dass es nicht nur tatsächlich mit einem Körper vor einer Kamera gekoppelt ist, sondern dass dies auch noch in Echtzeit geschieht. Paul, ein Interviewpartner aus Dekkers Studie, der auch Erfahrungen mit videobasiertem Cybersex hat, berichtet: „[W]enn die Verbindung zustande kommt, sieht man sofort n nackten Schwanz, so in Nahaufnahme. Und es ist ja überhaupt nicht… also es ist ja überhaupt nicht gesagt, dass der *echt* (Hervorh. TB) ist." (Dekker 2012: 223)

Zuschauer auf CammingSite.com vergewissern sich dieser ‚Echtheit', also des Unterschieds zur dokumentierten und evtl. nachbereiteten Darstellung z. B. indem sie die Protagonisten im Bild auffordern, Zeichen in die Kamera abzugeben („pls show 2 fingrs so we know it's no video"). Setzen die Protagonisten die entsprechende Körperpose um, gilt das als Beweis der ‚Echtheit' von Bildern (und der Anwesenheit Anderer). Zuschauer und Protagonisten im Bild stellen so Anwesenheit zusammen mit der ‚Authentizität' des Bildes her. Sie unterscheidet für die Teilnehmer, ob ein Bild ein Video ist oder Einblick in ‚echtes' Geschehen an einem anderen Ort. Solche Synchronisierungsmomente unterscheiden sich von Anweisungen an die Teilnehmer vor

---

8 Die Unterscheidung von *ikonischen*, *indexikalischen* und *symbolischen* Zeichen geht auf die Zeichentheorie von Charles S. Peirce zurück (Peirce 1983). Bilder werden bei Peirce als eigene Zeichengattung der „Ikone" begriffen: Sie zeichnen sich durch Ähnlichkeit mit dem aus, das sie abbilden (Kjørup 2009: 10). Gleichwohl ist diese Ikonizität von Bildern graduell, sodass Bilder je nach Interpretations- oder Handlungszusammenhang auch als indexikalische oder symbolische Zeichen auftreten können (im Fall von Cammingpraktiken kann das Bild eines Körpers also dieser Körper, ein Verweis auf einen mit ihm korrespondierenden Körper an einem anderen Ort, oder ein Zeichen für ein Körperideal sein – s. Kap. 5.4.1). Mit meinem praxeologischen Bildverständnis verstehe ich den Verweisungscharakter von Bildern als Ergebnis von Praktiken, die die Bilder mehr oder weniger als Bilder hervorbringen. Entsprechendes gilt, wie ich im weiteren Verlauf zeigen werde, für körperliche Darstellungen.

der Kamera, wie sie sonst stattfinden, und bei denen es darum geht, etwas zu zeigen und damit einen erotischen Wunsch des Zuschauers nach einem Seheindruck umzusetzen: Bei der ‚Testgeste' steht in Sachen körperlicher Freizügigkeit oder dem Zeigen von Körperregionen nichts auf dem Spiel, was im späteren ‚Zeig' mir deins, ich zeig' dir meins' der Cammigsession noch von Bedeutung und interaktivem Wert sein könnte. Sie zielen darauf, das Bild auf dem Schirm mit einer dahinterstehenden Person zu verknüpfen, und dadurch den auf dem Bild zu sehenden Körper als dieses interaktive Gegenüber zu etablieren. Damit verorten sie den Gegenüber und seinen Körper unterschiedlich – andernorts vor einem Bildschirm, oder vor Ort auf dem Bildschirm.

Ein anderer Fall sind technisch bedingte Verzögerungen der Übertragung, durch die Bild-, Text- und Audioinhalte nicht mehr simultan übertragen werden. Dies kann zu einem Auseinanderbrechen der Situation führen. Der folgende Ausschnitt stammt aus einem Chatprotokoll. Die Bildübertragung brach hier unvermittelt ab, sodass weiterhin ein Standbild zu sehen blieb, das den Übertragenden (mit dem Nickname <PureSexx>) in Nahaufnahme auf die Genitalien beim Masturbieren (dann eigentlich ‚nur' noch beim Umfassen seines erigierten Penis) zeigt.

<Tigercub>	viel vorsaft, steh ich drauf
<Snap36>	und nen geilen kolben hat er auch
<Neugierig86>	schade, deine cam steht
<PureSexx>	im ernst?
<Neugier86>	bei mir ja
<Rimming101>	ja immer wieder
<Snap36>	also ich kann ihn in aktion sehen
<PureSexx>	ich mich auch ;)
<Neugier86>	schade es bewegt sich nichts

(Chatprotokoll)

Die Äußerung von <Neugier86> fällt in eine Aneinanderreihung von positiven Kommentierungen zur Übertragung und dem dort zu sehenden Körper von <PureSexx>. Der Hinweis auf die ‚stehende Cam' markiert einen Ausnahmezustand und macht den Übertragenden, <PureSexx>, darauf aufmerksam. Hierin ist die Annahme impliziert, dass dieser das entweder nicht selbst auch so sieht (bei ihm also die Webcam nicht ‚steht'), oder noch nicht gesehen hat (dass also er und <Neugier86> nicht dasselbe sehen), oder dass <PureSexx> die Übertragung absichtlich technisch unterbrochen hat. Der Hinweis wird im letzteren Fall als Aufforderung an <PureSexx> interpretierbar, sich dazu irgendwie zu verhalten. In jedem Fall führt die Äußerung dazu, dass im folgenden Chatverlauf die Übertragung selbst zum Thema wird, und damit der geteilte Fokus der Teilnehmenden und die Gleichzeitigkeit der Situation neu fest- und hergestellt werden.

Die Rückfrage von <PureSexx> („im ernst?") bestätigt, dass auf den Bildschirmen von ihm und <Neugier86> nicht dasselbe zu sehen ist, und räumt gleichzeitig den möglichen Verdacht aus, dass er selbst für die Unterbrechung verantwortlich ist (er weiß von nichts). Von den folgenden Beiträgen wird sie mit Klärungsversuchen, ‚Statusmeldungen' beantwortet: Die Antwort von <Neugier86> („bei mir ja") ist zugleich ein Nachsatz zur vorigen Äußerung. Sie stellt quasi noch einmal fest, was die Rückversicherung von <PureSexx> zuvor implizit schon festgestellt hat. Sie relativiert und spezifiziert zugleich, „bei *ihm*" sei das so, womit implizit das Auseinanderfallen der synchronisierten Situation noch einmal festgestellt wird. Die Beiträge von <Rimming101> („ja immer wieder") und <Snap36> („also ich kann ihn in aktion sehen") lassen die Situation vollends brüchig werden: Jeder der Teilnehmer sieht etwas Anderes, bzw. sehen sie nie zeitgleich dasselbe oder können dies nicht ohne Weiteres als gegeben annehmen. Dies kann wohlgemerkt jederzeit während Cammingsessions so sein, hier wird es jedoch auch interaktiv verhandelt und damit für die Beteiligten sichtbar gemacht. Einen zuverlässigen Zuschauer scheint <PureSexx> allerdings in sich selbst zu haben, wie er mit einem Zwinkern zu verstehen gibt. Das zwinkernde Emoticon lässt die Äußerung wie ein Geständnis wirken, dass sich selbst zuzuschauen zu einer etwas peinlichen Eitelkeit werden lässt; es könnte umgekehrt auch einen kleinen, schamlosen Triumph markieren – den anderen nämlich im Selbstgenuss etwas voraus zu haben.

Beide Fälle, Testgesten und sprachliche Aushandlungen, erzeugen interaktiv und körperlich-praktisch die (Un-)Gleichzeitigkeit der Anwesenheit und die Gleich*zeitlich*keit der Interaktion, indem sie wie in einem Uhrenvergleich die Bildschirminhalte an den verschiedenen Orten der Praxis abgleichen, und im ersteren Fall synchronisieren und darüber die Teilnehmer aufeinander abstimmen.

Blick(an)ordnungen und reziproke Wahrnehmung

Im beschriebenen Fall der Synchronisierungsgesten wird Kopräsenz punktuell überprüft und hergestellt. Eine andere Strategie der Herstellung von Kopräsenz stellt Gleichzeitigkeit als visuellen Eindruck her, indem die Beobachtungsverhältnisse in einer Cammingsession auf dem Bildschirm visualisiert werden. Die gleichzeitige Anwesenheit der Teilnehmer wird hier durch die gleichräumliche Anordnung ihrer aktuellen Webcambilder, nebeneinander auf dem Bildschirm, suggeriert. Indem die Anzeigefenster so auf dem Bildschirm arrangiert werden, dass sie im augenblicklichen Wechsel betrachtet werden können, werden quasireziproke Sichtmöglichkeiten manuell bewerkstelligt.

Sehen und Gesehenwerden(-können) sind in Camminginteraktionen anders konfiguriert als unter Personen, die sich gegenüberstehen. Als wesentliches Merkmal des visuellen Sinns beschreibt Simmel in seiner Soziologie der Sinne (1907) die Reziprozität des Blicks: *Ich sehe den anderen, er sieht mich, wir sehen, dass wir uns sehen.* In einer Cammingsession fallen, anders als in der von Simmel beschriebenen Situation der Wechselseitigkeit, das ‚dass' und ‚was' auseinander: *dass* jemand schaut, *vermute* oder *unterstelle* ich, wenn ich einen Nickname in der Liste derer sehe, die meine Webcam aufgerufen haben. Ich *sehe* es daran, dass dieser Jemand schreibt und an dem, was er schreibt und ob unser Zeichen- und Gestenaustausch im Zusammenhang des je aktuellen Geschehens Sinn ergibt. Auf den Bildern der Webcamübertragung sehe ich zwar den anderen, allerdings weniger beim Zusehen als beim *Zu-sehen-Sein*, und allein aufgrund des Bildes ist nicht eindeutig, *wem* mein Gegenüber (sic?) gerade zuschaut (vgl. die schematische Ansicht in Darstellung 3.10). Dass das Profil geöffnet ist und die Webcam angezeigt wird, heißt noch nicht, dass auch jemand zuschaut. Die Blicke der Beteiligten können dann zwar in dem Sinne reziprok sein, dass jeder den anderen sieht, sie sind jedoch weder exklusiv (es können noch andere auf dem Bildschirm sein, und man kann nicht sehen, was der andere sonst noch anschaut), noch auf die Art gleichzeitig, die Simmel beschreibt.

Das Einander-Sehen der prototypischen sozialen Situation ist im Fall der Cammingsession eine Visualisierung auf dem Bildschirm, die den Beteiligten die Gegebenheit ihrer wechselseitigen Beobachtung vor Augen führt, sie aber nicht eigentlich vermittelt. Diese scheinbare Gegebenheit liegt nur temporär vor, sie kann durch technische Störungen oder schon durch einen Wechsel der Bildschirmansicht zeitweise aufgelöst werden und bleibt dann als Erwartung des Einzelnen ,dass da noch jemand ist' zurück, bis sie wieder aktualisiert wird. Damit wechselt auch der interaktive Status des Gegenübers. Die wechselseitige Wahrnehmung mit anderen, die Goffman als Kernkriterium von Interaktionen identifiziert, setzt also voraus, dass die anderen *als Andere* schon hergestellt sind, dass ich sie wahrnehme und sie mir zeigen, dass sie mich auch wahrnehmen.

Wechselseitigkeit der Blickverhältnisse ist beim Camming jedoch auch mit konkreten Gegenübern nur punktuell gegeben, Gleichzeitigkeit als zweites Charakteristikum der von Simmel beschriebenen Idealsituation gilt für Camminginteraktionen ebenso nur eingeschränkt: Sie ist kein Dauerzustand. Eine Cammingsession ist ein ständiger Wechsel des ,Akzents' zwischen Sehen und Gesehenwerden, zwischen tatsächlichem Anschauen und ,prinzipiellem Offenhaben' einer Webcamübertragung. Die Grenzen zwischen Interaktion und bloßer Kopräsenz, zwischen einer multizentrierten Zusammenkunft (Goffman 1971: 91 f.), in der einzelne Begegnungen punktuell aktiviert werden, und dem einfachen Surfen durch Netzinhalte werden im Verlauf einer Cammingsession fließend bzw. wechseln von Moment zu Moment.

Zum *interaktiven* Gegenüber wird ein Anderer, indem auf die Bilder und Zeichen auf dem Bildschirm kommunikativ (mit als kommunikativ verstandenen Gesten) Bezug genommen wird. Der interaktive Austausch in Form von Text beläuft sich meist auf den Austausch knapper Posts, meistens nur kurze, ein Wort lange ,Statements' zu dem, was im Bild zu sehen ist: schiere Nennungen von Körperteilen, die als Rahmungen des Bildes und, je nach Kontext, als Komplimente oder Aufforderungen funktionieren, etwas zu zeigen. Erotische Interaktion bedeutet beim Camming jedoch vor allem das Zeigen und Sehen von Körpern und ihren Teilen, Interaktion über die laufende Herstellung von Körperbildern, also durch Körperposen und gestische Kommunikation entlang einem typischen Skript, einer typischen Sequenz von Be- und Entkleiden, Aktivitäten, Praktiken, Berührungen, Posen, Rhythmen und Motiven.

Die ‚Anderen' einer Cammingsituation, deren Webcams parallel geöffnet sind und zwischen denen hin und her ‚gezappt' wird, unterliegen quasi demselben Informationsmanagement wie andere Bildschirminhalte, durch sie wird gebrowst, geklickt, gefiltert. Sie changieren zwischen Gegenübern und einer Art schieren ‚Zwischenablage' für Körper(-bilder), die zeitlich begrenzt zugeschaltet und wieder weggeklickt werden. Dies erlaubt auch ihre Fremdheit. Die Situation, in der das erotische Erleben stattfindet, wird sozusagen laufend personell neu besetzt und umarrangiert. Dieses Durchklicken der offenen Tabs gleicht aus Sicht des einzelnen Teilnehmers vor der Webcam einem Umherschauen aus einem ‚Zentrorama' (vgl. Hitzler 2007), aus dem heraus man sich ansehen kann, von wem man selbst gesehen wird; gleichzeitig ist es ein ‚Kuratieren' von Erregungsanlässen und -auslösern: Geöffnete Webcams werden ‚bereinigt', wenn sie nicht mehr übertragen geschlossen, aber auch abgeschaltet, wenn sie nicht mehr interessieren oder zur Situation ‚passen' und evtl. durch andere, neue ersetzt. So wird immer wieder ein neues ‚Erregungsarrangement' geschaffen, in Wechselwirkung mit dem der eigene Körper erfahren und die erotische Qualität der Situation entwickelt wird – die Komposition der Masturbationsvorlage in Echtzeit.

Dieses Browsen erscheint zwar, vor allem beim wiederholten Betrachten von Mitschnitten dieser Aktivität, wie ‚Leerlauf', gehört aber auch im Sinne der erotischen Spannungskurve zu einer Cammingsession. Bemerkenswert ist, und war für mich beim nachträglichen Betrachten der Bildschirmvideos, die dabei zum Ausdruck kommende Teilnehmerkompetenz, so viele Zweierinteraktionen simultan zu managen und den Aufmerksamkeitsfokus laufend zu verlagern. Gerade wenn die Aufzeichnung und damit das Erleben einer Session länger zurücklag, war mir manchmal kaum noch begreiflich, wie dieser Informationsverarbeitungsaufwand je mit erotischem Erleben kompatibel gewesen sein sollte. Die kürzer nach den Cammingsessions angefertigten Protokolle ließen dieses Geschehen vor allem als die lustgesteuerte Suche nach immer neuen Reizen erscheinen. Dieser laufende Wechsel zwischen Interaktionen und Interaktionsintensitäten funktioniert nur unter auf diese Weise anwesenden Teilnehmern, vor allem, weil Aufmerksamkeit und Adressierbarkeit nicht über Blicke hergestellt werden müssen, und weil das Erblicken anderer interaktiver Züge nicht auf einen Blick funktioniert, sondern seinerseits in aufeinander folgenden Zügen umgesetzt werden muss.

Interaktion mit Anderen vor der Linse

Neben Webcams, die einzelne Personen zeigen, zeigen manche Webcamübertragungen auf CammingSite.com auch mehrere Teilnehmer, die *vor* der Linse *miteinander* handgreiflich werden und die zusätzlich über das Medium mit ihren Zuschauern interagieren: geschlechtlich vielfältig besetzte Paarkonstellationen und sogar ganze Gruppen. Die sexuelle Interaktion unter körperlich Anwesenden in privaten Räumen gilt als der Paradefall von Intimität. Sie findet meist in einer dyadischen Konstellation statt, in der Dritte explizit ausgeschlossen sind. Beim Camming ist diese traute Zweisamkeit um die Webcam erweitert, die das Geschehen filmt und es zuallererst mit herstellt. Die Kamera tritt hier nicht einfach zu einer vorgängigen sexuellen Situation hinzu, die sie dann ‚nur' abfilmt (das ist eine zur Praxis gehörende Fiktion). Die Interaktion ist von Anfang an schon eine andere: nicht abgefilmter Sex, sondern zumindest als ‚sexuell' wahrgenommenes Verhalten vor der und *mit der* Kamera (und dem Bildschirm).

Die Beteiligung von Kamera und Bildschirm konfiguriert neben der Interaktionsstruktur nun auch die Wahrnehmung (indem sie der sonst eher auf Nahsinne orientierten sexuellen Interaktion einen visuellen Akzent gibt) sowie die körperliche Vollzugspraxis, auch unter körperlich Ko-Anwesenden. Zu Beginn einer solchen Übertragung sind die Körper meist frontal auf die Kamera und den Bildschirm ausgerichtet, auf den die Teilnehmer zugleich schauen. Dabei kommt es oft zu einer typischen Arbeitsteilung: Ein Teilnehmer schaut auf den Bildschirm und bedient Tastatur und Maus. Der andere schaut auch auf den Bildschirm, oder direkt in die Kamera und animiert die Zuschauer – im doppelten Wortsinn der Anregung zur Interaktion aber auch der Performanz ihrer Anwesenheit durch die Gebärden eines Körpers, der sich zur Betrachtung anbietet. Auch hier werden räumlich abwesende andere durch die Teilnehmer vor Ort und das Medium appräsentiert und damit die Dyade interaktionslogisch mindestens zur Triade.

Durch die beteiligten Medien werden die Blickmöglichkeiten auf ihre Körper nun auch für die körperlich-räumlich Ko-Anwesenden vervielfältigt: Die Teilnehmer vor der Kamera betrachten den Körper ihres Partners, der sich direkt neben ihnen befindet, über den ‚Umweg' des Bildschirms. Tatsächlichen Blickkontakt zwischen den Personen vor der Webcam konnte ich nur punktuell beobachten, meist wenn die Teilnehmer miteinander sprechen. Das geschah auf dem auditiven Kanal *miteinander*, auf dem Textkanal *mit den Zuschauern*, oder hybrid, wenn der Tippende die Nachrichten der Zuschauer auf dem Bildschirm verlas und so zum Lautsprecher räumlich Abwesender vor Ort wurde. Schon die körperlich anwesenden Teilnehmer sind also über das Medium miteinander verbunden, nicht erst mit den körperlich nicht Präsenten.

Die Interaktion unter Anwesenden wird hier also nach Kanälen aufgespalten und teilweise über das Medium prozessiert, sie wird zu einer Art „teilmediatisierten Beziehung" (Döring 2009), allerdings auf ungewöhnlich geringe Distanz. Der Körper scheidet dabei als Display nicht aus, er wird medial multipliziert und zu einem von mehreren Displays, zwischen denen die Blicke der Beteiligten hin und her wechseln. Die Körper der Beteiligten orientieren sich hier schon auf die Kamera und ihren Schauwert hin. Wenn sie später dann mit- und aneinander handgreiflich werden, wird die gesteigerte Koordination von Körpern und Kamera nötig. Das gilt vor allem für die Kamera, die als Zeigeinstrument, als Ding, im Verlauf des Geschehens immer wieder neu justiert, involviert werden muss, damit sie das ‚sieht', was der Bildschirm der Zuschauer zeigen soll.

3.3.4 Die Cammingsession als Einheit, Zeitrahmen und Sequenz

Die Eigenzeit einer Cammingsession hat einen typischen Aufbau, eine Abfolge von Phasen, deren Beginn und Ende auf verschiedene Weise markiert und vollzogen werden. Zugleich folgt dieser Aufbau einem erotischen Spannungsbogen im Erleben des einzelnen Teilnehmers als weiterer zeitlicher Struktur: Camming ist für die, die es betreiben, ein erotisches Erlebnis, dessen Aufbau und Ablauf gleichermaßen über die lustgesteuerte Auswahl visueller Stimuli, die körperliche Eigenlogik eigener und anderer Erregungszustände sowie die zeitliche und sequenzielle dramaturgische Ordnung der erotischen Interaktion mit anderen gelenkt wird. Eine Session wiederum kann aus mehreren Interaktionen bzw. ‚Interaktionsstümpfen' mit verschiedenen anderen Nutzern in den oben beschriebenen Anwesenheitsgraden zusammengesetzt sein, die nacheinander oder auch parallel ablaufen. Die lokalen Geschehnisse vor der eigenen Webcam sind so zugleich ein Geschehen im Hier und Jetzt, sie orientieren sich aber immer auch an anderen lokalen Zeitmustern und ereignen sich, vor allem da Camminginteraktionen nicht selten über Zeitzonen hinweg stattfinden, in einer Art „transzendenten Zeit" (Knorr-Cetina 2005: 218 f.) der Praxis.

Gerade die zeitlichen Klammern *um* eine Cammingsession als sozialen Anlass, also von vor ihrem Anfang bis nach ihrem Ende, orientieren sich aber an *lokalen* Relevanzen und Zeitmustern: Teilnehmer verabreden sich nicht zu einer einzigen ‚globalen' Cammingsession, an der alle zeitgleich teilnehmen. Anlass einer Cammingsession ist für jeden einzelnen Teilnehmer eine momentan empfundene Stimmung oder ‚Lust' oder eine eingespielte Gewohnheit oder zeitliche Routine (etwa zu einer bestimmten Tageszeit zu cammen). So ereignen sich tagtäglich etliche singuläre, lokale und zeitlich begrenzte Cammingsessions, die sich, bildlich gesprochen, wie Zeilen auf einer Partitur teilweise überlappen und mit anderen zeitweise miteinander koppeln, synchronisieren, diese Verbindungen aber auch, teilweise ganz unvermittelt, wieder lösen.

Jeder einzelne Teilnehmer befindet sich dabei am Ort vor seiner Webcam gewissermaßen an einem anderen Punkt in der typischen Sequenz einer Cammingsession – wo der eine gerade erst die Kamera angeschaltet hat, sammelt der andere schon gerade benutzte Taschentücher auf, bevor die Übertragung beendet wird. Beim Browsen durch die übertragenden Webcams springen Teilnehmer so zwischen verschiedenen lokalen Zeiten hin und her, die lokale Eigenzeit wird in Form dieser momenthaften Sprünge mit wechselnden anderen Situationen verlinkt.

Diese Ungleichzeitigkeit und Ungleichzeitlichkeit der zu einem Zeitpunkt ablaufenden Übertragungssessions wird zum Bezugsproblem für die Interaktion der Teilnehmer. Wer als Interaktionspartner in Frage kommt, entscheidet sich neben Attraktivitätskriterien auch danach, an welcher Stelle im allgemeinen Skript einer Cammingsession ein anderer gerade ist, ob der Zuschauer das gerade sehen will (und umgekehrt), und was dann in der Logik des Skripts geschehen kann (wenn z. B. einer der Teilnehmer voll bekleidet ist, der andere aber nackt, steht die Entkleidung des ersteren quasi unabdingbar ‚auf dem Programm'). Das sexuelle Skript und der erotische

Spannungsbogen einer Cammingsession orientieren sich an den dramaturgischen Konventionen professioneller Mainstreampornografie (vgl. Faulstich 1994: 195) und am „protopornografischen Skript" (Lewandowski 2003: 306) der Internetpornografie und den damit korrespondierenden Erregungsphasen.

Eine Cammingsession besteht, wie ich in Kapitel 2.4 beschrieben habe, aus einer typischen Sequenz von Phasen, in denen die Situation und ihre Grenzen praktisch hervorgebracht und moduliert werden.[9] Während des ‚Hauptteils' dieser Sequenz ergeben sich interaktive Episoden mit anderen Nutzern, in denen die Koordination von Erregungszuständen und Sequenzen der Cammingsession relevant wird. Die Ausrichtung der Teilnehmer ist in dieser Phase in Richtung Luststeigerung und der zeitliche Horizont das oben als sechste Phase genannte *Getting off & getting out*. Um von einem Schritt zum nächsten zu gelangen, sind die situativ jeweils ‚richtigen' Stimuli nötig; diese Stimuli sind in Cammingsessions andere Nutzer und deren Körper(-bilder).

Interaktiv ergeben sich damit verschiedene Handlungsprobleme: *Erstens* müssen zwei (oder mehr) individuelle Sessions, das Geschehen an zwei (oder mehr) verschiedenen lokalen Standorten gekoppelt *und* synchronisiert werden, d. h. die Teilnehmer und ihre Körper müssen ‚aus' den jeweiligen Zeitpunkten und Stadien, an denen sie sich im Rahmen ihres individuellen Skripts befinden, an kompatible Punkte in einem neuen, geteilten dramaturgischen Skript gebracht werden, und so das Problem der Ungleichzeit*lich*keit behoben werden (ich betrachte dies im Folgenden unter dem Thema *Zusammenkommen).* Sobald dies geschehen ist, müssen die Beteiligten *zweitens* eine Interaktion bewerkstelligen und aufrechterhalten: Unter den Rahmenbedingungen der strukturell angelegten Ungleichzeitigkeit muss ein Wechsel von interaktiven Zügen bewerkstelligt werden, der zugleich mit dem erotischen Erregungsbogen der Beteiligten korrespondiert (*Zur Sache kommen*). Schließlich, mit Blick auf den Horizont der Interaktion, muss *drittens* die gemeinsame Erregung so gemanagt werden, dass die Beteiligten (im Idealfall) *zusammen kommen*, also gleichzeitig ejakulieren.[10]

Jede dieser drei Phasen hat ihre eigenen Herausforderungen für die Abstimmungsleistungen der Teilnehmer. Ich führe diese drei Handlungsprobleme im Folgenden an zwei Beispielen aus. Das *Zusammenkommen* beschreibe ich am Beispiel einer Situation, in der mehrere Nutzer die Be- und Entkleidung ihrer Körper koordinieren und so die Voraussetzung für eine erotische Dreierinteraktion schaffen. Das *Zur-Sache-Kommen* wird an einer Sequenz aus einer exklusiven dyadischen

---

9 Zur Erinnerung: (1) Getting the situation together, (2) Getting on set, (3) Getting on screen, (4) Getting together, (5) Getting in the mood (and getting it on), (6) Getting off & getting out. Den Hauptteil dieser Sequenz bilden die Phasen (4) und (5).

10 Bei dieser Dreiersequenz handelt es sich um einen idealtypischen Fall und aus Teilnehmersicht um einen Idealfall – viele Interaktionen brechen nach den ersten zwei Phasen ohne große Schließungsrituale unvermittelt ab, weil einer der Nutzer die Übertragung des Anderen schließt oder interaktiv nicht mehr teilnimmt. Bei aller Standardisierung sind Cammingsessions prekäre interaktive Konstruktionen.

Skype-Interaktion zweier User beschrieben, in der sowohl unterschiedliche Vorstellungen vom Verlauf der Session als auch technische Schwierigkeiten mit der Videoübertragung und Verbindung laufend Reparaturmaßnahmen nötig machen. Dieser prekäre Fall einer Cammingsession wird in der Folge zur Betrachtung der dritten und letzten Phase, *Zusammen kommen*, weitergeführt.

Zusammenkommen: Ausziehen, Gleichziehen und Blankziehen

Den Beginn einer potenziellen Interaktion und einer geteilten Cammingsession mehrerer User auf CammingSite.com bildet die Koppelung und Synchronisation zweier (oder mehrerer) Cammingsessions, die sich bis dahin unabhängig voneinander ereignen. Der Anfang einer solchen Episode ist die Auswahl eines Nutzerprofils, also eines anderen Nutzers als potentieller Interaktionspartner und die Entscheidung, ob seine Webcamübertragung *sehenswert* ist. Neben der Attraktivität des zu sehenden Körpers wird ihr Stand im Skript zum Selektionskriterium für Interaktionspartner. Als Teilnehmer entwickelte ich einen kompetenten Blick dafür, ‚wo' im Skript sich andere Teilnehmer gerade befanden und was in der laufenden Show ‚noch' (Kleidung), ‚schon' (Erektion) oder ‚noch nicht' (Ejakulation) zu sehen war. Beim Zuschalten in eine Webcamübertragung (und teilweise, wie im folgenden Fallbeispiel schon im Fall des Vorschaubildes) stand in meiner eigenen Teilnehmerpraxis eine anfängliche Orientierung, bei der ich im Bild der Webcam visuelle (An-)Zeichen dafür sammelte, an welcher Stelle des Skripts sich der andere Nutzer aktuell befand. Dabei gelten bekleidete Körper im Kontext von CammingSite.com als *noch nicht* entkleidet, nackte Körper sind entweder *noch nicht* oder *noch* ‚bei der Sache' oder *schon* ‚gekommen', dann allenfalls *noch* sichtbar, bevor die Übertragung beendet wird oder abbricht. Der aktuelle Zustand des Körpers und Stand der Dinge diente mir immer zugleich als Verweis auf das, was ich in Zukunft, als nächstes und überhaupt noch zu sehen erwarten konnte – sowohl in dem Sinn, dass es sich wahrscheinlich ereignen würde, aber auch im Sinne einer normativen Erwartungshaltung – und vor allem ganz unabhängig davon, ob dies dann tatsächlich auch der Fall war. Diese Abwägung ist in der Cammingsituation selbst kein systematisches Eruieren, sondern ein intuitiver Eindruck, der im nächsten Moment schon mit einem Mausklick in eine Entscheidung überführt worden sein kann, dabei zu bleiben oder ein Profil zu schließen. Daneben werden solche Abgleiche aber auch explizit und kommunikativ gemacht, z. B., wenn im Chat gefragt wird, ob etwas schon stattgefunden hat („have you cum yet?"). Mögliche Partner sind in aller Regel entweder an einem ähnlichen Punkt im Skript wie man selbst, oder weiter. So wird ein für die je aktuelle Situation ‚passendes' Gegenüber gesucht; die tatsächliche Passung wird dann aber erst interaktiv ausgehandelt und hergestellt.

Betrachten wir hierzu ein Beispiel. Das folgende Protokoll beschreibt die ersten Minuten, in denen eine gemeinsame Cammingsession dreier Teilnehmer entsteht. Das Protokoll stellt diesen Zeitraum, in dem es vor allem darum geht, dass die drei Beteiligten am Ende alle nackt sind, in einer starken Lang(sam)fassung dar. Ich gebe dem Protokoll relativ viel Raum, um die zahlreichen einzelnen interaktiven Züge und Anschlüsse nachzuvollziehen und zu verdeutlichen, mit denen die Eigenzeiten der Cammingsession an den Standorten der drei Beteiligten abgestimmt und die Geschehnisse vor den einzelnen Webcams zueinander in Beziehung gesetzt werden.

> Auf dem kleinen Vorschaubild auf der Startseite von CammingSite.com sitzt <Dromaius> mit gespreizten Beinen und zurückgelehnt auf einem Stuhl, die Kamera ist auf seinen Schritt ausgerichtet und zeigt ihn von der Sitzfläche des Stuhls bis auf Höhe der Schlüsselbeine. Er trägt ein schwarzes T-Shirt und eine karierte Boxer Short mit einem Eingriff mit Knöpfen. Er ist nach hinten angelehnt, im Hintergrund erkenne ich Aktenordner in einem Regal. Ich sitze vor dem Laptop auf dem Bett, bis auf eine eng sitzende Short habe ich nichts an. Meine Beine liegen an den Knöcheln gekreuzt vor mir auf der Matratze, ich sitze in einer Art ‚angedeutetem Schneidersitz‘. Ich öffne das Profil von <Dromaius> in einem neuen Browser-Tab und warte, bis die Übertragung der Webcam startet. Als sie beginnt, sehe ich, dass <Dromaius> die Beine inzwischen vorne zusammengenommen hat und sein erigierter Penis samt Hodensack aus dem Eingriff in seiner Short herausragen, die er, wie auch das T-Shirt, noch trägt. Mit der einen Hand umfasst er seinen Penis an der Wurzel mit Daumen und Zeigefinger. Als ich das Fenster mit meiner Webcam und meinem Chatroom wieder aufrufe, sehe ich seinen Nickname in der Liste meiner aktuellen Zuschauer. Ich wechsle von der Ansicht, die mir meine Zuschauer als eine Liste von Nicknames anzeigt, in die Chatansicht. Dromaius hat geschrieben

> <Dromaius>   mm geil

> Ich habe das eine Bein aufgestellt und meinen Ellbogen auf das Knie gelehnt. Die Hand des anderen Arms liegt auf der Maus. Ich antworte

> <T*>   hey Dromaius ;) dito

> und klicke wieder in das Fenster mit dem Profil von <Dromaius>, mein eigenes Fenster verschwindet im Hintergrund. Er sitzt noch so da wie zuvor und masturbiert, nur mit Daumen und Zeigefinger. Ich öffne wieder mein Fenster und schiebe es so zur Seite, dass ich sein Bild und meines gleichzeitig sehen kann, halb versetzt.

Zu Beginn wird die gemeinsame Interaktionssituation etabliert, indem wechselseitige Blicke interaktiv hergestellt werden. Mit dem Klick, der die Profilseite von <Dromaius> öffnet, öffne ich einen Blickkanal in seine Richtung. Danach folgt das Öffnen meines eigenen Fensters, das sich hier gezielt eines Blicks von <Dromaius> versichern will, den ich im aufscheinenden Nickname in meiner Zuschauerliste erkenne und damit als gegeben annehme. Damit ist eine wechselseitige Blick*möglichkeit* gegeben, der Kanal ist ‚offen‘. Der Wechsel in die Chat-Ansicht wiederum zeigt mir an, dass er nicht nur offen ist, sondern tatsächlich auch schon genutzt wurde. Der Kommentar von <Dromaius> („mm geil") zeigt seine Anwesenheit an, zugleich ist er ein erster interaktiver Zug in einem Gespräch, das er zugleich eröffnet (Goffman 1976).

Eine Begrüßung bleibt aus, was für Interaktionsepisoden im Rahmen von Cammingsessions nicht unüblich ist: sie beginnen vor dem Hintergrund einer als geteilt unterstellten Interessenlage, Stimmung und Intention, und sie sind Episoden einer Gesamtaktivität, die quasi längst begonnen hat. Ihre Teilnehmer sind füreinander vor allem als visuelle Stimuli relevant, als Personen aber ein Stück weit austauschbar. Äußerungen wie die von <Dromaius> hier gemachte haben ihren Kontext denn auch nicht im schriftsprachlichen Chatgespräch; der interaktive Zug, an den <Dromaius> hier anschließt, ist das Bild meiner Webcamübertragung auf seinem Bildschirm und das Sichtbarwerden meines Körpers darin; also etwas Nichtsprachliches, das in diesem Fall als eine Aufforderung, etwas zu sagen, beantwortet wird (Goffman 1976: 290).

Hier wird eine grundsätzliche Eigenschaft der Interaktion einer Cammingsession deutlich. Sie ist zwar als Konversation meist schriftsprachlich verfasst, zugleich teilt sie mit der Multimodalität eines Gesprächs unter Anwesenden die Möglichkeit, dass auch nonverbales Handeln zum interaktiven Zug (gemacht) werden kann. Wie im weiteren Verlauf deutlich werden wird, können interaktive Züge sich in Cammingsessions sowohl auf Gesagtes (Geschriebenes) als auch Gezeigtes (Gesehenes) beziehen, und dabei ihrerseits sprachliche oder nichtsprachliche Form annehmen. In diesen Referenzierungen (Goffman 1976: 309) stellt sich die Interaktion als zusammenhängendes Ereignis her.

Mit meiner Begrüßung erwidere ich den als Kompliment aufgefassten Ausdruck von Gefallen und zeige zugleich an, dass auch ich den Blickkanal tatsächlich nutze und wir uns beide sehen. Mit diesem kurzen Austausch und den Anschlüssen zwischen Bild und Text ist die Gleichzeitigkeit und Wechselseitigkeit der Blicke und der Interaktion hergestellt.

<Dromaius>   geile behaarung
<T*>   danke ;) zeigst auch mehr?

Ich schicke die Nachricht ab und scrolle im ersten Tab mit der Startseite von CammingSite.com ein wenig durch die Vorschaubilder der anderen Webcams. Mit zwei Klicks bin ich wieder bei der vorigen Ansicht – das Profil von <Dromaius> und mein Übertragungsfenster sind wieder gleichzeitig zu sehen. Im Chat fragt er

<Dromaius>   was willst sehen

Er hat jetzt beide Hände an der Tastatur, sein Oberkörper ist nach links gedreht, sein Schritt zeigt immer noch in Richtung Kamera und sein erigierter Penis steht da jetzt irgendwie ‚rum‘.

<T*>   würd dich gern ohne t-shirt sehen

Ich blende sein Profil wieder aus und wechsle zur Startseite, scrolle wieder durch die Previews. Ich öffne ein weiteres Profil (eines Nutzers mit dem Nickname <Hammon>) per Rechtsklick in einem weiteren Browser-Tab, der direkt im Hintergrund verbleibt. Nach ein paar Sekunden blende ich mein Übertragungsfenster wieder ein.

<Dromaius>   ok

Ich wechsle im Browser wieder in den Tab mit der Webcam von <Dromaius> ((ich ‚gehe nachschauen‘)). Er hat sein Shirt ausgezogen und sitzt jetzt nur noch in der Unterhose (samt herausragendem Penis) vor der Kamera. *Er ist total unbehaart und muskulöser als ich gedacht hätte.* Die Beine hat er immer noch dicht beieinander, ‚geschlossen‘. Ich schreibe

<T*>   geil

…empfinde das zu diesem Zeitpunkt aber noch nicht so. Ich schaue mir die inzwischen im Hintergrund geladene Profilseite von <Hammon> an. Eine Webcamübertragung ist nicht zu sehen, aber es gibt die Möglichkeit, eine History der bisherigen Übertragungen anzusehen. Ich klicke ein, zwei Bilder ‚zurück‘. Sie sind aber recht verschwommen und ich lasse das schnell wieder. Ich schließe das Profil und blende stattdessen das von <Dromaius> und meine eigene Webcam wieder ein.

<Dromaius>   danke

<Dromaius> führt die Interaktion im Chat fort, er spezifiziert, was er an meinem Körper „mm geil“ findet. Meine Reaktion „danke ;) zeigst auch mehr?“ kommuniziert (neben der obligatorischen Dankesformel nach solchen Komplimenten) Verschiedenes: 1. dass die „geile behaarung“, die <Domaius> dort sieht, nicht nur zu sehen ist, sondern dass ich damit ‚schon‘ etwas *zeige*, 2. dass ich damit *mehr* als <Dromaius> zeige, und 3. ist sie eine Frage mit Aufforderungscharakter, ob <Dromaius> „auch mehr“ zeigt. Die Blickverbindung zwischen <Dromaius> und mir (und zwischen mir und meinem eigenen Webcambild) wird hier zum ersten Mal unterbrochen, während ich durch die Vorschaubilder anderer Webcams ‚scanne‘. Dies bleibt allerdings von <Dromaius> unbemerkt (er kann meinem Körper also nicht ansehen, was er sich ansieht), und die Interaktion geht auf Ebene des Chats nahtlos weiter. Die Wechselseitigkeit wird als gegeben angenommen, bis sie das nächste Mal problematisiert bzw. aktualisiert wird.

Die Rückfrage von <Dromaius> rahmt meine Frage als ‚Sehenwollen‘ und fragt nach dem „mehr“, das er ‚auch zeigen‘ soll. Dabei ist er körperlich noch immer auf das eigene Gesehenwerden eingestellt: Der Teil seines Körpers, der für die Cammingsession für die Webcam sichtbar sein muss (sein Körper vom Bauchnabel abwärts inklusive erigiertem Penis), bleibt auf sie ausgerichtet, während sich die obere Körperhälfte der Tastatur zuwendet und tippt (Tastatur und Webcam scheinen bei <Dromaius> nicht Teil desselben Laptops zu sein, sondern sind an unterschiedlichen Stellen im Raum). Ich entwerfe daraufhin einen ‚Bildvorschlag‘, umschreibe also mit Worten etwas, das ich gerne sehen würde („dich ohne t-shirt“). Wieder unterbreche ich die Blickverbindung: Ich schaue nebenher, quasi auf einem ‚anderen Kanal‘, nach weiteren Nutzern und öffne das Profil von <Hammon> ‚blind‘. Die Interaktion mit <Dromaius> baut sich anschließend schrittweise wieder auf: Zunächst sehe ich, dass er schriftlich geantwortet hat („ok“), und ‚werfe‘ (mit dem Klick auf den im Hintergrund liegenden Browser-Tab) dann einen Blick auf das Bild, das inzwischen meinen Bildvorschlag *zeigt* (<Dromaius> hat inzwischen auf meinen schriftsprachlichen Zug mit einer körperlichen Aktivität reagiert, die ein Bild hergestellt hat, an das mein nächster Kommentar als Interaktionszug anschließt (vgl. Goffman 1976: 301). „Geil“ markiert, dass das, was ich sehe, mit dem, was ich sehen *wollte* (ausreichend) übereinstimmt, und ‚quittiert‘, dass dies jetzt auch zu sehen ist. Mit „danke“ schließt <Dromaius> die Sequenz aus Rückfrage – Bildvorschlag – Umsetzung des Vorschlags – Kommentierung ab.

Neben dem interaktiven Abgleich von Blicken ist mit dieser Sequenz eine weitere Synchronisationsleistung vollbracht: Mein Körper und der von <Dromaius> sind zu diesem Zeitpunkt beide nur noch mit einer Unterhose bekleidet, Dromaius ist mit dem Ablegen des T-Shirts auf den Punkt im Skript der Cammingsession, an dem sich mein Körper bereits befand, einerseits gleichgezogen, hat aber andererseits in Hinblick auf die Sichtbarkeit der sehenswertesten Körperteile auf CammingSite.com, der Genitalien, schon ,vorgelegt'. Dieser Unterschied wird im folgenden Verlauf unmittelbar thematisiert.

> Ich lehne mich wieder an der Wand an, die eine Hand lege ich neben meinem Körper ab, die andere lege ich in den Schritt. Das eine Bein ist zur Seite aufgestellt, das andere liegt angewinkelt vorne im Bild. Am oberen Bildrand sieht man jetzt mein Kinn, eigentlich mein Gesicht zu gut einem Viertel, bis Oberkante Unterlippe (ich muss beim Vor- und Zurücklehnen etwas nach vorne gerutscht sein).

> <Dromaius>   so geil dein bart
> <Dromaius>   zeig mal riemen

> Ich lege mein aufgestelltes Bein auf der Matratze ab und fahre mit beiden Daumen synchron in den Bund meiner Short und ziehe ihn nach unten, nehme kurz die Beine zusammen und ziehe die Knie an, dabei ziehe ich die Short weg und werfe sie neben mich auf die Matratze. Meine Beine lasse ich direkt (und schnell) wieder in die Position ,zurückfallen', die sie zuvor hatten. Ich nehme meinen Penis sofort in die Hand.

> <Dromaius>   mmm geil

<Dromaius> schließt an das Sichtbarwerden meines Barts im Bild mit dessen verbaler Kommentierung an, um dann eine neue Visualisierungssequenz zu eröffnen, indem er nach einer neuen Körperansicht fragt. Sein „zeig mal riemen" ist jedoch, anders als mein obiger ,Bildvorschlag' (der etwas umschrieb, das ich gerne sehen wollte – „dich ohne t-shirt"), eine Art ,Regieanweisung', die mich *auffordert*, etwas zu *zeigen*; die anschließende Kommentierung („mmm geil") macht mein vorheriges Ausziehen wiederum zu diesem Zeigen. <Dromaius> und ich sind an diesem Punkt endgültig in einer Interaktionsbeziehung angelangt, die gleichzeitig, wechselseitig und im Sinne der Synchronisation unserer Standpunkte im Skript der Cammingsession gleichzeitig ist. Wie wir gleich sehen werden, schließt an dieses Stadium in aller Regel der Übergang zur zweiten der drei hier behandelten Phasen an (*Zur Sache kommen*). Im Fall der hier beschriebenen Cammingsession überlagert sich dieser Übergang allerdings mit einer zweiten Eröffnungssequenz, die sich in das Skript der Session zwischen <Dromaius> und mir ,hineinschiebt'. Im folgenden Verlauf der Szene wird der Blick- und Interaktionszusammenhang zwischen <Dromaius> und mir um einen Nutzer erweitert. Die dyadische Verbindung zwischen <Dromaius> und mir bleibt zunächst erhalten, wird aber sukzessive zu einer Dreierkonstellation samt einem neuen Skript.

> Ich blende die Browser-Tabs und Fenster wieder so ein, dass ich meine Webcam und die von <Dromaius> wieder nebeneinander sehen kann. Bei ihm sieht alles noch aus wie vorher, in sei-

nem Chat sind ein paar Leute, die er gerade mit einem allgemeinen „hi" begrüßt. Ich öffne wieder die Profilseite von <Hammon>.

[MEIN CHATROOM]

<Dromaius>   würd ich gern blasen

Ich halte mit der einen Hand meinen erigierten Penis umfasst, die andere liegt auf der Maus. Dabei bewegt sich meine Hand im Schritt beinahe automatisch. *Ist die Cam von <Hammon> schon da?* Als ich in sein Profil wechsle, läuft die Webcamübertragung bereits. Hammon ist schätzungsweise Anfang/Mitte vierzig und hat einen athletischen Körperbau. Er ist bekleidet mit einem weißen T-Shirt und einer dunkelblauen Jeans mit Knöpfverschluss, darunter trägt er eine graue Unterhose, deren Bund zu sehen ist. Er sitzt auf der vorderen Kante eines Schreibtischstuhls. Er hat die obersten zwei Knöpfe seiner Hose geöffnet und die Hand, welche innerhalb des Bildes ist, hat er in die Hose gesteckt. Im Chat sehe ich zu meiner Überraschung eine Nachricht von

[CHATROOM <HAMMON>]

<Dromaius>   mmm
<Hammon>   hallo

Ich mache mich bemerkbar…

<T*>   hey Hammon

…und blende wieder das Fenster mit meiner eigenen Webcam ein, wo ich im Chat kurz auf eine Nachricht von Dromaius antworte…

[MEIN CHATROOM]

<Dromaius>   fickt der auch
<T*>   tut er

…und dann gleich wieder in das Profil von <Hammon> wechsle, um dort direkt wieder eine Nachricht für Dromaius zu hinterlassen

<T*>   und hey Dromaius ;)

Ich wechsle prompt zurück zum Profil von <Dromaius>.

In dieser Sequenz tun sich verschiedene interaktive Schauplätze simultan und (aus meiner Sicht) sequenziell auf, die an verschiedenen Punkten des interaktiven und erotischen Skripts der jeweiligen Session stehen. <Dromaius> ist zu Beginn aus meiner Sicht an zwei Schauplätzen involviert: Er kommuniziert in seinem eigenen Chatroom mit anderen Nutzern als einer (noch) unbestimmten Gruppe (mit einem ungerichteten „hi"), während er in meinem Chatroom ein Zweiergespräch mit mir führt, in dem sich eine erotische Sequenz andeutet. <Dromaius> greift die zuvor geschlossene Zeigen-Kommentieren-Bedanken Sequenz wieder auf und bindet den sichtbaren Penis in eine erotische Fantasie ein, die er in Form einer Wunschäußerung entwirft („würd ich gern blasen"). Ich selbst nehme diese Vorlage, diesen interaktiven ‚Faden' nicht auf, sondern öffne mit dem Profil von <Hammon> einen weiteren Schauplatz. Hier sehe ich (aus damaliger Teilnehmersicht: entdecke ich), dass <Dromaius> mit dem Chatroom von <Hammon> mindestens an drei, statt wie zuvor gedacht zwei, Schauplätzen aktiv ist. Ich begrüße <Hammon> und lasse <Dromaius> in Form einer Begrüßung (mit

Zwinker-Emoticon) wissen, dass ich sehe, dass er hier auch zusieht, dass es also neben unserem Zweiergespräch und der Aktivität in seinem eigenen Chatroom noch diesen Kommunikationskanal gibt.

Inzwischen hat <Dromaius> das erotische Skript, das er in meinem Chatroom begonnen hat, weitergeführt. Seine Frage („fickt der auch") fragt nicht nach einem *aktuellen* Tun, sondern nach einer Gewohnheit, nach meinen sexuellen Vorlieben (bzw. Bereitschaften), formuliert dies aber so, dass mein Penis sozusagen als ‚Bande' funktioniert: Wir reden sozusagen aus einem gewissen Abstand darüber, was „der" ‚tut' (und damit zukünftig im Rahmen dieser Interaktion tun könnte), während ‚wir' noch mit allerhand anderem beschäftigt sind.

> <Dromaius> hat das hier gar nicht weiter kommentiert, sitzt immer noch so da wie vorher. Ich blende wieder das Profil von <Hammon> ein, dazu mein Übertragungsfenster daneben. <Hammon> hat mittlerweile die Hand aus der Hose gezogen und tippt mit beiden Händen auf der Tastatur:

[CHATROOM <HAMMON>]

<Hammon>	ich glaub, ihr seid schon weiter
<Hammon>	ich zieh mal nach :)

> Er nimmt die eine Hand wieder aus dem Bild, die andere steckt er in die Jeans. Sein Körper ist in Richtung Kamera gedreht, er fährt sich mit der Hand einmal von rechts nach links über den Bauch und steht auf. Zwischendurch blicke ich kurz in meinen eigenen Chatroom hinüber, wo <Dromaius> geschrieben hat

[MEIN CHATROOM]

<Dromaius>	geil
<Dromaius>	mein arsch hält gern hin

> …wechsle aber direkt wieder in das Profil von <Hammon> und schreibe eine Nachricht im Chat

<T*>	hehe ;)
<Dromaius>	he he

> <Hammon> steht auf und zieht sich (eher: schiebt) seine Jeans und die graue Unterhose auf einmal herunter, bleibt kurz vor der Kamera stehen. Er ist komplett intimrasiert und umfasst seine Genitalien mit beiden Händen.

<Dromaius>	goil

> Das T-Shirt hat <Hammon> immer noch an, er zieht kurz an einer Seite an dem Shirt, dann sitzt er da wie vorher, die Hand im Bild umfasst jetzt seinen Penis, er masturbiert. Er sitzt leicht nach vorne gelehnt.

<Dromaius>	keine unterhose
<T*>	oha! blankrasiert

Die Blickverhältnisse ergeben zu diesem Zeitpunkt einen geschlossenen Zirkel zwischen <Hammon>, <Dromaius> und mir. Jeder der drei Teilnehmer hat zumindest die Webcams der beiden anderen geöffnet und schaut auch (im Wechsel) zu. Dies markiert auch die erste Äußerung von <Hammon> in dieser Sequenz: Das „weiter" aus seiner

Vermutung/Feststellung, dass ‚wir' („ihr") „schon weiter" sind, bezieht sich auf etwas, was <Hammon> in den Webcamübertragungen und Chats von <Dromaius> und mir *gesehen* und *gelesen* hat: Dass wir unbekleidet sind und uns in den Anfängen einer erotischen Sequenz befinden. <Hammon> „zieht" daraufhin „nach" (bzw. kündigt dies an, was von der Zuschauerschaft mit wissend-ironischem „hehe" kommentiert wird), indem er sich quasi im Schnellverfahren seiner Jeans und Unterwäsche auf einmal entledigt und seine Genitalien präsentiert. Der Kommentar „keine unterhose" verweist darauf, dass Kleidung in Cammingsessions sonst in aller Regel kamerawirksam und zur Steigerung der erotischen Spannung sequenziell Stück für Stück abgelegt wird: weil nicht zu sehen ist, wie <Hammon> sie in einem separaten Schritt ablegt, scheint <Dromaius> begeistert festzustellen, dass er nie eine getragen hat. Ich kommentiere ebenfalls am demonstrativ zur Betrachtung angebotenen Genital vorbei nicht den Penis von <Hammon>, sondern den Umstand, dass er „blankrasiert" ist.

Am ‚Nebenschauplatz' in meinem eigenen Chatroom hat mein oben von <Dromaius> als Protagonist unseres Chats ins Spiel gebrachter objektivierter Penis mittlerweile Gesellschaft bekommen, von seinem „arsch", der „gerne hinhält". Dies scheint – „geil" – nach einer komplementären Logik zu passen: <Dromaius> inszeniert sich als der ‚passive' Part in einer eventuellen zukünftigen erotischen Szene, in der er mir den ‚aktiven' Part zuschiebt. Dies wird, so vermute ich als Teilnehmer, im weiteren Verlauf der Session noch einmal relevant, wenn ausgehandelt wird, wer als nächstes mehr von seinem Körper zeigt (bzw. seinen Körper anders zeigt).

> Ich wechsle zurück zu <Dromaius> und blende auch mein Übertragungsfenster wieder ein. Hier (bei <Dromaius> und in meinem Chat) sieht alles aus wie zuvor. Ich antworte auf seine Nachricht von früher

> [MEIN CHATROOM]
> <T*>   ahja? zeig ma

> Ich wechsle wieder zu <Hammon>

> > [CHATROOM <HAMMON>]
> > <Hammon>   nicht mehr ganz frisch
> > <T*>   ziehst das shirt auch aus?

> Ich blende mein Übertragungsfenster ein. Hier sind nur noch <Dromaius> und <Hammon> auf der Liste der Zuschauer zu sehen. Im Hintergrund sehe ich weiter das Profil und die Webcam von <Hammon>. Er sitzt immer noch vor der Kamera und masturbiert, sonst tut sich nichts. Es ist noch keine Antwort auf meine Frage im Chat („ziehst das shirt auch aus?") zu sehen. Ich blende im Hauptfenster wieder das Profil samt Webcam von <Dromaius> ein. Auch hier sehe ich weiterhin <Dromaius> auf dem Schreibtischstuhl sitzend mit einer Hand masturbieren. *Irgendwer muss hier jetzt mal weitermachen.* Ich öffne wieder das Profil von <Hammon>.

> > <Hammon>   soll ich das wirklich
> > <T*>   ja ;)
> > <Dromaius>   jaa
> > <Hammon>   aber nur wenn Dromaius dann seinen popo zeigt
> > <T*>   deal

Gemäß der konventionellen Dramaturgie von Entkleiden und Entkleidetsein in Cammingsessions (und gemäß der konventionellen Definition von Nacktheit für männliche Körper – vgl. Kap. 5.3.1) sind jetzt alle drei Beteiligten ‚im Wesentlichen' nackt: Die Genitalien von allen drei Teilnehmern sind sichtbar. Dies markiert erneut einen Synchronisationspunkt im Skript der triadischen Cammingsession und ein Stadium im Rahmen einer Cammingsession, nach dem, wie erwähnt, üblicherweise der Wechsel zur nächsten Phase (*Zur Sache kommen*) ansteht: Es geht nicht mehr nur um wechselseitiges Herzeigen, sondern um als solche erkennbare erotische Inszenierungen, für die Interaktionspaarungen gebildet werden. (Dies ist hier erkennbar, weil es sich nicht nur um eine dyadische Interaktion handelt, in der klar ist, wer die Protagonisten der mit den eigenen Körpern als Bilderfolge ausagierten geteilten erotischen Fantasie sind.) Es muss sich etwas ‚tun', ein nächster Schritt muss her, ein Anfang für ein geteiltes Interaktionsskript. Dass dies der Po von <Dromaius> sein könnte, wird/wurde im Zweiergespräch zwischen ihm und mir in meinem Chatroom, also im Rahmen der dyadischen Session, die schon an diesem Punkt ist, schon vorbereitet („fickt der auch" – „geil, mein arsch hält gerne hin" – „zeig mal"), wir beweg(t)en uns in Richtung einer Sequenz, in der <Dromaius> und ich eine Penetrationsszene miteinander inszenieren.

Nachdem <Hammon> durch Ablegen seiner Hosen und Freilegen seines Genitals „nachgezogen hat" (wir sind quasi ‚quitt'), scheint meine Frage, ob er das T-Shirt auch auszieht, als ein nächster Schritt, etwas, das über das bis hierhin ‚gebotene' Ausziehen hinausgeht und damit schon einen Zug im typischen ‚Zeig' mir deins, ich zeig' dir meins' einer Cammingsession ausmacht. Diese Rahmung legen die kokettierende Nachfrage („soll ich das wirklich") und vor allem die Bedingung nahe, die <Hammon> stellt („aber nur wenn Dromaius dann seinen popo zeigt"). Interessant ist hier die Adressierung der Bedingung mit dem Nickname von <Dromaius>, aber ohne direkte Ansprache (nicht: ‚aber nur, wenn du, Dromaius, dann deinen popo zeigst'). So ist sie entweder an mich als ‚Verhandlungspartner' gerichtet (was ich so auffasse, indem ich mich mit dem „deal" einverstanden erkläre, ohne mit <Dromaius> abzustimmen – eine Erneuerung meines an <Dromaius> gerichteten „zeig ma" aus meinem Chatroom) oder <Hammon> richtet sich an <Dromaius> und mich als eine Dyade. In jedem Fall wird damit wiederum markiert, dass der Interaktionszusammenhang, in dem sich das Geschehen abspielt, ein triadischer ist. Den „Hauptkanal" (Goffman 1977a: 233) der Situation bildet das Chatgespräch zwischen <Dromaius>, mir und <Hammon> in dessen Chatroom, gleichwohl finden parallel weitere Abstimmungen in anderen Chatrooms als verdeckten Kanälen (Goffman 1977a: 240) statt:

> Ich wechsle kurz zu <Dromaius>' ((Der folgende Austausch zwischen <Dromaius> und <Hammon> in dessen Chatroom fiel mir erst beim Transkribieren der Szene auf. In der Situation selbst habe ich so kurz das Profil von <Dromaius> übergeblendet, dass ich einen Blick auf das Bild werfen konnte, um zu sehen, ob die von Hammon als Bedingung formulierte Ansicht des Körpers von <Dromaius> schon zu sehen war)) …

                    ((([CHATROOM <DROMAIUS>]))

                    ((<Hammon>   einverstanden?))

                    ((<Dromaius>   jaaa))

…dann gleich wieder zurück in die von <Hammon>

                 [CHATROOM <HAMMON>]

                 <Dromaius>   ja darf ich erst das höschen ausziehen jungs

                 <Hammon>   dann man zu!

                 <Dromaius>   ok

                 <T*>   tu dir keinen zwang an Dromaius

Als ich zur Profilseite von <Dromaius> wechsle, hat er seine Short bereits ausgezogen und die Kamera ein Stück zur Seite gedreht. Er steht jetzt vor der Webcam und näher daran als vorhin der Schreibtischstuhl, das Bild zeigt jetzt seine Genitalien in Großaufnahme. Er hält den Penis in einer Hand. *Man erkennt kaum, dass das dieselbe Cam ist.* Wo vorher noch wenig los war, schreiben jetzt sehr viele User gleichzeitig/durcheinander in seinem Chatroom („geil", „mhhhhhhh", „more ass"). Dem letzten Kommentar entnehme ich, dass ich das, wofür ich hergeklickt habe (dass „Dromaius dann seinen popo zeigt"), wohl verpasst habe (*„more* ass").

                 <Hammon>   das ist ja affengeil

                 <Eddie>   ASS

                 <Dromaius>   zieh shirt aus bitte

Abseits der gemeinsamen Interaktion im Chatroom von <Hammon> scheint dieser sich im Zwiegespräch mit <Dromaius> noch einmal rückzuversichern, hier wird der ‚deal', den ich zuvor schon im Spaß, <Dromaius> übergehend, besiegelt habe, wirklich gemacht („einverstanden?" – „jaaa"). Zurück im Chatroom von <Hammon> setzt die Nachricht von <Dromaius> dann allerdings dort wieder ein, wo die gemeinsame Inszenierung zuletzt stand. Seine Nachfrage, ob er „erst das höschen ausziehen" ‚dürfe', wirkt für den Rahmen eines Chats auf CammingSite.com geradezu maniert höflich und kann als Kokettieren gelesen werden (ähnlich dem „soll ich das wirklich" von zuvor), aber auch als Kommentar darauf, dass (im Rahmen dieser Interaktion!) über seinen Kopf hinweg entschieden wird/wurde. Sie wird entsprechend ironisch mit einem „tu *dir* keinen zwang an" quittiert. Mein Klick auf den Browser-Tab mit dem Profil von <Dromaius> ist der erste Schritt eines Blicks, der auf sein „ok" hin dort hinsieht, wo es gleich etwas zu sehen geben wird, was aber dann bereits vorbei ist. Die jetzt so prominent als Zentrum des Bildes inszenierten Genitalien von <Dromaius> scheine ich in all ihrer Präsenz zu übersehen – sie bleiben hinter meiner Erwartung, etwas Anderes zu sehen, zurück.

Zur Sache kommen (und dranbleiben)

An diesem Punkt sind die elementaren Voraussetzungen für eine folgende erotische Interaktion unter mehreren Teilnehmern geschaffen: Kopräsenz und Gleichzeitigkeit (also die Besetzung einer Session), Gleichzeitlichkeit (die Synchronisation der Teilnehmer an einer kompatiblen Stelle im Skript), aber z. B. auch, wie im obigen Fall, körperliche Nacktheit. Die Situation (und in der Regel das Genital der Teilnehmer) ‚steht'. Der nächste Schritt aus Teilnehmersicht, mit der Relevanz der erotischen Erregungssteigerung, ist, dass sich die in Stellung gebrachten Körper im so zustande gebrachten Interaktionsrahmen gegenseitig ‚aufgeilen'. Es folgt damit das, was konventionell als Cybersex im engeren Sinne verstanden wird: Der von Masturbation begleitete Austausch von verbalen Aussagen und wechselseitige Beobachtung.

Wesentlicher Bestandteil davon ist, im geteilten Interaktionsraum ein gemeinsames erotisches Skript zu entwerfen, in dessen Verlauf Körperbilder erzeugt werden, indem sie in Bildvorschlägen und Regieanweisungen entworfen werden und dann mit den Körpern vor dem Bildschirm als Bilder auf dem Display hergestellt werden. So werden ‚Schaulust-Objekte' und eine zugehörige Schaulust geschaffen, die dann zugleich befriedigt werden kann. Diese bildvermittelte Interaktion funktioniert nach einer bestimmten Rhythmik. Solange sie besteht, besteht auch die Verbindung und die Interaktion. Sie aufrecht zu erhalten, ist neben der Aufgabe, den richtigen nächsten Schritt, das richtige nächste Bild zu erzeugen, ein praktisches Bezugsproblem der Teilnehmer, das sie wiederum in diesen Bildpraktiken selbst lösen.

In dieser Phase einer Cammingsession geht es vor allem darum, dass die sexuelle Erregung der Teilnehmer in Richtung der dritten Phase (*Zusammen kommen*) stetig ansteigt, und dass sie nicht unkontrolliert nachlässt oder gar ‚zusammenbricht'. Die Steigerung der Lust wird durch fortwährendes Masturbieren oder andere körperliche Selbststimulationen erreicht, die die Herstellung von erotischen Körperbildern begleiten. Dies kulminiert in der dritten Phase in einem (idealerweise simultanen) Orgasmus. Dafür muss wiederum gewährleistet sein, dass die entstehenden Bilder dramaturgisch ‚richtig' aneinander anschließen.

Zur Sache kommen bedeutet, diesen dramaturgischen Orientierungsrahmen für die folgende länger währende Interaktion gemeinsam zu etablieren, was schon in Form der ersten interaktiven Züge geschieht. Dabei kann es sich z. B. um ein Rollengefüge oder eine ‚Rahmenhandlung' (ein rahmendes Szenario im Sinne eines typischen erotischen Formats wie etwa eine Verführungs- oder Dominanzszene) handeln. *Was* während dieser Phase passieren soll (gemeinsames Masturbieren und wechselseitiges Zeigen des Körpers) und *dass* dies passieren soll ist vor dem Hintergrund des geteilten Skripts einer generischen Camminginteraktion klar. Was in und mit den interaktiven Zügen der Teilnehmer geklärt *und praktiziert* werden muss, ist *wie* dies in der jeweils aktuellen Session geschieht. Ebenso wichtig ist Timing: Verbale Anfragen und deren körperlich-gestische (Bild-)Antworten folgen in einem gewissen, nicht vorab festgelegten, in der Situation entstehenden Rhythmus aufeinander. Eine ganz triviale Ermöglichungsgrundlage dafür ist, dass die technische Verbindung zwischen den Beteiligten besteht und bestehen bleibt. Dies ist (bzw. war zumindest während meiner Zeit) auf CammingSite.com allerdings nicht immer gegeben. Verbindungsabbrüche, Übertragungsstillstände oder langsames Reaktionsverhalten der Nutzeroberfläche gehören zur Nutzungserfahrung dazu. Dass die Verbindungsstabilität und Übertragungsqualität auf CammingSite.com wenig verlässlich sind, ist geteiltes Wissen unter den Nutzern und wird immer wieder in Chats zum Thema. Der folgende kurze Austausch bringt den Zusammenhang von erotischer Spannungskurve und technischer Stabilität auf den Punkt:

\<CoolJock\>	manchma bricht bei mir die Übertragung auch einfach so ab… DAS ist nervig
\<Sueszer\>	ja mal gehts einwandfrei
\<Sueszer\>	und mal ist alle paar minuten alles weg
\<CoolJock\>	da fällt auch gleich der Ständer mit zusammen

(Chatprotokoll)

Interaktionen auf CammingSite.com sind sozusagen immer Interaktionen ‚bis auf Weiteres‘, sie können jederzeit von den Beteiligten unterbrochen werden, oder technisch bedingt abbrechen. Ein Gegenüber per Mausklick ‚abzuschalten‘ ist, wie in vielen digitalen Umfeldern, durchaus üblich und wird nur in Abhängigkeit von einer eventuellen Interaktionsgeschichte als Schneiden (Goffman 1971: 121f.) interpretiert. Diese Interaktionen sind auch besonders leicht zu beenden, weil (anders als in nicht medial vermittelten Interaktionen) der Körper desjenigen, mit dem man das Gespräch einstellt, nicht mehr vorwurfsvoll im Raum steht – mit einem Klick ist der Andere weg. Sowohl die Fragmentierung der Interaktion als auch ihr Ende können ebenso technisch bedingt sein. Die soziale Interaktion muss sich der funktionierenden technischen Infrastruktur unterordnen.

Im Folgenden betrachte ich an einer *One-to-One*-Cammingsession zwischen mir und einem anderen Nutzer (\<Prometheus\>), wie mit diesen beiden praktischen Problemen umgegangen wird. Auch diese Analyse ist vergleichsweise lang und detailliert. Ihr kommt in diesem Kapitel die Funktion zu, zu verdeutlichen, wie langwierig sich dasjenige ereignet, was sich ‚von innen‘ wie ein erotisches, bisweilen ekstatisches Erlebnis anfühlt. Anders als die bisher präsentierten Szenen, spielt sich diese Session über *Skype*, also einen exklusiv dyadischen und bidirektionalen Kanal ab. Das Bezugsproblem in dieser Szene ist weniger, die Synchronizität verschiedener Sessions zu bewerkstelligen, sondern sowohl, einen dramaturgischen Rahmen zu finden, den beide Teilnehmer teilen wollen und der das Geschehen weitertragen kann, als auch mit ständigen technischen Abbrüchen der Verbindung zurechtzukommen und die Kontinuität der Session (und der erotischen Spannung) zu sichern.

Das *Zusammenkommen* ist in diesem Fall ein Stück weit schon passiert, bevor die *Skype*-Übertragung beginnt und beide (!) Teilnehmer zum ersten Mal die Webcamübertragung des jeweils anderen sehen können. Die Begegnung zwischen \<Prometheus\> und mir beginnt, während ich auf CammingSite.com mit meiner Webcam übertrage. \<Prometheus\> ist dort einer meiner (wenigen) Zuschauer, von denen sich aber niemand im Chat mit mir unterhält. Seine Webcam überträgt nicht, es gibt auch keine sonstigen Bilder auf seinem Profil. \<Prometheus\> kann also mich sehen (ich bin zu diesem Zeitpunkt bereits entkleidet), ich ihn umgekehrt jedoch nicht (andere meiner

Zuschauer haben zumindest ein Profilfoto). Ich nehme dies zum Anlass, ihn in meinem Chatroom direkt zu adressieren.

<T*>	hey Prometheus ;)

Im Hintergrund habe ich parallel die *Skype*-Software geöffnet, wo ich <Prometheus> zuvor bereits als ‚online' angezeigt gesehen habe.[11] <Prometheus> meldet sich auf diesem *anderen* Kanal zurück, auf den sich der Rest des Chats dann unmittelbar verlagert.

<Prometheus>	hi T*
<T*>	hey ;)
<T*>	spanner ;)
<Prometheus>	☺
<Prometheus>	wenn's geil macht *g*
<T*>	und? machts?

Ich lehne mich nach hinten und gebe den Blick auf meinen Penis frei, dabei streiche ich mit der Hand immer wieder über meine Genitalien.

<Prometheus>	an meinem schwanz spielen…
<Prometheus>	lust auf c2c?

Das erotische Skript nimmt hier bereits seinen Anfang, zugleich wird die Wechselseitigkeit der Blickverhältnisse eingeleitet: „spanner ;)" markiert deren Einseitigkeit, die (Schein-)Rechtfertigung „wenn's geil macht *g* [ein Grinsen, TB]" erkennt das an und eröffnet zugleich den erotischen Interaktionsrahmen, was mit der Andeutung einer autoerotischen Handlung („an meinem schwanz spielen…"), die den „schwanz" sozusagen bei aller Unsichtbarkeit in den Raum stellt, unterstrichen wird. Die Frage „lust auf c2c?"[12] schließlich leitet die Verlagerung der Session in den bidirektionalen *Skype*-Kanal ein. Sie ist zugleich die Ankündigung, dass <Prometheus> seine Webcam anschalten wird, und die Frage, ob ich ihm dafür exklusive Blickrechte einräume. Ich schließe meine Verbindung zu CammingSite.com und alle (zwei) dort geöffneten anderen Nutzerprofile und wechsle in *Skype*, wo die reziproke Videoübertragung beginnt.

Was ich von <Prometheus> sehe, ist zunächst nicht viel. Ich sehe eine Brustwarze und eine Schulter, er liegt wohl auf der Seite. Er greift mit der ‚oberen' Hand in Richtung Kamera und der Bildausschnitt bewegt sich nach unten und von mir aus gesehen nach rechts. Ich sehe jetzt einen

---

11 <Prometheus> war dort auf meiner „Kontakte"-Liste gespeichert. Einige Zeit zuvor hatte ich in einem öffentlichen Chat meinen *Skype*-Nutzernamen erwähnt, woraufhin einige „Kontaktanfragen" auf *Skype* folgten. Solche Kontaktanfragen bedeuten zunächst nur, dass die Nicknames der Beteiligten in der jeweils anderen Kontaktliste gespeichert werden. Es ist eine verbreitete Praxis, auf diese Weise Nicknames von zukünftigen möglichen Interaktionspartnern quasi ‚auf Vorrat' zu sammeln.

12 „c2c" steht für ‚cam to cam' und bezeichnet einen exklusiven Videochat unter zwei Beteiligten mit wechselseitiger Bildübertragung, zugleich aber im Rahmen von autopornografischen Praktiken auch das gemeinsame Masturbieren.

Torso, der auf der Seite liegt und eine hellblaue Boxer Short trägt. Die Haut ist recht blass, er ist komplett unbehaart, schlank und hat den Arm jetzt angewinkelt und über den Bauch gelegt. Dann streicht er mit der Hand über seine Short, bis sich die Form eines Penis abzeichnet, die er greifend abtastet. *Ich bin nicht gerade beeindruckt. Hm. Mal sehen, was sich ergibt. In dieser Lage sieht er auch nicht gerade so aus, als sei er jetzt recht bewegungsfreudig – wenn er vorhat, so liegen zu bleiben, dann wird das nichts.*
(Erinnerungsprotokoll und Videotranskription)

Meine Beschreibung der ersten Eindrücke dokumentiert ein kritisches Betrachten und Begutachten dessen, was ich im Webcambild von <Prometheus> sehe. Das ist aus meiner Sicht „zunächst nicht viel": Zum einen zeigt der Bildausschnitt *wenig* („eine Brustwarze und eine Schulter", und damit einen geradezu abstrakten *Ausschnitt* von etwas, das ich als hinter diesem Bild(-rahmen) liegend annehme – einen ‚ganzen' Körper), zum anderen das *Falsche* (mit der Schulter eine für mich in diesem Moment erotisch unbedeutende Körperregion). In der Situation ist dieser Anblick für mich enttäuschend – „ich bin nicht gerade beeindruckt". Dies liegt nicht in erster Linie an einem ästhetischen Missfallen, dass ich mit dem Körper meines Gegenübers hätte, sondern daran, dass es, obwohl die Webcamübertragung funktioniert, für mich ‚nichts zu sehen' gibt, und ich aus dem *aktuell* von ihm zu sehenden Bild auf den potentiellen *möglichen* bzw. *wahrscheinlichen* Fortgang der Session schließe. Was ich aktuell sehe, ist für mich noch nicht sehenswert. Dafür müsste sich ‚was ergeben', was wiederum damit zu tun hat, wie „bewegungsfreudig" <Prometheus> ist: Er soll also im weiteren Verlauf vor der Kamera aktiv werden und seinen Körper zeigen. Zugleich, dies ist am Datenausschnitt konkret nicht nachzuvollziehen, rührt meine Enttäuschung daher, dass ich mit dem Wechsel in die geschlossene „c2c" Interaktion mit <Prometheus> andere Optionen aufgegeben (geschlossen) habe, die üblicherweise fortwährend weiter in Betracht(-ung) gezogen werden. Dafür, dass der begonnene erotische Spannungsbogen ‚erfolgreich' weitergeht und abgeschlossen wird, bin ich also momentan darauf angewiesen, dass die Interaktion mit <Prometheus> ‚klappt'. Und „wenn er vorhat, so liegenzubleiben, dann wird das nichts".

<T*>   hey hey

<Prometheus> justiert seine Webcam ein wenig, der Bildausschnitt verändert sich minimal, ich sehe keine wirkliche Veränderung. Anschließend lehnt (eher: ‚dreht') er sich ein wenig nach hinten (auf den Rücken) und fährt mit der Hand in seine Short. Ich sehe, wie sich die Hand in der Boxer Short rhythmisch auf und ab bewegt. *Wann zieht er das Ding aus?* Nachdem er die Hand wieder herausgezogen hat, berührt er seinen Penis durch die Short mit fast ausgestreckten Fingern, er deutet ein wirkliches ‚Umgreifen' nur an. *Ah. Er macht ihn erst hart.* Dann verschwindet seine Hand wieder in der Short. Alles, was ich sehe, ist diese Short (linke Bildhälfte) und sein blasser Bauch (rechte Bildhälfte).

<T*>   zeigst du mehr von dir?

Also das wird jetzt so ein bisschen die Probe. Wenn er das nicht macht, dann wars das. Nach ein, zwei Sekunden zieht <Prometheus> die Boxer Short ein Stück herunter (was nur oben funktioniert, wo er nicht draufliegt), sodass sein Penis sichtbar wird, den er unmittelbar mit gestreckten Fingern zwischen Daumen und die restlichen Finger der obenliegenden Hand nimmt. Er fängt an, die Hand masturbierend hin und her zu bewegen. *Na bitte.*

<T*>	sieht gut aus ;)
<T*>	kann ich noch mehr von deinem body sehen?

<Prometheus> masturbiert zunächst einen Moment weiter, dann bleibt die Hand ‚stehen'. Der Bildausschnitt wandert ein kleines Stück nach rechts, <Prometheus> justiert die Kamera mit der Hand, die außerhalb des Bildes ist, so, dass ich minimal mehr von seinem Oberkörper sehe. Als die Kamera sich zu bewegen aufhört, bewegt er die Hand an seinem Penis weiter, nimmt sie kurz weg und schiebt damit den Laptop (ich nehme an, dass es einer ist), etwas von sich weg, und masturbiert anschließend weiter. *So hatte ich mir das zwar nicht vorgestellt, aber gut.* Ich bin nach hinten angelehnt und winkle kurz beide Beine an, indem ich die Knie ein wenig heranziehe und die Fußsohlen auf die Matratze aufstelle, lege die Handflächen auf meine Oberschenkel. Zwischen meinen Knien hindurch schaue ich auf <Prometheus>.

Zu Beginn dieser Sequenz inszeniert sich <Prometheus> vor allem als ein *zusehender* Körper: Er berührt sich selbst und lässt mich dies zwar sehen, dabei bleibt das, was aus meiner Teilnehmersicht *sehenswert* und zu zeigen wäre, aber durch die Unterwäsche verdeckt. Ich interpretiere das in dieser Situation als ein Verdecken, das eine Phase überbrückt und überdeckt, in der der Penis noch nicht nach den Maßstäben von CammingSite.com präsentabel ist, und in der <Prometheus> dies erst herstellt („*Er macht ihn* hart"). Meine Nachfrage „zeigst du mehr von dir?" will <Prometheus> in die Position eines *zu sehenden* Körpers bringen. Sie ist ganz offen gestellt, dieses „mehr" könnten also im Prinzip auch die Füße oder die Fingernägel sein (nach letzterem zu fragen wäre eher ein Krisenexperiment, ersteres auf CammingSite.com schon nicht ganz abwegig); <Prometheus> reagiert, indem er seine Boxer Short nach unten zieht und so die Sicht auf seinen Penis freigibt – dies und ausbleibende Korrekturen meinerseits markieren, dass wir uns beide in derselben angenommenen erotischen Dramaturgie befinden, die wir damit zugleich als gemeinsames Orientierungsmuster hervorbringen. Für „mehr zeigen" scheint ausreichend, dass der Penis sichtbar ist. <Prometheus> *zeigt* hier weniger als dass er *sehen lässt*, die Handhabung des Penis entspricht genau der im bekleideten Zustand, der Penis wird nicht durch ein bestimmtes Umgreifen oder Bewegen präsentiert. Meine Nachfrage „noch mehr von deinem body" stellt diesen „body" jenseits dessen, was ich aktuell sehe bzw. sehen kann her, und rahmt das Bild damit als ein Objekt, das in einem Referenzverhältnis zu einem Körper an einem anderen Ort (vor der Kamera) steht.

<Prometheus> übersetzt meine Frage in einen Aufbau von Laptop und Körper und stellt so ein Bild her, das aus seiner Sicht „mehr von [s]einem body" zeigt. In meiner Reaktion kommt ein Vergleichsbild zum Vorschein, das ich in dem so entstehenden Bild auf meinem Bildschirm nicht realisiert sehe („*so hatte ich mir das zwar nicht vorgestellt*"). Ich gehe mit meinem Körper wiederum kurz in eine Art ‚Pausenhaltung', die dadurch markiert ist, dass sie die bis dahin durchgängige Masturbation unterbricht

und beide Hände in eine Ablagehaltung gehen, der Oberkörper ist nach hinten ange-
lehnt und beugt sich nicht nach vorne, um Nachrichten zu tippen.

<Prometheus>   geil…
<Prometheus>   geiler arsch

Oh – okay. Moment – der sieht den doch allenfalls ansatzweise – mein Blick wandert auf mein
eigenes Bild und dort zwischen meine Beine, dorthin, wo jetzt tatsächlich mein Po-Ansatz unterhalb meiner Genitalien zu sehen ist. Meine Hände gleiten wie automatisch an meinen Ober-
schenkeln nach unten und zur Seite und bleiben kurz in einer greifenden Haltung um meine
Pobacken (mein Blick fällt kurz auf die Worte „geiler arsch", dann wieder auf das Bild), dann setze ich mich mit einem Schwung nach vorne auf, meine Beine liegen gestreckt links und rechts
vom Laptop, ich lehne mich nach vorne zur Tastatur, strecke die Arme zum Tippen nach vorne
aus.

<T*>   danke

Dies wird von <Prometheus> als ein Äquivalent zu dem beantwortet, was er gerade
getan hat: Auch ich zeige aus seiner Sicht quasi ‚mehr von meinem body‘, allerdings
aus meiner Sicht unbeabsichtigt. Gleichwohl greife ich diese ‚Lesart‘ auf, indem ich
meine Hände so bewege und an den Körper lege, dass sie das umgreifend rahmen,
was <Prometheus> soeben angesprochen hat. Seine verbale Rahmung wird zu einer
haptischen Rahmung (meiner Pobacken mit den Händen) und damit zu einem Bild,
dessen Inhalt ich mir mit Blick auf seine Nachricht und das Spüren der Hände am
Körper vergegenwärtige.

<Prometheus>   zeig mal näher

Ich setze mich auf, indem ich die Beine anziehe und mich mit einer Hand hinter meinem Rücken
von der Matratze nach vorne abstoße. So lande ich auf den Knien, auf denen ich mich von der
Kamera wegdrehe. Ich will das jetzt auch selbst sehen. Die Hände habe ich flach an die Wand
gelegt, ich drehe mich um und schaue auf den Bildschirm, mein Bild an. Während mein Blick am
Bildschirm hängen bleibt, neige ich den Oberkörper langsam nach unten, mein Hintern nähert
sich so der Kamera an. Ich lege die Hände seitlich an meinen Körper auf Hüfthöhe und streiche
mit den Handflächen an meinem Oberschenkel auf und ab.

Meine Reaktion auf die folgende Aufforderung ist geradezu reflexhaft. Interessant ist,
dass ich nicht im engen Sinne die verlangte Nahaufnahme erzeuge, indem ich die
Kamera näher heranhole oder meinen Körper in derselben Positionierung näher an
diese bewege. Ich nehme, um ‚näher zu zeigen‘, eine *andere* Position ein und stelle eine andere Perspektive her. Die entstehende Pose ist eine zum Zeitpunkt dieser
Session inzwischen routinierte Weise, meinen Po zu *zeigen*, die ich für diesen und
in diesem Fall abrufe und inszeniere. Sie ist nicht nur eine für die Cammingpraktik
spezifi*zierte* Weise, dies zu tun, sondern für die Cammingpraktik spezifisch: Im Alltag außerhalb von CammingSite.com verfügte ich nicht über eine entsprechende Art,
meinen Hintern zu *zeigen* – als Teil meines Körpers war er in manchen Situationen

(Arzt, Sauna, Strand etc.) lediglich *zu sehen*. Im Rahmen der Cammingsession wird damit wiederum eine bildhafte Antwort auf die Aufforderung von <Prometheus> erzeugt, die dieser im Folgenden aufgreift, indem er die entstehende Ansicht (wieder auf Ebene des Textes) in einen sexuellen Rahmen einfügt und in eine Handlungsfantasie integriert.

<Prometheus>   würde da jetzt gerne meine Eichel ansetzen

Okay, Schluss. Jetzt ist aber auch gut, ich bin doch hier nich deine Wichsvorlage. Warum mache ich das?!

Ich reagiere darauf mit einem Gefühl der Empörung und fühle mich zu dem gemacht, was ich explizit nicht zu sein behaupte: Eine *„Wichsvorlage"* für <Prometheus>. Diese negative Reaktion ist insofern zunächst irritierend, als Sinn und Zweck der Teilnahme am Camming ja gerade zu sein scheint, mit dem eigenen Körper und seiner Inszenierung Anlass und Auslöser erotischer Erregung für andere (und sich selbst) zu sein. Dieses Empörungsmoment wird aber nachvollziehbar vor dem Hintergrund der (wenn auch bis zu diesem Zeitpunkt kurzen) Interaktionsgeschichte der Session. Die Äußerung geht in mehrerlei Hinsicht zu weit: Mit „Wichsvorlage" drücke ich hier vor allem aus, dass ich das Lustmoment aktuell nur auf Seiten eines der Beteiligten (<Prometheus>) sehe, dass es also ein unausgewogenes Verhältnis zwischen Zeigen und Sehen, zwischen Erregen und Erregtwerden gibt. Das für Camminginteraktionen implizit geltende Gebot „You show me yours, I'll show you mine" (Jones 2005) wird hier aus meiner Sicht (in der Situation) verletzt. Bereits vor Beginn der eigentlichen Interaktion mit <Prometheus> hatte ich dadurch, dass ich vollständig entkleidet zu sehen war, gewissermaßen ‚vorgelegt', mit Beginn der exklusiven Zweierinteraktion in *Skype* sehe ich also Prometheus in der Pflicht, ‚nachzulegen' (anders als <Hammon> im vorigen Beispiel kommt <Prometheus> seiner in der Logik der Session gegebenen Verpflichtung nicht vorauseilend nach).

Gegenüber der Art wie <Prometheus>, „mehr von [s]einem body" zeigt (deren Ergebnis ich schon nicht befriedigend fand – „*so hatte ich mir das zwar nicht vorgestellt, aber gut...*") habe ich aus meiner Sicht (in der Situation) bereits nicht nur mehr von mir gezeigt, sondern auch *auf seinen Wunsch hin*. Dass der Kommentar von <Prometheus> für mich nun nicht einfach einen Zug in unserer Interaktion markiert, sondern zu diesem Krisenmoment führt, mag mit der inhaltlichen Ebene des Gesagten zusammenhängen. Mit der Beschreibung dessen, was er gerne tun würde, kommuniziert <Prometheus> eine Positions- und Rollenverteilung zwischen uns beiden, die ‚mich' (<Prometheus> spricht von einem „da") auf die passive Rolle in einem Penetrationsszenario festlegt und mit diesem „da" quasi objektiviert. Problematisch daran ist in diesem Zusammenhang, dass <Prometheus> sich ‚mein' Bild und damit mich übergriffig aneignet – dies erzeugt bei mir eine gespürte, körperliche (Gegen-)Reaktion.

Ich richte meinen Oberkörper auf, drehe mich abrupt um, dabei lande ich irgendwie näher an der Kamera und als ich auf den Bildschirm schaue, sehe ich, dass mein Schritt fast das ganze Bild ausfüllt. Ich bleibe an der Stelle knien und drehe meinen Körper leicht nach links, von der Kamera weg (ins Profil). Dabei liegt meine rechte Hand neben meinem Körper, die linke umfasst meinen erigierten Penis an der Wurzel und ich halte ihn so, dass er in Richtung Kamera ragt. Dabei schaue ich auf den Bildschirm und mein eigenes Bild an. *Wow, das sieht krass aus.*

<Prometheus>   lutsch

Die zuvor eingenommene Körperhaltung wird durch die Äußerung von <Prometheus> umdefiniert und damit in meiner Wahrnehmung zu einer Art ‚Format‘, das sich jetzt schlagartig als fremddefiniert anfühlt, und gegen das ich geradezu einen körperlichen Widerwillen verspüre. Ich ‚nehme <Prometheus> das Bild weg‘, indem ich mich von der Kamera abwende und umdrehe. Dabei ergibt sich durch die Ausrichtung von Webcam und meinem Körper eine Ansicht, die so nicht intendiert war, die ich aber sozusagen ‚vom Bildschirm‘ als Anregung aufgreife und in meiner Körperbewegung *weiterführe*, das Bild, das sich hier gewissermaßen ‚anbietet‘, vollends realisiere. So entsteht im krassen Unterschied zur vorherigen Pose, die mich, von der Kamera abgewandt, quasi ganz als passives Beobachtungsobjekt (und wie von <Prometheus> impliziert, Penetrationsobjekt) inszenierte, eine wie eine Inszenierung von dominanter Virilität wirkende Nahaufnahme meines Penis, die wie eine Selbstvergewisserung der eigenen Position im Nachgang des vorhergehenden ‚Übergriffs‘ wirkt.[13] Im Bild meiner Webcam ist jetzt genau das *meinige* Körperteil zu sehen, das in der vorigern Penetrationsfantasie von <Prometheus> an *meinen* Körper („da") ‚angesetzt‘ werden sollte – und wird diesem Vorstoß richtiggehend ‚entgegengehalten‘. Das in Gedanken zu mir selbst ‚gesprochene‘ *„Wow, das sieht krass aus"* wirkt in diesem Zusammenhang wie eine selbstvergewissernde Selbstanrufung. Die Äußerung „lutsch" macht die neue Ansicht meines Genitals und meine Zeigegeste wiederum zu einem Zug in einem erotischen Skript.

<Prometheus> masturbiert weiter. Ich bewege meinen Penis minimal auf und ab und drehe meinen Körper leicht nach rechts, dann wieder nach links, dabei schaue ich auf den Bildschirm und dort meinen Penis an. Ich bewege das linke Knie nach links, um mich umzudrehen...

<Prometheus>   bleib ruhig noch kurz auf deiner eichel... fands total geil

...bleibe dann aber doch noch so (auf die Kamera ausgerichtet) stehen. Nach einer Weile (15 Sekunden?) ‚gehe‘ ich auf den Knien rückwärts und setze mich wieder in genau der Position wie vorhin, ich sitze wieder im Schneidersitz direkt gegenüber dem Laptop.

<Prometheus>   schönes Gerät
<T*>   danke, kann ich nur zurückgeben ;)
<T*>   ~~kann ich dich auch mal von vorne sehen~~ zieh doch die hose aus...[14]

---

13 Zu solchen Demonstrationen und Selbstvergewisserungen von Männlichkeit s. auch Kap. 5.4.2.
14 Durchgestrichener Text wurde in Chats zunächst getippt, dann aber wieder gelöscht.

<Prometheus> scheint irgend etwas an der Tastatur zu machen, aber bei mir erscheint keine Nachricht. Er masturbiert weiter *Was war das?* und nach einer kurzen Pause zieht er seine Boxer Short ziemlich schnell so nach unten, dass sie nicht mehr im Bild zu sehen ist. Dabei verändert er seine Körperposition nicht, er bleibt weiter auf der Seite liegen.

<T*>	…viel besser
<Prometheus>	*g*

Aus der zufällig entstandenen Körperstellung und Einstellung wird ein längerer Moment, in dem ich <Prometheus> (und mir!) meinen Penis zeige. Ich will kurz später dieses Bild auflösen, <Prometheus> erteilt jetzt allerdings eine explizite ‚Regieanweisung‘, die zugleich eine Bitte ist: *„bleib ruhig noch kurz auf deiner eichel"*. Dieses filmsprachliche ‚auf etwas bleiben‘ betont die Inszenierungsleistung hinter dem von mir zu sehenden Bild, der Körper tritt in dieser Formulierung sprachlich als ein Ganzes in Erscheinung, das von der Kamera in Teilen erfasst wird. Eine neue Sequenz setzt mit einer Regieanweisung meinerseits ein, die <Prometheus> umsetzt (er zieht die Hose allerdings, wie sich später zeigen wird, nicht *aus*, sondern lediglich *aus dem Bild*). Dem geht ein kurzer Moment voraus, in dem sich die Orientierung gebende Zug-Gegenzug-Struktur der Interaktion darin äußert, dass ich (etwas zu lang) darauf warte, dass <Prometheus> genau das tut.

<Prometheus>	hast toys da?
<T*>	nope
<Prometheus>	zeigst nochma arsch näher?

Ich zögere kurz. *Ich lass mich doch hier nich rumschicken.* Wenn ich zur Wand gewandt bin, dann fühle ich mich so richtig wie das Anschauungsobjekt, aber *ich will hier auch meinen Spaß haben… Okay. Wir machen nen Deal.*

<T*>	okay…
<T*>	was gibt's im tausch ;) ?
<Prometheus>	kannst mich nachher spritzen sehen

Was soll denn das für ein Tausch sein?! Das werd ich doch eh. Oder worum geht's hier eigentlich?

<T*>	ich würd dich gern mit breiten beinen vor der cam sitzen sehn

Anders als bisher beziehen sich die Beteiligten im folgenden Verlauf nicht auf Dinge, die sie tatsächlich auf dem Bildschirm sehen und die sie als Anlass nehmen, weitere Ansichten zu entwerfen und zu realisieren. Die Frage nach (Sex-)„toys" bezieht sich auf Objekte, die nicht im Bild zu sehen sind und entwirft damit implizit einen *möglichen* Fortgang der Interaktion, dessen Möglichkeit sie zugleich erfragt. Damit ist zugleich der Übergang zum nächsten Schritt im sexuellen Standardskript der Session markiert, in dem nach dem anfänglichen ‚Vorspiel‘ mit Körperschau und Komplimentetausch eine Form von erkennbarer ‚Action‘ jenseits des jegliche Interaktion begleitenden ‚An-sich-Herumspielens‘, der selbstvergessenen Masturbation, einsetzen muss. Ich quittiere die Frage kurz mit einem saloppen „nope", was nicht nur Verneinung, sondern auch Desinteresse am entworfenen Verlauf signalisieren soll.

Im Folgenden geht es um die Verteilung von Autorschaft an der geteilten Situation. Ich will dort auch meine Vorstellungen und Bildvorschläge realisiert sehen, und meinen Körper nicht nur als Instrument und Material für die Fantasien meines Gegenübers zur Verfügung stellen. Es geht hier gleichwohl nicht nur um Fairness, sondern durchaus um eine an meinem eigenen Nutzen orientierte Vorstellung davon, unter welchen Bedingungen es sich ‚lohnt' teilzunehmen.

Mein „okay" macht die Frage von <Prometheus> mehr zu einer Frage nach meiner Bereitschaft als einer Frage nach einem zukünftigen Vorhaben meinerseits. Ich schlage von dieser Vorlage ausgehend ein Tauschgeschäft vor und frage nach seinem ‚Einsatz'. <Prometheus> stellt die Tauschlogik selbst nicht in Frage, entgegnet allerdings mit einem Angebot, das aus meiner Teilnehmersicht eigentlich keines ist: Der Cumshot ‚gehört', hier wird auch meine eigene Orientierung am Standardskript in der Session deutlich, ans Ende einer Cammingsession, und im Besonderen einer exklusiven c2c-Interaktion.

> <Prometheus>   ok
> <Prometheus>   deine cam hängt übrigens

Hö? Mein Blick schnellt auf mein eigenes Videofeedback. Die Hand zwischen meinen Beinen hält kurz inne. *Komisch. Ich seh mich ganz normal. Wie lang geht die schon nicht mehr?* Ich blende mit einem Rechtsklick mein Video aus, beende die Videoübertragung meiner Webcam (die Verbindung zu <Prometheus> bleibt jedoch bestehen) und starte sie neu, dann blende ich mein Video wieder ein. Für einen Moment masturbieren wir beide vor uns hin, nichts passiert. *Ah okay, der denkt ich bin dran.* Ich gehe wieder auf die Knie und drehe mich zur Wand. Ich knie vor der Wand, die Knie mehr als hüftbreit auseinander. Ich drehe mich über die andere Schulter nach hinten um und lege die Hände an die Wand. Ich schaue in den Chat

> <Prometheus>   geil
> <Prometheus>   kannst näher?

<Prometheus> streift mit den Füßen die Boxer Short ab, dann schwingt er das linke Bein über den Laptop, dabei stützt er sich kurz hinter seinem Rücken auf den Handflächen ab und rutscht mit dem Becken ein kleines Stück näher an die Kamera. Er sitzt jetzt so, dass ich seinen Oberkörper von unter den Brustwarzen an abwärts sehen kann, sein Penis bildet die Mitte des Bildes. (…) Ich drehe mich wieder in Richtung Kamera um, bleibe auf den Knien, neige meinen Oberkörper leicht nach unten und tippe

> <T*>   wow geiler anblick

Die Verbindung zwischen den Beteiligten wird zum ersten Mal problematisch. Meine Webcam „hängt", es ist nur mehr ein Standbild zu sehen. Interessant ist, dass in den Interaktionen auf CammingSite.com eigentlich häufig Standbilder, ‚bewegte Standbilder' produziert werden – die Körper gehen in Posen, die das verkörpern und visualisieren, was zuvor sprachlich vorgegeben wurde (Kap. 5.3.4). Der Unterschied zur „hängenden" Cam ist jedoch entscheidend: Die Gleichzeitigkeit der

Interaktion wird damit fraglich. Auch im obigen Beispiel fallen die Perspektiven von mir und <Prometheus> auseinander: Ich vergewissere mich sofort auf dem Bildschirm, wo ich den Stillstand nicht erkennen kann. Mit *„wie lange geht die schon nicht mehr?"* steht zugleich die Frage im Raum, was <Prometheus> zuletzt gesehen hat und aktuell sieht (was ich wiederum jetzt nicht mehr sehen kann, und sonst als identisch mit dem, was ich sehe, unterstelle). Als die ‚Panne' behoben ist, werde ich sozusagen davon aus der kleinen Unterbrechung ‚gerissen', dass *nichts* passiert: *„Ah okay, der denkt ich bin dran."* Die Unterbrechung der ‚visuellen Verbindung' zwischen den Teilnehmern führt hier technisch nicht zur Unterbrechung der kommunikativen Verbindung, und auch nicht zum Abbruch der Interaktion. Die beiden Körper bleiben, während an der Webcamsoftware manipuliert wird, quasi in einer Stand-by-Position, auch im Chat passiert nichts. Ich greife den interaktiven Faden wieder auf, indem ich die zuvor vereinbarte Ansicht erneut herstelle, die <Prometheus> kommentiert (und damit zugleich markiert, dass er sie sieht). Sein erneutes Nachhaken wird unmittelbar gefolgt davon, dass er die zuvor ausgemachte Pose herstellt. Damit ist die Gleichzeitigkeit der Interaktion wieder hergestellt. Mein positiver Kommentar bestätigt wiederum die Sichtbarkeit und die Passung zwischen Vorstellungsbild, Beschreibung und entstandenem digitalen Bild – diesmal wird, anders als oben, kein Unterschied oder Abstand zwischen ihnen markiert.

> Ich knie jetzt frontal vor dem Laptop, richte mich wieder auf, die linke Hand liegt an der Rückseite meines linken Oberschenkels, ich schiebe das Becken nach vorne in Richtung Kamera.
>
> <Prometheus>   danke
> <Prometheus>   zeigt mehr von unten
>
> *Von unten? Wie soll ichn das machen?* Ich lehne mich ein Stück nach hinten, und neige meinen Penis mit der Hand mehr in Richtung Brust. Dabei lasse den anderen Arm nach hinten hängen.
>
> <Prometheus>   ja…so ist's geil
>
> In dem Moment fällt mir auf, dass ich das gerade richtig anturnend finde. <Prometheus> legt beide Hände (eher die Fingerspitzen bzw. die ersten Fingerglieder) übereinander an seinen Penis, umfasst ihn lose mit den Fingerspitzen, neigt ihn nach unten/vorne und lässt ihn leicht auf und ab wippen. *Ja, jetzt find ich das definitiv geil grade.* Wir masturbieren beide wortlos weiter. Ich bin ganz auf den Bildschirm fixiert und höre meinen Atem, ich spüre, wie ich erregter werde. Das Bild von Prometheus wird auf einmal immer wieder kurz schwarz, es beginnt fast zu flackern; ich kann erkennen, dass sich der Bildausschnitt immer wieder ändert. Plötzlich stelle ich fest, dass das Bild ‚eingefroren' ist (etwa 5 Sekunden), es zeigt ein bewegungsunscharfes Standbild, dann wird abrupt die Verbindung unterbrochen. Meine masturbierende Hand bewegt sich zunächst weiter, dann halte ich inne und warte ca. 8 Sekunden, ob etwas passiert. *Hm.* Ich schaue kurz aus dem Fenster, dann schließe ich das *Skype*-Fenster. <Prometheus> ist nicht mehr online. *Fuck!*
> ((Auslassung ca. 3 Minuten: Ich starte einen neuen Browser, logge mich wieder bei CammingSite. com ein und klicke, ohne irgendetwas anderes zu tun, direkt auf „Übertragung starten".))

Mit dem Bildfokus auf dem Penis bei beiden Teilnehmern wird die Situation zu einer gemeinsamen Masturbationssequenz, die ich selbst, versunken in die Situation, als sexuell erregend erlebe. Ich stelle das quasi ‚post hoc' fest, als ich bereits erregt *bin*. Dieses Versunkensein in die Situation und das Geschehen und Erleben wird hier wiederholt dadurch irritiert, dass das Bild der Webcam meines Gegenübers nicht nur den „geilen anblick", seinen Körper und dessen Bewegungen zeigt, sondern ab und zu ausfällt (schwarz wird). Als die Übertragung schließlich abbricht, bleibt mein Blick zunächst auf dem Bildschirm; als sich abzuzeichnen beginnt, dass die Verbindung unterbrochen ist (und die visuelle Verbindung ja tatsächlich schon währenddessen nicht mehr besteht), wechselt er zum und aus dem Fenster und damit aus dem den situativen Raum umgebenden Raum. Meine Aufmerksamkeit zieht sich aus der intensiven Erlebensphase der simultanen Masturbationssequenz zurück, die erotische Spannung lässt abrupt nach, ebenso die masturbatorische Körperpraxis. Interessant ist der unmittelbare Wechsel zurück auf CammingSite.com, und damit der Anschluss an die Phase vor der soeben gescheiterten Situation. Ich erkläre mit dem Abbruch der Übertragung die Cammingsession nicht etwa einfach für geplatzt und gehe anderen Dingen nach – der Abbruch der Session, ohne zum Orgasmus gekommen zu sein, wäre hier undenkbar. Mit dem Wechsel wird sozusagen das erotische Spannungsszenario aufrechterhalten.

> Nach ein paar Minuten meldet *Skype*, dass <Prometheus> wieder online ist, es treffen Chatnachrichten von ihm ein, während ich noch auf CammingSite.com bin.

> <Prometheus>   ups...
> <Prometheus>   verbindung abgebrochen...

> Mit zwei Klicks schließe ich alle Browserfenster. <Prometheus> ruft an. Ich starte meine Webcam. Als auch seine Webcam wieder überträgt, sehe ich etwas mehr von seinem Oberkörper als zuvor, er masturbiert mit seiner linken Hand und justiert die Kamera ein Stück nach unten, jetzt füllen seine Genitalien beinahe das ganze Bild aus. Ich gehe wieder auf die Knie ((ich hatte mich zwischenzeitlich wieder hingesetzt)), frontal zur Kamera.

> <Prometheus>   sau geil...
> <Prometheus>   zeig nochmal deine eichel näher...

> Ich rutsche auf den Knien noch ein Stück nach vorne und neige meinen Penis in Richtung Kamera, dabei drehe ich meinen Körper leicht zur Seite und schaue auf mein Bild auf dem Bildschirm. Das Video von <Prometheus> friert ein. *Oah nee. ... Okay, wird er schon merken*. Mein Blick geht kurz vom Bildschirm weg an meinem Körper herunter, dann schaue ich wieder auf den Bildschirm. Ich schaue abwechselnd auf das stehende Bild von <Prometheus>, den Chat und das Videofenster, in dessen oberem Rahmen angezeigt wird, dass das Gespräch noch aktiv ist (das geht ca. 15 Sekunden so).

> <Prometheus>   schön
> <Prometheus>   gefällt mir

> Ich neige mich leicht zur Seite, tippe mit einer Hand, die andere bleibt um den Penis geschlossen.

> <T*>   camfreeze

Schon bevor die ursprüngliche Situation wechselseitiger Bildübertragung und Sichtbarkeit wiederhergestellt ist, markiert <Prometheus> im Chat die Unterbrechung als ein Versehen. Er nimmt damit den abgerissenen Interaktionsfaden wieder auf, bzw. hält eine Interaktion am Laufen, die nur zeitweise nicht in wechselseitiger Sichtbarkeit stattgefunden hat. Konzertiert wird die Situation auf dem Stand, auf dem sie vor dem Verbindungsabbruch war, wieder hergestellt: Ich erzeuge erneut das Bild, das <Prometheus> zuletzt gesehen hat, und die Ko-Produktion erotischer Körperansichten wie zuvor setzt wieder ein. Damit wird die Kontinuität derselben Interaktion (wieder-)hergestellt. Als die Webcamübertragung plötzlich unvermittelt wieder ‚hängt‘, löst sich mein Blick erneut vom Bildschirm, und obwohl ich zuvor selbst überrascht war, als ich auf meine „hängende“ Cam hingewiesen wurde, nehme ich an, dass <Prometheus> es „*schon merken*“ wird – was er nicht tut, er kommentiert (was wie ‚aus dem Off‘ wirkt, weil das Standbild auf mich wie eine Maske wirkt) mein Bild. Ich weise kurz angebunden mit „camfreeze“, einem Ausdruck für diesen Zustand, den ich öfter schon einmal in Chats gesehen hatte, darauf hin. Ich bin zu diesem Zeitpunkt von den wiederholten Abbrüchen bereits deutlich genervt.

> *Wasn da los, warum macht er nichts?* Das Bild bleibt noch eine knappe Minute weiter eingefroren, bevor die *Skype*-Verbindung abbricht. <Prometheus> ruft nur einen kurzen Moment später wieder an. Ich nehme das Gespräch an, starte mein Video und kurz darauf erscheint <Prometheus> wieder masturbierend auf dem Schirm. Wir masturbieren wortlos weiter.
>
> <T*>   mann, das turnt mich echt an grade…
> (…)
> <T*>   bist du nur a?[15] oder beides?

Der erneute Zusammenbruch der Verbindung wird diesmal wortlos repariert, ich selbst löse die Position und Ausrichtung meines Körpers gar nicht erst auf, weil ich schon davon ausgehe, dass <Prometheus> unmittelbar zurückrufen wird. Die Interaktion wird also auch durch das schiere Beibehalten der Körperpositionierung weitergeführt.

Das im Chat erwähnte „Angeturntsein“ von „dem hier“ verweist auf das bisher Geschehene und markiert zum einen wiederum Kontinuität, zum anderen, dass das begonnene Erregungsskript ‚noch steht‘. In meiner Frage nach der sexuellen Präferenz von <Prometheus> kommt ein subkulturspezifisches Teilnehmerwissen zum Einsatz und Ausdruck, das in einer geschlechtsgleich besetzten sexuellen Situation eine Einordnung der Teilnehmer in eine „aktive“ und „passive“ Rolle vornimmt. Die Art, wie ich die Frage stelle, impliziert, dass mein Gegenüber weiß, wie sie zu lesen

---

15 „a“ steht für „aktiv“, „beides“ verweist hier außerdem auf das Gegenstück „passiv“ („p“). Die Begriffe (bzw. Abkürzungen) bezeichnen im schwulen Sprachgebrauch Positionen und Rollen beim Sex. Die aktiv/passiv-Unterscheidung ist verwandt mit der top/bottom-Unterscheidung, die Paar(ungs)konstellationen entlang der Position in einem Penetrationsverhältnis unterscheidet. Speziell beim Analsex ist „a“/aktiv/top, wer penetriert, „p“/passiv/bottom, wer penetriert wird.

ist. Die Frage schließt außerdem aus, dass <Prometheus> ,nur p(assiv)' sein könnte. Meine Nachfrage basiert auf mehreren Eindrücken, die ich im Verlauf der Session gesammelt habe: der direktiven Art, mit der <Prometheus> mehr fordert als ich (zumindest in meiner Wahrnehmung in der Situation), seiner wiederholten Aufforderung an mich, meinen Po zu zeigen sowie der zuvor verbalisierten Penetrationsfantasie. Ich deute diese Eindrücke als (An-)Zeichen, die nur in einem Rahmen Sinn zu ergeben scheinen, in dem <Prometheus> auch *jenseits* des aktuell im Bild zu sehenden „a" *ist*. Ich schließe von situativen Hinweisen auf eine übersituative Identität, die wiederum Anhaltspunkte dafür geben kann, wie die Situation zwischen Prometheus und mir weitergehen kann. Ähnlich der früheren Nachfrage von <Prometheus> nach „toys" stellt meine Nachfrage einen möglichen Rahmen für die weiteren Ereignisse vor.

> Es kommt keine Antwort.
>
> <T*>   zeig mal deinen arsch
>
> Nach einem Moment wird die Kamera für ca. 8 Sekunden schwarz. Schließlich erscheint das Bild wieder. <Prometheus> hat die Hände noch auf der Tastatur.
>
> <Prometheus>   beides
>
> Dann stellt er die Arme hinter seinem Körper ab und schiebt das Becken nach vorne in Richtung Kamera, dabei nimmt er die Beine nach oben indem er die Knie anwinkelt. Er streicht mit der flachen Hand über seine Pobacke, bleibt so ca. 3 Sekunden, bevor er sich wieder aufrecht hinsetzt, noch während er sich aufrichtet, greift dieselbe Hand nach seinem Penis
>
> <T*>   yeah
> <T*>   geil behaart...
> <Prometheus>   ja

Die folgende Anweisung meinerseits offenbart die vorige Nachfrage als ein ‚Vorfühlen', das zunächst die Möglichkeit, eine entsprechende Anweisung zu geben, eruiert. Prometheus beantwortet zunächst meine Frage („beides"), zu diesem Zeitpunkt warte ich allerdings nicht mehr auf eine verbale Antwort auf meine Frage, sondern auf eine *visuelle* Antwort. Prometheus produziert als diese Antwort eine ‚Momentaufnahme' seines Hinterns (auf eine ganz andere Weise als ich zuvor). Sobald sein Hintern auf diese Weise *im Bild* ist, berührt er ihn mit einer streichenden Bewegung und *weist* damit *darauf hin*, er *unterstreicht* gewissermaßen dessen Sichtbarkeit. Diese Pose löst er nach kurzer Zeit wieder auf und geht zurück in seine ‚Grundstellung'. Ich kommentiere mit einem Kompliment, das zugleich eine Beschreibung oder Verbalisierung dessen ist, was ich in dem Bild sehe (dass sein Hintern „geil behaart" ist). Die Antwort „ja" scheint meine Beschreibung des Bildes als eine zutreffende Beschreibung seines *Körpers* zu bestätigen. Hier geht es nicht um einen Bildvorschlag, also die verbale Skizzierung einer möglichen anschließenden körperpraktisch produzierten Pose und Ansicht, sondern um eine ‚Lesart': Es wird interaktiv geklärt, was die Bilder überhaupt zeigen (vgl. hierzu auch Kap. 4.3.2).

(Nicht) Zusammen kommen

Den konventionellen Flucht- und Höhepunkt der bisherigen Aktivitäten und damit die dritte und letzte Phase der idealtypischen Dreiersequenz einer Cammingsession bildet der Orgasmus der Teilnehmer in Form einer auf Sichtbarkeit hin inszenierten Ejakulation.[16] Der Zeitpunkt und Ablauf dieser dritten Phase ist, vergleichbar der Sexualität unter körperlich Ko-Anwesenden, nicht beliebig. Im Rahmen einer explizit dyadischen Interaktion existiert das Ideal einer simultanen Ejakulation der beiden Teilnehmer, die Phase ist somit nicht auf einen bestimmten Rhythmus, sondern auf einen Zeitpunkt hin orientiert. Damit werden erneut Synchronisierungsleistungen nötig: Zunächst muss interaktiv der Zeitpunkt markiert werden, an dem der Cumshot stattfinden kann und stattfindet. Dies wiederum bedarf einer Verständigung darüber, ob dafür *gefühlt* der richtige Zeitpunkt gekommen ist, also eines Abgleichs der beiden individuellen erotischen Spannungskurven der Teilnehmer und ihrer Koppelung an das interaktive Skript. Hierbei geht es nicht mehr nur um die Organisation eines Wechsels von interaktiven Zügen, sondern um eine Gleichstellung der beiden lokal ablaufenden Skripte. Zur Betrachtung der Organisation einer solchen Endsequenz durch die Teilnehmer betrachte ich im Folgenden die soeben behandelte Szene zwischen <Prometheus> und mir weiter. Sie ist ein interessanter Fall, weil sie gleich in mehrerlei Hinsicht vom Ideal der simultanen Ejakulation aus Anlass gleichzeitig empfundener Lust abweicht. So wirft <Prometheus> unmittelbar im Anschluss an den obigen Austausch über seine Körperbehaarung ein:

<Prometheus>	sollen wir spritzen?

Was?! Jetzt schon? No way.

<T*>	ich will noch nich. aber wenn du willst schau ich dir gern zu ;)
<Prometheus>	ich muss bald los

Mann, wieso denn so abrupt jetzt? Ich will das noch ne Weile rauszögern...

<T*>	~~na dann komm ru~~ komm doch
<T*>	ich finds geil, zuzusehen

Die Frage von <Prometheus> ist vor dem Hintergrund des dramaturgischen Aufbaus einer Cammingsession der Anfang vom Ende der gemeinsamen Interaktion, ein „opening up closing" (Schegloff/Sacks 1973), das die Schlusssequenz einer Cammingsession einleitet. Das Frageformat verweist darauf, dass „spritzen" etwas ist, was man gemeinsam tut, und dass es der Abstimmung bedarf. Meine gedankliche empörte Überraschung („*Was?! Jetzt schon?*") verweist auf zwei Zeitrahmen, die aus meiner Sicht in diesem Moment nicht mit dem unterbreiteten Vorschlag zusammenpassen:

---

16 Diese *Cumshots* werden in Kapitel 5.3.3 im Detail analysiert. Hier wird vor allem auf den interaktionslogischen Aspekt des Cumshots eingegangen.

Meinen subjektiven erotischen Spannungsbogen (der seinerseits an der Logik einer Cammingsession orientiert ist: Es gehört zur Cammingpraxis dazu, diesen Punkt möglichst lange hinauszuzögern, was unter Teilnehmern auch als „Edging" bekannt ist – s. Kap. 5.3.2), aber vor allem meine Erwartung, wie lange eine solche Session dauert, und wie lange es *noch* (*„Jetzt schon?"*) dauern *sollte* bis sie endet, in der ein Wissen um das Standardskript einer Cammingsession zum Ausdruck kommt.

Die folgende Nachricht ist zugleich eine Erklärung (und insofern eine Bestätigung meiner Sicht, dass er *schon* zu diesem Punkt der Cammingsession kommen will) und ein Nachhaken, das mich doch dazu bewegen will, *mit* ihm zu „spritzen". Es ist nicht seine Idee, jetzt „spritzen" zu *wollen* – er „muss bald los", was auf einen externen Zeitrahmen referiert. Interessant ist vor diesem Hintergrund die vorige Formulierung „sollen wir". Was als Vorschlag (in Frageform) auftritt, ist mehr eine Ankündigung: ‚bereit, wenn Sie es sind'. Er (und damit ich) muss kommen, weil er gehen muss. Ich jedoch *„will das noch ne Weile rauszögern"* – „das" bezeichnet hier meinen Orgasmus, der das Ende der Cammingsession bedeuten würde.

Das Angebot, ‚gerne zuzuschauen' formuliert indirekt zugleich eine Bedingung. Kommuniziert wird hier: ‚wenn du *jetzt* willst, schau ich dir gerne, aber auch *nur* zu (ich mache nicht mit)'. ‚Zuschauen' geschieht in Cammingsessions fortwährend. Explizit so bezeichnetes Zuschauen ist insofern ein Zuschauen-ohne-Mitmachen, wobei Mitmachen dasjenige bezeichnet, was für die jeweilige Aktivität, der nur zugeschaut wird, als Begleit- bzw. Parallelgeschehen auf Seiten des Zuschauers angemessen wäre (im Fall einer Ejakulation: eine Ejakulation).

Sah ich mich zu Beginn der Session noch zur „Wichsvorlage" gemacht, zum Anschauungsobjekt, das <Prometheus> einseitig Lust verschaffte, so wird dieses ‚einseitige' Beobachtungs- und Lustgewinnverhältnis, welches noch bei mir Empörung ausgelöst hatte, jetzt quasi verkehrt: Ein Orgasmus vor der Webcam, die sichtbare Ejakulation ist im Rahmen des Austauschs von Ansichten und Einblicken in Camminginteraktionen ein, wenngleich quasi obligatorischer, so doch besonderer ‚Schauwert', der eine entsprechende Gegenleistung erfordert. In meinem persönlichen Erregungsskript ist der (mein) Orgasmus inzwischen zeitlich *nach* der aktuellen Session verortet, mein Gegenüber ejakulieren zu sehen ist inzwischen nicht mehr der vorgestellte Höhepunkt einer *gemeinsamen* Aktivität und geteilten Zeitstruktur der Session, sondern ein Mittel zum Zweck der Luststeigerung ‚für später'. Aus dem „wenn du willst" von zuvor wird jetzt ein „komm doch", die Ergänzung „ich finds geil, zuzusehen" kann als eine Art Behelfsfantasie verstanden werden: Sie fügt die einseitige Beobachtung in ein erotisch-voyeuristisches Skript ein und versucht so einen ‚stimmigen' Rahmen zu erzeugen, in dem der folgende Orgasmus von <Prometheus> kein ‚Fertigmachen, ohne dass der andere mitmacht', sondern ein Spektakel sein kann.

<Prometheus> greift zur Seite und holt eine durchsichtige Tube, die er mit derselben Hand öffnet. Er gibt etwas Gleitgel auf seinen Penis, schließt die Tube wieder mit einer Hand und legt sie weg. Während er mit derselben Hand das Gleitgel verteilt, antwortet er mit der anderen

\<Prometheus\>	ok…
\<T*\>	wo spritzt dus mir hin?
\<Prometheus\>	so auf den bauch…
\<Prometheus\>	oder magst es anders?

Der Abschluss der Session wird hier zweimal eingeleitet. Das jetzt in die Situation ein- und auf den Körper aufgebrachte Gleitgel scheint einen neuen Abschnitt zu markieren, der dann verbal mit „ok…" eingeleitet wird. Die Nachfrage „wo spritzt dus *mir* hin" führt die zuvor begonnene Erotisierung der einsamen Ejakulation weiter, sie wird auf der Ebene dieses Skripts zu einer Sache, die beide Anwesenden involviert. Hier scheint zudem ein klassisches Bild der Pornografie Ausdruck zu finden: Wenn bei zwei anwesenden ‚nur' einer ejakuliert, ‚muss' der andere quasi zwangsläufig das Ziel der Ejakulation sein. Interessant ist hier wiederum der Modus der Kommunikation: \<Prometheus\> hätte auf die Frage auch gestisch antworten können (wie zuvor, als auf die Frage nach einer Körperregion (auf) diese *gezeigt* wurde). Er versprachlicht jedoch und fragt noch einmal nach, er steigt in das angebotene Skript mit ein und wird zum Ko-Autor einer erotischen Fantasie.

\<T*\>	ja geil

Ich lehne mich wieder mit dem Oberkörper leicht nach hinten und masturbiere mit der einen Hand, die andere streicht dabei über meinen Oberkörper. Ich schaue auf das Webcambild von \<Prometheus\> und mein eigenes im Wechsel. \<Prometheus\> richtet die Kamera weiter nach oben, dann hält er seinen Penis nah an seinen Bauch. Ich starre auf den Bildschirm und fixiere die Stelle oberhalb seiner Hand, ich warte darauf, dort etwas zu sehen. Stattdessen neigt sich sein Penis irgendwann zur Seite und ich sehe, dass sein Bauch um den Nabel herum glänzt. \<Prometheus\> hält seinen Penis jetzt nach links, die Hand wirkt wie erstarrt, die andere reicht nach vorne und tut irgendetwas unterhalb des Bildausschnitts.

Ich signalisiere kurz mein Einverständnis, dann aber (wichtiger, wie mir scheint) etabliere ich die Situation gestisch als eine, in der ich betrachtet werde und in der nicht gesprochen wird. Ich lehne mich zurück, die Hände sind nicht mehr in Bereitschaft zu tippen, sondern betasten die Region *meines* Körpers, die zuvor als Ziel der Ejakulation im Gespräch war. Die Bewegung und Berührung mit der Hand scheint sowohl Blick *und* Vorstellung des Interaktionspartners zu lenken, als auch haptisch diese Körperregion (die sich im Verlauf dieser Studie noch verschiedentlich als Problemregion erweisen wird) im subjektiven Erleben zu aktualisieren. Dabei schaue ich laufend zwischen zwei Bildern auf dem Schirm hin und her: Das eine zeigt meiner Erwartung nach, was das andere verursacht. Zusehen ist hier eine Ganzkörperangelegenheit: Ich muss meinem Gegenüber visualisieren und klarmachen, dass ich mir das nicht nur ansehe, sondern dass ich mit Lust zusehe und das „geil" finde. Der Cumshot wird schließlich eingeleitet durch eine Neuausrichtung der Webcam und der Hände, die dem, was folgt, gewissermaßen eine Bühne bereiten. Mein Blick fixiert bereits einen bestimmten Punkt, von dem ich weiß, was dort zu sehen sein *wird*. Nach der Ejakulation (die als solche in diesem Fall von mir gar nicht erkannt wurde), gibt <Prometheus> die Sicht auf den ‚Lustbeweis' frei, der zugleich einen (End-)Zeitpunkt im ablaufenden Skript markiert.

<T*>   krasse ladung

‚Aus dem Nichts' holt <Prometheus> ein Papiertaschentuch und wischt damit den nassen Fleck von seinem Bauch, dann wischt er seinen Penis ab. Mit einem zweiten Taschentuch (das erste hält er zerknüllt in einer Hand, die wie auf Stand-by neben seinem Oberkörper ‚schwebt') wischt er dann nochmal in einer großen kreisenden Bewegung über seinen gesamten Oberkörper. Das Video wird eine Zeit lang schwarz, dann bricht die Verbindung ab. Zuvor hat man noch gesehen, wie <Prometheus> sich aufsetzt und von der Kamera wegdreht. Erst nachdem die Verbindung unterbrochen ist, erhalte ich eine Nachricht

<Prometheus>   ciao … cu

(De-)Fragmentierte Interaktion

Was haben die Falldarstellungen zu diesen Phasen gezeigt? Interaktionen auf CammingSite.com sind in verschiedener Hinsicht prekäre Angelegenheiten, die von den Teilnehmern aktiv zusammengehalten werden (müssen). Sie sind zum einen in hohem Maße fragmentiert: Einzelne Interaktionen werden laufend unterbrochen, oder können zumindest prinzipiell unterbrochen werden. Im Beispiel zum *Zusammenkommen* unterbrachen die laufenden Wechsel zwischen verschiedenen Ansichten und Chatrooms die je einzelnen Interaktionen mit einzelnen Gegenübern. Beim *Zur Sache kommen* zwischen zwei Nutzern in einem exklusiven Übertragungskanal wurden technische Übertragungsabbrüche zur Herausforderung. In beiden Fällen wird dieser Fragmentierung der Interaktion durch laufende Anschlüsse an zuvor Ges(ch)ehenes und Abstimmungsleistungen begegnet. Das generische Skript einer Cammingsession dient in seiner Formelhaftigkeit als wenn vielleicht nicht universelles, so doch als nahezu unter allen Teilnehmenden geteiltes und unterstelltes Orientierungs- und Organisationsmuster, das die zeitliche Ordnung (im Sinne einer Tätigkeit) der prekären interaktiven Verhältnisse auf CammingSite.com ermöglicht. Die Phasensequenz einer einzelnen Session ist zugleich überindividuell und bildet so oder so ähnlich den Aufbau jeder einzelnen Interaktion, die im Verlauf einer Cammingsession abläuft. Dieses Skript kommt indirekt in den Aushandlungen und Abstimmungen von Teilnehmern zum Ausdruck, nimmt hier beobachtbare Gestalt an, wodurch es wiederum für alle Teilnehmer als Orientierungspunkt funktionieren kann.

Neben der Fragmentierung der Interaktionen kann die Koppelung ihrer Eigenzeit und Sequenzfolge an andere zeitliche Logiken prekär für die Stabilität der Interaktion werden (wie das Beispiel zu *Zur Sache kommen* gezeigt hat). Was als nächstes geschieht, muss nicht nur innerhalb der sequenziellen Logik des überindividuellen Skripts einer typischen Cammingsession und im Rahmen der situativ entwickelten gemeinsamen erotischen Narration ‚passen', es muss sich zudem subjektiv ‚richtig anfühlen', also zum je individuellen Erregungsgrad der Teilnehmer passen. Dies managen Teilnehmer zum einen durch Manipulation der Körper (mehr oder weniger intensive Masturbation), oder, wie im obigen Fall, durch ein interaktives ‚work around' in Form eines Behelfsszenarios, in dem die Asynchronizität einer konventionell und ideal als synchron zu erlebenden Phase der Cammingsession als zu beiden Erregungsständen passend konstruiert und damit ermöglicht wird. Interaktionslogisch werden in diesen Abstimmungen und kleinen Entscheidungen die Gleichzeitigkeit und Gemeinsamkeit der Interaktion fabriziert, der gemeinsame Zeitrahmen, in dem man sich dann (!) befindet, entworfen und damit die Interaktion erst zur Interaktion.

4 Bodies on Display(s)

Dieses Kapitel betrachtet das Verhältnis von Körpern und Bildern und ihre praktische Verknüpfung genauer. In Kapitel 4.1 werden medientheoretische Überlegungen zur spezifischen Medialität körperlicher Darstellungen und zur Verkörperung von Bildern angestellt. Im folgenden Kapitel 4.2 wird das Verhältnis zwischen Körpern und Bildern an konkreten Körper-Bild-Praktiken beim Camming empirisch analysiert. Es wird gezeigt, wie sich Körper in ‚bildgebendem Verhalten' in visuelle Objekte transformieren und wie die spezifische Nacktheit autopornografischer Praktiken produziert wird. Daneben werden verschiedene Praktiken der gemeinsamen Visualisierung von Körpern durch die Teilnehmer einer Cammingsession betrachtet. Kapitel 4.3 weitet den analytischen Blick über die Grenzen der Cammingsituation hinaus und betrachtet, wie verschiedene Körperbilder auch transsituativ in das körperliche Selbstverständnis eingehen. Abschließend werden die Betrachtungen in Kapitel 4.4 in ein Konzept mediatisierter Körperlichkeit zusammengeführt.

4.1 Die Medialität von Körpern und die Verkörperung von Bildern

In Medienkulturen wie der zeitgenössischen, die stark visuell organisiert sind, hat sich die Beziehung von Körpern zu Körperbildern deutlich gewandelt: Bewohner moderner Medienkulturen sind in einem historisch auffälligen Ausmaß mit Bildern anderer Körper sowie des eigenen konfrontiert. So gehört heute eine ganze Reihe von Selbstbildern und Körperbildern unabdingbar zu einer sozialen Person: Das Foto auf dem Personalausweis oder im Profil von Social Networks, allerorten gepostete Bilder von Lebensereignissen wie Geburt, Einschulung, o. ä., gemeinsame Bilder mit Freunden und Familie bei allen möglichen und unmöglichen Anlässen. Gerade in körpernahen gesellschaftlichen Feldern wie dem Sport haben Körper-Selbstbilder als Teil der Evaluation des eigenen Körpers an Relevanz gewonnen. Und schließlich gehören auch die im Verborgenen gehaltenen oder konspirativ weitergegebenen Nacktaufnahmen des eigenen Körpers heute zum Bilderrepertoire einer steigenden Zahl von Menschen. Das *Selfie* ist das Sinnbild einer zeitgenössischen Umgangsweise mit Selbstbildern und eines neuartigen bildmedialen und visuellen Zugangs zum Körper.

Vergleichbar mit dem Schreiben als Technologie des Selbst im Sinne Foucaults, kann die Beschäftigung mit Bildern des eigenen Körpers als moderne Praktik der Selbstformation verstanden werden (Sauter 2014). Deren je aktuelle Konjunktur hängt zusammen mit den historisch jeweils verfügbaren Techniken und Technologien zur Herstellung solcher Bilder, aber auch mit den jeweiligen Gepflogenheiten, sie herzustellen und mit ihnen umzugehen. Mit der Entstehung und Verbreitung neuer Bildtechnologien gehen neue Nutzungspraktiken und eine veränderte soziale Bedeutung von Selbstbildern und der Selbstabbildung einher. Sich selbst und den eigenen

https://doi.org/10.1515/9783110580266-004

Körper zu betrachten ist eine Kulturtechnik, die sich jenseits der Selbstbetrachtung in natürlich spiegelnden Oberflächen (wie der Narziss zum Verhängnis werdenden Wasseroberfläche) mit der Erfindung und Verbesserung von Spiegeln als Artefakten, die eigens zu diesem Zweck angefertigt wurden, konstant verändert hat. Die ersten Spiegel aus polierten Metallplatten gaben ihre Betrachter nur sehr schemenhaft wieder; dasselbe galt für die ersten Glasspiegel, die zudem von Adeligen nicht nur zur Betrachtung der eigenen Person genutzt wurden, sondern ihrerseits als Statussymbole zur Ansicht ausgestellt wurden. Der Vergleich mit heutigen Spiegeln und schließlich der ‚Spiegelung‘ über Medientechnologien auf Bildschirmen, die den eigenen Körper in *High Definition* (also gewissermaßen ‚realer‘ als in der alltäglichen Wahrnehmung) zeigen können, ist extrem.[1]

Mit dem Aufkommen und der Verbreitung von bildgebenden Medien, allen voran der Fotografie, haben sich die Möglichkeiten, den eigenen Körper zu betrachten, im Vergleich zu Spiegeln qualitativ und funktional verändert. Der eigene Körper kann heute zum einen unter neuen Maßstäben der Realitätstreue betrachtet werden, zum anderen ist dies auch zeitlich versetzt möglich geworden; man kann sich fotorealistisch betrachten, auch wenn man nicht vor einem Spiegel steht. Körperansichten wurden zudem mobil, können also auch andere Publika erreichen als das eigene Auge. Dies gilt entsprechend für den Film bzw. die Videotechnik. Die sukzessive Ausbreitung dieser ehemals aufwändigen Technologien in Alltagspraktiken und schließlich ihre Digitalisierung haben ermöglicht, dass Motiv und Produzent von Körperbildern immer häufiger in eins fallen: Schon frühe Home-Video-Technologien und die Polaroidkamera haben Selbstbilder veralltäglicht. Moderne digitale Fotografie und digitales Video setzen nur noch sehr kleine Apparaturen voraus oder sind in andere Technologien integriert und damit vollends ubiquitär geworden: Computer verfügen über eingebaute Webcams, fast jedes Smartphone ist heute auch eine hochwertige Digitalkamera. Solche Technologien erlauben nicht nur, Selbstbilder *selbst* anzufertigen, sondern auch, sie in Echtzeit zu evaluieren, zu verwerfen, zu manipulieren (Abel 2011) und anschließend für eine prinzipiell weltweite Öffentlichkeit zur Betrachtung verfügbar zu machen, die sie wiederum ästhetisch bewerten kann (vgl. Waskul/Radeloff 2010).

Bevor in diesem Kapitel das Verhältnis von Körpern und Körperbildern empirisch am Fall der Körper-Bilder-Praktiken beim Camming rekonstruiert wird, soll vor diesem kulturhistorischen Hintergrund zunächst das Verhältnis von Körpern und Körperbildern systematisch betrachtet werden. Ich stelle dafür einige Überlegungen zur allgemeinen Medialität des Körpers und der Körpersprache an und eruiere, in wel-

---

1 ‚Besser‘ als ihre Vorgänger zeigen diese Technologien ihre Nutzer wohlgemerkt nur unter der Annahme, dass das Betrachtete diesseits des Mediums konstant bleibt. Mit scheint allerdings plausibler, dass mit neuen Möglichkeiten, Selbstbilder zu betrachten und anzufertigen, auch neue Selbstwahrnehmungen einhergehen, und diese im Fall von Körperbildern letztlich eine mit dem Betrachtungsmedium korrespondierende und sich wandelnde Körperlichkeit hervorbringen (s. Kap. 4.5).

chem Verhältnis sie wiederum zu Bildern und Bildlichkeit steht. Daneben soll geklärt werden, wie Bilder und Körper in Prozessen der Verkörperung zusammenhängen.

4.1.1 Die Medialität von Körpern und Körperbildern

Der Körper ist im alltäglichen sozialen Umgang die wohl wichtigste Informationsquelle. Erving Goffman beschreibt ihn als Kommunikationsmedium, von dem Interaktionsteilnehmer wie von einem Display ablesen, wer ihre Mitanwesenden sind, und welche Erwartungen sie an die vorliegende Situation haben können; sie stellen dies ihrerseits unter Einsatz ihres Körpers für andere erkennbar dar (ggf. auch strategisch manipuliert) (Goffman 1971). Körper sind im sozialen Alltag in eine fortwährende Zeichenproduktion involviert – sie können „nicht nicht kommunizieren" (vgl. Watzlawik 2011). Neben dem Gesagten, also linguistisch-auditiven Zeichen, zählen interaktiv vor allem die situativ abgegebenen visuell-expressiven Zeichen des Körpers, die Teilnehmer wissentlich oder unwillkürlich produzieren. Mittels dieser Inszenierungen bringen sich Interaktionsteilnehmer als diejenigen, die sie sind, sozial in Existenz. Der Körper ist zugleich Instrument, Motiv und Material dieser Praxis.

Als Medien funktionieren Körper dabei auch insofern, als sie situativ Dinge zur Anschauung bringen können, die gerade mit bloßem Auge sonst nicht wahrnehmbar sind. Körper stellen kaum je nur ‚sich selbst' dar, sondern immer auch etwas, das über sie, ihre konkrete materielle Fleischlichkeit, hinausgeht. So bedürfen etwa Zugehörigkeiten zu abstrakten kulturellen Humankategorien wie ‚Ethnien' oder ‚Geschlechtern' einer Trägermaterialität, um sozial existieren zu können (vgl. Hahn 2002b). Sie werden u. a. durch Körpergestaltungen und expressives Verhalten visualisiert, die dann semiotisch auf diese Zugehörigkeiten verweisen (Boll 2017). Solche situativen Darstellungen von Humankategorien oder Körpertypen (die im späteren Verlauf dieses Buches im Zentrum stehen) werden zuallererst mit dem Körper hergestellt und sind in diesem Sinne *ikonische* Zeichen, die ihr Motiv zugleich verkörpern.[2] Körper *erzeugen* Displays, *sind* sie aber auch. Der Körper als Trägermaterialität macht sich dabei meist, medientypisch, bei voller Sichtbarkeit ‚unsichtbar' (Krämer 2008) und tritt in der Wahrnehmung hinter das zur Anschauung gebrachte zurück, bzw. fällt mit diesem ineins (vgl. Fischer-Lichte 2004).

Rein funktionslogisch können Körper vor diesem Hintergrund nun auch als „Bildermedien" begriffen werden (Hirschauer 1989: 104). Es stellt sich dann jedoch die Frage, inwieweit die spezifische Medialität von Körpern als Bildlichkeit begriffen werden kann, und inwieweit das, was körperliche Darstellungen zur Anschauung brin-

---

2 Im Unterschied zur performativen Ineinssetzung von Körper als Bildträger und Bild markieren Darstellungspraktiken wie die Travestie, das Maskenspiel in der *Commedia dell'Arte* oder auch Selbstthematisierungen im Brecht-Theater eine gewisse „Abständigkeit" zwischen dem agierenden Körper und dem ausagierten Bild bzw. ‚Act' (vgl. Kreuder 2013: 94 ff.).

gen, (Körper-)*Bilder* sind – sind doch die körperlichen Displays der alltäglichen visuellen Kommunikation in erster Linie bewegte, dynamische und flüchtige sinnliche Erscheinungen (Stone 1990), auf die ein bildwissenschaftlicher, eher statischer Bildbegriff (Boehm 1994, Mitchell 1995) auf den ersten Blick nicht recht zu passen scheint. Tatsächlich kann gerade im Rahmen meiner Studie ein Bildbegriff, der Körperbilder auf eine bestimmte Materialität oder Ikonizität engführt, die Vielschichtigkeit des untersuchten Phänomens nicht aufnehmen.

Als ‚Körperbilder' bezeichne ich vor diesem Hintergrund eine sehr heterogene Reihe im weitesten Sinne bildartiger Phänomene, bzw. Phänomene, die gemeinhin (also nicht im bildwissenschaftlichen Sinn) als bildartig wahrgenommen oder bezeichnet werden: u. a. digitale, technische Abbilder von Körpern auf Bildschirmen, kulturelle imaginäre Idealbilder oder Vorbilder von Körpertypen oder -formen, fotografische oder anderweitig visualisierte Bilder von Körpern, und schließlich auch manche situativen körperlichen Darstellungen, in denen aus Sicht der Teilnehmer z. B. ein kulturelles Idealbild zur Anschauung kommt, oder in denen sich Teilnehmer an einem solchen Ideal orientieren.

Was diese Phänomene bei aller Grundverschiedenheit verbindet, ist weniger ein definitorisches Merkmal als ein kultureller Praxiszusammenhang, in dem sie miteinander in Beziehung gesetzt, aneinander gemessen und bewertet und in unterschiedlichen Zuständlichkeiten auch situativ hervorgebracht werden. So kann etwa, je nach situativem Zusammenhang, ein kulturelles Idealbild eines männlichen Körpers in einer fotografischen Abbildung eines Körpers inszeniert oder erkannt werden, oder ein Körper ein solches Bild situativ auch in den Augen und Bewertungen von Zuschauern realisieren und verkörpern (dies wird in Kap. 5 ausführlich behandelt). ‚Bild' dient hier als eine Hilfsvokabel, die diese variablen Koppelungen sprachlich indiziert. Inwieweit Körper als ‚Bildermedien' funktionieren und das, was sie zur Anschauung bringen, ‚Bilder' sind, und welcher Art, liegt im Auge der Praxis.

4.1.2 Die Verkörperung von Körperbildern

Die Körperbilder, die Teilnehmer beim Camming produzieren und mit anderen betrachten, sind Bilder im engeren Sinne, fotografische Abbilder ihres eigenen Körpers vor der Webcam auf digitalen Displays. Camming ist eine von vielen zeitgenössischen Praktiken der Produktion von Körperbildern (neben z. B. der Bildproduktion auf Social-Media-Plattformen wie *Instagram* oder *Facebook*). Michael R. Müller sieht solche Körperbildproduktionen im Kern neuartiger „personaler Beobachtungs- und Bewährungsordnungen" (Müller 2012: 324). Der Einzelne sei in der Gegenwart zunehmend fähig, sich selbst „bildhaft zu verstehen, d. h. seinen Körper als Bild aufzufassen, ihn mit gesellschaftlichen Idealbildern abzugleichen und ihn unter bildästhetischen Gesichtspunkten zu formen und zu präsentieren" (Müller 2012: 326). Die kategorische Gegenüberstellung von körperlicher ‚Realität' und bildlicher ‚Fiktion' bzw. ‚Virtualität' sei insofern nicht haltbar, als entsprechende Bilder und ihre Produktionspraktiken Element von Praktiken des Selbstbezugs und der Selbstthematisierung würden. Bilder, so führt Müller aus, stünden nicht etwas gegenüber oder kreisen akzidentiell um etwas herum, was ‚die Person' sei; vielmehr sei eine Ausdrucksform von Personen der Gegenwart das Bild. Bilder seien, wie materielle Vollzüge (Bewegungsweisen etc.) und Artefakte, als „symbolische Formen und Medien der Person" zu verstehen (Müller 2012: 334). Dieses Argument überträgt der Autor auch auf das Verhältnis von Bildern und Körper. Müller sieht in der Auseinandersetzung mit dem Abbild des eigenen Körpers, wie sich das unmittelbar als Körper im Verhältnis mit der Welt stehende Individuum noch einmal zu diesem Verhältnis ins Verhältnis setzt: „In einer Art bildgebendem Verfahren [...] gewinnt das Individuum den Leib, der es ist, als bildhafte Verkörperung seiner Person." (Müller 2011: 93 f.)

In Müllers Argumentation ist das Verhältnis von Körper und Körperbildern als ein ko-konstitutives angelegt: Praktiken der Körperbildproduktion gehen in Praktiken der Verkörperung ein, wodurch Bilder zu Medien der Person und des Körpers werden können. Für die Belange meiner Untersuchung kann dieses Verhältnis als Frage nach der Verknüpfung zweier Praktiken reformuliert werden: Praktiken des *Doing Images* im einleitend erläuterten Sinn (s. Kap. 1) und die performative Hervorbringung des Körpers, sozusagen: *Doing Body*. Autopornografische Praktiken wie Camming sind mit ihrer Körperfixiertheit und der Menge und Explizitheit von Körperbildern ein Extremfall von Praktiken, in denen digitale fotografische Bilder oder Videobilder in Verkörperungsprozesse involviert sind. Dieser Prozess wird mit denselben Medien beobachtbar und beobachtet. Camming verbindet Praktiken der Bildproduktion und der Verkörperung und bringt ihre Ergebnisse simultan zur Anschauung. Die Praktik ist damit ein guter Fall für die Untersuchung und empirische Rekonstruktion der von Müller konzeptuell formulierten „bildhaften Verkörperung". Hier stellen sich u. a. folgende Fragen: Welche Verhältnisse (Relationierungen, Konstellationen) gehen Bilder und Körper konkret ein? Welche Wechselwirkungen finden zwischen ihnen statt? Wie genau funktionieren solche Verkörperungen mittels ‚bildgebender Verfahren' als praktische Prozesse? Inwiefern können Bilder des eigenen Körpers und die zu ihnen gehörenden Bildpraktiken als Teil der Körper(-lichkeit) von Teilnehmern gelten?

Im Folgenden werde ich zeigen, wie die Teilnehmer beim Camming *Doing Images* und *Doing Body* simultan betreiben, indem sie mit ihrem Körper und in Wechselwirkung mit Webcam und Display Ansichten erzeugen, die sie dann wiederum mehr oder weniger als Bilder im engeren Sinne begreifen und schließlich als Teil der eigenen Körperlichkeit erleben. Die hier entsehenden Körperbilder sind Elemente eines laufenden praktischen Prozesses ihrer Herstellung in körperlichen Vollzügen im Rahmen einer mediatisierten Umgebung, eines *Doing Images* im doppelten Sinn der *Produktion* und performativen *Rahmung*. Die dabei und dadurch entstehenden Körper wiederum sind spezifische, zur Cammingpraktik ‚gehörende' Körper: Sie sind praktisch bewerkstelligte ‚Körper zur Ansicht'.

Im Zusammenspiel von Medientechnologie, Bildartefakten, Körpern und Teilnehmern wird die scheinbar klare definitorische Grenze zwischen Körpern und Bildern schließlich auch empirisch unscharf, aber umgekehrt auch situativ vereindeutigt: Bilder werden beim Camming zu adressierbaren kommunikativen Gegenübern, Körper auf ihren visuellen Gehalt reduziert bzw. mit einer spezifischen visuellen Qualität ausgestattet, Bilder auf dem Display werden Teil des synästhetischen ‚eigenen‘ Körpererlebens. Der Unterschied zwischen Körpern und Bildern ist nicht ontologisch-kategorisch, er ist Ergebnis einer lokalen ontologischen und semiotischen Praxis.

4.2 Körper-Bild-Praktiken auf CammingSite.com

Nachdem der Körper des Teilnehmers beim Einrichten des Sets zunächst *vor* den Bildschirm kam, indem er hier zur Praxis und ihrem Aufbau passend positioniert wurde, muss er zu Beginn einer Cammingsession *auf* den Bildschirm gebracht werden. Nur so kann die zu ihm gehörende Person an den erotischen Interaktionen mit anderen Nutzern teilnehmen. Das Bild, das Teilnehmer auf dem eigenen Bildschirm von sich selbst sehen, entspricht dem Bild auf jedem anderen Bildschirm weltweit, der die eigene Webcamübertragung anzeigt. Der gemeinsame, geteilte Blick auf dieses Bild etabliert die Öffentlichkeit, in der sich Camming ereignet.[3] Den Körper auf den Bildschirm zu bringen ist allerdings nicht damit getan, einfach die Kamera anzuschalten. Zwar wird dann der Körper vor der Kamera ähnlich wie in einem Spiegel auf dem Bildschirm angezeigt, er ist aber noch nicht auf die für die Cammingpraktik notwendige Weise auf dem Schirm. Dafür muss eine spezifische Relation und Verbindung von Körper und Medien einmal etabliert und in der Folge fortwährend aufrechterhalten bzw. neu justiert werden. Ich bezeichne diese Praxis als *bildgebendes Verhalten*. Im Folgenden zeige ich, wie Körper beim Camming in verschiedenen Schritten auf den Bildschirm gelangen, und welche Implikationen dies für die Körperlichkeit der Teilnehmer in der Situation hat. ‚Der‘ Körper des Teilnehmers wird in der Cammingsituation medial multipliziert, er ereignet sich an mehreren Orten zugleich und wird auf verschiedene Träger aufgespalten bzw. über sie hinweg prozessiert.

4.2.1 Bildgebendes Verhalten und die Praxis erotischer Nacktheit

Während der Laptop hochfährt, gehe ich ins Bad. Ich habe ohnehin nackt geschlafen, es gibt also nichts auszuziehen. Ein kurzer Blick in den Spiegel (ich stehe ca. 1 Meter davon entfernt). *Muss ich mich rasieren? Geht glaube ich. Kurze Katzenwäsche und gut.* Ich werfe mir am Waschbecken etwas Wasser ins Gesicht. Nach dem Abtrocknen schaue ich an mir runter und meinen Penis an.

---

3 Einen praxeologischen Begriff von Öffentlichkeit, der auf geteilte Aufmerksamkeit referiert entwickeln Schmidt/Volbers (2011).

Ich schaue nochmal in den Spiegel, wieder auf meine Genitalregion, und beschließe, die Haare links und rechts von meinem Schritt doch ein wenig zu stutzen. *Muss nicht so gründlich sein, sieht ja keiner.*
(Tagebucheintrag)

Die Übertragung des eigenen Körpers auf den Bildschirm entspricht seinem Übergang in einen Zustand des Gesehenwerdens und gesteigerter Visualität. Dieser beginnt bereits bevor die Kamera eingeschaltet wird und wird hier aktiv vorbereitet. In der beschriebenen Szene geschieht das, indem er rasiert oder gereinigt (oder auch mit Liegestützen noch einmal ‚aufgepumpt') und auf diesem Wege präsentabel gemacht wird. In der Selbstwahrnehmung (sowohl im Sinne der mentalen Imagination der eigenen Außenansicht als auch der Selbstbetrachtung im Spiegel) wird damit sozusagen die Sichtbarkeit des eigenen Körpers unterstrichen, akzentuiert. Im obigen Beispiel ist nicht (frisch, glatt) rasiert zu sein kein Problem, „geht", weil dies nach meiner inzwischen angesammelten Seherfahrung mit dem Bild meines Körpers über die Webcam später nicht zu erkennen sein wird (*„sieht ja keiner"*). Darin drückt sich zum einen ein Erfahrungswissen darum aus, was die Kamera (noch, schon) ‚sehen' kann, daneben kommt in dem gesamten Ausschnitt schon eine vorgängige Haltung zur Vorzeigbarkeit von Körper(teile)n in bestimmten Zuständen zum Ausdruck: Das Bild von mir, das ich *später* sehen lassen will, stelle ich mir ohne Haare an manchen Stellen meines Körpers vor; entsprechend betrachte ich das *aktuelle* Bild, das ich jetzt im Spiegel sehe, auf die Kompatibilität mit diesem zukünftigen Eindruck hin. In der zukünftigen Cammingsituation werde nur ich wissen, dass diese Haare dort sind oder die Rasur „nicht so gründlich" ist, weil dies nur durch taktile Wahrnehmung oder visuelle Wahrnehmung auf geringe Distanz erkennbar sein wird, die mir und meiner nahsinnlichen Selbstwahrnehmung vorbehalten bleiben. Die „kurze Katzenwäsche" wiederum orientiert sich an den anderen Nahsinnen Riechen und Schmecken und verweist damit ganz auf den Ort und den Körper *vor* der Kamera, nimmt aber gleichzeitig vorweg, dass im späteren Verlauf diese sinnlichen Erfahrungsmodi auch für meine eigene Praxis relevant werden.

Der Körper wird also, schon bevor er als Bild auf dem Bildschirm zu sehen ist und noch bevor er sich vor der Webcam befindet, auf die spezifische sinnesmodale Organisation der Situation, in der er sich gleich befinden wird, vorbereitet und in diesem Sinne als der dortige, vor allem visuelle Körper vorweg(wahr)genommen, er ist schon ‚on display' bevor er ‚on screen' ist. In den Vorbereitungen wird der physische Körper auf sein späteres Betrachtetwerden hin betrachtet und behandelt. Dies orientiert sich an den Leistungen, die das Medium später bringen wird, den dadurch bedingten Zugänglichkeiten des Körpers und dem, was damit gesehen und sichtbar wird bzw. unsichtbar bleiben soll. In der obigen Szene wird außerdem deutlich, dass der eigene sinnliche Zugang zum Körper in Cammingsituationen über mehrere sinnliche Modalitäten und mehrere Trägermedien verteilt wird. ‚Mein Körper' ist in diesem Sinn schon weder *vor* noch *auf* dem Bildschirm, und auch nicht an beiden Stellen zugleich, er ereignet sich vielmehr in einem Dazwischen im Rahmen seiner Wahrnehmung und seiner laufenden praktischen Verkörperung.

In der Medienforschung und der Internetpsychologie wird häufig davon ausgegangen, dass bei medienvermittelter Kommunikation eine Reduktion der sinnlichen Kanäle und damit der Informationsfülle von Interaktionen stattfindet (Stichwort „Kanalreduktion" – vgl. Dekker 2004: 210). Gerade bei Körperbildern fokussiert die bestehende Forschung zu Körpern im digitalen Raum vor allem auf diesen Umstand. Durch die technische Übertragung gehen in aller Regel mindestens drei sinnliche Zugänge ‚verloren': Mit der Übertragung des mit allen fünf Sinnen wahrnehmbaren Körpers z. B. in das Format eines Videotelefonats ist der Körper für das interaktive Gegenüber nur mehr sicht- und hörbar, audiovisuell wahrnehmbar. Dieser Effekt wird in der medienwissenschaftlichen Diskussion dem Medium und seinen technischen Eigenheiten zugeschrieben, und dann in der Regel untersucht, welchen Einfluss dies auf Personenwahrnehmung, Empathie o. ä. hat. Es wird also vor allem die Betrachterperspektive auf den Körper ‚am anderen Ende' der medialen Vermittlung zum Thema. Der Fall autopornografischer Praktiken macht nun beobachtbar, wie das Medium diesen visuellen Akzent zwar in die Praktik bringt, Visualisierung und „Kanalreduktion" aber zudem von den Teilnehmern mitgetragen werden: Die Sichtbarkeit von Körpern in Cammingpraktiken ist eine spezifische, die über das schlichte Abgebildetsein hinausgeht und die von den Teilnehmenden in Wechselwirkung mit dem Medienartefakt produziert wird. Sie gebärden sich *als* sichtbare ‚Körper zur Ansicht' und bringen sich als diese hervor. Schauen wir uns im Detail an, wie das geschieht.

Bildgebendes Verhalten: Sich ein Bild von sich machen

Nachdem der Körper auf dem Bildschirm mit den beschriebenen Synchronisierungsleistungen ‚eingerichtet' ist (s. Kap. 3.2), wird er auch für den Teilnehmer vor der Kamera zum Betrachtungs*objekt*, er tritt ihm als Bild gegenüber. Zwischen meinem Teilnehmerkörper und seinem Bild gab es hier insofern einen Abstand, als der Körper in dieser ersten Phase in seiner Sichtbarkeit noch thematisch blieb und problematisiert wurde, z. B. indem ich ihn auf Aspekte der Präsentabilität hin evaluierte. Das Körperbild wird hier zum Maßstab und Referenzobjekt, das so lange korrigiert wird, bis es den eigenen Körper so zeigt, wie man ihn selbst sehen *will* und wie ihn andere sehen *sollen* (beides orientiert sich bereits an imaginierten Blicken und Körperbildern). Hier wird das Bild *als Bild* behandelt, das vor allem Gegenstand von Evaluation ist, *Doing Images* wird daneben als praktischer Prozess der körperlichen Herstellung von Bildeindrücken beobachtbar.

> Ich habe noch ein weißes T-Shirt an, meine Haut ist auch sehr hell – das Bild sieht irgendwie trostlos aus. Ich ziehe das Shirt ein Stück nach oben und schaue, wie mein Bauch aussieht. Er sieht viel größer, schwabbeliger und weißer aus, als ich erwartet habe. Unten, am Übergang zur

Schambehaarung ist eine richtige Falte zu sehen, wo sich die Haut nach vorne wölbt. *Geht gar nicht. Ich lass das an.* Ich lasse das T-Shirt abrupt wieder los und lehne mich ein Stück zurück. Ich zuppele am Saum des T-Shirts herum, bis die Wölbung verschwunden ist und mein Bauch möglichst flach aussieht, gleichzeitig sehe ich zu, dass es so aussieht, als habe ich es einfach so noch an. Mit dem Blick auf meiner Bauchgegend fahre ich mit der Hand so lange unter dem Saum entlang, bis das Shirt locker aufliegt und ‚richtig‘ aussieht. Ich schaue auf den Bildschirm. *Okay. Viel besser. Wenn ich mich jetzt aber nach vorne lehne, um an die Maus oder die Tastatur zu kommen, sieht man eh, was Sache ist. Wie soll das gehen, ich kann ja nicht die ganze Zeit nach hinten gelehnt bleiben und nichts sagen?! Und wenn jetzt jemand sagt, ich soll mein Shirt ausziehen – wie mach ich das?*
(Erinnerungsprotokoll)

Der Ausschnitt stammt aus einem Erinnerungsprotokoll einer der früheren Cammingsessions, bei denen ich *vor* der Kamera teilnahm. Mit dem Bild meines Körpers auf dem Bildschirm konfrontiert zu sein, ist hier noch eine recht irritierende Angelegenheit. Sowohl mein Erleben in der Situation als auch mein Protokoll sind voll von evaluierenden und devaluierenden Blicken und Formulierungen, es werden eine gewisse Enttäuschung mit dem Bild, das mein Körper abgibt (‚der Figur, die er macht‘), und eine Art Schamgefühl erkennbar. Ich verfüge zu dem Zeitpunkt, als ich das Bild sehe, zwar über Erfahrungswissen und ein mentales Bild davon, wie mein Körper aussieht, wenn er nackt ist (etwa von Blicken in den Spiegel und auch von früheren Versuchen mit der Webcam), dennoch bin ich mit dem Bild unzufrieden. Meine Irritation rührt von zwei Momenten her, die das wahrgenommene Bild jeweils unterschiedlich *als* Bild rahmen und es mit unterschiedlichen *anderen* Bildern in Beziehung setzen, die im Prozess, den Körper in ein Bild zu überführen, quasi als Nebenprodukte aufscheinen und produziert werden.

1. *Ein ästhetisches Misfallen.* Zunächst steht mir das Bild noch als Bild gegenüber, ich betrachte es auf bildtechnische Eigenschaften hin (Helligkeit, Kontrast etc.) und auf den visuellen Eindruck, den *es* erweckt („irgendwie trostlos"). Das Hochziehen des T-Shirts nimmt einen späteren Zustand meines Körpers (ganz unbekleidet) vorweg und initiiert eine prüfende *Vor-Schau.* Diese gleicht den Seheindruck auf dem Schirm simultan mit zwei anderen, virtuellen Bildern ab: zum einen mit dem Bild meines Körpers, das ich erwartet hatte. Dieses Bild hat subjektiv empfundene ästhetische Mängel zwar schon integriert (mein Blick war gewissermaßen ‚gewappnet‘), ich werde aber dennoch negativ überrascht („größ*er*, schwabbelig*er* und weiß*er*"). Zum anderen mit einem weiteren Körperbild im Sinne einer Sehgewohnheit anderer Körper auf CammingSite.com, die ich bei meinen früheren Streifzügen als reiner Zuschauer sah. Ich war es gewohnt, Körper zu sehen, die aus meiner Sicht und für meinen Geschmack attraktiv(-er) waren (und frage mich sozusagen, was es bei mir zu sehen gibt). Diese Gewohnheit ist wiederum bereits als Ergebnis einer selektiven Wahrnehmung einzustufen: Körper, die nicht attraktiv für mich waren, nahm ich beim Browsen durch die Übersichtsseiten der aktuell übertragenden Webcams als eine Art ‚visuelles Rauschen‘ (kaum) wahr, das den Hintergrund bil-

dete für das ‚Hängenbleiben' meines Blickes, meiner Aufmerksamkeit an *manchen* Bildern.[4] In der Irritation durch das Bild kommt meine Erwartung zum Ausdruck, dass ich auf der Webcamübertragung so aussehen würde wie die Körper, die ich während meiner früheren Streifzüge durch die Website zu hunderten gesehen hatte. Im Moment des Abgleichs sehe ich in dem tatsächlich angezeigten Bild nicht nur einen nicht zufriedenstellenden Seheindruck, sondern simultan (m)einen körperlichen Istzustand, nehme dieses Bild als meinen Körper wahr. Es stellt sich ein Unwohlsein nicht nur mit dem Bild ein, sondern auch mit meinem Körper. *Doing Image* und *Doing Body* verschwimmen: Meinen Körper auf dem Bildschirm zu sehen (und dieser Körper zu sein) beinhaltet das Modulieren der Bildlichkeit des Bildes.

2. *Eine vorweggenommene Körperscham.* Da ich während meiner Forschung, vor allem anfänglich, extrem um meine Anonymität besorgt war, verwendete ich für meine ersten Versuche mit der Webcam ein Programm, mit dem ich mir das Bild der Webcam zunächst ansehen konnte, *ohne* dass dieses bereits öffentlich wurde. So konnte ich vorab, *offline*, sicherstellen, dass später, *online*, keine identifizierenden Bestandteile wie mein Gesicht innerhalb des Bildes zu sehen sein würden. In gewisser Weise wurde aber auch dieses mehr einem Spiegelbild ähnelnde Bild schon zu einem öffentlichen Bild, was sich durch das Unbehagen mit der hier entstehenden Sichtbarkeit meines Körpers andeutet: Das unangenehme Gefühl ist eine vorweggenommene Körperscham (Heimerl 2006: 376), die durch den später erfolgenden Blick anderer ausgelöst wird, den ich in dieser Vorbereitungsphase sozusagen stellvertretend ausübe. Ich kenne diesen Blick zu diesem Zeitpunkt aus eigener Erfahrung als Zuschauer von Webcamshows, ich weiß in dieser Situation schon, dass die späteren Zuschauer mir auf und in bestimmte Körperpartien blicken wollen werden. Ich betrachte meinen Körper hier bereits aus einer Zukunft, in der er auch durch andere betrachtet werden wird, und nehme den Blick einer unbestimmten Öffentlichkeit vorweg, den ich mir später gewissermaßen nicht mit ansehen will und mit dem ich mich selbst nicht betrachten will.

Was folgt, ist eine Arbeit *am* Bild *mit* dem Körper, die fast schon als eine Art *Image-Arbeit* im doppelten Sinne interpretiert werden kann: Indem der Körper und das T-Shirt neu arrangiert werden, wird ein neues Bild fabriziert, gleichzeitig wird dieses Bild nach dem Maßstab der Vorzeigbarkeit des eigenen Körpers mit Blick auf seine ‚Wirkung' hergestellt. Dabei wird aber versucht, dieses aktive Gestalten des späteren Seheindrucks seinerseits unsichtbar zu machen: Das Kleidungsstück soll so aussehen „als habe ich es einfach so noch an", nicht als verdecke es etwas. Es wird aufwändig so drapiert, dass es nicht drapiert aussieht, als *sei* ich einfach dieser Körper, den man da sehen kann. Alois Hahn beschreibt die „Inszenierung von Unabsichtlichkeit" als we-

---

4 Dieser eingeschränkte Sucherblick ist hartnäckig und wurde erst sichtbar, als ich beim wiederholten Anschauen der Bildschirmvideos in der Analyse explizit am eigenen ‚Sucher' vorbeischaute.

sentliches Element der Produktion authentischer Körperlichkeit, deren Äußerungen und Eigenschaften die dahinterstehende Arbeit gerade nicht erkennen lassen dürfen (Hahn 2001). Mir ist in dieser Situation sozusagen einerseits bewusst, dass mein Körper ‚vorzeigbar‘ sein muss, dabei soll er aber einfach als ‚sichtbar‘ erscheinen. Hier wird ein Körper im Bild hergestellt, der immer schon so war, der sich einfach vor die Webcam begeben und diese eingeschaltet hat.

Dieser Ausschnitt illustriert insofern auch eine Art ‚Körperpanik‘, die sich in Anbetracht von Körperidealen und der Aussicht auf die Blicke anderer bei mir ausbreitet (Berry 2007). Das wiederholte Überprüfen der Ansicht meines Körpers lese ich insofern auch als den bemühten Versuch, einfach vor der Kamera ‚da‘ zu sein.[5] Insgesamt zeigt diese Szene, dass zur Verbildlichung des eigenen Körpers (zumindest zu diesem Zeitpunkt und für mich) ein gewisser Aufwand betrieben werden muss, Bildbearbeitung und Körperarbeit nötig sind, um ‚auf den Schirm zu kommen‘. Es handelt sich dabei um eine fortwährende praktische Evaluation und Abstimmung von verschiedenen Körperbildern (s. Darstellung 4.1).

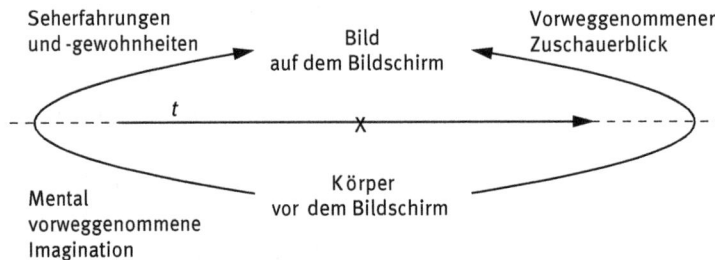

Darstellung 4.1: Bilder und Blicke in der Situation vor der Webcam (Quelle: Eigene Darstellung).

Dem Bild auf dem Display, das ich aktuell *sehe*, geht ein Bild, das ich *sehen möchte* voraus, in Form von Seherfahrungen und einem mental vorweggenommenen Bild eines attraktiven, erotischen Körpers, mit dem das aktuelle Bild abgeglichen wird (und zu dem der „schwabbelige“ Bauch beispielsweise nicht gehört). Als ein zweiter Vergleichsmaßstab wirkt das vorweggenommene Bild in die Situation und die Betrachtung des aktuell sichtbaren Bildes hinein, von dem ich denke, dass es *andere sehen wollen (werden)* und das sie *sehen sollen*. Das je aktuelle Bild auf dem Display, die jeweilige Ansicht des eigenen Körpers, steht also am Schnittpunkt zwischen zwei anderen Betrachtungssituationen.[6] Der Blick auf den eigenen Körper ist entsprechend

---

5 Dies wird mir später ohne Weiteres gelingen, auch weil ich gelernt habe, den Prozess, das Bild auf den Schirm zu bekommen, automatisiert zu vollziehen und darüber zu ‚vergessen‘ – ein typischer Prozess des Verlernens im Lernen von Praktiken (Hirschauer 2009). Der Körper, der dann vor der Kamera und auf dem Bildschirm zu sehen war, wirkte auch für mich, als sei er ohne großes Zutun so gegeben.

6 Das meist als psychologisch oder imaginär angenommene *body image*, im Sinne einer mentalen Vorstellung der Außenansicht des eigenen Körpers (vgl. Waskul/Vannini 2006a), wird hier eben nicht

‚angereichert' um für diese Situationen typische Relevanzen. Von hier aus findet ein Abstimmungsprozess statt, in dem sich die Evaluation des Bildes auf dem Display mit der Justierung des Körpers davor abwechselt (der dann wieder die Evaluation des Ergebnisses dieser Justierung folgt etc.), bis das Bild ‚stimmt'. Auf den Schirm kommen bedeutet nicht nur, dass ein Bild (überhaupt) angezeigt wird, oder nach bildtechnischen oder ästhetischen Aspekten ein ‚gutes Bild' ist, sondern auch dass es auch *vor* dem Bildschirm ‚passt', sich richtig anfühlt. Solange das Bild nicht stimmt, kann der Körper vor der Kamera dort nicht sein – ‚*wenn mich jemand so sieht, dann will ich nicht, dass er mich sieht'*. Das Kriterium für ein gelungenes Bild bzw. für das Gelingen dieses Zustands ist eine Passung aller in der Situation vorkommenden Bilder; in meinem Fall bedeutete das, dass auch ich selbst das Bild als erotisch (oder zumindest ‚akzeptabel' und potenziell erotisierbar) empfinden musste. Erst dann konnte ich die Situation auch selbst als erotisch erleben.

Bild und Körper werden dann gewissermaßen ‚synchron', der Körper ist dann nicht mehr das Instrument, das das Bild verändert, sondern das Bild wird in der Wahrnehmung gewissermaßen ein Teil, eine Facette des eigenen Körpers. Es wird nicht mehr als Bild gerahmt, sondern auf sein Motiv reduziert und als Teil eines Körpererlebens behandelt. Die Identität des Körpers vor dem Bildschirm mit dem Bild auf dem Bildschirm wird also in der Situation vor der Kamera erst praktisch bewerkstelligt und aufrechterhalten. Besteht diese Verbindung einmal, beginnt der Hauptteil einer Cammingsession, die gemeinschaftliche praktische Produktion von verschiedenen Körperansichten und Körperbildern. Aus dem unbekleideten Sitzen vor der Webcam entsteht in und mit diesem Prozess die für CammingSite.com spezifische erotische Nacktheit der Körper auf und vor dem Bildschirm.

Die Praxis erotischer Nacktheit

Bevor im Folgenden die spezifische Nacktheit der Cammingsession als Praxis beschrieben wird, folgt zunächst ein kurzer Exkurs zu Nacktheit im Allgemeinen. Er dient als Hintergrund, vor dem später besser eingeordnet und verstanden werden können soll, was Nacktheit auf und die Nacktheit von CammingSite.com ausmacht. Körperliche Nacktheit unterliegt in der Öffentlichkeit verschärfter Beobachtung: Zum einen wird meist sehr genau darauf geachtet, wer wo wieviel zeigt (nackt nur am FKK-Strand, bedeckte Schultern in einer Kirche), zum anderen werden gerade die Übergänge zwischen Bekleidetsein und Unbekleidetsein bzw. Nacktheit sozial streng

---

als ein imaginäres, quasi transzendentes Bild, sondern als etwas erkennbar, das immer in einer situierten Realisation zur Anschauung und damit zur Existenz kommt. Ähnliches gilt für kulturelle und sozusagen virtuelle Idealbilder von Körpern. Sie werden nicht ‚selbst' sichtbar, sondern werden hier *indirekt* als Orientierungsmaßstab sichtbar, in den Justierungen, mit denen die Teilnehmer versuchen, den ‚richtigen Körper' zu bewerkstelligen. Das Ideal ist sozusagen der ‚Rest', der immer nicht stimmt, der den Anlass gibt, etwas zu verändern. Zur Verkörperung von Idealbildern s. auch Kap. 5.

organisiert (z. B. durch Vorschriften, materielle Strukturen wie Umkleideräume, Artefakte wie Paravents, oder Praktiken wie Wegdrehen und -sehen). Die Akzeptabilität eines nackten Körpers variiert mit dem Kontext, dem Ort, an dem der nackte Körper gezeigt wird. Je nachdem entscheidet sich, was für eine Version von Nacktheit vorliegt und welche Regeln für sie gelten. Es gibt ortsbestimmte implizite oder explizite Regeln darüber, wieviel schon zu viel oder noch zu wenig ist.

Matthew T. Jones (2010) schlägt eine analytische Unterscheidung verschiedener Räume in Abhängigkeit von ihrer Rahmung für körperliche Nacktheit vor: Als „approved spaces" bezeichnet Jones solche, in denen Nacktheit normativ legitimiert und reglementiert ist (romantische Beziehungen, die Privatwohnung, die öffentliche Sauna, Medien etc.). Jenseits dieser liegen „liminal spaces" – experimentelle Zonen, in denen die Regeln um (akzeptable) Körper und ihre (angemessene) Entblößung neu ausgehandelt werden. Beispiele wären etwa das jährlich in Nevada stattfindende Festival *Burning Man* oder die Feierlichkeiten zum *Mardi Gras* in den USA, bei denen Nacktheit an öffentlichen Orten, wo diese sonst üblicherweise nicht erlaubt ist, toleriert und zelebriert wird. „Subversive spaces" schließlich tun sich überall dort auf, wo Nacktheit entgegen geltender Regeln stattfindet (öffentlicher Exhibitionismus, Sex in der Öffentlichkeit etc.). In mediatisierten Kontexten, so Jones, überlagern sich immer mindestens zwei dieser Räume. Abbildungen nackter Körper, wie sie auf CammingSite.com zu sehen sind, zeigen neben den Körpern selbst und den Bestandteilen des jeweils aufgebauten Sets in aller Regel auch die weiteren Kontexte, an denen die Bilder entstanden sind: Privatwohnungen, Wohnheimzimmer, Balkons, oder – selten, aber auch das konnte ich während meiner Zeit als Teilnehmer beobachten – den Fahrgastraum eines PKWs. Mit der jeweiligen Kombination von Kontexten variieren auch die Legitimität, die Bedeutung und der Reiz von Nacktheit. Cammingportale können nach diesem Verständnis als liminale Räume betrachtet werden, innerhalb derer Nacktheit nicht nur legitim, sondern in einer stark sexualisierten Variante als ortsbestimmtes Verhalten obligatorisch ist. Von außen wiederum werden dieser Raum und die hier stattfindenden Praktiken insgesamt als deviant beäugt, was Nacktheit ‚nach innen' legitimiert, indem sie zum Zugehörigkeitskriterium wird (Waskul 2004b: 41).

Situationen, in denen Körper teilweise oder auch ganz entkleidet sind, können außerhalb von erotisch konnotierten Kontexten schnell zu interaktiven Minenfeldern werden. Um dadurch entstehende Identitätsbedrohungen zu umgehen, muss laufend (1) der eigene Ausdruck daraufhin überprüft werden, ob er Anlass für die Unterstellung durch andere liefern kann, die eigene Nacktheit sei ein mutwilliges und gezieltes Zeigen statt eines ‚Nebeneffekts' eines anderen Engagements wie Entspannen, operiert werden etc. Nackte müssen sozusagen die vermeintlich ‚hinter' ihrer Nacktheit stehende Intention praktisch kommunizieren. Daneben muss (2), man denke z. B. an eine Sauna, das eigene Beobachten beobachtet werden; der eigene Blick muss einerseits laufend die Umgebung abtasten (um z. B. ‚richtige' oder ‚unproblematische' Lauf- und Ausrichtungen für den Körper und Blickrichtungen für die Augen zu finden), andererseits läuft er dabei ständig Gefahr, andere Körper zu streifen und wiederum als

mehr als ein Streifen wahrgenommen zu werden. Beides erfordert, laufend die Außenperspektive auf den eigenen Körper einzunehmen, sich von außen zu beobachten. Den eigenen Ausdruck einer Überprüfung zu unterziehen erfordert darüber hinaus einen strategischen Umgang mit Körperteilen und Eigenschaften und Elementen
des Raumes sowie Artefakten (wie z. B. einem Handtuch). Dazu zählen bei Selbst-
berührungen die Performanz von Zufälligkeit oder Funktionalität sowie das Timing
beim Wechsel von Körperpositionen und -haltungen. Zu schamhaft oder zu freizügig zu erscheinen, kann gleichermaßen prekär sein. Die je spezifische Nacktheit einer sozialen Praxis ist also graduell, kontextabhängig und liegt nicht nur im Auge
des Betrachters, sondern ist eine gemeinschaftliche Hervorbringung, so wie auch ihre jeweilige ‚Ausprägung‘ von medizinisch notwendiger bis zu erotisch inszenierter
Nacktheit.

Dies gilt analog für freizügiger gerahmte Praktiken. Die pornografische Inszenierung des Körpers verspricht ‚nackte Tatsachen‘, sie stellt in Aussicht und zur Ansicht,
was sonst so selten zu sehen ist: den nackten (‚bloßen‘) Körper. Diese scheinbar ganz
auf sich reduzierte, restlose Bloßheit ist jedoch als ein Effekt der Pornografie (oder
schon der Aktfotografie) zu betrachten. Die Sexualität, die im Porno zu sehen ist, ist
eine spezifische, die so sonst nirgends zu sehen (!) ist[7], und entsprechendes gilt für
die Körper: Die Pornografie zeigt nicht einfach ‚mehr‘, sie bietet ganz andere Blickmöglichkeiten. Die Körper sind in der Regel komplett entkleidet (es sei denn, es handelt sich um einen Fetischfilm), nicht selten zusätzlich visuell bzw. optisch ‚störender‘ Haare entledigt, und die Kamera übt beim Betrachten der Körper keine Zurück-
haltung. Die Vorgänge hinter den Kulissen (zeitlich vor der Aufzeichnung), in denen
die Körper präpariert werden, bleiben Zuschauenden in der Regel verborgen. Um also
alles restlos zu offenbaren muss strategisch anderes verborgen werden. Der pornografische Körper trägt, so der französische Soziologe Patrick Baudry, ein „vêtement
illusoire de la nudité vraie“, die aber als ‚bloß‘ wahrgenommen wird (Baudry 1998:
80 ff.). Entsprechend bringt auch die Inszenierung des pornografischen Körpers einen
spezifischen Körper hervor, der außerhalb der Pornografie nicht existiert. Die nackten
Körper, die es auf CammingSite.com zu sehen gibt, und die Nacktheit, die hier in Erscheinung tritt, sind situative Hervorbringungen und spezifische, zu dieser Praktik
‚gehörende‘ Effekte und Produkte des praktischen Geschehens. Der visuelle Eindruck
eines ‚nackten‘ Körpers und das subjektive Erleben von sich selbst als nackter Körper
bedürfen der Herstellung in Form einer Art Choreografie.

Die Bilder auf CammingSite.com sind in gewisser Weise vorher*sehbar*. Sie ähneln
dem, was über die Inszenierung des Sexual- bzw. Erotikkörpers aus pornografischen
Bilddiskursen als weithin bekannt unterstellt werden kann, sie sind auf interessante
Weise so erwartbar wie überraschend. In meinem Fall deckten sich die Körper, die

---

7 Dieser Sex ist, ich wiederhole es, Sex mit einer beteiligten Kamera – eine Praktik, die sich als die
Praktik ausgibt, die sie abzubilden verspricht.

mehr oder weniger (un-)bekleidet vor der Webcam saßen, standen oder lagen, und die ich auf den Bildern der Webcamübertragungen zu sehen bekam, weitgehend mit meinen anderen Seherfahrungen aus Pornografie, Erotik und Werbung. Ich konnte die Bilder als erotisch intendiert erkennen, und sie waren teilweise für mich erotisierend. Das war mir auch deshalb möglich, weil mir dieses Genre schon geläufig war, und ich z. B. schon gelernt hatte, in Fragmenten (ganze) Körper zu sehen.

Dieses Wissen, wie solche Bilder aussehen, haben die Teilnehmer vor der Kamera als ein Wissen, wie solche Bilder aussehen *müssen* auch, genauso wie das dahinterliegende praktische Wissen darum, wie man dieses Bild *abgibt*, wie man der zum Bild gehörige Körper ist (beides musste ich erst lernen). Dieser Vollzug expliziert sich fortwährend auch in diesen Bildern und macht sich beobachtbar. Im Folgenden betrachte ich zunächst am Beispiel meiner eigenen Praxis, wie Nacktheit hergestellt wird, indem Körper nicht nur entkleidet, sondern auch bekleidet werden und wie dies vor, aber auch abseits der Webcam durch Bewegungen und Blicke bewerkstelligt wird. Daran anschließend zeige ich am Beispiel eines anderen Nutzers und aus (meiner) Zuschauersicht, wie Nacktheit als Bildmotiv und Vollzugsgeschehen produziert wird, indem Zuschauer und Darsteller auf verschiedenen Zeichenebenen einen Körper produzieren, der sich im doppelten Sinne ‚zeigt‘: Er wird als das, was er ist, sichtbar und präsentiert sich zugleich.

Betrachten wir zunächst den Zusammenhang von Nacktheit und (Be- und Ent-) Kleidung. Nacktheit gilt im Alltagsverständnis als ein Zustand von Körpern, der meist mit Unbekleidetsein gleichgesetzt wird. Tatsächlich ist Nacktheit kulturell uneindeutig: Man kann sich in verschiedenen Graden von Be- und Entkleidetsein entblößt fühlen oder als nackt gelten. Beim gemeinsamen Nacktsein auf CammingSite.com geht es nicht um derlei Subtilitäten. Hier interessiert Nacktheit im Sinne der restlosen Entblößung von Körpern, dem Herzeigen dessen, was von diesen Körpern an anderen Orten und zu anderen Zeitpunkten (an und zu denen die Zuschauer normalerweise diese Körper gar nicht sehen oder kennen) nicht zu sehen ist. Darin steckt die Logik, dass sich unter der Kleidung etwas ‚fertig‘ verbirgt, was entblößt werden kann. Der scheinbare Zustand Nacktheit, der als Voraussetzung für die erotische Performance gilt, ist jedoch selbst eine performative Hervorbringung.

Sobald ich alleine zuhause bin, bereite ich alles vor. Ich stelle die Heizung in meinem Zimmer höher und gehe ins Bad. (Ich habe den Eindruck, dass mir schneller kalt wird, wenn ich die ganze Zeit da liege, und dann noch ohne was an.) Mein erster Blick geht in den großen Spiegel, in den ich auch während ich mein T-Shirt nach oben über den Kopf (aus-)ziehe und meine Schlafhose ablege (ich ziehe sie am Bund ein Stück nach unten und ‚steige‘ dann aus dem am Boden liegenden ‚Textilhaufen‘) immer wieder kurze Blicke werfe. Ich schaue mich dabei sozusagen als eine ‚Gestalt‘ an, fokussiere nichts speziell. Die Socken noch an, drehe ich mich vor das Waschbecken und putze mir die Zähne, dabei sehe ich mir kurz im Spiegel ins Gesicht, beim Zähneputzen laufe ich etwas hin und her und schaue immer wieder in den großen Spiegel. Ich wasche meinen Penis kurz am Waschbecken. Wenn ich das so (vor einer Cammingsession) mache, bin ich immer schon ein wenig erregt und mein Penis ist deutlich größer als wenn er ganz schlaff ist, er sieht aber immer noch nicht erigiert aus. Ich ziehe mir eine schwarze enge Boxer Short an und darüber

wieder meine Schlafhose und das T-Shirt. Nachdem ich Laptop und Webcam auf dem Bett aufgebaut habe, ziehe ich T-Shirt, Schlafhose und Socken aus, bevor ich mich aufs Bett setze und die Webcam einrichte. Ich schaue ein wenig im Raum umher und ruckle solange hin und her bis ich richtig sitze. Die Unterhose behalte ich an.
(Tagebucheintrag, Videotranskript, Erinnerungsprotokoll)

In dieser Sequenz finden Be- und Entkleiden an mehreren Zeitpunkten und Orten statt. Das Set für den Körper wird nicht nur materiell, sondern auch ‚atmosphärisch‘ hergestellt: Die Temperatur wird so geregelt, dass der Körper später dauerhaft in der Cammingsituation und -position verharren kann, d. h. nicht durch Frieren o. Ä. unangenehm auffällt und aus seiner erlebten Transparenz (vgl. Leder 1990) auftaucht. Es folgt eine ‚Vorbereitungssequenz‘, in der der Körper als ein ‚nackter‘ Körper, der sich unter der Kleidung verbergen *wird*, als ein zukünftiges Verborgenes auf sein späteres Entblößen hin behandelt und gestaltet wird. Dazu wird er zunächst an einen anderen Ort (Badezimmer) bewegt, und dort unter sporadischer Selbstbeobachtung (im Spiegel) entkleidet. Dieses Entkleiden ist ein pragmatisches Ablegen der Kleidung, die einen Körper freilegt, der sozusagen noch im ‚Rohzustand‘ ist und im Folgenden bearbeitet wird: Die Füße bleiben bekleidet, während der Körper stellenweise gereinigt wird. Hier kommt eine Partitionierung des Körpers zum Ausdruck, die ihn in für die Praxis relevante (Genital-)Bereiche und irrelevante durchgrenzt (z. B. wird die vom Schlafen zerzauste Frisur im Protokoll noch nicht einmal erwähnt und wurde auch in der Situation nicht weiter mit Aufmerksamkeit bedacht. Sie wird später im Bild ohnehin nicht zu sehen sein). Zugleich ist dieses Vorbereiten schon Teil eines erotischen Skripts der Cammingsession geworden, Teil eines *getting in the mood* (Hennion 2001), bei dem zugleich der Körper als Darstellungsmittel schon transformiert wird: Er nähert sich (mit der beginnenden Erektion) dem erotisch *erlebenden* Körper der Cammingsituation an, und dabei zugleich optisch dem Körper, der hier als Anschauungsobjekt gefragt sein wird.

Der Körper wird dann erneut bzw. neu bekleidet: Die angelegte Unterwäsche bekleidet den Körper anders als die zuvor getragenen und auch später wieder angezogenen Schlafsachen, sie gehört gewissermaßen zu dem (neuen) Körper für die Kamera, der sie auch weiterhin tragen wird, während die übrige Kleidung ‚außerhalb des Bildes‘ abgelegt wird. Sie ist eine Art Transporthülle für den Weg zwischen Badezimmer und Schlafzimmer, den (Zeit-)Raum vor der Session und den vor der Kamera. Sie wird wieder abgelegt, als das Set für die Cammingsession aufgebaut ist und verbleibt außerhalb des Bereichs, den die Kamera einsehen kann. Der Körper ist hier in einem ambigen Bekleidungszustand: Er ist zwar in den Gebieten, die gemeinhin als Intimzonen gelten, *bedeckt*, dabei weist gerade die Bedeckung auf seine darunterliegende Nacktheit, die sie in Aussicht und damit herstellt (gleichwohl nicht als ‚Scham‘ oder ‚Blöße‘, wie dies ein um die Hüfte geschlungenes Handtuch beim Badehosenwechsel am Strand tun würde, sondern als ‚Reiz‘ – vgl. Kap. 5.3.1). Damit ist er quasi nicht mehr spärlich bekleidet, sondern *schon noch-nicht-nackt*. Die restlose Nacktheit wird in dieser Szene nicht als Zustand an den Anfang der Session gesetzt (und die Kamera schon unbekleidet angeschaltet), sondern als (ein) Höhepunkt einer Inszenierung produziert, ein häufiges Motiv auf CammingSite.com.

> ((Es ist etwas Zeit vergangen)) Inzwischen schauen 5 Leute zu. Ich knie mich vor die Kamera und fahre mit beiden Daumen in meine Short. Langsam, wie in einer Zeitlupe, bewege ich meine Hände nach unten und sehe den Bund immer mehr Haut freigeben, spüre den Widerstand des Stoffs an meiner Erektion. Mein Blick haftet genauso an meinem Körper wie der meiner Zuschauer. Ich schaue nicht an mir herunter, ich schaue gebannt auf den Bildschirm, halb wissend, was ich den anderen gleich zeige, aber auch gespannt: Ich kann es selbst kaum erwarten zu sehen, was sich da in meiner Hose verbirgt *(obwohl ich es ja weiß?!)*, aber ich zögere es noch hinaus. Mein Penis wippt nach oben, als ich die Short ganz nach unten ziehe, kurz schaue ich nach unten, dann wieder auf den Bildschirm. Meine rechte Hand legt sich flach auf meinen unteren Bauch, während die andere in der Short bleibt und sie unten hält. Ich streiche mit beiden Händen an meinem Beckenknochen entlang und lege die Hände flach links und rechts an meine Pobacken. Vor mir ragt jetzt mein Schwanz in die Kamera, den ich abwechselnd mit dem Bildschirm anschaue (ich bin leicht nach rechts gedreht, so sieht man alles).
> (Tagebucheintrag, Videotranskript, Erinnerungsprotokoll)

Der Körper wird dafür so justiert, dass der bedeckte Körperbereich die Bildmitte einnimmt. Hierhin ist auch der Blick fixiert, der das, vor allem im Abgleich mit dem pragmatischen ‚Sich-Entledigen' der Kleidung in der Vorbereitungsphase, betont langsame sinken des Hosensaumes gebannt verfolgt, das simultan taktil als Reibung erfahren wird. Die ‚Zeitlupe' lässt quasi als Vergrößerungsinstrument die Erwartung an das, „was ich den anderen gleich zeige" wachsen, und zwar vor allem auch die der Person vor der Kamera; Es stellt sich eine Neugier und Schaulust auf das eigentlich bekannte Körperglied ein (die den Ethnografen schon in dieser Situation irritiert – *„obwohl ich es ja weiß?!"*), das hier zum Spektakel für alle Beteiligten werden soll und wird. Zur visuellen Wahrnehmung über den Bildschirm, dem taktilen Spüren des Stoffes und dem taktil empfundenen „Wippen" tritt kurzzeitig der direkte Blick auf den so hervorgebrachten Penis („nach unten"). Interessant ist, dass die Unterwäsche zwar heruntergezogen, aber nicht ausgezogen wird. Sie verbleibt selbst dann am Körper, wenn er als vollständig entblößt gilt (und umgekehrt). Die Hände beschreiben im Folgenden einen Rahmen um diesen neu entstandenen Fokus, der an dieser Stelle im Protokoll (und ebenso in den nach der Cammingsession angefertigten handschriftlichen Notizen) auch das erste Mal nicht mit dem anatomischen Begriff, sondern als „Schwanz" bezeichnet wird. Bei aller Vorsicht, die bei der Analyse der Wortwahl in zeitlich nach Beobachtungssituationen angefertigten Notizen geboten ist, kann hier vielleicht ein vollständiger Übergang in der Wahrnehmung in Richtung Teilnehmerrelevanzen gesehen werden.

Die Analyse dieses kurzen Ausschnitts zeigt Verschiedenes: Zum einen, dass sich die Bedeutung von Nacktheit im Verlauf einer Session verändert. Den Körper aller Textilien zu entledigen ist weder notwendige (der Körper kann und muss teilweise bekleidet bleiben) noch ausreichende (die Nacktheit muss gestisch-praktisch inszeniert werden) Bedingung für die erotische Nacktheit, die in einer Cammingsession entsteht. Vielmehr wird die Nacktheit des Körpers, seine ‚bloße' Sichtbarkeit im weiteren Verlauf einer Cammingsession weiter in Szene gesetzt und als konzertierte Aktion der Teilnehmer laufend erzeugt. Der Körper vor der Kamera wird dafür zu einem Anschauungsobjekt gemacht, das restlos sichtbar ist. Wie geht das? Wie lässt sich Nacktheit als körperliche Vollzugspraxis beschreiben? Schauen wir dazu in eine Webcamübertragung eines anderen Nutzers, <Miro1987>, der seinen Körper zur Betrachtung anbietet:

> Ich bin seit einigen Stunden online unterwegs und klicke durch die Cams. In meinem Browser sind mehrere Webcams in verschiedenen Tabs geöffnet. Ich klicke immer wieder von links nach rechts durch die offenen Tabs und scrolle dann auf der Übersicht nach unten, dabei lasse ich den Blick über die Miniaturansichten schweifen. Wenn ich unten auf der Seite angekommen bin, klicke ich auf „next" und dann ist mein Mauszeiger auch schon wieder beim ersten Tab und das ganze beginnt von vorne. Ich lasse mich treiben, ich suche nichts Bestimmtes – eher etwas ‚unbestimmtes Bestimmtes': Irgendwo muss das sein, was ich jetzt sehen will, bei dem ich merke, dass es mir einen ‚Kick' gibt.
>
> Zwischendurch öffne ich immer wieder das Browserfenster mit meiner eigenen Webcam und werfe einen Blick auf mein eigenes Bild. Wieder in der Übersicht bleibt mein Blick an einem Bild haften: Es zeigt einen nackten Männerkörper von den Knien bis kurz über die Brustwarzen breitbeinig vor der Kamera stehend, die eine Hand umfasst den Penis, die andere Hand liegt flach auf der Brust. Ich klicke auf das kleine Bild und das zugehörige Profil mit der Webcam öffnet sich in einem neuen Browser-Tab. Während die Webcam lädt, lasse ich meinen Blick über die Seite schweifen. <Miro1987> hat drei Fotos in seinem Profil, davon zeigen zwei seinen Po in einer weißen engen Boxer Short, das dritte zeigt ihn von vorne mit halb nach unten gezogener Short, sodass der Ansatz seines Penis und seine Schambehaarung zu erkennen sind. [Darstellung 4.2] Ich schaue die Bilder der Reihe nach an, indem ich den Mauszeiger über die Miniaturen bewege, woraufhin rechts daneben das Bild größer erscheint.

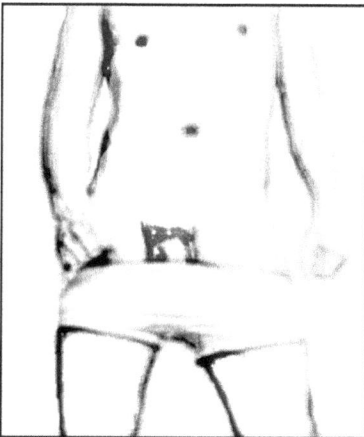

Darstellung 4.2: Profilfoto <Miro1987> (Verfremdete Bilddatei, schwarz-weiß im Original).

Als die Webcam geladen ist, sehe ich, dass die Cam seit 20 Minuten überträgt, 18 Zuschauer sind aktuell zugeschaltet. Die Webcam zeigt im Hintergrund einen Raum mit einem Fenster, der Rollladen ist unten. Davor steht ein Bett. Am linken Rand des Bildes, im Vordergrund, ragt ein Körper teilweise ins Bild. Ich sehe einen weich aussehenden, ‚pummeligen‘ Bauch, darunter Schambehaarung und den Ansatz eines Penisschafts. Der Oberkörper ist leicht nach vorne geneigt, ein Arm scheint am oberen Bildrand ‚durch das Bild zu greifen‘ [Darstellung 4.3(a)]. Der Körper ruckelt leicht hin und her, der Arm wird zurückgenommen und gleichzeitig setzt sich der Körper in Bewegung, er tritt vor die Kamera und ist dieser dabei schon zugewandt. Mit ein, zwei Schritten zugleich seit- und rückwärts platziert er sich in der Mitte des Bildes *(ich denke, er schaut sich dabei auf dem Bildschirm zu, auf jeden Fall ist er ziemlich zielstrebig an dieser Stelle stehengeblieben)*. Eine Hand formt eine Art ‚Schaufel‘, die sich dann in Richtung Schritt bewegt und die Genitalien ‚locker umgreift‘, sie wirkt wie auf Stand-by [Darstellung 4.3(b)]. Er neigt sich nach vorne, justiert die Kamera mit der ‚freien‘ Hand etwas, dann richtet er den Oberkörper wieder auf. Währenddessen bleibt er durchgehend örtlich an derselben Stelle stehen, scheint nur einen kurzen Ausfallschritt in Richtung Kamera zu machen [Darstellung 4.3(c)]. Er verlagert sein Gewicht wieder zurück und neigt das Becken vor, geht etwas in die Knie und führt die zu Fäusten geschlossenen Hände kurz vor dem Bauch zusammen und geht dabei etwas in die Knie [Darstellung 4.3(d)], dann nimmt er die Hände wieder nach oben. *Das sieht aus wie dieses Gepose bei Body Building Meisterschaften. Wobei der eindeutig keinen Body Builder Körper hat… Er sieht eher – ‚weich‘ aus, mit kleinem Bauchansatz.*

Nun dreht er sich zur Seite und seinen Hintern in Richtung Kamera. Er bewegt die Hüfte in einer kreisenden Bewegung. Dabei dreht er den Oberkörper in Richtung Bildschirm um *(schaut der sich selber zu?)* Er fasst sich mit der einen Hand an die Pobacke, dann nimmt er die Hand über den Kopf (im Spiegelbild in der Fensterscheibe kann man sehen, dass er die Hände flach auf dem Kopf

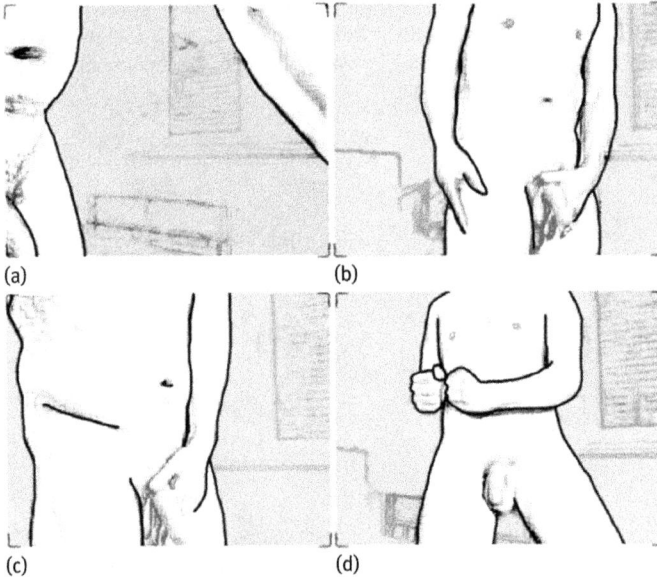

(a)   (b)

(c)   (d)

Darstellung 4.3: In Position und in Pose gehen (zugeschnittene Screenshots, farbig im Original).

abgelegt hat), streckt den Hintern etwas mehr zur Kamera und neigt sich leicht nach vorne. *Das sieht ziemlich sexy aus so.*
(Bildschirmvideo-Transkript und Gedankenprotokoll)

Der Teilnehmer in diesem Ausschnitt inszeniert sich als *Selbstdarsteller* (Kap. 3.3.2), zugleich explizit als erotischer Körper: Er setzt dem passiven Sichtbarsein und Sehen-lassen seines Körpers etwas hinzu, scheint sich den Blicken seiner Zuschauer gerade-zu anzubieten, indem er seinen Körper dreht, neigt und berührt, statt ihn z. B. einfach nur passiv hin- und auszustellen. Im Alltag funktioniert die visuelle Kommunikation über den Körper vor allem über ein implizites Zeigen (Hirschauer 2011), den Austausch subtiler Hinweise und ihre Bestätigung. Das wenig subtile Her- und Draufzeigen, wie es auf Bildern auf CammingSite.com häufig zu sehen ist, macht insofern auch sich selbst *als* ein Zeigen sichtbar. Hier zeigt jemand, *dass* und *wie* er sich zeigt und *fordert* zum Zuschauen *auf*. Konkret lässt sich das im obigen Fall am Umgang mit dem Penis unterscheiden: Zu Beginn der Sequenz scheint er als ‚Anhängsel' des Körpers eher zufällig und teilweise ins Bild geraten; als der Körper vor die Kamera tritt, wird er nicht nur im Zentrum des Bildes angeordnet, sondern zudem berührt und sozu-sagen als Fokus des Bildes ‚animiert'. Was so entsteht ist eine ‚Pose', eine temporär eingenommene Körperhaltung, die eine Bildansicht, eine Art momentanes Standbild generiert.

Auf den ersten Blick zeigt Darstellung 4.4 zwei recht konventionelle erotische Akt-darstellungen eines männlichen Körpers. Auf der linken Seite ist allerdings erneut das von <Miro1987> selbst eingestellte Profilfoto (in verfremdeter Form) zu sehen, rechts daneben ein von mir angefertigter (verfremdet dargestellter) Screenshot aus dem Ge-schehen der Cammingsession. Der ‚Bildcharakter' des Profilfotos entsteht u. a. da-durch, dass es, anders als die anderen schwarz-weißen Darstellungen im Rahmen die-ses Buches, von vorne herein als Schwarzweißfoto von <Miro1987> selbst seinem Pro-fil hinzugefügt wurde, und sich so schon optisch deutlich von der Liveübertragung abhebt. Die Wirkung, dass es sich in beiden Fällen um ein erotisches Aktfoto han-

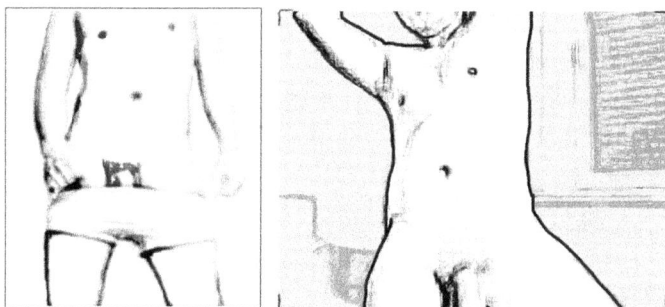

Darstellung 4.4: Profilfoto und situativ erzeugtes Standbild im Vergleich (Verfremdete Bilddatei und Skizze nach Screenshot).

delt, entsteht hier durch verschiedene Inszenierungspraktiken: Zum einen erhält das rechte Bild natürlich erst durch die (für die Darstellung im Rahmen dieses Textes notwendige) Überführung aus einem bewegten Bild in ein statisches Bild den Charakter eines Portraits. Dieser Eindruck wird aber, und darauf kommt es mir an, auch von <Miro1987> selbst hergestellt, der diese Pose einnimmt und für einen Zeitraum von ca. 2,5 Sekunden in dieser „Bildgebärde" (Jonas 2011: 242 f.) verharrt, bevor er in eine andere Körperhaltung übergeht. Cammer sind zwar in ihren Webcamübertragungen prinzipiell und de facto in Echtzeit, als Live-Video zu sehen, sie greifen aber Momente bzw. typische Phasen aus pornografischen Skripten, aber auch aus für Cammingsessions typischen Skripten, heraus und stellen eine Folge von Einstellungen, eine Bildfolge ‚lebender Posen' dar und her. Im Vergleich mit dem schieren ‚Dastehen' abseits des Sichtfeldes der Kamera (Darstellung 4.3 (a)) oder dem ‚Bereitstehen' vor der Kamera (Darstellung 4.3 (b)) steht der Körper hier in einer Pose und verkörpert den zu einer konventionellen erotischen Ansicht ‚gehörenden' Körper.

Im obigen Beispiel inszeniert <Miro1987> quasi die Blicke seiner Zuschauer mit, die in der Situation *vor* der Kamera nicht körperlich anwesend sind. Die Zeichen ihrer Anwesenheit belaufen sich hauptsächlich auf die Nachrichten im Chat. Neben körperlich-gestischen Bildpraktiken spielt Sprache in Cammingpraktiken eine wichtige Rolle. Aktiv auf CammingSite.com teilnehmen heißt auch, neben Körperansichten auch textuelle Beiträge abzugeben. Anders als beispielsweise in einer Ultraschallsprechstunde, in der die situative Konstruktion des Ungeborenen auf dem Bildschirm zu einem großen Teil in Gesprächen zwischen den Beteiligten geschieht (Heimerl 2014), sind Cammingpraktiken vor dem Bildschirm oft stumme Situationen: Man überlässt entweder dem abgegebenen Bild die tausend Worte oder verlässt sich für den interaktiven Austausch auf rudimentären getippten Text.[8]

Die neben dem Bild im Chat erscheinenden Kommentare rahmen die Körper im Bild bzw. was sie tun (als z. B. männlich, oder außerordentlich attraktiv, „geil", „groß", „huge", „hard", „haarig" usw.), und verorten sie damit in sexuellen Sinnzusammenhängen. Die textuelle Kommunikation ist auf den ersten Blick eine valuierende Untertitelung der Bilder. Typische Kurzkommentare im Chat kombinieren ein Körperteil mit einem wertschätzenden oder auszeichnenden Attribut: „hammer Schwanz", „geiler Body". Die Zuschauer liefern damit Blickvorschläge und Deutungsangebote für die Körper im Bild. Dabei handelt es sich zugleich um Feststellungen des

---

8 Audioübertragung wird, so meine Erfahrung, sparsam eingesetzt. Lautsprache als Mittel des interaktiven Austauschs wird vor allem in *One-on-One*-Interaktionen in exklusiven bidirektionalen Kanälen wie *Skype* eingesetzt. Bei mehreren simultan geöffneten Webcams, die aber gleichzeitig verschiedene Situationen um sich aufspannen, wäre die auditive Gleichzeitigkeit (gegenüber der visuellen Sequenzialität) ein Interaktionshindernis. Wenn einzelne Nutzer per Mikrofon Ton übertragen, führt dies entweder zu einseitig-auditiven Gesprächen (die Zuschauer schreiben, der Nutzer vor der Kamera spricht) oder das Mikrofon überträgt lediglich Raumgeräusche und ggf. Stöhnen, sozusagen als atmosphärische Klanguntermalung.

Offensichtlichen, die das Offensichtliche erst hervorbringen. Dieses findet in Bezug auf ‚die Sache selbst' statt (da ‚ist' ein ‚Schwanz') und auf die Qualität dessen, was zu sehen ist (‚hammer').

Diese Rahmungen des eigenen Körpers sieht der Teilnehmer vor der Kamera nun über den Bildschirm, der Teilnehmer und ‚sein' Körper befinden sich also in einer multimodalen semiotischen Umgebung aus Bildern und Text, in deren Gegenwart sich der Körper als Körper der autopornografischen Praktik ereignet. Das so entstehende Wechselspiel zwischen Bild, Text und dem Geschehen vor der Kamera wird im weiteren Verlauf erkennbar:

> Im Chat kommentiert ein Zuschauer die Genitalien von <Miro1987> („sehr geil", „pralle eier"). Dieser legt eine Hand flach an die Körperseite und streicht mit der anderen flachen Hand wiederholt von oben nach unten über seinen halb erigierten Penis und tritt näher an die Kamera. Mit einer Hand hält er den Penis nach oben, mit der anderen hebt er den Hodensack ein paarmal an, als würde er ihn in der Hand wiegen. Die Zuschauer im Chat schreiben weiter Kommentare („yumm", „great balls, cock, like"). Dann tritt er wieder nach hinten, an den ursprünglichen Standort, die Hände lassen die Genitalien dabei nicht los.
> (Bildschirmvideo-Transkription)

Die Nachricht des ersten Nutzers hebt in Form eines Kompliments („sehr geil") eine bestimmte Partie des auf dem Bildschirm zu sehenden Körpers hervor („pralle eier"). Der Körper ist bis zu diesem Zeitpunkt in der vorigen, um die untere Hälfte der Schienbeine und den Kopf ‚gekürzten' Ansicht zu sehen, wobei die entsprechende Körperpartie zwar das Zentrum des Bildes ausmacht, aber gestisch nicht weiter unterstrichen wird. Der Text auf dem Bildschirm wird durch den nun folgenden Anschluss zur Geste, zum interaktiven Zug. Damit zeigt <Miro1987> auf interaktiver Ebene zudem, dass er seinerseits den Kommentar gesehen hat, stellt also einen Anschluss her, und etabliert damit, dass dieser Moment in geteilter Aufmerksamkeit geschieht. Der Körper vor der Kamera scheint diese Geste als (wenn auch nicht direktiv geäußerte) Aufforderung zum Zeigen aufzugreifen bzw. zu beantworten, wenn er das, was der Kommentar sprachlich hervorhob, als wesentlich im Bild zu Sehendes durch körperliche Vollzüge hervorhebt.

Auf die Kommentierung des Körpers folgt seine zweifache Neujustierung: Durch die Drehung und die Annäherung an die Kamera entsteht eine ‚Nahaufnahme'. Der Penis wird nicht wie zuvor masturbatorisch animiert, er wird zum Nebenschauplatz, nach oben (weg-)gehalten und dort mit der dafür ebenfalls ruhiggestellten Hand fixiert. Damit wird der Blick darunter nicht nur freigegeben, sondern zusammen mit dem rhythmischen und wiederholten Anheben des Hodensacks auf diese Körpergegend gelenkt und die Partie wird zu dem, was sie in den Augen (d. h. in der Chatnachricht) des zuschauenden Teilnehmers ist bzw. *schon war* („pralle eier") – der selektive Blick des Zuschauers wird in eine aktuelle selektive Bildansicht überführt. Das verbale bzw. textuelle *Stating the Obvious* und die somatische Bestätigungsgeste werden zusammen zum *Instating the Obvious* – zur praktischen, multimodalen, über verschiedene Medien verteilten Hervorbringung des Körpers, der da (jetzt erst) ‚offensichtlich‘ zu sehen ist. Wenn Nutzer Teile meines Körpers erwähnten, die zwar auf dem Bildschirm zu sehen waren, aber für mich zum jeweiligen Zeitpunkt nicht relevant waren, war ich regelmäßig überrascht und erlebte beinahe reflexhaft eine gespürte Aufmerksamkeit für die jeweiligen Körperpartien. Ich stellte zudem fest, dass ich auf diese Adressierungen ‚antwortete‘, indem ich die betreffenden Körperteile oder -regionen unwillkürlich bewegte oder berührte. Dasselbe konnte ich regelmäßig bei anderen Nutzern beobachten. Ein ähnlicher Fall von Körperfeedback ist später noch einmal zu beobachten:

> Im Chat schreibt jemand „hot body nipples like licking". ((Nachdem <Miro1987> sich zwischenzeitlich vorübergehend umgedreht hatte)) dreht er sich zur Kamera, bewegt sich nahe an sie heran und geht in die Knie, bis nur sein Brustkorb im Bild zu sehen ist. Die Hände hinter dem Kopf, geht er weiter in die Knie bis ein Teil seines Gesichts sichtbar wird. Er legt die Hände kurz auf den Bauch und greift sich mit spitzen Fingern an die Brustwarzen während er sich wieder aufrichtet. (Bildschirmvideo-Transkription)

Betrachten wir zunächst die zu Beginn im Chat eingehende Nachricht („hot body nipples like licking"). Sie ist streng genommen eine reine Wortaneinanderreihung ohne erkennbare Satzstruktur oder explizite Bindeelemente. Linguistisch sind solche Juxtapositionen dadurch charakterisiert, dass die Beziehung zwischen den Einzelbestandteilen ambig bleibt und dechiffriert oder schlicht gekannt werden muss (Zifonun/Hoffmann/Strecker 1997: 2362). Diese Art von sprachlich ‚verstümmelten‘ Beiträgen ist für Chatkommunikation nicht unüblich, für die Interaktionen, die ich auf CammingSite.com mitverfolgen konnte, ist sie fast typisch. Sie scheint aber im Rahmen der Situation keinerlei Verständnisschwierigkeiten zu bereiten: Sie wird weder problematisiert (es gibt weder eine Rückfrage noch eine Aufforderung, sich bitte verständlich auszudrücken) noch ignoriert. Mit aller Vorsicht können die ersten beiden Worte („hot body") vielleicht als ein Kompliment gelesen werden, die folgenden drei („nipples like licking") als ein Ausdruck für ‚ich würde gerne an diesen Nippeln lecken‘. Die folgende körperliche Veränderung des Bildausschnitts scheint dies so zu interpretieren: Der Körper wird zunächst auf die Kamera zubewegt und durch leichtes Beugen der Knie vor der Linse justiert, bis die entsprechende Partie zu sehen ist bzw. man nicht mehr an ihr vorbeisehen kann. Das Berühren der Brustwarzen mit den Zeigefingern ist gleichzeitig ein implizit-explizites Zeigen *des* Körpers *mit dem* Körper *am* Körper. Es ist als Teil erotischer Selbstberührung verstehbar, aber auch als Führung des imaginierten Zuschauerblicks mit der Hand sowie als dessen haptische Aktualisierung auf der eigenen Haut. Das Beugen der Knie erzeugt eine Haltung die mit dem späteren Wiederaufrichten eine temporäre Körperhaltung erzeugt, die eine *Pose* ausmacht. Im Unterschied zur Reduktion auf das ‚Wesentliche‘ durch dauerhaftes Ein- und Ausrichten des Körpers gegenüber dem Medium wird dies hier momenthaft hergestellt und der Körper damit als eine andere Art Körper inszeniert.

An diesem Beispiel wird darüber hinaus die Verbindung und Durchsetzung der performativen Körperpraktiken mit dem Kontext aus technischen Medien und anderen Artefakten noch einmal rekonstruierbar. Die Kamera ist in der beschriebenen Situation als örtlich fixierte Beobachterin involviert, an deren Sehmöglichkeiten und Handhabung sich der Teilnehmerkörper orientiert – nicht nur in Gedanken, sondern in seinen Bewegungsvollzügen. Die Kamera und ihr Blickfeld konfigurieren seinen Bewegungsspielraum. Das Sichtfeld der Kamera unterteilt den Raum in eine einsehbare und eine nicht einsehbare Zone. Zu diesen beiden Zonen ‚gehört‘ eine je eigene körperliche Bewegungsroutine: Zunächst steht der Körper recht statisch seitlich zur Kamera vor dem Bildschirm. Als er beginnt, sich zu bewegen, orientiert er sich zur Kamera hin und geht schon auf sie ausgerichtet rückwärts. Mit dem Videofeedback vor Augen scheint er den richtigen Bild- bzw. Körperausschnitt zu suchen und aufzusuchen. Sobald dieser ‚Schauplatz‘ vor der Kamera erreicht ist, bleibt der Körper dort verortet. Im Sichtfeld der Kamera ist der Körper konstant in Bewegung (mit Ausnahme der eingenommenen Posen, die immer kurz gehalten werden), bleibt aber weitestgehend örtlich fixiert. Er lehnt sich nach vorne, statt zur Kamera zu gehen und richtet sie auf diesen Ort und zukünftigen Zeitpunkt aus, an dem er sich befinden *wird*.

Solche kurzen, aus dem laufenden Geschehen herausgelösten Momente, in denen Körper, Medium und Bildausschnitt aneinander justiert werden, bekam ich häufiger zu sehen. In Ihnen passiert zweierlei: (1) Ein Nachjustieren zur *Verbesserung der Sichtbarkeit*. Ein eigener Blick auf den Bildschirm zeigt, dass etwas ‚nicht gut zu sehen‘ ist. Die Handlung stoppt, der Bildausschnitt wird so angepasst, dass ‚Sichtbarkeit‘ entsteht, die Aktivität setzt wieder ein. (2) Ein Nachjustieren zur *Veränderung des Sichtbaren*. Das Motiv wird verändert, indem der Bildausschnitt bei gleichbleibender Körperhaltung und -ausrichtung am Körper als Maßstab verändert wird, oder indem umgekehrt der Bildausschnitt zunächst wechselt und Haltung und Ausrichtung des Körpers dann entsprechend angepasst werden – die Kamera ‚folgt‘ dem Körper gewissermaßen ‚voraus‘: Zunächst entsteht hier die Absicht oder über den Chat die Aufforderung, etwas Anderes zu zeigen oder etwas anders zu zeigen, als es aktuell im Bild zu sehen ist. Diesem mentalen oder verbalen Entwurf folgt dessen schrittweise Realisierung. Dabei geht die Veränderung des Schauplatzes wiederum der Justierung des Körpers voraus: Letzterer hat bereits ein praktisches Wissen darum verinnerlicht, wie der Bildschirmausschnitt sein muss, damit der Körper nachher ‚richtig‘ im Bild zu sehen sein wird.

Die technischen Artefakte kanalisieren also die körperliche Vollzugspraxis, sie geben vor, wie das körperliche Zeigen möglich ist und überhaupt vollzogen werden kann. (1) Mit dem In-die-Knie-Gehen wird der Körper vor der Kamera bewegt wie ein Objektträger unter einem Mikroskop. Damit wird die Kamera zum Gegenüber (und nicht etwa mögliche Zuschauer durchs Fenster, das aber ohnehin mit einem weiteren Artefakt, dem Rollladen, für Blicke versperrt ist). (2) Die Selbstberührung bleibt auf die Körperteile beschränkt, die auch (im Bild) zu sehen sind – sie werden ‚streichelnd' berührt, was außerhalb ,des Bildes', also zugleich des Bereichs, den die Kamera ,einsehen' kann, liegt (z. B. der Kopf), dient als ,Ablage', etwa für die Hände. (3) Durch den ,Umweg' über das Medium wird gesteigerte Visualität (Visualisierung), *Overacting* (erst) nötig. Ein weiteres Beispiel neben den erkennbar markierten Bildmomenten in Form von Posen, ist das Masturbieren. Damit es ,kameratauglich' ist, so meine eigene Erfahrung, muss es oftmals wesentlich langsamer geschehen, als im subjektiven Lustempfinden gerade angebracht wäre, weil sonst das Bild der Webcam bewegungsunscharf werden kann oder schnelle Bewegungen bei langsamer Übertragung abgehackt, wie unter Stroboskoplicht wirken. Erst *unterscheidbare* Aktionen ermöglichen zuordenbare *Reaktionen*, wie im Fall des beschriebenen Körperfeedbacks; und erst so wird Interaktion in Zügen möglich.

Die nackte Anwesenheit und erotische Qualität des Körpers wird beim Camming nicht nur *durch den*, *mit dem* und *am* Körper interaktiv hergestellt; sie liegt auch in der materiellen Anordnung der Praxis, bestehend aus dem technischen Medium und weiteren Artefakten und deren Assoziation mit dem Körper. Umgekehrt wird dieser Rahmen durch die (mehr oder weniger bewusste) Orientierung des Teilnehmers an ihm (erst) aktualisiert. Das wiederum macht den Körper zu einem spezifischen Körper-im-Rahmen-dieser-Anordnung. In diesem Fall zu einem Anschauungsobjekt, einem Körper-zur-Ansicht, der von seinen anderen Mitgliedschaften bereinigt und als *nackter Körper* herauspräpariert ist. Dieses (!) erotische Nacktsein im Sinne einer Körperpraxis ist ein situatives.

Die schiere Präsenz eines Körpers vor der Kamera bzw. im Bild geht also seiner für die Cammingpraktik typischen Sichtbarkeit voraus. Diese wird hervorgehoben, gesteigert bzw. übersteigert, der Teilnehmer vollzieht das eigene Gesehen*werden*. Nacktheit ist, mit Ruth Barcan gesprochen, intersubjektiv. Sie existiert nicht ohne den Blick des anderen (Barcan 2004: 23). Dieser Blick wird hier durch die Anordnung aus Medium und Körper nach- und hergestellt und an der Manipulation des Mediums zeigt sich, *dass* und *wie* jemand einen Blick, eine Perspektive auf sich antizipiert – und sich dann entsprechend als Körper hervorbringt: Hier können wir quasi Charles Cooleys *looking-glass self* (Cooley 1902: 152 ff.) als *looking-glass body* (Waskul/Vannini 2006b) in situ beobachten: Während das von Cooley beschriebene Selbst sein Selbstverständnis daraus zieht, dass es sich vorstellt, welchen Eindruck es auf andere erweckt, und deren Urteil imaginiert, wird diese *Imagination* im Fall autopornografischer Praktiken durch die *Visualisierung* des Mediums ersetzt. Indem Webcam und Bildschirm den eigenen Körper als Bild-Gegenüber und die Kommentare der Zuschauer simultan anzeigen, bieten sie einen Blick auf einen anderen, zweiten Blick auf den eigenen Körper. Die optische und soziale Spiegelung des eigenen Körpers geht nun sozusagen auch unter die visuelle Oberfläche, unter die Haut: Zur optischen Wahrnehmung tritt das haptisch-taktile Fühlen des Körpers, die beide im Erleben integriert werden. Die *synthetische* Situation wird zur *synästhetisch erlebten* Situation, der eigene Körper wird medial vermittelt wahrgenommen.

Verteilte Körper(-lichkeit) und synästhetisches Körpererleben

Mit der praktischen Überführung des Körpers in eine akzentuierte Visualität wird auf der Erlebensseite die Wahrnehmung des eigenen Körpers in autopornografischen Praktiken neu zusammengesetzt: Aus dem im Alltag üblichen passiven taktilen Spüren des Körpers wird ein aktives haptisches (masturbatorisches) Befühlen, zu dem das visuelle Betrachten tritt (beides in im Vergleich zum Alltag verstärkter Intensität). Dieses veränderte Körpererleben korrespondiert mit veränderten erlebten Körpergrenzen in der Situation.

Sobald das Bild auf dem Display und der Körper vor der Kamera auf diese Weise verlinkt werden, ist ‚der Körper' nicht mehr nur vor der Kamera zu verorten. Das Primat der propriozeptiven Wahrnehmung für den ‚eigenen' Körper vor der Kamera wird mit dem visuellen Abbild verändert, die Selbstwahrnehmung erfolgt nicht nur über einen zusätzlichen Sinneskanal, mit dem sie einen visuellen Akzent erhält, sondern auch über eine zusätzliche Entität, das Bildmedium. Dies beeinflusst wiederum das Gebaren und die Wahrnehmung des ‚eigenen' Körpers, der vor diesem Hintergrund als über die verschiedenen an der Praktik beteiligten Entitäten verteilt begriffen werden kann. Der zur Cammingpraktik gehörende Körper besteht in der Formation aus Medium *und* Körper und umfasst verschiedene Zuständlichkeiten und Zeichenarten (Text, Bild, Fleisch etc.).

Gegenstück zu dieser Dislozierheit von Elementen des Cammingkörpers ist seine synästhetische Wahrnehmung, die aus den verteilten Elementen ‚den' Körper zusammensetzt (synthetisiert). Die Gleichzeitigkeit wird mit der Synästhesie zur Identität, die Grenzen des eigenen Körpers sind ab hier neu konfiguriert. ‚Ich' bzw. ‚mein Körper' bezeichnet dann (auch in meinen Protokollen) verschiedene Referenzen gleichermaßen. Hierbei handelt es sich um einen Zustand, der sich nach dem anfänglichen Einrichten des Körpers in der Anordnung der Praktik zwar fast unmerklich einstellt, der aber störungsanfällig ist und aufrechterhalten werden muss. Solche Störungsmomente konnte ich beispielsweise selbst erleben, wenn Gespürtes und Gesehenes sich nicht mehr intuitiv zueinander in Beziehung setzen ließen:

> Beim Blick auf den Bildschirm fällt mir auf, dass etwas nicht stimmt. Irgendwie scheint das Bild ‚langsamer' zu sein als ich – meine Hand ist immer einen Moment voraus. *Uuaah, das fühlt sich echt schräg an, unangenehm.* Ich komme mir eigenartig vor, wenn ich das so anschaue, irgendwie ‚weg'. *Das ist wie so ein Phantomarm.* Ich löse den Griff um meinen Penis und ‚lege' die Hand an meiner linken Leiste ab. Das Bild auf dem Display bewegt sich tatsächlich noch einen Moment weiter, bevor auch dort die Hand zum Stillstand kommt. Ein kurzer Blick in den Chat: Hat jemand was gesehen? Ich schaue wieder auf meine Webcam und streiche mit der Hand ganz langsam nach oben. Ich bewege sie extra langsam, um zu sehen, wie groß die Verzögerung ist. Als ich sehe, dass die Hand im Bild wieder mitgeht, werden meine Bewegungen wieder flüssiger. Das Bild sieht normal aus.
> (Erinnerungsprotokoll)

Die Ungleichzeitigkeit der Bewegungen auf dem Bildschirm und davor wird als eine Diskordanz bzw. Störung wahrgenommen, die eine Verunsicherung über die eigene Körpererfahrung nach sich zieht. Der bis zu diesem Moment simultan über verschiedene Sinnesmodi erfahrene Körper bzw. das zu ihm gehörende Gefühl, innerhalb seiner Konturen zu sein, bricht auf, die gefühlte Körperkontur ‚zurrt' *vor* dem Bildschirm zusammen (was in der dargestellten Situation gefühlt einem ‚Abreißen' der Verbindung zum Bildschirm entspricht). Es folgt eine Art ‚Eichen', mit dem die verschiedenen Körperfacetten synchronisiert und damit reintegriert werden: Als Reaktion auf die „schräge" Wahrnehmung meines Körpers, die sich mit der Diskordanz von Bild und Geschehen vor der Kamera (das die Webcamübertragung hier streng genommen nicht mehr wiedergibt) einstellt, stelle ich meinen Körper abrupt still, alle Bewegungen ein, und bringe ihn in eine Art ‚Parkposition' oder ‚Nullstellung'. Als sich auf dem Bildschirm nichts mehr bewegt, sind die beiden Instanzen des Körpers de facto bereits wieder synchronisiert, was ich jedoch im Folgenden mit zunächst langsamen Bewegungen zunächst überprüfe („ich bewege sie extra langsam, um zu sehen, wie groß der Abstand ist") und in diesem Sinne erst ausagiere. Auf diese Weise wird der Körper in den praktischen Vollzügen verteilt und zusammengehalten.

4.2.2 Betrachten und Besprechen von Körperbildern

Der erste und letzte Zuschauer, den ein Körper in einer Cammingsession hat, ist er selbst. Dieses Zuschauen ist dabei nicht auf die passive phänomenologische Rezeption von visuellen Eindrücken beschränkt: Etwas sehen heißt auf CammingSite.com immer auch, anzuzeigen, dass man es gesehen hat. Sehen im Sinne von visuell wahrnehmen ist keine besonders fotogene Praktik. Dass jemand sieht, wird im Alltag zunächst einmal unterstellt, wenn ein *weiterer* Beobachter jemanden mit geöffneten Augen sieht (diese Unterstellung kann sich freilich als falsch erweisen – vgl. Länger 2002). Davon können sich stärker konturierte Formen wie etwa ‚Hinsehen', ‚Zuschauen' oder ‚Anstarren' durch entsprechendes körperliches Gebaren abheben bzw. durch Zuschreibungen identifiziert werden. Dass zwei Betrachter dann dasselbe sehen, muss wiederum interaktiv hergestellt werden (vgl. Garfinkel/Livingston/Lynch 1981). Bei Camminginteraktionen wird dies dadurch erschwert, dass (wie zuvor beschrieben) die Köpfe der Teilnehmer vergleichsweise selten im Bild zu sehen sind. Die Körper, die der Einzelne vor Ort sehen kann, sieht er beim Zu-sehen-Sein, nicht beim Sehen, und das Sehen als solches kann an den Körpern (den Augen) nicht abgelesen werden. Es muss durch andere Zeichen mit höherer Sichtbarkeit ersetzt werden, z. B. durch eine Nachricht im Chat. Indem man etwas ‚dazu' sagt, wird das, wozu man etwas sagt, erst umrissen und für die Aufmerksamkeit konturiert, und zugleich zu etwas gemacht, was gesehen wird (vgl. Jones 2008: 470).

Ähnlich funktionieren gestische Antworten, die auf Gesten des Interaktionspartners angemessen reagieren. Sie stellen retrospektiv über ein Verstehen das ursprüngliche Gesehenhaben her. Schließlich ist Sehen im Sinne der phänomenologischen Wahrnehmung der Bilder aber immer noch auch ein fortlaufender Begleit- bzw. Teilprozess der situativen Konstitution von Bildern. Mit der Zeit entwickelte ich einen spezifischen Blick auf die Dinge, die während einer Cammingsession in meinem Sichtfeld waren. Dieser Blick übersah vieles, was prinzipiell sichtbar war, sah anderes, das eigentlich nicht zu sehen war, und betrachtete dabei und damit ‚Körper‘ auf dem Bildschirm. Betrachten wir einige Momentaufnahmen, in denen Blicke und Sehen in meinem Material Spuren hinterlassen haben.

Vorbeisehen und Vorhersehen

Zur praxisspezifischen Art zu sehen beim Camming gehört ein selektives Sehen, das kompetent an manchen offensichtlichen Bestandteilen eines Bildes *vorbeisieht* (auf etwas anderes im Bild) und anderes, noch nicht Abgebildetes *vorhersieht* (ein anderes Bild). So etwa im Fall einer Webcamübertragung eines Männerpaares, die nackt aufeinander liegen und sich berühren, wobei der Po des einen Beteiligten in Richtung der Kamera gerichtet ist – nach konventionellen Maßstäben (und für meine Wahrnehmung in der Cammingsession) ein erotischer Anblick. Im Chat wurde dieser Anblick von den Zuschauern u. a. mit einem „we can't see anything…" kommentiert. Dies könnte ein Hinweis darauf sein, dass es für sie insofern ‚nichts zu sehen‘ gab, als was den Seherwartungen der Zuschauer nach hier *eigentlich* zu sehen sein *sollen* hätte, den Blicken verborgen war. Was zu sehen *war*, war nicht *sehenswert*, wurde vielmehr als Verweis auf etwas Anderes (potenziell zu Sehendes) und als Vorstufe zu einer ‚eigentlichen‘ erst folgenden Einstellung wahrgenommen. Der Zuschauerkommentar setzt die Szene in einen (man kann annehmen:) pornografischen Rahmen, gegenüber dem sie im Hinblick auf z. B. Explizitheit enttäuscht. Eine Webcamübertragung hat während einer Cammingsession nicht unbedingt eine eindeutige Rahmung, vielmehr überlagern sich verschiedene und oft auch widersprüchliche Rahmungsangebote der Zuschauer zeitgleich. Die folgenden Auszüge stammen aus dem Chat zu einer Webcamübertragung, die ich während einer Cammingsession zeitweise verfolgt habe.

> Das Bild der Webcam zeigt einen ca. Mitte 20-jährig wirkenden, athletischen Männerkörper, der leicht nach vorne geneigt steht. Die eine Hand reicht nach links aus dem Bildrand (vermutlich zur Maus), die andere Hand umfasst seinen weit überdurchschnittlich großen Penis, der am unteren Bildrand im Vordergrund den Großteil der Bildfläche einnimmt. ((Der Teilnehmer vor der Webcam beteiligt sich selbst nicht an dem folgenden Chat))

> | | |
> |---|---|
> | \<testoster1\> | „warum stehstn eigentlich die ganze zeit?!" |
> | \<swimmf\> | „knall dein rohr bei mir rein" |
> | \<maxxi46\> | „der hat in seiner leeren bude sicher keinen stuhl" |
> | \<MJko\> | „SCHREIB MICH AN PRIVAT" |
> | \<mamsh72\> | „can we see a side profile???" |
> | \<swimmf\> | „siehste mich" |
> | \<testoster1\> | „kann sich ja auch ufm boden setzen" |

> (Chatprotokoll)

Der Körper, der vom Darsteller vor der Kamera durch dessen Platzierung und den Bildausschnitt als der Fokus der Übertragung inszeniert wurde, wird in der Betrachtung
(die hier in Form des Zuschauerkommentars sichtbar wird) zum Nebenschauplatz. In
diesem Fall kommt es zu einer Gleichzeitigkeit von erotisierenden und de-erotisieren-
den Rahmungen. Während andere Zuschauer, für Interaktionen auf CammingSite.com
konventionell, das Bild der Webcam in erotische Interaktionsskripte einbinden (wie
der User <swimmf>, der in Form eines Imperativs eine erotische Szene evoziert („knall
dein rohr bei mir rein") und eine wechselseitige Sichtbeziehung zu etablieren sucht
(„siehste mich") oder andere Körperansichten verlangen und damit in einem erotischen Rahmen bleiben („can we see a side profile???"), diskutieren zwei User über die
spartanische bis nicht vorhandene Inneneinrichtung der Wohnung *hinter* dem Körper
im Bildvordergrund. Dabei handelt es sich um ein mutwilliges und offensichtliches
Übersehen, das vielleicht als ‚Necken' des Teilnehmers vor der Kamera gelesen werden kann.

Beide Szenen zeigen Rahmungen: Wird im ersten Fall das Bild dem (durch den
Kommentar gesetzten) pornografischen Rahmen nicht gerecht, so wird der erotische
Rahmen im zweiten Fall verlassen, indem sozusagen die Tiefenschärfe verstellt wird.
Was ein Bild zeigt, ist also zum einen in den Aktivitäten derjenigen zu verorten, die
durch und mit ihre(n) Bewegungen die Bilder ‚abgeben', zum anderen in den Kom-
mentierungen der Betrachtenden, die zeigen, was sie im Auge hatten.

Visualisierungen und Sichtbarmachungen

Neben solchen Fällen selektiven Sehens und einseitiger Rahmung der Bilder (durch
die Zuschauer) finden sich auch Szenen, in denen verschiedene Rahmungen bzw. *Ansichten* des Bildes verhandelt werden. Hier finden zwei Prozesse gleichzeitig statt: Zum
einen die interaktive Aushandlung dessen, was das Bild zeigt, zum anderen die Aushandlung des Bildstatus bzw. Zeichenstatus des Bildes selbst. Schauen wir uns dazu
folgende Szene an:

> ((Ich chatte mit einem anderen User, der mir, seit er im Raum ist, Komplimente macht)) Ihm gefällt
> mein Körper, vor allem die Behaarung hat es ihm wohl angetan: „geiler körper, haare auf der
> brust, aber beine fast haarfrei, was?". Als ich eine Weile nicht reagiere, fragt er nach: „was". Ich
> schreibe „beine auch haarig". Darauf schreibt mein Gegenüber „sieht man gar nicht" „ist dein
> po behaart? zeigste mal?" Ich gehe auf die Knie und drehe mich so zur Kamera, dass mein Po
> im Bild zu sehen. Ich schaue über meine Schulter auf den Bildschirm (der so auch ein größeres
> Stück weg ist, als wenn ich direkt davorsitze), und versuche (angestrengt) zu erkennen, ob man
> auf dem Bild Haare erkennen kann. *Ich denke kurz darüber nach, wie ich die Haare besser sichtbar
> machen könnte.*
> (Videotranskript und Erinnerungsprotokoll)

Der Zuschauer in diesem Ausschnitt spiegelt *seine* Sicht auf meinen Körper in und
mit Worten und *zeigt* mir damit (an), *dass* er zuschaut. Zugleich erzeugt er *eine* Sicht
(unter möglichen anderen, die an dem zu sehenden Körper z. B. andere Dinge her-

vorheben könnten), die damit sozusagen im Raum steht, und nach der vor allem die Behaarung meines Körpers relevant ist. Zunächst wird der Anblick generell bewertet („geiler Körper"), dann folgt eine Beschreibung des eigenen Seheindrucks in Form einer Aufzählung der Körperregionen, an denen er Behaarung (nicht) erkennen kann. Das die beiden Körperregionen (Brustregion und Beine) verbindende und unterscheidende ‚aber' könnte eine Erwartungshaltung implizieren, nach der Körperbehaarung an verschiedenen Körperstellen ähnlich stark auftritt.

Die Nachfrage („was?") markiert das Gesagte als Lesart, als Vermutung und bittet um eine Klärung meinerseits – ich soll *sagen, ob da Haare sind*. Damit ist die Bildartigkeit des Bildes gegenüber seiner schlichten Wahrnehmung *als* Körper angedeutet. Die Nachfrage markiert einen möglichen Unterschied und Abstand zwischen Bild und Körper und stellt in Frage, ob das Bild den Körper *richtig* zeigt. Ich stelle wiederum *sprachlich* richtig (bzw. *fest* und damit für den Rahmen der Situation *her*), dass meine „beine auch haarig" *sind*. Gerade dass ich dieses letzte Wort dabei nicht verwende (weil ich mich an den stenoartigen Schreibstil meines Zuschauers anpasse), verweist auf den Körper *vor* der Kamera, an dem ich, angeleitet durch den in textuelle Zeichen übersetzten Blick meines Zuschauers damit Haare verorte: Mein Blick richtet sich *nicht* auf den Bildschirm, um dann beispielsweise zu sagen ‚ich seh auch keine!', sondern ich antworte basierend auf einem Wissen von meinem Körper und seiner Behaarung, dass da welche *sind*. Damit ist im interaktiven Rahmen wiederum eine Differenz zwischen Körper und Bild markiert, die den Teilnehmer auf dem Bild nicht ‚alles' sehen lässt.

Die Antwort „sieht man gar nicht" rückt die Wahrnehmung des Zuschauers ins rechte Licht: Er hat nicht blöd gefragt, es handelt sich um einen Darstellungsfehler – jeder („man") hätte das nicht gesehen, weil es nicht sichtbar ist. Das Bild wird damit im Folgenden zum problematischen Bezugsobjekt für beide Teilnehmer, die ihre jeweiligen Wahrnehmungen mit dem stimmig machen müssen, was auf dem Bild erkennbar ist, und die diejenige darüber interaktiv produzieren. Der Zuschauer fährt mit seiner ‚Musterung' meines Körpers fort, indem er nach einer Ansicht fragt, die aktuell nicht zu sehen ist. Die Frage, ob mein Po behaart sei, zielt nicht auf eine sprachliche Antwort – sie wird um eine Nachfrage ergänzt, etwas zu *zeigen*. (Obwohl die Wahrnehmung schon einmal getrügt hat, scheidet Visualität als Wahrnehmungsmodus also noch nicht aus.) Ich ‚antworte', indem ich die besagte Partie in Richtung Kamera zeige. Mein eigener Blick sucht jetzt angestrengt nach sichtbaren Nachweisen für Körperhaare (und übersieht dabei womöglich, dass sich der Interaktionspartner mit der interessierten Nachfrage eine Ressource in einem sonst nach dem Gebot der Reziprozität organisierten strategischen Spiel des Austauschs von Körperansichten ‚erschlichen' hat). Mein Blick sucht im Bild etwas zu sehen, das ich im Alltag so gut wie nie sehe, aber über meinen Körper weiß: dass da Haare *zu sehen sein müssten*. Insofern schaut der Blick, ob das Bild meinen Körper korrekt wiedergibt (wodurch das Bild zum repräsentierenden Bild wird). Meine Gedanken darüber, die Haare *besser sichtbar zu machen* unterstreichen diese Erwartung an das Bild als korrespondierende Abbildung meines Wissens von meinem Körper: Ein ‚gewusstes‘ und in diesem Moment imaginiertes Bild und das digitale Bild sowie letztlich das, was der Zuschauer sieht, sollen zur Deckung gebracht werden.

Im Verlauf dieses kurzen Austauschs wechselt das Bild seinen Status vom Repräsentanten eines Körpers zum unzuverlässigen Medium, das Bildmotiv wird konstruiert, indem verschiedene Formen von Evidenz (visuelle Wahrnehmbarkeit, sprachliche Auskunft etc.) miteinander kombiniert werden.

Zusammenschau: Bildfragmente und Körperteile und ihre Integration

Die beim Camming zu sehenden Bilder zeigen in aller Regel Ausschnitte, teils extreme Nahaufnahmen der Körper vor der Kamera. Ihr fragmentarischer Status wird aber meist nicht weiter problematisiert. Dieser Bildzuschnitt erfüllt, wie teilweise bereits erläutert, verschiedene Funktionen: Das Abschneiden bzw. Ausblenden des Gesichts dient beispielsweise nicht nur der Anonymisierung, sondern erleichtert auch die Identifikation mit dem Bild auf dem Display. Wenn ich bei Webcamübertragungen, bzw. beim Einrichten meiner Webcam davor, mein eigenes Gesicht im Bild sehen konnte, erfuhr ich dies fast als eine Art außerkörperliche Erfahrung: Ich sah dann ‚mich‘ und zugleich wie ich ‚mir‘ zuschaue, im Bild wurde ich mir damit selbst mehr zu einem Gegenüber als einer Facette von ‚mir‘. Mit dem Verschwinden des Gesichts und der Herstellung des mir nach einiger Zeit vertrauten Bildausschnitts wurde das Bild gefühlt mehr zu ‚meinem‘ Körper.[9]

Die Ausschnitthaftigkeit der Bilder abstrahiert von dem spezifischen Körper vor der Kamera. Zwar dienen Techniken wie Zoomen und Bildzuschnitt üblicherweise dazu, auf etwas Besonderes oder Spezifisches hinzuweisen, im Rahmen autopornografischer Praktiken reihen sie die Bilder jedoch vor allem in einen Rahmen pornografischer Bilder ein. Körper werden in Webcamübertragungen nicht (oder sehr selten) wie in einem Ganzkörperspiegel von Kopf bis Fuß abgebildet, sondern immer schon in Ausschnitten, worin immer schon ein Moment des *Zeigens*, eine Art „Blickentwurf“ (Mohn 2007) liegt. Die Teilnehmer wiederum sehen in Nahaufnahmen von Genitalien oder Ansichten von Torsi nicht nur Körperteile, sondern ihre Gegenüber. Diese Perspektive bildete sich auch in meinen Protokollen ab: Für mich stand nie außer Frage, dass ich auf dem Bildschirm denjenigen sah, dessen Nickname auf der Profilseite stand. Ich sah wie die meisten Teilnehmer in dem aktuellen Bild einen Teil eines imaginierten Ganzen, und dies stand *pars pro toto*, im wahrsten Sinn des Ausdrucks, für mein Gegenüber.

Über diese Wahrnehmungsbeschreibung hinaus lässt sich aber auch beobachtend nachvollziehen, wie die Teilnehmer über den Bildrand hinausschauen und in

---

9 Die Reduktion auf einzelne Körperregionen, im Fall des männlichen Körpers auf den Penis, wird auch in der Pornografie (speziell im so genannten *POV (point of view)-Porno*) eingesetzt, um die Identifikation des (als männlich imaginierten) Zuschauers zu erleichtern.

bzw. hinter den Bildausschnitten ganze Körper sehen. Eine Variante ist, neue, andere Ansichten des Körpers anzufordern, als gerade sichtbar sind. Wir haben das oben in einer sehr einfachen Form gesehen: „ist dein po behaart? zeigste mal?" wurde von mir mit einer veränderten Körperhaltung ,beantwortet', die eine neue Körperansicht auf dem Bildschirm meines Zuschauers (und auf meinem eigenen) herstellte. In solchen Nachfragen und Anweisungen beziehen sich Zuschauer nicht nur auf den Körper, sondern auch auf den Bildausschnitt und die dahinterliegende Inszenierungsarbeit, sie thematisieren also die Gemachtheit der Bilder: Nutzer geben einander richtiggehend ,Regieanweisungen': „bitte vorhaut groß vor der cam!!!!", „setz dich drauf, dann sieht man es besser", „can we see a side profile?", „zeig deinen fetten Prügel mal von der Seite". Die Interaktionen auf CammingSite.com bestehen ganz wesentlich aus einem laufenden Wechsel bzw. einer Verkettung von solchen ,Bildvorschlägen', deren körperpraktischer Umsetzung (einem Visualisieren eines Bildes mit Hilfe des und im Material des Körpers) und deren anschließender Evaluation. Im Verlauf einer Cammingsession kommt ein Körper, wenn er nicht über die gesamte Zeit statisch vor der Kamera fixiert bleibt, auf diese Weise in verschiedenen Perspektiven zur Ansicht, wird sozusagen in verschiedenen Momentaufnahmen ,eingeflächt', die von den Zuschauern als dem *einen* Körper zugehörig gesehen und als dieser integriert werden. Schauen wir uns an, wie die Teilnehmer das bewerkstelligen.

<Down_Low> schreibt „MMM doable ass you got sexy ;)" Ich schaue auf den Bildschirm. Das Bild sieht aus wie immer. Ich liege schon die ganze Zeit halb aufsitzend an der Wand, an der das Bett steht, im Rücken die Heizung und zwei Kissen; so bin ich halb sitzend, halb liegend. Man sieht mich von knapp unterhalb des Mundes bis unter das linke Knie; mein rechtes Bein, das näher an der Kamera und damit quasi vorne im Bild ist, ist angewinkelt, man sieht es ganz, inklusive Fuß. *Wie kann der so meinen Arsch sehen?* Ich schaue auf dem Bildschirm auf mein Becken und ,fahre' mit dem Blick die Linie ab, die mein liegender Körper und die Matratze an der Grenze zwischen den beiden beschreiben. *Meint er das? Das sieht der doch gar nicht?* Ich hebe unwillkürlich das rechte Knie ein Stück an und greife mit der rechten Hand von unten an meinen Oberschenkel nahe des Knies und streiche mit der Hand langsam nach unten, dabei schaue ich weiter auf den Bildschirm. Man kann jetzt die Wölbung meiner Pobacke etwas erkennen, mehr sieht man nicht. Ich schaue in den Chat. Keine Reaktion. Ich lege das Bein wieder ab und schreibe mit der rechten Hand „lol thx. how can you tell?!". Zeitgleich mit meiner Nachricht erscheint auf dem Bildschirm „handsome face too ;)" Mein Blick geht zurück zum Webcambild. Man sieht nur ein bisschen Kinn mit Bart. *Okay der spinnt. Oder der will mich irgendwie rumkriegen, dass ich dem das alles hinhalte.* Ich klicke zurück ins Hauptfenster und durch die offenen Tabs in meinem Browser. Als ich wieder mein Chatfenster aufrufe, lese ich „pic ;))"
(Videotranskript und Erinnerungsprotokoll)

In diesem Ausschnitt werden, im Unterschied zur sonst üblichen redundanten sprachlichen Untertitelung des im Bild *bereits Sichtbaren*, zwei aktuell *nicht zu sehende* Körperregionen angesprochen und komplimentiert. Die erste Nachricht kommentiert mit dem „doable ass" ein Körperteil, das nicht im Bild zu sehen ist und das zu diesem Zeitpunkt auch nicht Teil meines Körpers in meiner Wahrnehmung ist – es ist sozusagen visuell und phänomenologisch abwesend. Als der Zuschauer anschließend auch noch das „handsome face" komplimentiert, das nicht nur ebenfalls nicht zu sehen ist, sondern zudem penibel verborgen gehalten, wende ich meine Aufmerksamkeit ab und anderen Inhalten zu. Mein Blick wandert in beiden Fällen gleichwohl direkt zu meinem eigenen Körper im Bild zurück. Im ersten Fall prüft er, *ob* bzw. *wie* dort ein „doable ass" zu sehen sein könnte bzw. was von meinem Zuschauer so *interpretiert* werden könnte. Dies wird begleitet von einer Veränderung der Körperpositionierung: Das Bein wird so aufgestellt und mit der Hand berührt, dass die entsprechende Körperregion sich sozusagen am Horizont der Wahrnehmung abzeichnet, sowohl im Sinne des propriozeptiven Körpererlebens als auch visuell.

Meine ironisch zu lesende Antwort-Frage („lol thx. how can you tell?") kommuniziert dies indirekt an meinen Gegenüber. Die Entgegnung und Erklärung „pic ;))" ergibt nun vor folgendem Hintergrund Sinn: Zum Zeitpunkt, als diese Cammingsession stattfand, hatte sich mein Körper jenseits des Bildschirms gegenüber seiner Form, die er zu Beginn meiner Studie hatte (und die Anlass für die beschriebene kritische Auseinandersetzung mit meinem Körperbild war), bereits stark verändert (ich hatte in größerem Umfang Gewicht verloren und durch viel Sport inzwischen einen recht athletischen Körper, womit auch ein gewisser Körperstolz einherging). Mich selbst auf dem Bildschirm zu sehen und Bilder von mir bzw. meinem Körper anzufertigen, war für mich inzwischen nicht mehr schambehaftet und ungewohnt, sondern zu einer gewohnten Praxis, zum Selbstzweck geworden. Eines dieser Bilder, das „pic" auf das mein Gegenüber hier verweist, hatte ich zu dieser Zeit als Profilfoto meines CammingSite.com-Profils verwendet (was mir in diesem Moment jedoch nicht präsent war). Die Aufnahme zeigte meinen Körper stehend von hinten, im Ausschnitt eines Torsos inklusive meines Pos. Zum Zeitpunkt der Interaktion mit <Down_Low> hatte ich es zwar inzwischen durch ein anderes Bild ersetzt, es blieb aber, wie ich anlässlich der Interaktion feststellte, in einer Galerie auf der Profilseite gespeichert und weiterhin öffentlich zugänglich.

Dieses Missverständnis konfrontiert mich in der beschriebenen Situation mit meiner eigenen, persönlichen Betrachterpraxis. Mein suchender Blick im Bild meiner Webcam assoziiert das Gesagte mit dem dort (nicht) zu Sehenden: Ich suche meinen Hintern sozusagen dort, wo er gemessen an der aktuellen Situation meines Körpers (zugleich hier, vor dem Bildschirm, und dort, auf dem Bild) sein *müsste*; Die Antwort von <Down_Low> bringt jedoch dieses gespeicherte Bild mit dem aktuellen Bild der Webcam in Verbindung und komplimentiert mich (im Sinne der aktuell vor der Webcam positionierten Person) zu meinem (an anderem Ort und statisch zu sehenden) „ass". Zuschauer sehen, wie <Down_Low> in diesem Beispiel, häufig auf diese Weise über den Bildrand hinaus, indem sie den Körper(-Ausschnitt), der aktuell im Bild zu sehen ist, mit Blicken auf andere Bilder ,vervollständigen': Sie suchen sich Fragmente des Körpers an verschiedenen Orten zusammen und integrieren, synthetisieren diese, verfertigen verschiedene Bildformate zu einer Gestalt. (Umgekehrt breiten Darsteller vor der Webcam Facetten und Ansichten ihres Körpers auch über diese Formate aus, wenn sie sich z. B. dort in anderen Ansichten und Erregungszuständen ausstellen.)

Das „handsome face" wiederum stellt sich im späteren Verlauf als eine andere Art von Bildverknüpfung, als ‚Imagination' auf Basis des unteren Gesichtsteils, und vor allem meines Barts, der im Bild zu sehen ist, heraus (Ich: „but what's with the face?" – <Down_Low>: „mmm like a scruffy face"). Hier wird nicht nur über den Rand des Webcambildes auf andere digitale Bilder geschaut, sondern ein Bild in einer anderen nicht digital-visuellen Zuständlichkeit mit dem aktuell gesehenen Bild in Verbindung gebracht.

4.3 Das *Body Image* als wandernde Körperbilder

Bislang stand vor allem die Situiertheit und Situativität von Camming im Fokus: die Körper-Bild-Praktiken im räumlich-örtlich ausdifferenzierten und eingerichteten Cammingset, das als transsituative Situation hervorgebracht wird. Die Konfrontation mit dem Bild des eigenen Körpers führte für mich jedoch auch über die Camming-situation und über den Zeitraum meiner Forschung auf CammingSite.com hinaus zu einer veränderten Körperwahrnehmung. Ich konnte zwei gegenläufige Tenden-zen an meiner Körperwahrnehmung feststellen: Zum einen wuchs zunächst meine ‚Kompetenz', meinen eigenen Körper als makelhaft zu erkennen, zum anderen aber stellte sich mit der Zeit auch ein gesteigertes positives Körpergefühl ein, eine sich langsam einschleichende Begeisterung, zunächst mit dem Bild meines Körpers auf dem Bildschirm, und mit der Zeit mit meinem Körper jenseits des Bildschirms. Vor allem in Bezug auf letzteres machte ich, wie mir die Arbeiten von Dennis Waskul vor Augen führten, eine ähnliche Entwicklung wie andere Nutzer durch: Selbst zu-geschriebene und empfundene Attraktivität, so Waskul, sei eng an Selbstwertgefühl und den Blick auf das eigene Selbst gekoppelt – die Kamera funktioniere als erotischer Spiegel, der es ermögliche, an einem positiven Außenblick Anderer auf den eigenen Körper teilzuhaben und so zu einem „reenchantment of the body" (Waskul 2002: 213) beitragen könne. Waskuls Interviewpartner/-innen berichten von beinahe therapeu-tischen Funktionen der Teilnahme an erotischen Videochats, wenn sie dort z. B. lange unentdeckte Vorlieben ausprobieren konnten oder ihre Scheu vor dem Nacktsein überwanden.

Was zu Beginn meiner Studie noch Auslöser für eine regelrechte ‚Körperpanik' (Berry 2007) war, wurde nun auch für mich zunehmend zu einer lustreichen Erfah-rung; das Bild meines Körpers auf dem Schirm wurde von einer kritisch beäugten Notwendigkeit des Forschungsprozesses zu einem Lustobjekt, das ich gemeinsam mit meinen (anderen) Zuschauern immer häufiger anstarrte. Solche langfristigen Prozesse und schleichenden Veränderungen sind schwer zu dokumentieren. In meinem spora-disch geführten Tagebuch setzte ich mich zwar auch mit meinem Blick auf den eigenen Körper auseinander, die zunehmende eigene Begeisterung für ihn (oder die Erleichte-rung, die frühere kritische Haltung verloren zu haben?) ‚schlich' sich gleichwohl un-ter meine Haut und an meiner ethnografischen Aufmerksamkeit vorbei. Ich werde im

Folgenden dennoch einen Versuch unternehmen, in diese Veränderung ein paar analytische Schneisen zu schlagen und zumindest mittels ethnografischem „telling" auf einem abstrakteren Level (gegenüber einem „showing", das Leser mehr in das Erlebte hineinbringt – vgl. Ellis u. a. 2010) einen Einblick in diese Facette meiner Studie geben zu können. (Hierbei handelt es sich selbstverständlich im Wesentlichen um retrospektive Rationalisierungen.)

Mit einem Blick zurück über die Zeit meiner Studie lassen sich verschiedene Phasen identifizieren, die für mich durch typische Erinnerungen an Erlebnisse und Gefühle ausgezeichnet sind. Im Folgenden versuche ich, diese vier Phasen vor dem Hintergrund meiner Auseinandersetzung mit Körperlichkeit und Bildlichkeit zu betrachten und einzuordnen.

1. *Das Bild als Fremdkörper.* Gehe ich in meinen Aufzeichnungen zurück zu meinem Erstkontakt mit der Webcam (Kap. 4.3), so lässt sich eine Unzufriedenheit mit und Scham gegenüber dem Bild feststellen. Das Bild auf dem Bildschirm steht mir, obgleich ich seine referentielle Beziehung zu meinem Körper ‚gewusst' anerkenne, ‚gefühlt' wie ein Fremdkörper gegenüber. Bild und Körper passen nicht zusammen: Ich will nicht, dass *das* das Bild meines Körpers ist, es deckt sich nicht mit dem mentalen Bild, das ich von ihm habe. Zugleich passt die in meinen Körperroutinen ‚gespeicherte' Haltung des Körpers nicht zu der Art, wie der Körper hier inszeniert werden muss, damit das Bild auf dem Bildschirm ‚stimmt'. Es kommt zu einem Bruch mit der gewohnten eigenen Körperwahrnehmung, die eine visuelle (und nicht nur imaginierte) Außenansicht meines nackten Körpers nur aus Spiegeln kennt, der gegenüber das schonungslose ‚Starren' der Kamera und die Vorwegnahme der Blicke anderer eine Differenz markieren. Nach der Konfrontation mit diesem so anders (als mein imaginiertes Bild meines Körpers) aussehenden Bild weiß ich nicht mehr, wie mein Körper aussieht. Hier imaginiere ich die Blicke anderer nicht nur, ich sehe sie konkret bzw. sehe mich konkret aus ihrer Perspektive (die ich als objektive Wahrnehmung rahme). Meine anfängliche Anspannung beim Camming rührte neben Anonymitätsbedenken auch von der Sorge her, unattraktiv auszusehen und/oder (deshalb) Ablehnung und Peinlichkeit zu erfahren.

2. *Der Körper passt ins Bild, das Bild wird zum Lustobjekt.* Mit der Zeit, je länger ich auf CammingSite.com vor der Webcam teilnahm und mit anderen Nutzern interagierte, wurde das Bild für mich zunehmend zu einem gewohnten Anblick. Mit den praktischen Vollzügen, den Interaktionsweisen und dem Jargon auf CammingSite.com lernte ich auch eine entsprechende Art zu sehen, mit dem Bild von mir umzugehen, mir ‚ein Bild von mir zu machen'. Darüber hinaus aber lagerten sich zunehmend Rahmungen anderer Nutzer an mein Körperbild an: In den Chats und textuellen Labels, die in das grafische und semantische Umfeld des Bildes (und zunehmend auch in meine Erinnerung) eintraten, erschien das Bild zunehmend als das eines attraktiven Körpers (u. a., weil sich mit der Zeit eine zugeneigte Zuschauerschaft und ich zusammenfanden – vgl. Kap. 5.4.1). Mit dieser Form der ‚Bildbearbeitung' wird das Bild auf dem Schirm (bzw. dessen Wahrnehmung) manipuliert, bis es sowohl mit der Ikonografie

eines für CammingSite.com ‚passenden' Körpers als auch mit dem eigenen mentalen Körperbild kompatibel ist.

3. *Ein neues Bild ‚meines Körpers' und ein neuer Blick darauf.* Die Frequenz meiner Teilnahme erhöhte sich in der Folge und ich entwicklte eine quasilibidinöse Beziehung zu diesem spezifischen Bild meines Körpers, das ich in Cammingsituationen auf dem Bildschirm nicht nur *sehen* konnte, sondern das ich im Rahmen dieser Interaktionen als ein Bild *meines* Körpers erfahren und in diesem Sinne verkörpern, *sein* konnte.

4. *Der Körper wird zum Idealbild.* Im weiteren Verlauf meiner Teilnahme auf CammingSite.com koevoluierten Körper und Bild. Ich begann, regelmäßig Sport zu treiben und dessen Auswirkungen auf meinen Körper laufend aufmerksam mitzuverfolgen: im Spiegel, aber auch auf dem Bild der Webcam. Ich ‚verlor' umfangreich an Gewicht und mein materieller Körper, zu Beginn eher dicklich, wurde schlank und athletisch. Der Körper ging sozusagen ‚vor', indem er seine Form veränderte, das Bild zog nach und bestätigte diese Veränderungen. Das Bild auf dem Schirm wurde für mich endgültig zu einem *Ebenbild* meines Körpers, das ich selbst gerne betrachte. Damit entwickelte sich ein neues Verhältnis zu meinem Körper, den ich zunehmend als attraktiv empfand, mit einem zunehmenden Körperstolz und dem Gefühl, auf CammingSite.com mit meinem Körper regelrecht angeben zu können – er wurde „besser" (Tagebuchnotiz) als viele andere dort. Mein materieller Körper, zuvor schon mit dem Bild auf dem Schirm ‚versöhnt', glich sich sozusagen weiter an ein Körperideal an, das innerhalb der Bandbreite von Körpern auf CammingSite.com liegt, aber bisher außerhalb der Möglichkeiten lag, es durch Körperhaltung und -positionierung herzustellen. Was zunächst durch die Haltung und Positionierung des Körpers vor der Kamera, Bildbearbeitung (wie die Einstellung von Helligkeit und Kontrast der Webcam) und entsprechende Rahmungen bewerkstelligt wurde, wird mit anderen Mitteln, durch Umformung des ‚Körpermaterials' fortgeführt: Die Arbeit am eigenen Körper als Anschauungsobjekt, über den Umweg seiner Bildlichkeit. Hier ist eine Tagebuchnotiz illustrativ:

> Bei der Datenanalyse. Ich öffne ein Video, um eine Transkription zu überprüfen. Ich springe mit dem Suchregler direkt an die entsprechende Stelle. Ich starre fasziniert auf den Bildschirm. Vor mir sehe ich meinen Körper, von vor Ewigkeiten. *Von wann ist das?* Er kommt mir unglaublich klein und pummelig vor – irgendwie auf eine niedliche Art *Wie kann das sein, dass der so klein, so kurz aussieht? Liegt das an der Perspektive?* Ich kneife die Augen leicht zusammen, mein Mund steht etwas offen. Ich forme unwillkürlich ein Schmunzeln und ziehe die Augenbrauen leicht zusammen. *Das ist eigenartig.* Meine linke Hand wandert unwillkürlich auf meinen Bauch und ich streiche nach oben in Richtung Brustmuskulatur, mein Blick folgt auf dem Bildschirm simultan den Linien, die mein ‚dortiger' und ‚damaliger' Oberkörper beschreibt. *Krass.* Ich spule weiter und springe im Video hin und her, und betrachte noch eine Weile meinen Körper von allen Seiten (die ich in diesem Video zeige). Erst nach einer Weile fällt mir wieder ein, warum ich ‚hier bin'.

Das Video führt hier einen Körper vor Augen, der quasi als Dokument einer vergangenen Zeit („von vor Ewigkeiten"), als ehemalige Version betrachtet wird, die zwar immer noch zum eigenen Körper gehört („Vor mir sehe ich *meinen* Körper"), dem aktuellen Körper aber nicht mehr entspricht („*von wann ist das?*"). Dieser Körper wird als Objekt („der") und Kuriosum bestaunt und dabei als Abbildung problematisiert: Er erweckt heute einen Eindruck, der früher nicht da war („er kommt mir unglaublich klein und pummelig vor"), und zwar auch, weil er heute in einer wohlwollenden Weise betrachtet wird, die das frühere kritische Beäugen abgelöst hat („irgendwie auf eine niedliche Art"). Ich spreche hier aus einem ‚Jetzt', das gewissermaßen einer von mir so wahrgenommenen höheren Stufe auf einer Ordinalskala von Körperversionen entspricht, und bin sozusagen ‚retrospektiv gnädig'. Daneben erscheint der Körper in dieser Situation anders als zum Zeitpunkt der Entstehung des Videos („*so klein, so kurz*"). Das Bild führt vor Augen, dass der eigene erlebte Körper ihm nicht mehr entspricht, was ein „*eigenartiges*" Gefühl auslöst, gefolgt von einer haptischen Vergewisserung der eigenen Körperkontur, die zeitgleich mit der visuellen Abtastung des Körpers auf dem Bildschirm abläuft. Die Hauptinformationsquelle für den Körper *vor* dem Bildschirm (der hier nicht vor einer Kamera ist) wird das Fühlen, Visualität erfasst den Körper auf dem Schirm, die beiden werden hier jedoch gerade nicht synästhetisch integriert.

Über die vier beschriebenen Phasen hinweg gehen Körper, Bilder und Medien unterschiedliche Beziehungen ein. Dabei wandert mein Bild davon, was ‚mein Körper' ist und wie er aussieht, zwischen verschiedenen Orten und Zuständlichkeiten. Zu Beginn meiner Teilnahme ist mein Körperbild eine mentale bildhafte Vorstellung, die sich aus Seherfahrungen und Einstellungen meinem Körper gegenüber speist und die sich in gewohnten Haltungen und Bewegungen ‚ausdrückt' bzw. Gestalt annimmt. Es wird dann mit einem anderen, digitalen Bild konfrontiert, das mit der Zeit Teil meines Körperbildes wird. In der körperlich-materiellen Umgestaltung bleibt dieses Bild als Referenzpunkt und immer wieder aufgesuchter Maßstab auch über die Grenzen der Cammingsituation hinaus präsent. Den verschiedenen Perspektiven, aus denen ich meinen Körper im Alltag wahrnehme, wird eine neue hinzugefügt – die Ahnung, wie etwas aussieht, wird künftig begleitet von einer neuen Gewissheit, wie etwas aussieht. Die zunehmende ‚Bildhaftigkeit des Körpers' wird ermöglicht und getragen durch die Mobilität der Bilder zwischen Trägermedien und Situationen.

4.4 Mediatisierte Körper(-lichkeit)

In diesem Kapitel habe ich gezeigt, wie das Verhältnis von Körpern vor dem Bildschirm und Bildern auf dem Display im Zuge der autopornografischen Praxis verschoben wird: (1) Die Bilder auf dem Schirm sind nicht nur Bilder von vorgängig existierenden Körpern vor der Kamera, sie sind Bilder von *Körpern zur Ansicht*, die durch *bildgebendes Verhalten* entstehen. (2) Die kategoriale ontologische Unterscheidung von Bildern und Körpern wird dabei unscharf: Das Bild auf dem Schirm wird zum Teil des Körperseins des Körpers in der Situation, der sich über die Grenzen seiner Haut hinaus erstreckt und synästhetisch erfahren wird. (3) Körper werden in den Praktiken der Teilnehmer in variierenden Graden selbst zu Zeichenträgern und Medien gemacht oder aber auf sich selbst reduziert. Auf CammingSite.com werden Körper zu öffentlichen Betrachtungsobjekten, indem sie mittels Medien in Bilder transformiert werden. Die Medien autopornografischer Praktiken bedienen eine Schaulust, deren Objekte sie selbst erst hervorbringen: Sie visualisieren geografisch Fernes aber auch allzu Nahes, sie ermöglichen neue Selbstansichten und -erlebnisse. So entstehen spezifische Formen erotischen und autoerotischen Erlebens, wie die Intimität mit sich selbst, vermittelt über ein Medium und in medial erzeugter und zugleich körperpraktisch prozessierter Gegenwart Anderer. Dabei werden Körper und Bilder in verschiedene Verhältnisse gebracht, womit sich situativ das Verhältnis von Bildlichkeit und Körperlichkeit verändert.

Zur alltäglichen Funktion des Körpers als Display im Sinne Goffmans, das laufend visuelle Eindrücke produziert, tritt das ganz wörtliche ‚Abgeben‘ eines Bildes. Ich habe gezeigt, dass das Bild des Körpers auf dem Schirm kein alleiniges Produkt des elektronischen Bildmediums ist, sondern in den Praktiken der Teilnehmer vor dem Bildschirm (und zeitlich bereits vor der Cammingsession) existiert. Dass es sich bei diesem Bild um ein Bild eines Körpers handelt, und dass es sich bei diesem Körper um den vor der eigenen Webcam handelt, ist Ergebnis von Praktiken der Teilnehmer: Sie stellen das Verweisungsverhältnis zwischen dem Bildschirminhalt und ihrem Körper vor der Kamera aktiv dar und her, bzw. erleben es durch die Synthese von verschiedenen Sinneseindrücken, die teilweise über das Bildmedium prozessiert werden.

Dabei vollzieht sich eine laufende (Re-)Mediatisierung und (Re-)Ontologisierung von Körpern und Bildern: (Körper-)Bilder kommen in einer Cammingsession in verschiedenen Zuständlichkeiten vor: Sie sind *visuelle Abbildungen* auf Bildschirmen, *mentale Repräsentationen* und *Vorstellungsbilder*, in Körpern und ihren Bewegungsroutinen *sedimentierte Posituren* und im weitesten Sinne abstrakte kulturelle Vorbilder, die in den laufenden kleinen Korrekturen von Körperpositionierungen als *Kontrastbilder* zum Ausdruck, indirekt zur Ansicht, kommen.

Bilder sind hier also nicht grundsätzlich ‚immaterielle‘ oder ‚virtuelle‘ Dinge, und sie sind auch nicht auf typische Medien wie Licht oder Leinwand festgelegt, die gemeinhin als Trägermaterialitäten für Bilder gelten: Die Ontologie und Medialität der Bilder in Cammingsessions sind nicht festgelegt, sie lösen sich auf in einen, man könnte sagen: ‚*ontopraktischen*‘ Umgang mit ihnen, der sie als die Dinge, die sie sind, entstehen lässt. Je nachdem, wie die Bestandteile der Praxis aktuell im Verhältnis stehen und ins Verhältnis gebracht werden, können Bilder als Bilder oder als Körper beteiligt sein, und können sie auf dem Bildschirm, *auf* einem Körper oder in Form und Gestalt eines Körpers erscheinen. Ontologische Grenzen werden zu *Grenzziehungen*, und diese können auch kontraintuitiv verlaufen: In Bezug auf ihre Beschaffenheit sind Körper im Cammingsituationen fluide. Sie sind mittels des Mediums an das Bild angeschlossen und fortwährend in den bildgebenden Prozess involviert, und so selbst praktisch auf ihre Visualität reduziert (bzw. auf eine spezifische Visualität, die nicht eigentlich ‚ihre‘ ist, erweitert).

Analog zum graduellen *Doing Images*, in dem die Bildartigkeit der Bilder bestimmt wird und Bilder dadurch mehr oder weniger mediatisiert (im Sinne von als Medien produziert) werden, wechselt auch der mediale Status von Körpern: Ihre Referentialität oder Identität wird praktisch graduiert (stehen sie für etwas Anderes – z. B. ein Bild für einen Körper oder ein zu sehender Körper für einen Idealkörper oder zukünftigen, auf andere Weise gezeigten Körper, sind sie mit sich selbst identisch oder mit etwas anderem?). Die Modulation von Körpern als Medien findet sich so schon im Alltag. Hier steht der Körper in aller Regel für die Person. Er wird, im Sinne Goffmans, als Display für etwas wahrgenommen, das vermeintlich hinter ihm liegt und weist so indexikalisch über sich hinaus: So sehen wir in Körpern Exemplare von Personenkategorien und diese Kategorien (‚ein Asiate‘, ‚ein Mann‘) oder soziale Typen (‚eine Sexbombe‘, ‚ein Tattergreis‘), dabei werden manche Eigenschaften aber als mit dem somatischen Körper identisch gerahmt und naturalisiert (wie z. B. Geschlechtszugehörigkeit), andere als kulturelle Sinnschicht definitorisch auf dem Körper (seiner Oberfläche) lokalisiert (wie z. B. eine Berufsrolle).

Beim Camming tritt hier sozusagen eine im sozialen Umgang mit Körpern ohnehin schon vorhandene Dimension stärker in den Vordergrund. Die Teilnehmer stellen sich mit dem Körper jedoch (in erster Linie) *als* Körper dar. Der Körper steht in der Teilnehmervorstellung hier gerade nicht für etwas, was hinter ihm liegt, er steht in seiner restlosen Nacktheit für sich selbst, ist auf sich reduziert bzw. wird so hervorgebracht. Der so entstehende Körper ist jedoch auch jenseits symbolischer Hüllen in Form von Kleidung nicht ‚nackt‘: Er ist sinnhaft eingehüllt in ein dichtes Gewebe aus Praktiken (des Betrachtens, Bewegens, Wahrnehmens etc.), bzw. besteht (auch) in und aus diesen Praktiken. Gleichzeitig bringt er in den Praktiken der Teilnehmer auch als dieser vermeintlich nackte Körper anderes situativ zur Ansicht (wie z. B. Männlichkeitsideale – s. Kap. 5), und wird (zumindest temporär) damit gleichgesetzt.

Darüber hinaus erfährt der Körper aus Teilnehmersicht eine Mediatisierung im Sinne seiner sinnlichen Neukonfiguration durch die Beteiligung skopischer Medien in Cammingsituationen. Mit ihrer Beteiligung entstehen Ansichten und Selbstansichten, die in ihrer Kombination von Dauer, Nähe und Perspektive unter körperlich Anwesenden kaum denkbar wären. Das skopische Medium visualisiert einen Körper, der ohne es nicht da wäre, zum einen, weil es ihn abbildet, zum anderen, indem es dafür eine praktisch-gestische Formung des materiellen Körpers vor der Linse erfordert. Der eigene Körper ist für den Einzelnen gewöhnlich durch Propriozeption, haptisches Berühren (bzw. Berührtwerden) durch Andere oder Objekte, oder durch Betrachten selbst erfahrbar. All diese Zugriffe auf den ‚eigenen‘ Körper liefern selektive Eindrücke, Ausschnitte dessen, was den eigenen Körper ausmacht. Den eigenen Körper und sich als Körper zu erleben bedarf also immer einer gewissen sensorischen und medialen Konfiguration von Situationen, die den Körper als etwas (Sichtbares, Spürbares, Widerständiges etc.) erlebbar machen, auch in Situationen, die nicht mit elektronischen Medientechnologien aufgerüstet sind. Den *ganzen* Körper selbst zu *sehen* bedarf immer Medien, wie im einfachsten Fall spiegelnden Oberflächen. Auch diese Medien bilden, wie gesagt, nicht nur ab, duplizieren nicht, was sich vor ihnen, z. B. dem Spiegel, befindet. Sie visualisieren eine bestimmte Ansicht und so gesehen einen bestimmten Körper. Der Spiegel bringt für den (Selbst-)Betrachter einen Körper zur Ansicht, den es nur auf seiner Oberfläche (bzw. im im eigentlichen Sinne virtuellen Raum hinter der Oberfläche) gibt. Das betrachtende Subjekt erlebt diesen Körper jedoch als entweder mit seinem Körper (oder gar sich) in einem direkten Korrespondenzverhältnis stehend oder als mit sich identisch.

Schon der Maßstab dieses Vergleichs, also wie der Körper *vor* dem Spiegel aussieht, muss nun jedoch seinerseits bereits aus Mediatisierungsprozessen hervorgegangen sein. D. h., was z. B. in der Cammingsituation als mentales Körperbild auftritt, hat seinen Ursprung in Medienpraktiken, und nimmt situativ Gestalt an, indem es in Form inkorporierter Haltungs- und Bewegungsroutinen die Visualisierung mit einer neuen oder spezifischen Visualisierungstechnik behindert oder befördert (und so seinerseits visualisiert wird).

Vor diesem Hintergrund erscheint es immer weniger plausibel, einen (Original-)Körper vorauszusetzen, der durch Medien vervielfältigt, verbreitet oder manipuliert wird. Körper als soziale Artefakte scheinen sich grundsätzlich in Mediatisierungsprozessen zu ereignen, in denen sie Gestalt und Substanz annehmen. In Abwandlung einer bekannten Phrase des Medientheoretikers Marshall McLuhan (McLuhan/Fiore 2001) ist das Medium hier nicht nur die Oberfläche, auf der sich ein Körper spiegelt, und die den Körper wie eine Nachricht vermittelt, es ist selbst (wenn auch temporär) dieser Körper (weil er nur im Zusammenhang mit dem Medium als der hervortreten und erlebt werden kann, der er ist). Zugleich bzw. umgekehrt ist ‚der Körper' ein Medium (unter anderen) seiner eigenen Hervorbringung in situierten Praktiken.

Im folgenden Kapitel betrachte ich einen Fall von Körperbildern genauer, der über das unmittelbar-vermittelte Verhältnis von Körper und Bild(-medium) hinausweist, das ‚vor Ort' in Cammingsituationen besteht: Das Verhältnis von abstrakten kulturellen Körperbildern und konkreten Körpern am Beispiel von Männlichkeitsidealen.

5 Männlichkeit(-en) zur Ansicht

Dieses Kapitel betrachtet Camming aus gendersoziologischer Perspektive, speziell aus Sicht der Masculinity Studies. Insofern es sich bei den von mir untersuchten Praktiken um Interaktionen zwischen Männern, also mann-männliche mediatisierte Sexualität handelt, bietet sich der Fall für eine Untersuchung der Konstruktion von Männlichkeitsbildern in homosozial männlichen Kontexten an. Dazu wird Camming zunächst als ein fortgeschrittener Fall der visuellen Ästhetisierung des männlichen Körpers eingeordnet (Kap. 5.1). Im Anschluss wird das Verhältnis alltäglicher Männlichkeitsdarstellungen und der Inszenierung einer hypermaskulinen Männlichkeit auf CammingSite.com untersucht und rekonstruiert, wie kulturell idealisierte Männlichkeitsbilder vor und auf dem Bildschirm in verkörperte ‚Mannsbilder' transformiert werden (Kap. 5.2). Im Folgenden werden verschiedene solcher Mediatisierungen von Männlichkeit(-en) genauer betrachtet. Kapitel 5.3 untersucht wie die Inszenierung von Geschlecht durch das Exponiertsein der Genitalien moduliert wird und wie der Penis dabei interaktiv zum Phallus, einer Insignie gesteigerter Männlichkeit gemacht wird, die sich die Teilnehmer damit zugleich aneignen. Die kategoriale Unterscheidung, Bestimmung und stratifikatorische Bewertung *verschiedener* Männlichkeiten vor dem Hintergrund eines Fluchtpunkts hegemonialer Männlichkeit ist Gegenstand von Kapitel 5.4. Betrachtet werden das An- und Ablegen kategorialer Identitäten am Beispiel der Verkörperung von Körperarchetypen in der schwulen Subkultur, die quantitative und qualitative Bestimmung von Männlichkeit als Ressource und die Aushandlung von heterosexueller Männlichkeit unter schwuler Beobachtung.

5.1 Die bildmediale Veröffentlichung des männlichen Körpers

Hinter der bildmedialen öffentlichen Präsenz des leicht bekleideten bis nackten weiblichen Körpers, der seit jeher beliebtes Objekt der Werbefotografie und künstlerischer Darstellungen ist, stand die kulturelle Sichtbarkeit des männlichen Körpers in Bildern lange zurück (Bordo 1999). In den letzten Jahrzehnten hat, eingebettet in einen allgemeinen Körperboom, die Sichtbarkeit (vor allem ästhetisierter, ‚fitter') männlicher Körper stark zugenommen. So liest der Männlichkeitsforscher Michael Meuser am körperfokussierten Diskurs in ‚Männerzeitschriften' die Entwicklung einer „körperreflexiven Männlichkeit" (Meuser 2001a: 224) ab, die der klassisch bürgerlichen Entkörperung des Mannes entgegenstehe. Den Hintergrund hierfür bilde ein Verlust der kulturellen Selbstverständlichkeit von Männlichkeit (abzulesen etwa an der Entstehung eines Beratungsdiskurses). Der Körper werde auch für Männer zunehmend zur Gestaltungsaufgabe und zum Ausweis ‚gelungener' Geschlechtszugehörigkeit. Sich über den Körper als Mann zu verstehen (und nicht etwa über den Gehaltsbogen) gewinnt,

https://doi.org/10.1515/9783110580266-005

so Meuser, in der Gegenwart an Relevanz. Damit einher gehe eine neue gesteigerte Aufmerksamkeit für den eigenen Körper und sein Aussehen.

Die in jüngerer Zeit vermehrt im öffentlichen Raum zirkulierenden Bilder männlicher Körper sind so zunehmend auch normative Vorbilder (Ricciardelli/Clow/White 2010). Nachdem zuvor tendenziell andere, körperferne Eigenschaften (wie politische und ökonomische Macht) als erotisch galten, der „schöne Mann" vor dem Hintergrund einer Feminisierung des Schönen zeitweise gar als Störung der heterosexuellen Ordnung begriffen wurde (Trapp 2003), ist ästhetische Arbeit am Männerkörper heute normal und normativ erwünscht, und die Vorbilder und Vorgaben dafür haben eine hohe alltägliche Sichtbarkeit erreicht. Zu diesen Vorgaben gehört auch, dass die dafür nötigen Kulturtechniken selbst (jenseits von Sport) größtenteils im Verborgenen stattfinden sollen.[1] Rüdiger Lautmann sieht den Beginn der zeitgenössischen Erotisierung des männlichen (wie er sagt: „Zentral-")Körpers in *Bildern* und *Vorführungen*, die Vorbilder ästhetischer Körper transportieren und Wahrnehmungskonventionen schulen: „Anfänglich ist also ein Bild da, erst danach treten die real interagierenden Körper auf (die nach dem Muster des erotisierten Bildes wahrgenommen werden)." (Lautmann 2000: 150) Auch heute entstammen öffentliche Bilder von Männlichkeit in der Regel der Werbeindustrie, dem Fitnessjournalismus, der Kunst[2] und nicht zuletzt der Pornografie, sie sind also zumeist *professionelle* Bilder.

Die autopornografische (Selbst-)Veröffentlichung männlicher Körper auf CammingSite.com kann als ein jüngster Schritt in einer historischen ‚Sichtbarwerdung' des männlichen Körpers interpretiert werden. Die Webcamübertragungen zeigen männliche Körper in einer großen Vielfalt: der Anfang 20-jährige sportliche Collegestudent, der mollige behaarte Typ Mitte fünfzig, der ‚schwarze' Sportboxer in Sweatpants, der verheiratete bisexuelle intimrasierte Geschäftsmann. Sie alle stellen ihre unbekleideten Körper vor der Öffentlichkeit der anderen Nutzer zur Schau.

In autopornografischen Praktiken treten zu den professionellen Bildern von Männlichkeit in der Öffentlichkeit alltägliche männliche Körper in eine neue Öffentlichkeit. Mit Technologien wie Webcams und Diensten wie CammingSite.com kann jeder-mann Produzent eigener Körperbilder werden, sie ermöglichen die Teilhabe an Bildpraktiken der Selbstveröffentlichung. Soziale Medien laden zum Austausch und zur Interaktion mit Körperbildern und -vorbildern ein. Dabei treffen verschiedenste Arten von Männlichkeitsinszenierungen aufeinander und werden unterschiedliche

---

1 Illustrativ ist hier die recht kurze Konjunkturphase des 1994 von dem britischen Journalisten Mark Simpson geprägten Begriffs ‚metrosexuell' als Modewort, mit dem Männer bezeichnet wurden, die auffällig gepflegt und modebewusst auftraten (allen voran der britische Fußballspieler David Beckham). Der Begriff verwies darauf, dass eine gesellschaftliche Agnosie gegenüber diesen Gestaltungsleistungen noch nicht so verbreitet war wie beim routinierten Übersehen der Arbeit an Frauenkörpern, z. B. an Beinen, deren Haarlosigkeit als natürlich wahrgenommen wird.
2 Wie z. B. im Rahmen der Ausstellung „Der nackte Mann", die 2012/13 im Linzer Kunstmuseum und anschließend im Pariser Musée d'Orsay gezeigt wurde.

Bilder von Männlichkeit ausgehandelt. Im Rahmen autopornografischer Praktiken können solche abstrakten Bilder zudem als Körperoptionen ‚ausprobiert' werden, materielle Körper von Teilnehmern zu temporären Trägern und Verkörperungen kultureller Vorbilder werden. Das folgende Kapitel betrachtet diese Prozesse im Detail.

5.2 Gender Image Display

Im Anschluss an Douglas Schrock und Michael Schwalbe (2009) lassen sich verschiedene Bedeutungsgehalte und Begriffsvarianten von Männlichkeit unterscheiden: Im Alltagswissen werden Körper nach optischen und funktionalen Kriterien obligatorisch in ‚männlich' und ‚weiblich' sortiert. Auf diese Unterscheidung baut die Unterscheidung von ‚Männern' und ‚Frauen' auf. Die ‚Männchen' der Spezies Mensch sind ‚Männer', insofern sie sich als Angehörige einer sozialen Kategorie zu erkennen geben und so attribuiert werden (Goffman 1977b). Einen als männlich wahrgenommenen Körper zu besitzen ist für die Identifizierung als Mann hilfreich, jedoch weder nötig (Beispiel: Drag Kings) noch ausreichend: wenn z. B. andere, nicht körperbezogene Marker fehlen, die für eine überzeugende Identifikation als Mann nötig sind, oder vorhandene, wie eine weibliche Stimme und ein als weiblich gehörter Vorname Diskordanzen zwischen Markern erzeugen (Nübling 2017). *Der* Mann' wiederum kann eine Position in einer geschlechtsverschiedenen Interaktion oder einer Praktik wie dem Paartanz sein.

Ich bezeichne die erste Form als ‚Männlichsein', die zweite als ‚Mannsein' (im Sinne von ‚den Mann machen'). ‚Männlichkeit' wiederum kann zum einen verstanden werden als ein Insgesamt von Eigenschaften, Verhaltensweisen oder Rollen, die Männern zugeschrieben werden, zum anderen aber auch als Wertbegriff im Sinne einer steiger- und verlierbaren Virilität als Ressource. In der Männlichkeitsforschung wird der Begriff spätestens seit den Arbeiten von Connell (1983) und Carrigan u. a. (1985) im Plural verwendet, womit auf Männlichkeiten als kontext-, milieu-, kultur- und lebensentwurfspezifische Konstrukte und Formen kollektiver Praxis verwiesen wird. Inwiefern ‚Männlichkeit' aus Sicht der Teilnehmer eines Praxisfeldes dann z. B. eine symbolische Ressource sein kann, und was ‚Männlichkeit' jeweils bedeutet, wird dort je spezifisch ausgehandelt. Verschiedene Männlichkeiten können insofern als Idealbilder, Leitbilder und Vorbilder dafür verstanden werden, was ein (‚richtiger') Mann ist.

Die Körper der Teilnehmer auf CammingSite.com sind auch außerhalb der situierten Praktik ‚männlich' (‚Männerkörper'). Sie sind dies, indem sie als solche inszeniert und wahrgenommen werden, und indem der Status und die Eigenschaft, ‚männlich' zu sein, auf sie attribuiert wird. Schon im nicht technisch-medial vermittelten sozialen Alltag ist Geschlecht(-szugehörigkeit) in erster Linie ein visuelles Phänomen: Aus Goffmans dramaturgischer Perspektive (Goffman 1987) machen sich Personen zu Männern und Frauen, indem sie pantomimisch ritualisierte *Gender Displays* abgeben. Geschlecht wird am Körper als Display, an Haltung und Posen und am Umgang mit dem Körper und seinen Teilen ausagiert und abgelesen. Goffman untersucht *Gender Dis-*

play an amerikanischen Werbefotografien, also an Bildern im eigentlichen Sinne, die von der Situation ihrer (bis ins Detail geplanten) Herstellung losgelöst sind. Sie sind Ergebnisse von professionellen Bildpraktiken (wie Inszenieren, Fotografieren, Selektieren u. a.), die die Inszenierungspraktiken des alltäglichen Gender Displays modulieren, indem sie sie „hyper-ritualisiert" ablichten und aus dem Strom von (bereits ihrerseits ritualisierten, typisierten) Darstellungen im Alltag herausheben. Damit betont Goffman eine Kontinuität zwischen verschiedenen Arten von Geschlechterdarstellungen: „[A]ctual gender expressions are artful poses, too." (Goffman 1987: 84) In der Kompetenz, diese Inszenierungen abzugeben und zu erkennen, erschöpft sich Goffman zufolge die Natur und Natürlichkeit von Männern und Frauen.

Ich verstehe autopornografische Bildpraktiken als Modulationen dieser Alltagspraxis der Geschlechtsinszenierung. Die vorgängige Praxis des Gender Displays wird zugleich in die Cammingpraxis importiert und dort situiert: Es entstehen situative bzw. zur autopornografischen Praktik ‚gehörende' Arten von Gender Display und mit ihnen korrespondierende Bilder von Männlichkeit(-en) und Männerkörpern. Bei Cammingpraktiken kann man nun nicht nur die Körper in ihrer Männlichkeit, Attraktivität, Nacktheit etc. betrachten; man kann zudem sehen, wie sie laufend bewerkstelligt werden, das *artful posing* und die mit ihm entstehenden Körper in Echtzeit mitverfolgen. Goffman weist darauf hin, dass man in den von ihm verwendeten Bildern „the way gender is pictured, not the way it is actually performed" (Goffman 1987: 25) sehe. Die beiden Momente fallen auf CammingSite.com zusammen: Camming zeigt die Praxis in ‚Nahaufnahme' und zeigt neben dem Ergebnis auch den Prozess der Herstellung der Bilder. *Gender Display* ist hier, im Rahmen der autopornografischen Praktik, quasi immer schon *Gender Imaging*.

Der Fall Camming macht das implizite Wissen hinter dieser Konstruktion, welches für gewöhnlich „verschleiert" (Hirschauer 1994: 674) bleibt, zweifach explizit und sichtbar: Zum einen irritiert er angewöhnte Körperpraktiken der Geschlechtsinszenierung, weil er sie in einen (auch materiellen) Rahmen einfügt, an den sie angepasst werden müssen (vor allem zu Anfang meiner aktiven Teilnahme musste ich quasi neu lernen, in diesem Rahmen ein männlicher Körper zu sein). Zum anderen führt er die eigenen Inszenierungsleistungen über das Feedback auf dem eigenen Bildschirm laufend vor Augen. Die Körper als Displays zeigen selbst ein kulturelles, visuelles Wissen darum an, wie sie betrachtet werden (können, sollen). Eine gesteigerte Aufmerksamkeit für meinen Körper als *männlichen* Körper konnte ich an mir bereits vor der Cammingsession beobachten; die situative Praktik vor Webcam und Bildschirm griff sozusagen zeitlich vor. So etwa bei dem typischen Blick in den Spiegel, bevor ich mich vor die Webcam begab:

> Ich stehe nackt im Bad vor dem Spiegel und schaue an mir herunter. Mein Blick folgt der Kontur meiner Taille und meiner Hüfte. Ich habe viel Sport gemacht in letzter Zeit, aber ich habe immer noch eine kleine Wölbung über der Hüfte. *Vielleicht geht die nie weg. Vielleicht ist das Gewebe einfach zu schlaff.* Ich ziehe den Bauch ein und spanne Oberarm- und Brustmuskeln an, dabei

drehe ich mich leicht zur Seite ein. Ich sehe noch müde aus, es ist früh am Morgen. Meine Haare sind noch zerzaust und ich habe leicht verquollene Augen, unter meinem Kinn sehe ich einen deutlichen Bartschatten. Mit meiner Hand auf der dem Spiegel abgewandten Seite streiche ich mir über den Bauch und ziehe mit der flachen Hand meine Haut am unteren Bauch ein Stück nach oben straff. *So müsste das aussehen.* Ich schaue mir kurz im Spiegel in die Augen und lasse dann meinen Blick über mein ganzes Spiegelbild wandern. *Das macht ein ganz anderes Gesamtbild.* Ich lasse die Hand los, die Haut ,rutscht' wieder nach unten. Ich gehe ein wenig auf die Fußballen und neige meinen Oberkörper leicht nach hinten. So sieht das echt sportlich aus. Ich drehe mich frontal zum Spiegel, ein kurzer Blick in die Augen meines Spiegelbildes und ich wende mich ab. (Erinnerungsprotokoll)

Der Blick in den Spiegel ist hier ein Blick auf den Istzustand des Körpers, der jedoch zugleich eine bestimmte Körperzone („über der Hüfte") im Abgleich mit einem spezifischen Ideal der Körperkontur (in dem die „Wölbung am unteren Bauch" „weg" ist) als nicht stimmig identifiziert. Zum anderen wird im Folgenden ein Körper visualisiert, indem dieses Idealbild situativ mit dem posierenden Körper zur Anschauung gebracht wird. Durch Baucheinziehen, Anspannen von Muskeln, veränderte Körperhaltung und -position wird der Körper so geformt, dass im Spiegel eine Ansicht entsteht, die aus Athletik und Bodybuilding bekannt ist. Der Blick tastet das entstehende Bild auf Passung bzw. Glaubwürdigkeit ab: Ist diesem Körper, den ich da sehe, abzunehmen, dass er in dieser Pose steht, in sie ,gehört'? Die Pose und mein Körper in dieser Pose entstehen situativ durch meine Bewegung, die Pose selbst ist aber immer noch etwas, das (in meinen Augen im Moment des Abgleichs) von dem konkreten entstehenden Bild und der Situation losgelöst existiert und als Maßstab für den Körper dient. Was nicht dem Idealbild entspricht („eine kleine Wölbung am unteren Bauch"), wird durch einen händischen Eingriff visuell ,korrigiert'. So entsteht zwar in diesem Bereich des Bildes der richtige Eindruck, der Rest der Pose stimmt aber nicht mehr (weil eine Hand die Haut „ein Stück nach oben straff" zieht), es gibt immer noch einen Abstand zwischen dem aktuell, temporär zu sehenden Spiegelbild und dem Idealbild (*„so müsste das aussehen"*): Ich sehe einen Körper, der so tut, als sei er ein anderer, ich sehe mich und dass ich nicht mit dem Bild, das ich aktuell sehe, identisch bin. Es folgt eine Neujustierung der Körperhaltung, die denselben Effekt erzeugt. Damit ist die Begutachtung abgeschlossen und ich kann gehen – in ein anderes Zimmer, in dem der Aufbau aus Laptop, Webcam und Couch vorbereitet ist, um durch meinen Körper vervollständigt zu werden.

Auf CammingSite.com findet Gender Display mit dem Körper, dabei aber zudem vor und für, mit und auf Displays in Form von Bildschirmen statt. *Camming* greift das kulturelle (praktische) Wissen um die implizite Visualität und Sichtbarkeit von Geschlecht auf und (über-)steigert diese technisch, verschiebt den Regler von der Offensichtlichkeit des Geschlechtskörpers in Richtung *Bildhaftigkeit*. Schon in dieser Hinsicht sind die Bilder von Geschlechtskörpern, die hier zu sehen sind, Hyperritualisierungen im Sinne Goffmans, sie sind nicht alltägliche Geschlechterdarstellungen. Im Prozess ihrer Herstellung werden ,virtuelle', kulturell zirkulierende

Männlichkeits(vor)bilder[3] in konkrete *Bilder von Männern* übersetzt, auf verschiedenen Trägermedien, zu denen auch der Körper von Teilnehmern gehört, ‚visualisiert' und dann schließlich am eigenen Leib verkörpert.

In dieser Praxis kommen Vorstellungs- und Idealbilder von Männerkörpern als selbstverständliches, präreflexives körperliches Wissen zum Einsatz und dabei und dadurch zum Ausdruck. Teilnehmer nutzen Artefakte wie die Webcam und den Computerbildschirm als Darstellungsmittel bei der Inszenierung ihrer Geschlechtszugehörigkeit. Sie vollzieht sich auf das Bild und den Bildschirm hin orientiert, wenn nicht explizit für Zuschauer so doch mindestens ‚vorzeigbar', also mit Bezug auf potenzielle Wahrnehmung durch Andere. Das alltäglich beiläufige und niedrigschwellige *Doing being male* wird hochgefahren und zugespitzt auf ein *Doing being a (,real') man.*

5.3 (Die) ‚Männlichkeit' in Szene setzen

Unter den visuellen Zeichen männlicher Geschlechtszugehörigkeit wird im Alltagswissen, aber auch von wissenschaftlicher Seite, vor allem dem Penis eine besondere semiotische Potenz zugeschrieben; er gilt als der Marker von Männlichkeit schlechthin (Bordo 1999; Kessler/McKenna 1985; Lindemann 1992). Sein *Vorhandensein* entscheidet (schon vor der Geburt) über die initiale Geschlechtszuordnung, an die im weiteren Leben soziale Konsequenzen geknüpft sind (Goffman 1977b).[4] *Größe und Beschaffenheit* des Penis gelten mitunter als Maßstäbe der Männlichkeit und Potenz seines ‚Besitzers'. Entsprechend kann ein immer relational zu anderen festgestellter oder befürchteter Mangel zu situativen Männlichkeitskrisen führen (Del Rosso 2012).

Dieser hohen Bedeutungsaufladung des Penis als Geschlechtsmerkmal steht seine alltägliche Unsichtbarkeit und Bedeutungslosigkeit gegenüber. Im sozialen Alltag sind die Genitalien eine Art letzte Instanz in Sachen Geschlechtsfeststellung, bleiben sie doch meist per Konvention verborgen: *Kulturelle Genitalien* (wie Frisuren und Kleidungsstile) werden zu ihren Repräsentanten und Visualisierungen (Kessler/McKenna 1985: 154). Gegenüber ihnen büßen die vermeintlichen ‚primären Geschlechtsmerkmale' sozial an Bedeutung ein: Um festzustellen, mit welchem Ge-

---

3 Mit diesen Vorbildern sind ganz allgemeine, abstrakte Vorstellungen davon gemeint, wie ein Mann aussieht oder sich verhält. Sie können auch konkretere Formen annehmen, die sich etwa nach bestimmten Feldern unterscheiden (wie z. B. Männlichkeitsvorstellungen in der schwul-lesbischen Szene, in der Pornografie oder der Prostitution – vgl. die Beiträge, vor allem von Howe und Krell, in Baur/Luedtke 2008).

4 Im Expertendiskurs der Lebenswissenschaften wurde die Geschlechterdifferenz sukzessive in den Bereich des Unsichtbaren ‚unter der Haut' verschoben (in Chromosomen und Hormone) und blieb so immer mehr der Deutungskompetenz von Expert/-innen vorbehalten (Voß 2010). Dennoch liegt der Primat für die Geschlechtszuschreibung nicht nur im Alltagswissen, sondern auch im wissenschaftlichen Wissen beim visuellen Genital – pränatale Geschlechtsfeststellung erfolgt beispielsweise auch heute noch per ‚Sichtkontrolle'.

schlecht wir es in Interaktionen zu tun haben, ist der Blick zwischen die Beine nicht nötig. Wird er möglich, steigert dies die Anforderungen an das Situationsmanagement der Beteiligten: Ein entblößter Penis kann insofern als „intrinsically indecent" (Barcan 2004: 17) gelten, als seine Anwesenheit nie gleichgültig ist, sondern immer einer praktischen Anstrengung bedarf, um sie gleichgültig zu machen. Mit entblößten Genitalien steht drohende Scham im Raum (Heimerl 2006) und auch in Situationen konventioneller gemeinschaftlicher Nacktheit kann ein entblößter Penis zum kritischen Blickfänger werden: In Bäderhäusern oder an Nacktbadestränden entscheiden minimale Unterschiede der Blicklänge und -offensichtlichkeit über die Stabilität der Situationsdefinition als explizit *nicht* erotisch oder sexuell. Entblößten Genitalien wird in öffentlichen Situationen also in aller Regel mit Praktiken des Absehens und der Entsexualisierung begegnet (was noch nicht heißt, dass die Sichtbarkeit eines Penis allein eine Situation unumwunden sexualisiert, wie dies u. a. Lindemann (1993: 226) und Waskul (2004b: 45) sehen).[5]

Auch in öffentlichen Bilddiskursen unterlagen und unterliegen die Sichtbarkeit des Penis und seine (sowie ihre) Bedeutung historischen Konjunkturen (Bordo 1999). Elizabeth Stephens (2007) zeigt, dass gerade der ‚gewöhnliche' Penis (jenseits der Ausnahmeformate der pornografischen Ikonografie) in popkulturellen Repräsentationen zwar nicht unsichtbar ist, jedoch meist in maskierter oder verfremdeter Form inszeniert wird (wie z. B. im ‚Genitalorigami' der Performance-Show *Puppetry of the Penis*, aber auch in Form phallomorpher Bilder). In der pornografischen Ikonografie werden gerne solche Penisse gezeigt, die als in bestimmter Weise außergewöhnlich gelten können (als besonders lang, dick etc.). Die Glorifizierung des (besonders ‚standhaften') männlichen Glieds ist obligatorischer Bestandteil gängiger Skripte des pornografischen Mainstreams.[6]

Die Ausbreitung des Internets hat die Sichtbarkeit von Penissen und vor allem ‚alltäglicher', ‚durchschnittlicher' Penisse in verschiedener Hinsicht verändert. Zum einen ist der Zugang zu fotografischen oder sonstigen Repräsentationen von Penissen heute zu einer Selbstverständlichkeit geworden. Zum anderen hat das Netz auch Möglichkeiten für den ‚Mann von der Straße', den Durchschnittstypen geschaffen, an erotischer Bildproduktion für die Öffentlichkeit beteiligt zu sein. Um diese Praktiken haben sich ganze informationelle Infrastrukturen gebildet, wie sogenannte *Rating*-Seiten (Waskul/Radeloff 2010), auf denen Teilnehmer Bilder ihres

---

5 Wie sehr selbst abstrakte Darstellungen eines Penis Aufruhr erzeugen können, zeigte die Debatte um die Jahreszeiten-Bilderbücher der deutschen Illustratorin Rotraut Susanne Berne („Wimmelbücher"), in welchen der amerikanische Verlag Body Mills Press den ‚Penis' (ein ca. 1 mm langes, an einer Seite offenes Oval) einer Statue in einem Museum aus Jugendschutzgründen retuschieren lassen wollte (O. A. 2008).

6 Und das auch dann, wenn die gezeigten Penisse gar nicht aus dem gesellschaftlichen Durchschnitt herausragen. Sie werden aber durch ihre Besonderung außergewöhnlich, was als typisches Moment pornografischer Männerkörper gelten kann.

Penis einstellen und die Penisse anderer Nutzer auf Skalen bewerten können, auch im Vergleich miteinander (*schwanzvergleich.biz, ratemydick.org, ratemypecker.com, floppydicks.com*). Onlineportale wie CammingSite.com erscheinen in dieser Hinsicht wie anatomische Sammlungen, in denen ein großes Spektrum von Geschlechtsteilen zur Ansicht ausgestellt ist. Es sind gerade nicht die überdurchschnittlichen Penisse der Pornoindustrie, die hier zu sehen sind: Hier halten ‚Hinz und Kunz' ihr Genital in die Kamera, die Teilnehmer rekrutieren sich aus verschiedensten Altersgruppen, Körpertypen und ethnischen Herkünften. Wie funktioniert *Doing Gender* (West/Zimmerman 1987) in Anbetracht (!) exponierter Genitalien?

5.3.1 Genital Display

<Westoy> trägt ein Sporttrikot und knallgelbe Sportshorts. Er liegt auf einer Matratze, die Kamera zeigt ihn von halb oben – vermutlich steht sie auf einem Schreibtisch oder in einem Regal. Er fasst immer wieder die deutliche Beule in seinem Schritt an und dreht sie in Richtung Kamera. In seiner Statuszeile lese ich „ohne Haare, Vorhaut, Unterhose". <Westoy> hat eine Glatze und seine Arme und Beine wirken ebenso unbehaart. Mein Blick richtet sich in seinen Schritt und stellt abwechselnd auf diese Region und dann wieder das Gesamtbild scharf, ich versuche mir vorzustellen, wie seine Genitalien aussehen. Unter der Short zeichnet sich der halb erigierte Penis ab, ich versuche, die Hose quasi ‚mental auszublenden'. <Westoy> legt immer wieder die Hände flach links und rechts daneben und zieht den glänzenden gelben Stoff glatt, sodass die Kontur noch deutlicher zu sehen ist. Sein Blick ist dabei immer in Richtung Kamera und/oder Bildschirm gerichtet. Er nimmt die Hände kurz aus dem Schritt, ‚stellt' die Arme gestreckt hinter sich auf der Matratze ab, und lehnt sich mit geradem Oberkörper nach hinten, dabei kippt er das Becken leicht nach vorne und bewegt die Beine (er hat sie wie Froschbeine leicht angewinkelt, die Knie scheinen kurz über der Matratze zu schweben) leicht wippend zusammen und wieder auseinander. Er nimmt seine linke Hand nach vorne und zieht die Short ein wenig zur Mitte, das wirkt beinahe ‚sorgfältig', sein halbsteifer Penis liegt auf seinem Oberschenkel, und er schiebt ihn mit seinem Daumen ein kleines Stück nach vorne, aus der Short heraus, sodass die Spitze zu sehen ist. Er verfolgt dies konzentriert auf dem Bildschirm ((Dies nahm ich an, weil der Blick des Teilnehmers auf die typisch ‚entrückt' wirkende Art knapp an der Webcam vorbei gerichtet war)) Ich sehe einen hellgrauen Fleck. *Oh wow. Er hat ein Piercing, so ein Penispiercing, Prinz Albert heißen die glaube ich.* Einen kurzen Moment später hat <Westoy> die Short wieder nach außen gezogen und sie bedeckt seine Genitalien wieder ganz. Er wendet sich zur Seite und tippt. Im Chat schreibt ein User „hol ihn mal raus, dem ist zu warm".
(Videotranskript und Erinnerungsprotokoll)

Auf CammingSite.com ist der erigierte Penis in Nahaufnahme das dominante Bildmotiv und seine Sichtbarkeit der ‚rote Faden', um den herum sich das Geschehen abspielt. Dass der Penis das Sehenswerte par excellence in einer Cammingsession ist, war auch für mich selbst nie eine Frage: Schon bei meinem ersten Versuch vor der Kamera habe ich den Bildausschnitt so eingestellt, dass der Penis den Fluchtpunkt des Bildes darstellte. Was wie ein plumpes ‚Herzeigen' des Penis aussieht, kann als Produkt einer konzertierten Praxis zwischen den Protagonisten vor der Webcam und den Zuschauern beschrieben werden. Die Teilnehmer reduzieren sich durch die Anordnung von Körper und Kamera (über die der Bildausschnitt hergestellt wird), aber auch gestisch auf den Penis und machen sich zu seinen ‚Anhängseln'. In diesen Inszenierungen kommen kulturelle Skripte zum Ausdruck und Einsatz: die symbolische Loslösung der Genitalien vom Rest des Körpers, die für die erotisierende Wahrnehmung von Körpern typisch ist (Lautmann 2000: 145), und das Verständnis eines Männerkörpers als erst dann wirklich nackt, wenn der Penis zu sehen ist (Kibby/Costello 1999). Eine Cammingsession beinhaltet eine typische Abfolge von Stadien, in der die graduelle Sichtbarkeit des Penis durch die Beteiligten hergestellt, aufrechterhalten und moduliert wird:

„Alle warten, dass was passiert!": In-Aussicht-Stellen und Vorher-Sehen

Der Anblick eines nicht erigierten Penis ist eine relative Seltenheit auf CammingSite. com und ist unter Teilnehmern klar codiert: Er ist *noch nicht* oder *nicht mehr* erigiert. Solange der Penis in noch nicht erigiertem Zustand ist, bleibt er für gewöhnlich hinter Kleidung, Handtüchern oder durch die Anordnung von Armen, Beinen und Händen vor der Kamera verborgen, dabei und dadurch aber schon in Aussicht gestellt und in der Folge sukzessive ins Spiel gebracht: wenn die Kamera zunächst, zu Beginn einer Übertragungssession in der „crotch cam"-Perspektive (Kibby/Costello 2001: 361) auf den bekleideten Schritt ausgerichtet ist, zeigt das Bild für die Teilnehmer etwas, das dort zu sehen *sein wird*.

Im oben dargestellten Fall des Nutzers <Westoy> handelt es sich um ein ‚mutwilliges Bekleidetsein'. Diese Kleidung wurde extra dafür angezogen, vor der Kamera ausgezogen zu werden (vgl. Kap. 4.3). Die ‚bulge' bzw. ‚Beule' (Teilnehmerbegriffe) kann zwar auch ein Objekt eigenen Interesses werden, sie ist aber in erster Linie eine Vorstufe, Andeutung von und Aussicht auf die spätere Sichtbarkeit einer unverdeckten, exponierten Erektion. Die Interaktion ist in dieser Phase ganz auf den nächsten Schritt in einer Sequenz ausgerichtet: Solange der Penis noch durch Unterwäsche verdeckt ist, ist das dominante Thema im Chat neben dem Bild: „get it out!" (vgl. auch die Beispiele mit <Prometheus> und <Hammon> in Kap. 3). Vollständig entkleidet zu sein ist beim Camming der angemessene und übliche Bekleidungszustand, spärliche Bekleidung durch Unterwäsche ist als *noch nicht* oder *nicht mehr* nackt codiert.[7]

In welchem Stadium des Be- bzw. Entkleidetseins und der Cammingsession sich der Körper vor der Kamera befindet, wird in einem interaktiven Prozess angezeigt und bestätigt: Kleidung wird konstant berührt, *bevor* sie ausgezogen wird, und *nachdem* sie – meist nach dem *Cumshot* – (wieder) angezogen wurde verschmilzt sie quasi mit

---

7 Einzelne Körperregionen sind unterschiedlich besetzt: Sobald der Penis sichtbar ist, ist zweitrangig, ob der Körper im Bild noch Socken trägt. Generell gilt aber *less is more*. Den Körper zu entkleiden, folgt wiederum einer Sequenz von Körperteilen, nach der das jeweils nächste eingefordert wird, wenn das vorhergehende zu sehen ist: Durch die Ausrichtung und Positionierung des Körpers wird er ‚erotisch partitioniert'.

dem Körper: Sie wird nicht mehr berührt. Der Bekleidungsgrad der Körper und Bedeckungsgrad der Genitalien zeigt für Cammer das Involviertsein und die Orientierung auf die Cammingsession als sozialen Anlass an (Goffman 1965). Er legt bestimmte Interaktionsstile nahe, die mit dem sequenziell organisierten Skript einer Cammingsession korrespondieren: Einen bereits entblößten Körper kann man nicht umgarnen und subtil dazu bringen wollen, sich auszuziehen.

Schon wenn im Bild einer Webcamübertragung noch kein Penis zu sehen ist oder in irgendeiner Form manipuliert wird, machen die Beteiligten ihn zum Fluchtpunkt des situativen Geschehens. Der zukünftig zu sehende Penis wird vor seiner eigentlichen Sichtbarkeit vorweggenommen: Er wird gestisch in Aussicht gestellt und verbal ‚vorhergesehen', in den Bereich des potenziell Sichtbaren geholt. Zuschauer besprechen ein Bild, das erst noch zu sehen sein *wird*, wenn sie z. B. Fragen oder Mutmaßungen über Aussehen und Beschaffenheit (an-)stellen („cut or uncut?", „Der muss ja riesig sein", „Hammer Schwanz, denke ich"). Die Beteiligten (inklusive des Teilnehmers, auf dessen Übertragungsbild sich gerade die Aufmerksamkeit richtet) interagieren so mit einem imaginierten Körper, dem das Bild auf der Anzeige quasi hinterherhinkt.

Dabei werden verschiedene Maßstäbe und Wissensformen über den Körper ins Spiel gebracht, es werden sozusagen verschiedene Versionen des Penis im Bild aufgerufen: Der (auch: noch nicht unbedeckt) zu sehende Penis wird nach visuellen Kriterien qualifiziert („Sieht ja riesig aus", „steinhart das Ding"), also an Vergleichsbildern gemessen, oder der rein visuelle Eindruck in einen zahlenmäßigen Vergleichsmaßstab übersetzt („Wie groß ist er?" – „14,5").[8] Das fortwährende Besprechen des Penis unter der textilen Sichtbarriere geht einher mit seiner laufenden Berührung. Dies hat zum einen die Funktion und den Effekt, den Penis aus dem schlaffen Zustand in den ‚ansehnlicheren' erigierten Zustand zu bringen,[9] zum anderen ist dieses Sich-in-Stimmung-Bringen selbst schon als erotische Handlung konnotiert. Der Genitalbereich wird dabei oft so berührt und massiert, dass quasisichtbar bzw. erahnbar gemacht wird, was sich unter der Kleidung verbirgt. Im obigen Beispiel von <Westoy> geschieht dies zunächst durch die textuelle Rahmung des Webcambildes mit der Statuszeile (‚ohne Haare, Vorhaut, Unterhose'), die eine visuelle Vorstellung der Körperregion evoziert, die ich als Zuschauer aktuell noch nicht sehe. Dies wird unterstützt durch den ‚sich' abzeichnenden Penis, der aber auch durch <Westoy> selbst aktiv ab-

---

8 Eine ähnlich multisemiotische Vorgehensweise findet sich schon bei der biografisch frühesten Herstellung eines Penis bei Säuglingen. Bei der Geschlechtsfeststellung von intersexuell geborenen Menschen bedienen sich die Entscheider verschiedener Normen (gesetzliche, habitualisierte, solche der Arbeitsstelle) und Wissensformen. So kann ein Genital ‚mehr wie ein Penis aussehen' aber auch in einem gemessenen Längenbereich zwischen 2,5 und 4,5 cm liegen und damit ein „medizinisch akzeptabler Penis" sein (Kessler zit. n. Heyes 2007: 34).
9 Eine in der Pornoindustrie unter dem Begriff *fluffing* bekannte Praxis. *Fluffer* sind Mitarbeiter/-innen bei Pornodrehs, deren Aufgabe es ist, die Erektion der männlichen Darsteller während des Drehs aufrecht zu erhalten (vgl. Escoffier 2003).

gezeichnet *wird*. Handhaltung und Manipulation der Sporthose zeigen deutlich, dass hier unscharf etwas zu erkennen ist, dass es aber prinzipiell zu sehen gibt. Diesem *Andeuten* folgt mit dem Zurücklehnen ein *demonstratives Nicht-Zeigen*, das die Körperregion unberührt in der Mitte des Bildes stehen lässt und an das ein *An-Zeigen* anschließt, das einen kleinen Teil des so in Aussicht gestellten ‚herauspräpariert' und anschließend wieder *erkennbar verbirgt*.

Dieses zeitweise und teilweise Zeigen der Genitalien ist eine Art Kokettieren, das zudem häufig als Zufall inszeniert wird. Dieses „Teasen" dient dazu, die Zuschauer und sich selbst zu erregen und ‚sehgierig' (schaulustig sind alle Beteiligten schon) zu machen. Zugleich wird damit angezeigt, dass dies Sinn und Zweck der Sache ist (nicht etwa Prüderie oder Nachlässigkeit, den Entkleidungskonventionen zu entsprechen). Auf der ‚Innenseite' meines Erlebens spiegelte sich die Schaulust der Zuschauer in einer sich immer steigernden Lust am Gesehenwerden, die ich nach einiger Zeit als das zu erleben und zu bezeichnen gelernt hatte, was unter Teilnehmern „Zeigegeilheit" bzw. „zeigegeil sein" heißt.

> Mein Schwanz ist total hart und meine Shorts heben sich oben schon vom Körper ab, sodass ich reinsehen und ihn sehen kann. Ich bin aber total auf den Bildschirm fixiert, ich schaue mir an, wie die Finger meiner einen Hand auf der Ausbeulung in meiner Short liegen und sie lose umfassen, wobei mein Daumen hinter der nach oben aufgestellten Unterhose an meinem Penis auf und ab fährt und ich in regelmäßigen Abständen meinen Penis nach vorne drücke, und dann den Daumen abrutschen lasse, was den Ständer wie eine Gitarrensaite nach oben (in Richtung Oberkörper) ‚schnalzen' lässt. Er bewegt sich dabei kaum, er ist echt steinhart. Mein Blick geht immer wieder in den Chatbereich. *Die Jungs findens geil. Wenn ich ihn gleich raushole drehen die durch. Ich warte noch.*
> (Erinnerungsprotokoll)

Diese Phase bereitet das tatsächliche Zeigen bzw. Sehenlassen des Penis vor und kann als Praxis seiner *Spektakularisierung* verstanden werden: Erst durch dieses Verbergen und Vorwegnehmen wird er *sehenswert*, (vorher ist seine Präsenz abzusehen, selbstverständlich). Damit ist eine Bühne bereitet für einen Penis wie tausende andere, der jedoch als besonders und gefragt auftreten kann. Der pornografische Rahmen des Bildes wird also in diesen Praktiken durch die Teilnehmer errichtet und aufrechterhalten. Er liegt zwar in den grafischen Rahmenbedingungen der Seite vor, wird aber in den Praktiken aktualisiert und in den Körperbildern verortet.

Sehenlassen, Herzeigen und Draufzeigen

Im Verlauf der Session wird der Penis zunehmend zum Mittelpunkt des Bildes und somit zum Zentrum der Aufmerksamkeit des Publikums (als das die Zuschauer, gemessen am Inszenierungscharakter solcher Inszenierungen dann besser bezeichnet sind und zu dem auch der Teilnehmer, auf den die Aufmerksamkeit aktuell gerichtet ist, selbst gehört). Sobald und solange ein Penis im Bild zu sehen ist, wird er fortlaufend und beinahe formelhaft kommentiert („hot cock, mate", „that's a huge dick you got there, dude", „nice cock"). Diese Äußerungen setzen einen Fokus auf den Penis als das wesentlich zu Sehende im Bild und rahmen diesen semiotisch (als groß, hart, dick, o. ä.), womit er zugleich bewertet wird. Dieses Bild, das rein visuell noch mehr zeigt, zeigt in und mit den Zuschauerkommentaren vor allem oder nur einen Penis.

Protagonisten vor der Kamera werden häufig nicht mit ihrem Nickname oder als Person adressiert, sondern als das Körperteil, das aktuell im Bild zu sehen ist. Durch diese verbale Akzentsetzung wird der Körper, ja die Person vor der Kamera, zum Anhängsel des Genitals. Ich konnte häufiger sehen, dass diese qualifizierenden Bemerkungen oft eine Art gestisches ‚Echo' erhalten: Ein als „Prügel" bezeichneter Penis wurde so etwa an der Wurzel mit der Faust umfasst und langsam wippen gelassen, ein „steinharter Schwanz" mit dem Daumen nach unten/vom Oberkörper weggedrückt, und dann nach oben/hinten zurückschnellen gelassen und so seine Steifheit visuell unterstrichen. Solche Gesten aktualisieren die entsprechenden Eigenschaften zudem in der haptischen Selbstwahrnehmung. Der imaginierte Körper, den andere Teilnehmer in ihren Kommentaren einbringen, und der interaktiv entwickelt wird, wird so schließlich am und im eigenen Körper umgesetzt und erlebt.

Das *Genital Display* beim Camming ist also zum einen nicht nur ein Zeigen nach einem Sender-Empfänger-Modell von Gestenkommunikation, sondern ein gemeinschaftlicher, verteilter Prozess der Herstellung von Bild- und Seheindrücken. Das Ausstellen der Genitalien ist im Alltag (außer in besonderen Situationen) eine höchst seltene und außergewöhnliche, oft stigmatisierte Praxis. Zudem ist sie sozial selten *nötig*, wenn es um den Umgang miteinander als Männer und Frauen geht. Aus Alltagssicht wäre für das Genital Display beim Camming also eher anzunehmen, dass diese offensive Sichtbarkeit des Genitals entweder jedwede Geschlechtsdarstellung unnötig macht oder aber, dass sie die eigene Geschlechtsdarstellung destabilisiert. Ästhetische Steigerungen von Geschlechtsdarstellungen werden auch im Alltag betrieben. So wird z. B. neben dem schieren Männlichsein in aller Regel auch eine bestimmte Art der Männlichkeit zur Anschauung gebracht (etwa durch kosmetische Anstrengungen oder Imponiergehabe); diese Darstellungen werden im Alltag gleichwohl unter anderen, kontextabhängigen Parametern der Angemessenheit und Glaubwürdigkeit beobachtet, und übertriebene Männlichkeitsinszenierungen können als solche markiert und entlarvt werden. Das ostentative Herzeigen und Draufzeigen auf die wohl stereotypste Männlichkeitsinsignie führt beim Camming nun gerade nicht zu Bedrohungen der Männlichkeit als Ressource. Beim Camming unter Männern geht es gerade nicht darum, nur ein Mann zu sein. Die Teilnehmer machen sich vielmehr, und zwar nicht nur gegenseitig, sondern *gemeinschaftlich*, zu *besonderen, bemerkenswerten* Männerkörpern.

Dasselbe gilt für die semiotische Potenz des Penis: Mit seiner Präsenz ist *nicht* alles gesagt, er ist ausgesprochen deutungsoffen und -bedürftig, er fordert geradezu auf, Deutungen an ihn zu hängen und ihn zu interpretieren. Körper die hier zu sehen sind, müssen ‚der Rede wert' sein. Sie unkommentiert ‚stehen zu lassen' wäre die wahre Bedrohung, nicht nur für die Männlichkeit (im Sinne einer Ressource), sondern für die

Person und das Image des Teilnehmers vor der Webcam. Wenn keiner zuschaut, macht das den Körper minderwertig, auch im eigenen Erleben, und das eigene Sich-Zeigen kann problematisch oder fragwürdig werden (*Warum zeige ich mir meinen Penis, wenn keiner schaut?*). Die Teilnehmer machen etwas zu einer ‚Langfassung‘, was konventionell und vor allem unter Fremden meist nur als verstohlenes ‚Spicken‘ funktioniert: der Blick auf das Genital anderer Männer. Es ist ein gemeinsames In-Szene-Setzen des Penis als Geschlechtsinsignie, und zwar in allen möglichen empirischen Ausprägungen bzw. -formungen.

Elizabeth Stephens (2007) sieht die kulturelle Verborgenheit des Penis in Zusammenhang mit dem Ideal des *Phallus* als Insignie von Männlichkeit und männlicher Macht schlechthin: „Although the materiality of the penis provides a direct model for the phallus, the construction of the phallic ideal requires the disappearance of the physical penis it replaces and supersedes." (Stephens 2007: 87) Gerade dadurch, dass Penisse in ihrer fleischlichen Konkretheit in der Öffentlichkeit nicht zu sehen seien, werde die Vorstellung des immer perfekten *Phallus* als transzendenter Maßstab stabilisiert. Bei aller empirischen Vielfalt der Penisse, die auf CammingSite.com zu sehen sind (in allen erdenklichen Längen, Dicken, Formen etc.), wird diese Vielfalt allerdings kaum je zum Thema. Gerade dadurch, dass hier eine Überfülle an Penissen zu sehen ist, wird der einzelne relativ uninteressant. Bei aller Großaufnahme wird quasi immer noch am konkreten im Bild dargestellten Penis vorbeigesehen: Er steht für den pornografischen Penis, sogar im Angesicht der Spezifizität (und in der Regel Inferiorität gegenüber dem pornografischen Ideal) wird der gesehene Penis idealisiert. In Cammingpraktiken ausgestellte Penisse werden interaktiv allesamt perfektioniert: Sie werden begutachtet und lautstark für gut, „impressive", „huge" etc. befunden. Die Teilnehmer erklären sich so gewissermaßen zu Phallusbesitzern, betreiben gemeinschaftliche Penisverlängerung. Die Blicke sind insofern eingeladene Blicke und mit eingenommene Blicke: Man blickt durch andere auf das eigene Geschlechtsteil und befindet gemeinsam: „fuck, that's huge!". Der empirische Penis wird zum Platzhalter, Symbol für einen anderen Penis, der wiederum sinnbildlich für eine körperbezogene Hypermaskulinität ist. Aus dem Angesicht der Vielfalt werden so Ansichten des Ideals, das sonst als Maßstab nirgends zu sehen ist; in den Praktiken der Teilnehmer und an ihren Körpern wird es situativ visualisiert und präsent gemacht. Zugleich aber *verkörpert* der Penis in dieser Situation auch das Ideal, macht es vor Ort sinnlich erfahrbar.

5.3.2 Genital Play: Masturbationsskripte und pornografische Skripte

Bezeichnungen wie ‚Autosexualität‘, ‚Selbstbefriedigung‘ oder auch weniger verbreitete Begriffe wie ‚Ipsation‘ verweisen sämtlich auf die *Selbst*bezogenheit masturbatorischer Handlungen: Die eigenhändige Manipulation des eigenen Körpers orientiert sich zuvorderst am subjektiven erotischen Erleben und erfolgt auf dessen Steigerung hin, stereotyp in Form einer zielgerichteten, sinnlich und zeitlich dichten Aktivität von nur wenigen Minuten Dauer. Bei aller Selbstbezüglichkeit galt und gilt Masturbation auf Zuschauerseite zugleich als typische Begleiterscheinung pornografischer Bilder (Laqueur 2004), und schon früh hat sie zudem den Weg in das Motivrepertoire zeitgenössischer Pornografie gefunden: Seit jeher findet die den Sexualakt (in der Regel) abschließende Ejakulation[10] in heterosexuellem wie schwulem Porno nicht innerhalb eines anderen Körpers, sondern kamerawirksam extrakorporal statt, auf Gesicht und/oder Körper eines Partners, und ist entsprechend in der Regel masturbatorisch herbeigeführt (Garlick 2012). In der (vor allem schwulen) *Internet*pornografie wird Masturbation in Form so genannter *Jack Off Clips* selbst zum Motiv und Genre: Hierbei handelt es sich um kurze, oft von ‚Amateuren‘ eingestellte Videos von Masturbationsszenen. Ganze Seiten sind darauf spezialisiert, männliche Modelle beim Masturbieren zu zeigen. Was ehemals eine einsame Veranstaltung war, wird auf Websites wie CammingSite.com schließlich gemeinschaftlich und vergemeinschaftend zelebriert, Masturbation wird zur öffentlichen Aktivität und zum Motiv in einer mediatisierten autoerotischen Situation. Die Teilnehmer masturbieren sozusagen zu (sich als) ihrer eigenen ‚Wichsvorlage‘.

Vor den Kameras auf CammingSite.com wird Masturbation entweder als eine unkommentiert mitlaufende Nebenhandlung sichtbar, sie kann aber auch das Spektakel einer Webcamübertragung sein, und wird in aller Regel als solches inszeniert. Vor der Kamera seinen Penis in der Hand und in die Kamera zu halten und dabei zu masturbieren, ist noch keine ‚Show‘ (Kibby/Costello 1999, 2001: 360 f.), es ist in gewisser Weise unsichtbar, sofern es nicht durch Kommentierungen von Zuschauern oder gestische Hervorhebung zum Spektakel gemacht wird. Die Selbstbezüglichkeit masturbatorischer Praktiken erscheint so in einem anderen Licht: Schon der einsam und ohne Medien Masturbierende ist nicht mit sich alleine, sein Handeln nicht restlos am eigenen Erleben orientiert. Kulturelle erotische Skripte und Fantasien leiten eben dieses eigene Erleben und das körperliche Tun an oder werden dazu passend imaginiert; wenn Pornografie ins Spiel kommt, geben Skript und Rhythmus des Geschehens im Pornofilm Rhythmus und Intensität der Hand vor, umgekehrt kann die erotische Lust die Manipulation des Film- oder Bildmaterials nötig machen.

Im Rahmen einer Cammingsession auf CammingSite.com treffen verschiedene Praktiken und Dramaturgien aufeinander, die von den Teilnehmern gemanagt werden müssen, und zudem müssen die erotischen Skripte verschiedener Teilnehmer miteinander abgestimmt werden (Kap. 3.3.4). Abstimmungsbedarf entsteht deshalb, weil Masturbieren vor und auf den Bildschirmen auf CammingSite.com nicht die stereotype ‚schnelle Triebabfuhr‘ ist. In Cammingsessions wird sie geradezu zelebriert

---

10 Die Begriffe ‚Ejakulat‘ und ‚Sperma‘ werden hier synonym verwendet, auch wenn im westlichen wissenschaftlich informierten Diskurs ‚Sperma‘, ‚Samen‘ und ‚Ejakulat‘ verschiedene Dinge bezeichnen (Moore 2008: 5). In den Chats auf CammingSite.com wird, auch von anderssprachigen Teilnehmern, meist das englische „cum“ als Sammelsynonym verwendet.

und bewusst in die Länge gezogen, eingefügt in regelrechte Rituale; sich selbst in Anwesenheit anderer zum Orgasmus zu bringen ist wesentlich, worum es in einer Cammingsession geht.

Das Management von sexueller Lust, körperlicher Erregung, mediatisierter Interaktion und dem Setzen von Stimuli durch Arrangieren immer neuer Inhalte und erotisch anregender interaktiver Gegenüber auf dem eigenen Schirm bezieht sich vor allem auf eine prominente zeitliche Klammer der Cammingsession: Ihr Ende ist, in Übereinstimmung mit Skript und Dramaturgie konventioneller (Mainstream- wie Sparten-) Pornografie markiert durch den Orgasmus und die Ejakulation. Mit ihnen als visuelle Beweise männlicher Lust (vgl. Williams 1989) endet die Masturbation, in aller Regel der Teil einer Session, bei dem es aus Sicht der Nutzer ‚etwas zu sehen gibt‘, und auch die Cammingsession. Teilnehmer zögern diesen Punkt längstmöglich hinaus, auch in Erwartung eines immer ‚besseren‘ Moments: So werden immer neue Webcams geöffnet, ein neuer, besserer Stimulus gesucht, einem Publikum Zeit gegeben, sich als jubelnde Masse zu formieren. Orientierung bietet hier das konventionelle masturbatorische Skript einer Cammingsession: Die Teilnehmer haben ein Wissen darum und eine Kompetenz darin, das aktuell zu Sehende in diesem sequenziellen Ablauf zu verorten und mit ihrem erotischen Erlebensskript abzugleichen. Der Penis ist beispielsweise in eine konventionelle Sequenz von: *unerigiert und unsichtbar – erigiert und sichtbar – angefasst werden – masturbiert werden – (im Fall von Paaren vor der Webcam: oral berührt werden – penetrieren) – ejakulieren* eingebunden. Teilnehmer können so in aller Regel auf einen Blick sehen, ob es in einer Webcamübertragung, zu der sie gerade zugeschaltet haben, noch etwas zu sehen gibt oder ob sie lieber weitersuchen: Wessen eigene Cammingsession gerade erst beginnt, und wer dabei einen, ‚den richtigen‘ „Wankbuddy“ sucht, der ist mit jemandem, der voraussichtlich in zwei Minuten ‚fertig‘ und verschwunden sein wird, nicht gut beraten.

Eine Ejakulation bildet, wie gesagt, konventionell den Abschluss einer Cammingsession und wird entsprechend hinausgezögert. Dabei wird der Körper manuell stimuliert und in einem Zwischenbereich gehalten, in dem er visuell als erregt erkennbar ist, dieser Zustand auch als erregend wahrgenommen wird, die eigene Erregung dabei aber noch nicht Überhand gewinnt und zu einem (dann als vorzeitig empfundenen) Orgasmus führt. Diese Praxis ist (nicht nur) unter den Teilnehmern auch als „Edging“ bekannt: das möglichst lange Hinauszögern des Orgasmus und der Ejakulation durch eine *Stop-and-go*-Masturbation, bei der und mit der sich die User möglichst lange *on the edge* halten. Solche Sessions können mehrere Stunden dauern, und User kommentieren gegenseitig, wie lange sie online waren bzw. masturbiert haben ohne zum Orgasmus zu kommen (oder nach zahlreichen Orgasmen schließlich nicht mehr zu ‚können‘).[11] Im Unterschied zum kleinen Videoclip, der in manchmal unter fünf Minuten (notfalls mit merklich geschnittenen Auslassungen) den Weg vom

---

11 Zu einer genaueren Betrachtung einer extremen Form von Edging als Wettbewerb s. Kap. 5.4.2.

nicht erigierten Glied zur Ejakulation zeigt, wird hier also ein in die Länge gezoge-
ner Prozess des Managements von Erregung und ihrer Sichtbarkeit ausgestellt und
ausgekostet.

Eine solche Session ist eine Mischung aus erotischer Anspannung, einer steigenden Lust nach ‚mehr', aber auch ein oft langwieriger und langweiliger, bisweilen auch
minutiös methodischer Prozess des Managements von Erregung und ihrer visuellen
Bezeugbarkeit. Der Blick ist dabei laufend auf der Suche nach Auf- und Anregendem,
zu sehen sein kann aber die meiste Zeit nur eher Monotones und Langweilendes:
Mehr oder weniger statische Körper mit sich isoliert bewegenden Händen, die teilweise ‚noch nicht einmal' masturbieren oder sich in irgendeiner Weise berühren, sondern
rauchen, telefonieren, o. ä. Aus diesem Überangebot an ‚Material' erotisch anregende
Eindrücke und Erlebnisse zu machen, ist ‚Aufgabe' des Teilnehmers und kann zeitweise zur Herausforderung werden.[12]

> *Hier ist einfach nichts los. Toll. Jetzt hab ich einmal Zeit, das zu genießen und den ganzen Act hier*
> *veranstaltet ((die Vorbereitungen der Session an Körper und Artefakten)), und jetzt sind nur Lang-*
> *weiler oder eklige Kerle da. Ich bin jetzt die ersten zehn Vorschauseiten mindestens schon dreimal*
> *durch, das sind immer dieselben. Ich hab keinen Bock auf solche Youngsters, die sich Gott weiß wie*
> *geil vorkommen, und viele andere sind halt echt nur total schlechte Ausschnitte oder miese Qualität.*
> *Na und dann noch diese Ekel-Onkels, wo mir schon alles vergeht, weil die Wohnung so schmutzig*
> *ist. Eigentlich auch pervers, dass man sich von sowas so abturnen lässt. (Wie spät ist es jetzt eigent-*
> *lich in Amerika? Schlafen die alle noch?). Okay, abwarten. Aber auch Scheiße: Dann schick ich die*
> *ganze Zeit Video in den Äther und häng hier einfach so rum. Das lockt jetzt auch nicht grade Leute*
> *an. (Ich öffne ein neues Browser-Tab und gebe die Adresse von einem erotischen Blog ein, das ich*
> *seit einiger Zeit immer wieder besuche. Ich scrolle nach unten durch die Bilder.)*
> (Erinnerungsprotokoll)

Mit dieser erotisch-editorischen Tätigkeit ist eine Hand mittels der Maus fast pausen-
los beschäftigt, die andere (wenn sie nicht gerade raucht, ein Telefon hält o. ä.) umfasst den erigierten Penis und masturbiert. Die vermeintliche Langeweile und das
Festhalten an wenig(-er) erregender schlechter Pornografie hat Methode: Wenn die
erotische Qualität der Situation abnimmt, trat in meiner Wahrnehmung sozusagen
der ausgeblendete Hintergrund um den Bildschirmrand wieder in den Vordergrund,
und mir wurde bewusst, dass ich mich nackt vor einem Display langweilte. Zudem
kann die fast automatische Handbewegung im Schritt mit der Zeit physisch unangenehm und als reines *going through the motions* bewusst werden. Wenn umgekehrt die
Eindrücke zu anregend werden, droht die Session zu schnell (vorzeitig) beendet zu
sein. So werden Stimuli wohldosiert gesetzt.

In einer Cammingsession überlagern bzw. sequenzieren sich zwei verschiedene
Masturbationspraktiken und -logiken: Zum einen die konventionelle solitäre Mastur-

---

12 Auf den Bedarf für Edition, um aus Alltagskörpern Sehenswertes zu machen, weist auch Goffman
hin: „in life (…) we are stuck with a considerable amount of dull footage" (Goffman 1987: 84).

bation, die auch in dem Sinne solitär ist, dass sie vor allem auf den Masturbierenden selbst und seine Lust orientiert ist (sie berücksichtigt keine Dramaturgien der eigenen Sichtbarkeit). In dieser Praxis wird der erotische ‚Content‘, der die erotische Fantasie und sexuelle Erregung in Gang bringen soll, teilweise extrem manipuliert, um den eigenen Orgasmus mehr oder weniger zielgerichtet herbeizuführen und dann weggelegt.[13] Der visuelle Eindruck der eigenen Ejakulation kann auch hier luststeigernd sein, er ist aber nicht das Hauptkriterium. Zum anderen das Masturbieren für die Kamera, das am dramaturgischen Skript einer Cammingsession orientiert ist und sich an den individuellen Skripten anderer orientiert. Es ist auf seine Sichtbarkeit hin orientiert, zeitweise ein maschinelles Weiterführen der Handbewegung, ohne gefühlte Erregung(-sveränderung) dadurch, zeitweise auch absichtlich so, *dass* die Erregung nicht zu weit geht. Es umfasst Masturbation ‚in Pose‘, die ohne die Beteiligung einer Kamera und eines Bildschirms nie stattfinden würde, und der Körper bleibt dabei konstant an das Medium ‚angeschlossen‘.

5.3.3 Cumshots: Die Visualisierung ‚männlicher‘ Lust

Der Höhepunkt einer Cammingsession ist der Orgasmus der Teilnehmenden vor der Kamera. Die Ejakulation als physiologische Funktion ist kulturell stark aufgeladen und konventionell mit dem männlichen Orgasmus und Virilität konnotiert (Lee 2014). Michael Johnson spricht für die US-amerikanische Gesellschaft von einem „ejaculation imperative“, der die Fähigkeit, zu ejakulieren, die Menge des Ejakulats und die Stärke der Ejakulation zu Symbolen und Ausweisen von Männlichkeit mache (Johnson 2010: 239). Im Zusammenhang einer Cammingsession ist der *Cumshot*[14] in erster Linie der Zeitpunkt, zu dem Sperma im Bild zu sehen ist. Wie erotisches Erleben über die Visualisierungsleistungen der Körpersprache hinaus für und mit der Kamera und dem Bildschirm visualisiert werden muss, so liegt *für die Praktik* der Akzent bei seinem Höhepunkt also ebenfalls auf dessen Sichtbarmachung, weniger bzw. nicht in erster Linie oder alleinig auf dem subjektiven Empfinden: Orgasmen finden auf

---

13 Illustrativ ist hier ein Rückblick in die Zeit, als Pornofilme noch vornehmlich auf VHS-Kassetten vertrieben wurden. Das oft für komische Inszenierungen gebrauchte Bild der Überführung des Pornokonsumenten dadurch, dass sein/-e Partner/-in, Kinder, oder andere den Videorekorder starten und überraschend mit einer Sexszene auf dem Fernsehbildschirm konfrontiert werden, die in vollem Gang ist, trägt ein interessantes Stück Information: Nämlich, dass diese Bilder nach dem Höhepunkt des Zuschauers, der nicht unbedingt während des Höhepunktes der Szene stattfindet, sofort an Relevanz verlieren.

14 Dieser Begriff aus der Filmsprache ist hier durchaus angebracht, verweist er doch auf den besonderen inszenatorischen Wert der Ejakulation für die Performanz erotischer Lust und auf Visualität als wesentliche Dimension eines Orgasmus von Männern. Linda Williams (1989) sieht in der Visualität des Cumshots seine Evidenzkraft als Nachweis von (männlicher) Lust, dem das weibliche Stöhnen in der Pornografie akustisch hinterherhinke und nacheifere.

CammingSite.com sozusagen nicht nur als körperliche (Ausnahme-)Zustände von Teilnehmern statt, die dann von der Kamera abgefilmt werden; sie ereignen sich von Anfang an im geteilten kommunikativen Raum der Bildübertragung und des Chats auf dem Schirm, mit einem somatischen Begleitgeschehen vor dem Bildschirm. Über die kommunikativen Leistungen des körperlichen Ausdrucks hinaus ist ihr spezifischer Schauwert von Relevanz. ‚Kommen' ist ein kritischer Moment, weil er in einer Session in den meisten Fällen nur einmal stattfindet (zu Ausnahmen s. Kap. 5.4.2): Danach bricht die erotische Rahmung der Situation und die Verbindung meist zusammen bzw. ab. Diesen Moment herbeizuführen, vorzubereiten, ihm eine Bühne zu bereiten, ist eine konzertierte Anstrengung aller beteiligten Personen, Körper und Objekte. Auf diesen Moment ist die gesamte Session hin orientiert – wenn er ausbleibt, ist eine Cammingsession ‚unvollständig'.

> Die Stimmung ist irgendwie nicht gut heute – es findet sich kaum jemand, der mich richtig anspricht, anmacht; es scheint insgesamt wenig los zu sein und auch in den einzelnen Camrooms ist nichts los. Öde. Ich klicke hier und da mal in eine Webcam, meistens ist zu wenig oder zu viel los. Ich bin irgendwie abgeturnt und habe keine Lust mehr, auf CammingSite.com herumzusuchen und zu warten, dass was passiert. Gleichzeitig bin ich aber irgendwie trotzdem ‚aufgekratzt'. Ich will eigentlich nur kommen und dann verschwinden. *Mir jetzt einfach so einen runterholen, ohne dass jemand zuschaut, das bringts nicht.* Ich starte *Skype*. Auf der Liste der Nutzer, die online sind, wird <ScottyRay> angezeigt. Er ist unter anderem Nickname auch bei CammingSite.com angemeldet und hat mich dort vor einiger Zeit gefunden. Wir haben *Skype*-Kontakte ausgetauscht und uns gegenseitig geaddet; er hat mich schon auf der Cam gesehen, ich ihn aber noch nie, auch nicht auf Fotos. In den Wochen zuvor habe ich immer mal wieder mit ihm über *Skype* hin und her gechattet, nur mit Textnachrichten. Auf meine Fragen und Anspielungen, ob er mit mir Fotos tauschen will, hat er immer ausweichend geantwortet. Wenn ich ihm Fotos geschickt habe, hat er nie welche zurückgeschickt. Ich trage den Link zu meiner Webcam auf CammingSite.com in meine Statuszeile bei *Skype* ein (so können die, die in *Skype* sehen, dass ich online bin, in meine Webcam schauen, ohne dass ich mit ihnen gleich skypen muss). Das ist ein ‚Köder' für <ScottyRay>. Ich will eigentlich nur jemanden auf dem Bildschirm haben, wenn ich komme – und wenn es <ScottyRay> wäre, gäbe das der Sache einen besonderen Kick, den hätte ich quasi ‚geknackt'. ((Über Chat bahnt sich nach einer Weile an, dass wir über *Skype* cammen, ich gehe bei CammingSite.com offline))
>
> Als die Übertragung beginnt, sehe ich einen etwa Mitte vierzig aussehenden Körper, durchaus attraktiv, und höre die atmosphärischen Geräusche, die mir zeigen, dass das Mikrofon an ist. Ich habe meines, wie gewöhnlich, vorher stumm geschaltet. <ScottyRay> sitzt an einem Schreibtisch und masturbiert. Er ist nackt ausgezogen und im Dreiviertelprofil zu sehen, von den Knöcheln aufwärts, inklusive Gesicht. Er sieht gut aus. Ich höre ihn atmen und masturbiere weiter. Mit der Zeit werde ich immer erregter und fange an, meinen Körper rhythmisch zu bewegen, um <ScottyRay> zu zeigen, dass ich gleich komme. Ich lehne mich nach hinten zurück *(Macht der mit?)*, mein Blick ist auf den Bildschirm fixiert, ich versuche zu erkennen, ob <ScottyRay> Anstalten macht, zu kommen; ich versuche, den Moment abzupassen und *Fuck! Ach, whatever...* – ejakuliere auf meinen Oberkörper, wo ich dabei auch hin- und mir zuschaue.
>
> Ich schaue wieder auf den Bildschirm. <ScottyRay> hat noch gar nichts gesagt. Er sitzt immer noch da und scheint mir eher ‚mittendrin' zu sein. *Na los, mach schon.* Ich weiß nicht so recht, wohin mit meinen Händen und was mit mir anfangen. Es sieht nicht so aus, als würde er jeden

Moment soweit sein. Ich schaue an mir herunter. Das Sperma ist irgendwie recht klar, und ein Blick auf den Bildschirm lässt mich vermuten, dass man das nicht richtig gesehen hat. *Okay. Ich kann ja jetzt schlecht einfach hier liegen.* Ich nehme meinen erschlaffenden Penis wieder in die Hand und masturbiere weiter (eigentlich mache ich nur dieselben Handbewegungen, das fühlt sich aber wenig sexy an, es ist eher eine ziemlich schmierige Angelegenheit und irgendwie eigenartig). Dabei schaue ich auf den Bildschirm, hier tut sich nicht viel. Ich würde erwarten, dass <ScottyRay> sich zurücklehnt oder schneller masturbiert, aber das passiert nicht. *Lässt der mich jetzt hier den Animateur spielen?* Ich würde am liebsten vorspulen.
(Erinnerungsnotizen und Videotranskription)

Der subjektiv-leiblich empfundene Drang, ‚kommen' zu wollen, bildet in diesem Ausschnitt nicht den Kulminationspunkt sich steigernder erotischer Lust, im Gegenteil ist ‚kommen' der konventionelle Abschluss und Ausgang aus einer Situation, die in diesem Fall zwar als nicht anregend und befriedigend erlebt wird („ich habe keine Lust mehr"), die aber trotzdem mit einem Orgasmus abgeschlossen werden ‚muss': Die Webcam auszuschalten und die Cammingsession an dieser Stelle einfach zu unterbrechen, scheint keine Option, wäre noch unbefriedigender. Er wird in diesem Ausschnitt entsprechend nicht direkt in eine ‚Hingabe' an dieses Erleben (also die Masturbation bis zum Orgasmus ungeachtet der situativen Stimmung) übersetzt, sondern in eine Neubesetzung der Situation. ‚Kommen' scheint nicht möglich, ohne dass ein entsprechendes Gegenüber, ein Zuschauer gefunden ist. Zwar habe ich in dieser Situation sozusagen ‚ein Auge' auf <ScottyRay> als ‚Wankbuddy' geworfen, wichtiger ist allerdings, dass dort *überhaupt* jemand ist, womit die Situation von einsamem, ins Netz übertragenem Masturbieren zu einer gemeinschaftlichen Aktivität, und vor allem: für mich als solche erlebbar wird.

Der Beginn der Übertragung markiert für mich bereits den Anfang von deren Ende: Ich signalisiere durch körperliche Zeichen ‚meinen' Stand in einem konventionellen Masturbationsskript – ich bin kurz vor dem Höhepunkt – und unterstelle, dass er das so interpretiert, mit der Intention, dass er sich entweder auf diesen Stand bringt oder – so ist meine implizite Erwartungshaltung, wie sich im Anschluss zeigt – irgendeine Form von Einspruch signalisiert. Diese Erwartung wird enttäuscht: Die Skripte der beiden Beteiligten verlaufen nicht, wie intendiert, synchron. Statt zusammen zum Orgasmus zu kommen, ‚komme' ich (zeitlich wie interaktionsräumlich) vor meinem Gegenüber. Diesen Umstand stelle ich in mehreren Schritten fest: Zunächst geht mein Blick auf das Bild meines Gegenübers, das nicht zu meinen Erwartungen passt, gefolgt von einem Blick auf meinen Körper, der auf Ursachensuche ist: Die Vorahnung, dass die visuelle Evidenz (der Ejakulation) übersehbar gewesen sein könnte, wird durch den Blick auf *mein* Bild auf dem Schirm zumindest nicht ausgeräumt. Die Situation wird damit für mich unangenehm voyeuristisch: Ich frage mich, ob ich „den Animateur spielen" soll, d. h. anders als durch die Inszenierung meiner ‚tatsächlichen' Erregung zu der meines jetzt beinahe unerwünschten Gegenübers beitragen soll. Entgegen meinem subjektiven erotischen Skript und dem masturbatorischen Skript ‚simuliere' ich, weiter zu masturbieren, weil ein schlichtes Stillstellen des Körpers („*einfach hier liegen*") nicht denkbar ist.

Der gefühlte ‚Teil' des Orgasmus braucht in einer Cammingsession eine visuelle Entsprechung und das Erkennen und die Anerkennung durch andere Zuschauer. Neben der ‚richtigen' Empfindung bedarf es also sowohl der Herstellung von *Sehbarkeit* des Orgasmus als auch seines tatsächlichen *Gesehenwerdens*. Der Orgasmus ist nicht nur für die Zuschauer einer Cammingsession, sondern auch für denjenigen, der zum Orgasmus kommt bzw. dies auf diese Weise tun muss, vor allem ein *visuelles* Spektakel. Subjektives erotisches Erleben muss visualisiert werden, um intersubjektiv wahrnehmbar zu sein. Werfen wir hierzu einen Blick in eine andere Webcamübertragung.

<Lorenzo> sitzt mit breit aufgestellten Beinen angelehnt auf einer Couch frontal vor der Kamera und masturbiert mit einer Hand. Unter ihm liegt eine Unterlage, wie es aussieht ein Handtuch. In der anderen Hand hält er ein Smartphone auf Höhe seines Gesichts, er hält die Hand aber neben dem Kopf, die Sicht auf sein Gesicht bleibt so frei. Er schaut auf das Smartphone. Sein Blick wirkt gelangweilt, er schaut immer wieder nur kurz vom Display auf und wirft einen Blick in die Kamera (es sieht dann so aus, als würde er den Zuschauer direkt ansehen) oder auf den offenbar darunter positionierten Bildschirm. Seine Hand bewegt sich routiniert, beinahe automatisiert wirkend seinen Penis umfassend auf und ab, der Rest des Körpers ist absolut ruhiggestellt – es bewegen sich eigentlich nur der Finger auf dem Smartphonedisplay und ab und an der Kopf.

<Lorenzo> ist ein Nutzer, der für seine Übertragung ‚Tokens', eine Art digitale Trinkgeldwährung, akzeptiert und dafür Zuschauerwünsche annimmt. Die Token-Anzeige zeigt einen von ihm vorgegebenen zu erreichenden Wert von 350 Tokens, 320 sind aktuell erreicht. In seiner Statuszeile lese ich, dass er in sein eigenes Gesicht ejakulieren will, sobald der Zielwert erreicht ist. Im Hintergrund (das Mikrofon ist angeschaltet) höre ich immer ein piepsendes Geräusch, wenn jemand solche Tokens gibt und sehe die Nicknames der Spender im Chat kurz eingeblendet. Er wendet den Blick zum Bildschirm, das Smartphone bleibt auf Gesichtshöhe neben ihm ‚stehen', dann legt er es zur Seite und lehnt sich nach vorne. Er weist im Chat darauf hin, dass es nur noch 30 Tokens bis zum Ziel seien. Im Chat fordern Leute <Lorenzo> ständig auf, zu ‚kommen', und einander auf, noch mehr Tokens zu geben, damit dieser Zeitpunkt schneller erreicht ist. (Der Anblick ist recht öde. Sein Körper wirkt alles in allem statisch, nur seine Hand bewegt sich, er hat dabei den leeren Gesichtsausdruck, den Menschen haben, die sich im Bildschirm ihres Smartphones verloren haben. Es sieht aus, als langweile er sich, und das wiederum sieht selbst ein wenig langweilig aus.) Schließlich gibt jemand noch 30 Tokens.

<Lorenzo> legt das Handy zur Seite und dreht sich so, dass er auf dem Rücken liegt und seine Beine jetzt von der Kamera weg zur Wand der Kamera gegenüber zeigen, wo er sie nach oben auf die Couchlehne abgelegt hat. Sein Kopf liegt jetzt vorne im Bild und er masturbiert kurz (vielleicht 5 Sekunden – er scheint wirklich nur darauf gewartet zu haben, obwohl er davor eher unbeteiligt gewirkt hat) und bäumt das Becken auf, bevor ein weißlicher Strahl aus seinem Penis spritzt und sich das Ejakulat über Oberkörper und Gesicht ausbreitet. Sein Gesicht ist dabei von der Kamera ab- und seinem Penis zugewendet. Als nichts mehr kommt, legt er sein Becken zunächst auf der Couch ab, fährt sich kurz mit einem Finger um den Mund (er wischt eine größere Menge Sperma weg), dann neigt er den Kopf nach hinten und dreht ihn leicht zur Seite, und schaut so kopfüber auf den Bildschirm. Er legt den Kopf dann zur

Seite und der Blick bleibt auf den Bildschirm fixiert. Langsam dreht sich der Körper ‚nach‘: Die Füße werden auf eine Körperseite zusammengenommen, die Schultern gedreht, bis er auf dem Bauch liegend vor dem Bildschirm liegt, dabei löst sich der Blick zu keiner Zeit vom Bildschirm.
(Videotranskript)

Die visuelle Erkennbarkeit und Bezeugbarkeit des Orgasmus *im Bild* ist für alle Zuschauer höchst relevant, Lorenzo als Betrachtungsobjekt und -subjekt in Personalunion eingeschlossen. Sie ist zum einen der visuelle Nachweis, dass man ‚dabei‘ war, dass alles, was vorher zur ‚Geilheit‘ der Situation gesagt wurde, zutrifft; zum anderen ist sie ein Motiv für sich, das wiederum selbst zum Spektakel gemacht wird. ‚Kommen‘ umfasst ein Set von körperlichen Praktiken, das sich als ‚Kommen‘ erkennbar macht und das zugleich das, was ‚kommt‘ erkennbar macht und auf diese Weise visualisiert. In der Vignette zu <Lorenzo> sind zu Beginn Orgasmus und Ejakulation lediglich als potenziell und zukünftig zu sehende Dinge in Aussicht gestellt, auf dem Bild gibt es jedoch an sich ‚nichts zu sehen‘; ich empfinde beim Zusehen das, was <Lorenzo> zeigt, als „öde“ und „ein wenig langweilig“. In Bezug auf den Orgasmus als visuelles Spektakel verweist dies darauf, dass ich erwarte, dass das vorhergehende Geschehen diesen ankündigt oder nahelegt. Tatsächlich sehe ich in <Lorenzo> jedoch nur einen Körper, der zwar ausgestellt ist, bei dem die Masturbation jedoch nicht das Ausgestellte, sondern eine Art Instandhaltungs- und Beschäftigungsmaßnahme ist. Die Person ist zeitgleich abgemeldet, er inszeniert sich als Anschauungsobjekt (s. Kap. 3.3.2). Das masturbatorische Skript in dieser Session ist nämlich mit einem strategischen Interaktionsskript und einer Handelslogik verknüpft: Der Orgasmus bildet hier nicht (ausschließlich oder in erster Linie) den Höhepunkt eines sich steigernden erotischen Erlebens, sondern einen interaktiven Zug und eine Art Ware, die im ökonomischen Tausch für ‚Tokens‘ zu erwerben ist. Der Zeitpunkt, zu dem der Orgasmus stattfindet, ist damit von den Zuschauern und ihrer Spendabilität abhängig.

Der Eingang der letzten 30 Tokens bildet dann auch den Auslöser für das folgende Geschehen. <Lorenzo> ist hier nicht mehr nur zu sehen, er richtet seinen Körper auf diese seine Sichtbarkeit hin aus (und zugleich an der Möglichkeit, das in Aussicht gestellte Ejakulieren in sein Gesicht zu bewerkstelligen). Dieses Herstellen von Sichtbarkeit (und Sehenswürdigkeit) entsteht in anderen Sessions auch durch die räumliche Annäherung von Kamera und Körper(-teil), mit der eine Nah- und Großaufnahme erzeugt wird, die den erigierten Penis in den Mittelpunkt des Bildes bringt und/oder eine Körperteiloberfläche ins Bild bringt, auf die der Teilnehmer ejakuliert. Typisch wird etwa die Kamera nach oben justiert, und so der Oberkörper ins Bild gebracht, nachdem der Fokus die Zeit davor so auf die Genitalien gerichtet und beschränkt war, dass diese das gesamte Bild ausfüllten. Der Orgasmus wird durch rhythmische Körperbewegung bzw. -kontraktion und Mimik markiert. Lorenzos Wahrnehmung (bzw. sein Kopf) ist in diesem Moment weniger auf die Kamera als auf das eigene körperliche Geschehen orientiert (und muss dies auch sein – er muss dorthin schauen, von wo das Ejakulat kommt, um seinen Einsatz zu liefern). Kaum ist der Orgasmus vorbei, wendet sich sein Blick jedoch sofort zum Bildschirm. Dies ist eine typische Beobachtung, die ich immer wieder machen konnte: Wenn sich Teilnehmer nicht am Bildschirm befinden oder sich interaktiv abmelden (z. B., weil die Performanz eines Orgasmus das Schließen der Augen, Zurückwerfen des Kopfes o. ä. verlangt), schnellt der Körper oder Blick ‚danach' direkt an den Bildschirm zurück, um mit typisch suchendem Blick die Resultate der eigenen Inszenierung zu ‚sichten'.

Lorenzos Körper ist im obigen Fall in zwei Richtungen ausgerichtet und damit über zwei Phasen verteilt: Während der Sehsinn und mit ihm das Gesicht und das interaktive Gegenüber auf den Bildschirm ausgerichtet sind, ist der Rest des Körpers sozusagen noch in der Phase davor. Der Körper ‚zieht' (bzw. in diesem Fall: ‚rutscht') erst ‚nach', bis Lorenzo in erster Linie als interaktive Person vor der Kamera zu sehen ist, die im Hintergrund ‚auch noch' einen Körper hat. Es stellt sich das umgekehrte Bild im Vergleich zum Anfang dar. Die körperliche Nacktheit verspricht hier nichts mehr, sie wird banal. Das erotische Skript des Übertragenden und das Skript der Übertragung kommen kurz darauf gemeinsam zum Ende.

‚Loads' oder ‚Ladungen', wie das Ejakulat auf CammingSite.com üblicherweise genannt wird, ziehen eine unmittelbare Reaktion der Zuschauer nach sich (und müssen das auch). Sie werden daraufhin kommentiert, wie ‚hot', ‚huge' oder ‚massive' sie sind, und als Leistung beglückwünscht und bewundert. Dabei zählt der visuelle Eindruck: Sehr selten wird explizit gefragt, wie der Orgasmus *erlebt* wurde. Das Ejakulat wird zudem nicht in erster Linie als Marker sexueller Lust, sondern als Indikator sexueller Potenz und Markierung einer Position in einem ablaufenden Skript gerahmt. Diese Kommentare der Zuschauer rahmen das Geschehen und Gesehene und etablieren so retrospektiv das, was sich auch aus Sicht des Teilnehmers vor der Kamera ereignet hat. Dieser kann sich, in den Kommentaren der anderen, als jemand erleben, der gerade „saugeil abgespritzt" hat oder „fucking hard" ‚gekommen' ist. Diese Rückmeldung anderer ist von hoher Bedeutung auf CammingSite.com, was zum einen an den rückversichernden Blicken abzulesen ist und auch in den Danksagungen, die Nutzer schreiben, kurz bevor sie die Webcam nach dem Orgasmus abschalten.

Die subjektive Bedeutung dieser Wertschätzung wurde für mich auch persönlich spürbar, und zwar in Fällen, in denen keine Zuschauer in meinem Raum waren, also niemand zuschaute, was im Beispiel oben das Anbandeln mit <ScottyRay> auslöst. Allein zu ‚kommen' ist wie masturbieren vor einem Spiegel, allerdings in der Gewissheit, dass ‚um einen herum' etliche andere sind, die sich gegenseitig beobachten, begutachten[15] und bewundern. In meiner Wahrnehmung entstanden oft so etwas wie aufmerksamkeitsökonomische Abwägungen: Nach *so einer geilen Show* wäre es eine Verschwendung, wenn *das* keiner sieht.

---

15 Beim Cammen heißt Begutachten vor allem mittels Text kommentieren, und tendenziell positiv. Körper, die ästhetisch nicht ansprechend sind, werden eher übersehen, sind unsichtbar.

Je länger ich Camming praktizierte, desto mehr wurden die Beteiligung der Kamera und dieser Art von medialer Öffentlichkeit für mich zu obligatorischen Bestandteilen meines Masturbationsskriptes. Ich fing an, diese Öffentlichkeit auch erotisch schätzen zu lernen und suchte die Situation vor der Kamera immer öfter auch mit erotischen (statt ethnografischen) Absichten auf. Gerade, dass wildfremde Andere dabei waren, die ich auf einer diffus gewussten Attraktivitätsskala oft höher einstufte als mich selbst, und die mir positives Feedback auf mich, meinen Körper und meinen Sex-Appeal gaben, wurde für mich zu einer exhibitionistischen Stimulation. Aus „Solitary Sex" (Laqueur 2004) wurde eine Art Selbst-Befriedigung ‚allein mit anderen'.

Wenn Publikum ausblieb, begann eine Suche nach Öffentlichkeit, für die ich mit der Zeit Strategien entwickelte: Ich beteiligte mich mit kurzen Beiträgen an Chats in besonders stark frequentierten Räumen, in der Hoffnung, dass andere Nutzer mein Miniaturbild sehen und dann meine Webcam öffnen würden. Teilweise wies ich dort auch explizit darauf hin, dass ich „about to cum" sei. Dieses Einwerben von Zuschauerblicken, sozusagen ein *fishing for audience*, ist ein typisches Vorgehen auf Cammingseiten, das ich in zahlreichen Chats auch von anderen Nutzern beobachten konnte. Nutzer ‚graben sich gegenseitig das Publikum ab', wobei es sich hier nicht um einen offenen Wettbewerb handelt. Dabei ging es nicht immer darum, jemand Speziellen, Besonderen zum Zusehen zu bewegen – in diesen Momenten habe ich nicht selten frustriert versucht, *irgendwen* ‚an die Leitung zu holen', ganz wahllos, um wen es sich dabei handelte. So ging ich etwa gezielt in den hinteren Vorschauseiten (die, zu denen man sich durchklicken muss, und die sowohl die Webcams zeigen, die noch nicht lange übertragen, als auch die, die am wenigsten Zuschauer haben) auf die Suche nach Zuschauern, deren Aufmerksamkeit leichter zu bekommen war und denen ich unterstellte, dass sie ‚dankbar' seien, wenn sie jemand zuschauen *lässt*. Zusätzlich zu der Bestätigung anderer ließ ich mir sozusagen selbst Wertschätzung zuteilwerden, indem ich so meinen eigenen ‚Wert' und den anderer vergleichend schätzte. Neben dem praktischen Wissen, das zum Camming gehört, gingen so auch typische Wertvorstellungen und Wertigkeitsvorstellungen in mein Teilnehmerwissen über.

Die erotischen Skripte und Praktiken der Teilnehmer sind nur für kurze Zeit synchronisiert. Es kann an diesem Punkt auch zu Inkongruenzen kommen, wie in der obigen Vignette. Während der eine Teilnehmer ‚schon fertig' ist, ist der andere noch mitten dabei. Das geht, weil eine Distanz zwischen beiden besteht. Die unterschiedlichen Positionen in einer geteilten erotischen Interaktion bzw. Camminginteraktion stellen den jeweils anderen in situative Positionen und damit unter Erwartungsdruck: Da <ScottyRay> in der Sequenz ‚noch nicht gekommen' ist, unterstelle ich ihm, an mich die Erwartung zu haben, „den Animateur zu spielen". Ich möchte mich aus der Situation zurückziehen, was ich einerseits durch einen simplen Mausklick sehr leicht tun kann, was andererseits aber durch die Interaktionsgeschichte erschwert wird. In diesem Moment wird die Personalität der Beteiligten ausgehandelt: Den Porno kann ich einfach ausschalten, wenn ich ihn nicht mehr brauche, das geht (und das ist ein moralisches ‚geht') mit einem Gegenüber nicht, geht (technisch) hier aber sehr wohl (wenngleich ‚Vorspulen' nicht geht). Meine mediale Wichsvorlage wurde für eine gewisse Zeit zu einem Gegenüber, bei dem die Umdefinition jetzt Persönlichkeitsrechte verletzen könnte, ich habe (zumindest in dieser Interaktion) das Gefühl, dass ich die Situation wie eine ‚unter Gegenübern' auflösen muss.

Wird oder bleibt die ‚Nachbereitungssequenz' sichtbar, wird sie als solche in ihrer Sichtbarkeit gewissermaßen wieder unsichtbar, zum Non-Event gemacht. Zuschauer kommentieren in keiner Weise, was jetzt aktuell im Bild zu sehen ist, die Referenzrichtung der Kommentare geht jetzt in eine mögliche Zukunft oder verharrt in der eben gesehenen Vergangenheit. Zuschauer halten die Situation noch erotisch, indem sie von dem, was aktuell zu sehen ist, auf das, was bis kurz vorher zu sehen war, schließen („did I miss it?"). Sie evaluieren das Gesehene und fordern den Protagonisten auf, sich weiter mit dem Ejakulat zu beschäftigen („lick it", „show closer, spread it on your chest"). Die tatsächlichen Vorgänge (in der Regel ein Hantieren mit Taschentüchern und Handtüchern) werden quasi zum Nebenschauplatz, als ‚nicht sehenswert' oder ‚nicht das eigentliche Geschehen' übersehen. Ein Teil des Geschehens wird so als dieses ‚eigentliche' Geschehen, als „show" gerahmt. Dies korrespondiert mit dem Umgang mit dem Penis als Marker: „did I miss the show" wird gefragt, wenn kein Penis im Bild zu sehen ist. Nach dem Orgasmus wird er zudem auch praktisch wieder zur Nebensache (gemacht). Er findet sich nicht mehr in der Mitte des Bildes oder ist, durch Kleidung bedeckt, durch den Kamerawinkel, durch die Körperhaltung, gar nicht mehr im Bild zu sehen. Auch in den Kommentaren der Zuschauer wird er nicht mehr weiter adressiert (selbst wenn er sichtbar ist) und wird auf diese Weise nicht länger offensichtlich gemacht, auch von den Händen des Protagonisten erhält er nicht mehr dieselbe Aufmerksamkeit.

5.3.4 Overdoing Gender und pornografische Körper

Gerade, weil Geschlecht im Alltag so offensichtlich im Raum steht, muss in der Regel gar nicht weiter viel getan oder gesagt werden – Geschlecht ist selbstevident. Das geübte Auge erkennt mit einem Blick *gender displays* und weiß in aller Regel selbst bei minimalen visuellen Hinweisen, ob es auf einen Körper des einen oder anderen Geschlechts schaut. Zudem kann die Geschlechterunterscheidung strukturell, z. B. durch Interaktionsvorlagen, ‚schon erledigt' sein, was die Beteiligten von der Darstellung entlastet. Und schließlich wird sie meist nur punktuell aufgegriffen und relevant gemacht, dazwischen jedoch interaktiv ruhen gelassen (Hirschauer 2001b). Vor dem Hintergrund dieses beschaulichen Tuns wirkt die Körperbeschau auf CammingSite.com geradezu grotesk. Körper werden hier maximal explizit nicht nur zur Betrachtung in allen Einzelheiten und -teilen angeboten, sondern drängen sich dem Betrachter regelrecht auf. Von Geschlecht wird hier nicht abgesehen, es wird im wahrsten Sinne des Wortes demonstrativ in die Kamera gestreckt und fortwährend diskutiert. Dabei scheint es hier, gegenüber dem alltäglichen *Doing Gender*, eigentlich gar nichts mehr zu *tun* zu geben: Auf CammingSite.com liegt alles offen zur Ansicht bereit.

Wie bemerkenswert die Körperinszenierungen auf CammingSite.com als *Geschlechtsinszenierungen* sind, wird deutlich, wenn man sich die Konsequenzen ausmalt, die ein Import der auf CammingSite.com üblichen Körperpraktiken in den sozialen Alltag hätte: Übertriebene Geschlechtsdarstellungen können nicht nur als unangemessen gelten, sie können zudem unglaubwürdig und damit brüchig werden (dieses Problem kennen Teenager so gut wie Transsexuelle). Was auf CammingSite.com zu beobachten ist, erscheint so als eine Form von *Overdoing Gender*, die es in ihrer kontextspezifischen Logik zu verstehen gilt. Im Folgenden betrachte ich dazu zwei Formen von *Overdoing*: den redundanten Verweis auf Geschlecht in textuellen und grafischen Rahmungen von bereits expliziten Geschlechtsinszenierungen in den Bildern der Webcamübertragungen (1) und die inszenatorische Akzentuierung der Körperlichkeit von Geschlecht bei deren maximaler Offensichtlichkeit (2).

1. *Sexuierende und sexuierte Rahmungen.* Auf CammingSite.com liegt Geschlecht in verschiedenen medialen Formaten und Zuständlichkeiten simultan vor: Geschlecht (-szugehörigkeit), im Fall dieser Studie vor allem Männlichkeit, ist hier implizit oder explizit Thema von Chatgesprächen, Aushandlungsgegenstand von Interaktionen und wird in körperlichen Vollzügen der Teilnehmer vor den Webcams inszeniert. Bereits bevor sich ein Körper (er-)blicken lässt, liegt Geschlecht jedoch in der informationstechnischen Infrastruktur der Plattform ‚gespeichert‘. Schon hier offenbart sich eine Menge Wissen um Geschlecht, welches in die mediale Logik eingeschrieben ist und sich in der Praxis mit dem Wissen der Teilnehmer in Beziehung setzt. Cammingportale und deren Inhalte sind, wie die meisten pornografischen Angebote im Internet, entlang der Differenzachsen Geschlecht und Begehren codiert und sprechen ihre Zielgruppe über verschiedene sexuierende Elemente als vergeschlechtlichte Nutzer an. Von ‚außen nach innen‘ sind zunächst die Seiten insgesamt geschlechtlich etikettiert. Sie führen meist entweder eine Geschlechtskategorie (‚cam*boys*‘, ‚*man*roulette‘) oder eine sexuelle Vorliebe (‚*gay*roulette‘, ‚*gay*cams‘, ‚cam*gays*‘) im Namen.[16]

Diese Systematik findet sich eine Ebene tiefer in Form von Kategorien und Filtern innerhalb einzelner Angebote wieder: Seiten wie CammingSite.com bieten Besuchern die Möglichkeit, die aktuell übertragenden Webcams zu sortieren, entweder nach dem Geschlecht derer, die in den Übertragungen zu sehen sind, oder nach deren Anzahl. Schon im Angebot der Filter als solcher liegt die Information, dass nicht gleichgültig ist, wen man hier sieht (bzw. wem man zusieht) – ein Hinweis darauf, dass die simultane Thematisierung von Geschlecht auf verschiedenen Ebenen (Text, Bild, Körperpra-

---

16 Hierbei werden alle Varianten außer heterosexuellem Begehren mit Präfixen oder Suffixen gekennzeichnet. *Straight* ist – in der Pornografie wie im sozialen Alltag – der unmarkierte Norm(al)fall. Heterosexuelles Begehren wird nur in Ausnahmefällen (s. Kap. 5.4.3) explizit zum Thema gemacht.

xis etc.) nicht automatisch redundant ist, sondern soziale Funktionen erfüllt. Anders als z. B. in einem ‚Chatroulette‘-Format, bei dem User mit einer zufälligen anderen Webcam verbunden werden (also nach einem weniger sozialen als informatischen Algorithmus), machen die Zusammenstellung von Vorschaubildern in Übersichtsseiten und die Sortierung nach der Kategorie Geschlecht die Personen vor bzw. hinter den Webcams zuallererst zu Betrachtungs*objekten* und die informationelle Infrastruktur legt damit Nutzerpraktiken wie ‚Browsen‘ und die Auswahl von Betrachtungsobjekten nahe. Der Blick in eine Webcamübertragung wird damit als Entscheidung für eine Webcam und einen Körper vor ihr zurechenbar. Ich selbst wählte bei meinen Besuchen routiniert und automatisch den Menüpunkt ‚male‘ aus, weil ich Männer *sehen wollte* – von denen jedoch wiederum nicht alle Nutzer Männer und entsprechend nicht mich sehen wollten: Ein Klick auf das Label ‚male‘ sortiert nach Geschlecht, nicht nach Begehren, entsprechend werden mit ihm auch Webcams von heterosexuellen Nutzern angezeigt.

Diese Sortierbarkeit stützt sich auf eine vorgängige Abfrage von Geschlecht und sexuellen Vorlieben der Nutzer. Sie wiederum setzt deren Abfragbarkeit voraus: Hier wird den Nutzern abverlangt, dass sie wissen und sagen können, wer und was sie sind – ein kleines ‚Geschlechtsbekenntnis‘ abgeben können. Nutzer von CammingSite.com werden bei der Registrierung zuallererst nach ihrer ‚eigenen‘ Geschlechtszugehörigkeit kategorisiert, bzw. aufgefordert, sich selbst zu kategorisieren: Ungeachtet individueller Unterschiede, wie z. B. verschiedener sexueller Vorlieben, wurde ich zu einem Exemplar der Kategorie ‚Mann‘. Die angegebene Kategorie wird informatisch zur Einsortierung und Auszeichnung der Webcam und des Vorschaubilds weiterverwendet. Man mag denken, dass das Bild allein ausreicht, um festzustellen, ob es sich bei dem, was man sieht, um einen Mann oder eine Frau handelt. Die Seite verlässt sich aber nicht allein auf die Sehkompetenz der Nutzer, die den Körpern in den Bildern eigentlich problemlos ein Geschlecht zuordnen (es ihnen ‚ansehen‘) können sollten. Die Relevanz dieser Information scheint an anderer Stelle zu liegen: Sie ermöglicht die Konfiguration, die gezielte Führung von Blicken. Über die Kontextinformation kann die Software des Computers, was die des Menschen per Auge kann: die Webcams und Nutzer in (Geschlechts-)Kategorien sortieren bzw. sortier*bar* machen. Ein Klick auf den Filterbutton ‚male‘ führt dann alle Webcams auf, die unter diesem Label kategorisiert sind und legt die Zugehörigkeit aller angezeigten Bilder zu einer gemeinsamen Kategorie zumindest visuell nahe.

Die anschließende Sortierung und Auswahl *möglicher* aus den *potenziellen* Betrachtungsobjekten (also solchen, bei denen die eigenen Vorlieben und die des jeweils anderen kompatibel sind) wird auf die Nutzerpraxis ausgelagert: Diese Auswahl orientierte sich in meiner eigenen Praxis an zwei Kriterien, nach denen mein Blick, der über die Vorschaubilder hinwegscannte, Ausschau hielt: Zum einen suchte er nach Bildern, die mein Auge ‚festhielten‘, auf irgendeine Weise meine Aufmerksamkeit auf sich zogen. Hierbei blieb mein Blick gefühlt tatsächlich ‚hängen‘; auf das Bewusstsein davon, etwas Sehenswertes gesehen zu haben, folgte oft erst der Blick zurück, der dann genauer hinsah, und dann zum anderen nach der ‚passenden‘ ‚sexuellen Orientierung‘ in den Informationen neben dem Bild suchte. Diese wird neben den Vorschaubildern zum einen in Form eines Icons angezeigt, aber auch von den Nutzern selbst dar- und klargestellt.

Das im Design von CammingSite.com liegende Skript setzt also voraus, dass Nutzer wissen, was sie sehen wollen, und damit einhergehend, dass sie genauso wissen, was sie selbst ‚sind‘ – sowohl welchen Geschlechts als auch welcher ‚sexuellen Orientierung‘. Der Bildschirminhalt bietet einen Anreiz und Anlass, sich selbst geschlechtlich zu identifizieren, entlang einer erwarteten Geschlechterrelation die sich in einer erwarteten Blickordnung ausdrückt. Die redundanten Hinweise auf Geschlecht auf den verschiedenen Ebenen führen hier also gerade nicht zum Fragilwerden von Geschlechtsinszenierungen, sondern dienen der Stabilisierung von Geschlecht als Organisationsmuster für erotische Blicke, die wiederum mit Geschlechtsinszenierungen und deren Scheitern und Gelingen gekoppelt sind. Dies führe ich im Detail in Kapitel 5.4.3 am Beispiel der Inszenierung und interaktiven Aushandlung von heterosexueller Männlichkeit aus.

2. *Das Herzeigen des allzu Offensichtlichen.* Wie gesagt, ist Geschlecht in den Interaktionen auf CammingSite.com noch offensichtlicher als ohnehin schon im Alltag, statt kultureller Genitalien sind hier die als ‚eigentlich‘ geltenden Genitalien ausgestellt und es wird explizit auf das Offensichtliche und das Naheliegende (das ‚Geschlecht‘ des Penisbesitzers im doppelten Sinne) sprachlich hingewiesen (vgl. Kap. 4.3). Es handelt sich um ein Anzeigen von Geschlecht, das sich selbst als ein Anzeigen erkennbar macht, auch indem es um Blicke heischt, zum Zusehen auffordert und sich stellenweise gar als Performance zu erkennen gibt (vgl. Kap. 4.3.1). Die so inszenatorisch hervorgebrachte Männlichkeit ist entsprechend immer schon mehr als das alltägliche *Männlichsein* im Sinne einer beiläufig wahrgenommenen und zugeschriebenen kategorialen Zugehörigkeit. Letztere ist in den Darstellungen auf CammingSite.com eine Art mitlaufender Unterfaden, eine nicht weitere bemerkenswerte Grundierung für das eigentliche Schaustück: Eine spezifische Männlichkeit, die sich als sehenswert inszeniert. Die Teilnehmer stellen diese her, indem sie sie in Form der bereits zuvor angesprochenen Standbilder inszenieren und verkörpern. Der Standbildcharakter entsteht durch die bei aller Echtzeitlichkeit der Übertragung von den Teilnehmern körperlich gehaltene Statik der Posen, aber auch durch die fortwährende Unterbrechung der mit erotischen Posen entwickelten ‚Bildfolge‘ durch Phasen, in denen die Teilnehmer auf der Tastatur tippen oder die Maus bedienen und in denen ihre Körper eher ‚nebenbei‘ zu sehen sind.

Die Bildfolge in Darstellung 5.1 zeigt einen Teilnehmer, der auf einem Sessel vor einer Webcam platziert ist. Die Kamera ist so eingestellt, dass das Bild den Körper vom Schritt bis gerade über die Augen des Teilnehmers erkennen lässt. Im Bild links ist der Körper nach vorne geneigt und der Blick auf den Bildschirm gerichtet. Während die eine Hand ununterbrochen den Penis umfasst und masturbiert, reicht die andere Hand ‚aus dem Bildrahmen‘ und bedient die Tastatur. Im mittleren Bild sehen wir

(a)   (b)   (c)

Darstellung 5.1: Wechsel zwischen Zusehen und Zu-sehen-Sein (Quelle: Eigene Darstellung).

den Körper erotisch ‚hergezeigt', als Betrachtungsobjekt: Die Beine sind angewinkelt und auf den Lehnen des Sessels abgelegt, ‚arretiert', die Körpermitte damit in der Bildmitte installiert. Der Blick ist seitlich auf den Bildschirm gerichtet (in der Darstellung nicht erkennbar zu machen), dabei ist der Mund lasziv wirkend geöffnet, ein Finger liegt auf der Zunge. Nicht im Bild zu erkennen: Die Hand streicht in der Folge immer wieder über die Brust und dann den Oberkörper abwärts, um dann wieder in die Finger-im-Mund-Haltung gebracht zu werden oder an den Hinterkopf gelegt zu werden. Im Bild rechts wird sowohl die Zeige- als auch die Masturbationssequenz unterbrochen und der Körper ganz neu angeordnet. Das eine Bein wird über die Lehne nach innen geholt, der Oberkörper neigt sich nach vorne, der Blick wechselt auf die Tastatur, die jetzt von beiden Händen bedient wird – der bisher masturbierend ‚animierte' Penis wird ‚links liegen gelassen'.

Der laufende Wechsel zwischen diesen Positionierungen löst ein ganz triviales Problem der Teilnehmer: Dass zwei zur Teilnahme und für ein ‚gelungenes' erotisches Erleben der Situation nötige Tätigkeiten (tippend kommunizieren und masturbieren) nicht gut *zeitgleich* erfolgen können. Masturbationssequenzen setzen nach kurzen Unterbrechungen für Schriftkommunikation meist genau ‚dort' (also in der Haltung und Stellung sowie der Intensität und Frequenz) wieder ein, wo sie unterbrochen wurden. Dieser fortwährende Wechsel wird von den Zuschauern meist schlicht übersehen. Sie sehen eine erotische Inszenierung, die in Form einer Aneinanderreihung, einer Folge von erotischen ‚Standbildern' nach dem Modell von Darstellung 5.1(b), die von den kleinen Unterbrechungen eingerahmt und gleichzeitig durch sie verbunden werden.

Geschlecht, bzw. Männlichkeit, wird hier in erkennbaren ‚Akten' inszeniert und aus dem Strom von nonverbalem Verhalten, der Geschlechterdarstellungen im Alltag ausmacht, herausgehoben und vom schieren quasi automatisch zugeschriebenen *Männlichsein* des nackt sichtbaren Körpers abgehoben. Die punktuelle Inszeniertheit ist also einerseits offensichtlich, wird aber in diesem Fall übersehen oder zumindest nicht problematisiert. Teilnehmer kommentieren die so entstehenden Bildansichten dann nicht selten als „An- und Aussichten", auch „Perspektiven", und beziehen sich damit nicht nur auf das Dargestellte (den Körper), sondern auch auf die Darstellungsleistung der Teilnehmer vor der Kamera: „so zeigst du ihn gut". Damit markieren sie, *dass* hier etwas gezeigt wird, dass ein Aufwand des In-Szene-Setzens hinter der Szene steht. Aber sie lassen auch das, was gezeigt wird, der Inszenierung und dem Zeigen vorgängig sein: Es geht nur darum, das zu zeigen, was schon da ist. Sie lehnen sich in gewisser Weise an den Evidenzcharakter und die Evidenzillusion der Pornografie an (vgl. Williams 1989). Ein gewisser Grad an offensichtlicher Inszenierung ist also gewollt und wird akzeptiert. Diesem eigenen Inszenieren der Zuschauer, das sich sozusagen ‚vorauseilend defensiv' selbst entlarvt und deren fortlaufendes Ergebnis insofern nicht als ‚fake' oder ‚künstlich' wahrgenommen wird, steht ein Entlarven von Darstellungen *als Darstellungen* gegenüber:

> <Leonidas> sitzt frontal vor der Webcam. Zu sehen ist die untere Hälfte seines Gesichts, darunter seine leicht behaarte Brust. Die kleinen Bewegungen des Oberkörpers und der nach unten geneigte Kopf lassen es so aussehen, als sei er mit Tippen beschäftigt, dabei ist sein Mund leicht geöffnet [Darstellung 5.2(a)]. Im Chat ist sehr viel los, es gehen ständig Nachrichten ein, alle auf Spanisch. Ich lese „papi" ((ein vor allem unter Latinos geläufiger Szeneausdruck für einen attraktiven Mann)), „guapo" ((span.: gutaussehend)), „culo" ((span.: Arsch)) (die üblichen laufenden Kommentierungen), dazwischen hier und da ein „show that ass" oder „let's see more". (<Leonidas> beteiligt sich nicht selbst am Chat, es erscheinen keine Nachrichten von ihm. Er muss in einem anderen Chatroom sein.) Er schürzt ganz leicht die Lippen.
>
> Auf einmal (ich bin wirklich überrascht) führt er Zeige- und Mittelfinger der von mir aus gesehen linken Hand zusammen zum Gesicht und nimmt sie bis zum ersten Knöchel in den Mund, zeitgleich greift die andere Hand in Richtung Kamera und der Bildausschnitt wird nach unten justiert, simultan lässt <Leonidas> seinen Oberkörper mit Schwung, aber kontrolliert, nach hinten auf die Matratze (?) fallen [Darstellung 5.2(b)]. Er scheint in der jetzt folgenden Ansicht richtiggehend zu ‚landen': Er liegt mit gespreizten, nach oben angewinkelten Beinen vor der Webcam, die eine Hand umgreift seinen Penis und masturbiert, der andere Arm reicht von unten um sein Bein herum an den Po, er hat zwei Finger in seinen Anus eingeführt und bewegt sie leicht hin und her [Darstellung 5.2(c)]. Das Ganze wirkt unheimlich koordiniert. Sein Blick fixiert die Kameralinse, dabei sind die Augen leicht ‚lasziv' wirkend geschlossen, der Mund ist weit aufgerissen und <Leonidas> leckt mit der Zunge rund um seine Lippen herum. Ab und an legt er den Kopf in den Nacken, schließt die Augen und reißt den Mund noch weiter auf. (Beim Zuschauen denke ich, dass das sehr gekünstelt wirkt, zumal sein Penis noch nicht einmal richtig hart ist – *der ist niemals so ekstatisch*).

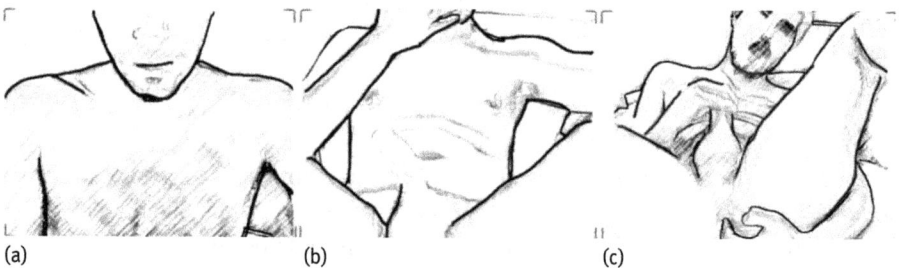

(a)   (b)   (c)

Darstellung 5.2: Die Inszenierung erotischer Lust (Quelle: Eigene Skizze nach Screenshot-Ausschnitten).

Wieder mit einem Mal, es ist kaum zu sehen *wie* das abläuft ((erst später mit der Bild-für-Bild-Betrachtung des Mitschnitts)) richtet er sich wieder auf und sitzt so vor dem Computer wie vorher. Sein Gesichtsausdruck ist wieder vollkommen neutral, jetzt sieht man seine Augen, die eher ausdruckslos über den Bildschirm wandern. Dieser Wechsel wiederholt sich im weiteren Verlauf noch mehrere Male. Leonidas scheint zwischen diesen beiden Ansichten hin und her zu ‚springen'. Ich bin vor allem irritiert davon, wie krass sich die beiden Posen voneinander unterscheiden – das macht es so unglaubwürdig. Im Chat schreibt jemand: „*lach* wasn das für ne show?!" (Beim Zuschauen schmunzle ich, als ich das sehe – *Genau!*).
(Bildschirmvideo, Transkript, Erinnerungsnotiz)

„*lach* wasn das für ne show?!" markiert, dass der im Bild zu sehende *Körper* nicht mit sich identisch ist, sondern ‚nur' etwas zur Aufführung bringt. Der Wechsel zwischen den beiden Inszenierungen des Körpers und der Erregung wirkt zu flüssig, zu perfekt, und wirkt gerade durch die nahezu identische mehrfache Wiederholung auf mich als *fake* und beinahe belustigend. Erst durch den mehrfach markierten Wechsel (durch Körperhaltung, Bildausschnitt, Gesichtsausdruck) wird die als ekstatisch inszenierte ‚Phase' *als Inszenierung* erkennbar (bzw. erkannt, im strengen Sinne: gerahmt). Derlei Kommentare verweisen auf eine Ambivalenz: Einerseits müssen Verhaltensweisen, um für die Kamera erkennbar und für die Zuschauer ‚leicht erkennbar' zu sein, stilisiert werden (ganz im Sinne von Goffmans Hyperritualisierungsthese). So erzeugen langsames, ‚kamerataugliches' Masturbieren, deutliches Aufbäumen des Beckens oder ganzen Körpers beim Orgasmus, überzeichnetes Anfassen des eigenen Körpers die Sichtbarkeit einer Praxis, die ansonsten schlecht zu erkennen wäre. Andererseits muss sich diese Stilisierung noch in einem Rahmen bewegen, der sie nicht (zu sehr) als ‚zu Inszenierungszwecken' erkennbar und benennbar werden lässt. Was von den Teilnehmern also gefragt ist und wird, ist eine Inszenierung, die sich bei aller Offensichtlichkeit noch übersehen lässt, bzw. die den Anschein (oder die Unterstellung) sexueller Erregtheit, die hier auch zum Ausdruck gebracht werden soll, noch als ‚echt' zu sehen erlaubt.

Hier wird deutlich, dass die Teilnehmer durchaus etwas ‚falsch' machen können und über eine ausgeprägte Teilnehmerkompetenz verfügen, dies nicht zu tun. Diese Kompetenz kann auch indirekt eingefordert werden: Teilnehmer stützen normalerweise die Inszenierungen anderer, sie können sie aber auch entlarven und dadurch gefährden. Der Grad an erkennbarer Inszeniertheit ist im Rahmen von Cammingpraktiken gleichwohl höher als in anderen, vergleichbaren Situation.[17] Hypervisualität wird

---

17 Zum Beispiel in der sexuellen Interaktion unter körperlich Anwesenden. Auch sie bedient sich der ritualisierten Darstellung von Erregungszuständen und ekstatischer Entrücktheit (bzw. umfasst oder gar: beschränkt sich auf sie). Die Parameter für den Grad tolerierbarer Inszeniertheit sind aber je nach der sozialen Besetzung der Interaktion und der Rahmung der Situation unterschiedlich: Was beim Sex vor und mit einer Kamera in Ordnung ist, kann in der intimen Zweisamkeit einer Paarbeziehung unter Ausschluss Dritter als störender „Porno-Moment" auffallen (ich danke Matthias Mauser für diesen Hinweis).

beim Camming als Normalzustand wahrgenommen. Die pornografische Rahmung der Nutzeroberfläche (pornografische Bilder sind nicht nur gedanklich nah, sondern sie liegen auch in Form von Bildern aus der Werbung für Pornoseiten im räumlichen Umfeld der Webcambilder) bildet einen Bezugsrahmen, in dem die Hypervisualisierung von Geschlechtsteilen angemessen erscheint, und Cammingsessions als Interaktionen greifen auf diesen Rahmen zurück und *geben* sich zudem einen pornografischen Rahmen, wodurch und indem die Parameter für adäquate Sichtbarkeit im Rahmen dieser Praktik neu bestimmt werden. Dies entspricht einem allgemeinen Prozess in der medial vermittelten Wahrnehmung von Körpern (Hahn 2002a: 295 f.). Den Penis in Nahaufnahme zu zeigen, fällt dann in den Bereich ‚normaler Sichtbarkeit‘ – hier würde niemand auf die Idee kommen, sich empört zu verbitten, dass jemand ihm sein Geschlechtsteil entgegenhält.

In seinen Überlegungen zur pornografischen Inszenierung von Körpern weist der französische Soziologe Patrick Baudry (1998) darauf hin, dass die Produktion des pornografischen Bildkörpers nicht allein auf der Seite der ‚Produzenten‘, Darsteller, Regisseure und Kameraleute liegt: Sie bedarf auch der spezifischen Betrachtung und Rezeption des Bildes, des Aufeinandertreffens von Auge und Bild (Baudry 1998: 81). Vor diesem Blick, so Baudry weiter, sieht das Bild nicht wie Repräsentation, sondern wie „pure Präsentation“ aus. Dieser Blick zeichnet auch autopornografische Praktiken aus: Teilnehmer sehen quasi an den Inszenierungen und Posen vorbei und durch sie hindurch schlicht einen nackten, ‚bloßen‘ (und dabei männlichen ‚Pracht‘-)Körper.

Die Bilder und Teilnehmer der Cammingpraktiken zitieren dabei die Bildsprache der Amateurpornografie, die sich seit Beginn der *Porn-2.0*-Entwicklung herausgebildet hat[18], deren Anschein der Authentizität allerdings Ergebnis von Inszenierungs- und Rezeptionspraktiken ist und den Bildern nicht deshalb zukommt, weil sie in irgendeiner Weise ‚echter‘ sind als kommerziell produzierte Pornografie (vgl. Näser 2008; Tolson 2012). Das ‚Amateurhafte‘ ist ein spezifischer visueller und stilistischer Code, der von Produzenten gezielt eingesetzt werden kann (Jacobs 2007: 46 ff.). Pornokonsumenten verfügen über ein Wissen darum, das Gesehene einzuordnen und ‚echte‘, ‚authentische‘ Amateure von den ‚als ob‘- oder ‚Glamour‘-Amateurcharakteren der kommerziellen Pornoindustrie zu unterscheiden (dasselbe gilt für Wissenschaftler/-innen: Jacobs 2007). Die Authentizität einer Körperdarstellung ist zuallererst eine Repräsentation, selbst eine Darstellung, die der jeweilige Körper *verkörpern* muss (Hahn 2002a: 290). Für die hier inszenierten Körper gilt entsprechend, dass sie, so-

---

18 Cindy Galopp, Gründerin der Website *MakeLoveNotPorn.tv* spricht von „sexual behavioural memes“, die sie in ihren eigenen Sexerfahrungen mit jüngeren Männern erlebt habe, und die sie darauf zurückführt, dass ihre Sexualpartner Vorlagen aus der Pornografie übernehmen. Auf ihrer Website können Nutzer/-innen selbst gedrehte Videos von ‚echtem Sex‘ hochladen, die sich etwa dadurch auszeichnen, dass lange vor und nach dem Sexualakt gefilmt wird, der Sex kontextualisiert wird und die Anordnung der Videos auf der Seite nicht davon ausgeht, dass Betrachtende wissen, was sie sehen wollen: Die Videos sind nicht nach Kategorien sortiert (vgl. Bielski 2013).

lange sie in einem gewissen Rahmen der offensichtlichen Inszeniertheit bleiben, als schlicht ‚da' gelten.[19]

Bei aller Individualität der einzelnen Nutzer kommen hier also generische Körper zur Ansicht, insofern sie nach den immer selben Kriterien begutachtet und besprochen werden. Vergleichbar dem von Klein analysierten Fitnesskörper ist der pornografische Körper immer schon ein abstraktes Körperbild, ein Körper, den niemand ‚wirklich' hat und der niemand ‚wirklich' ist (Klein 2008: 211). ‚Der Männerkörper' bzw. ‚der männliche Körper' kann analog als ein Kollektivsingular und Konglomerat verschiedenster Körper(-bilder) (der Anatomie, der Medizin, der Werbeindustrie usw.) verstanden werden. Sie sind kontextspezifische (gleich wie makelhafte) Idealbilder, mit denen empirische Körper beobachtet und verstanden werden. Im Rahmen des Geschehens und der Bilder auf CammingSite.com können sich die Teilnehmer als diese Idealbilder und zugleich als diesen Körper *erleben*.

5.4 Männerbilder und Bilder von Männlichkeit

Geschlechtsdarstellungen können im Alltag angemessen, ‚richtig' geschehen und gelingen, oder sie können sozial scheitern. Ihre Beurteilung impliziert und evoziert Maßstäbe, die von sehr diffusen bis zu konkreten Vorstellungen darüber reichen, was es heißt und wie es aussieht, ‚ein Mann' bzw. ‚eine Frau' zu sein. So kann z. B. einerseits bei einer Bodybuilding-Meisterschaft derjenige Teilnehmer als Sieger gekürt werden, der einem in den Regeln solcher Wettbewerbe definierten Körperbild am ehesten entspricht, andererseits kann auch ein Säugling in einer Runde begeisterter Zuhörer ‚ein richtiger Junge' sein, wobei alle Umstehenden gleichermaßen beipflichten wie nicht wissen, was sie damit eigentlich meinen. Bei der Beurteilung von Geschlechtsdarstellungen kommen immer Vergleichsbilder zum Einsatz. Diese Referenzbilder zur Beurteilung sind, wie leicht vorzustellen, zwischen verschiedenen Kontexten sehr unterschiedlich (in einer Ballettkompanie werden für gelungene Männlichkeit vermutlich andere Kriterien angelegt als in einer Basketballmannschaft oder einem Mönchskonvent).

Für den Fall der Darstellung und Beurteilung von Männlichkeit hat Raewyn Connell das Konzept der „hegemonialen Männlichkeit" in die Diskussion eingebracht (Connell/Messerschmidt 2005). Männlichkeit ist nach diesem Verständnis immer im Plural zu denken, wobei verschiedene Männlichkeiten aufeinander Bezug nehmen und sich vor allem stratifikatorisch voneinander abgrenzen. Hegemonial ist nach Connell die Männlichkeit, die in einem gegebenen Rahmen den idealtypischen

---

19 Die Form der Amateurpornografie, wie sie auf Webcamportalen zu finden ist, hat dabei keine politisch-subversiven Absichten, etwa gegen die Mainstream-Pornoindustrie Zeichen zu setzen (vgl. zu diesem subversiven Pornoamateurtum Jacobs 2007: Kap. 2).

Fluchtpunkt der als gut, gelungen, akzeptabel betrachteten Männlichkeit darstellt. Von ihr aus werden andere Männlichkeiten bewertet und bewerten sich selbst.

Connell sieht zwei Hauptachsen der Abgrenzung: Zum einen und zuallererst wird Männlichkeit kategorial und asymmetrisch von Weiblichkeit unterschieden. Die beiden Kategorien stehen sich oppositional gegenüber, wobei Männlichkeit kulturell höher bewertet wird. In der Tat kann das Mannsein überhaupt als die hegemoniale Art betrachtet werden, ein Geschlechtswesen zu sein. Innerhalb der so abgegrenzten Kategorie werden nun verschiedene Männlichkeiten nach Wertigkeit stratifiziert. ‚Abweichungen' vom hegemonialen Ideal können etwa an Körpereigenschaften (Übergewicht, Haarlosigkeit etc.), Tätigkeiten (Pflegeberufe, Elternzeit), Vorlieben (Homosexualität) und zahlreichen anderen Dimensionen markiert werden. Gegenüber dem Ideal marginalisierte Männlichkeiten können ihrerseits wiederum unterschiedlich bewertet und entsprechend stratifiziert werden. Für Connell ist homosexuelle Männlichkeit das Paradebeispiel als minderwertig definierter Männlichkeit. Vor dieser stratifikatorischen Logik erscheint Männlichkeit als ein sozialer Status, der grundsätzlich als prekär zu begreifen ist: Als ein in erster Linie sozial erworbenes Kapital (gegenüber einer biologischen Tatsache) kann Männlichkeit grundsätzlich verloren werden und muss deshalb durch Behauptungsrituale aufrechterhalten werden (vgl. Gilmore 1990; Vandello u. a. 2008).

Das jeweilige hegemoniale Männlichkeitsbild ist unscharf: Es variiert kulturell, bleibt in dieser Unschärfe aber Maßstab für empirische Fälle von Männlichkeitsdarstellungen. In ihren programmatischen Texten stilisiert Connell hegemoniale Männlichkeit gerne als weiß, angelsächsisch und heterosexuell, was zur Kritik des Modells geführt hat. In ihrer soziologischen Aneignung des Konzepts weisen Michael Meuser und Sylka Scholz (2005) darauf hin, dass die Beschränkung des Konzepts auf einen einzigen Typ von Männlichkeit nicht ausreichend ist. Sie begreifen hegemoniale Männlichkeit als ‚generatives Prinzip', das in bestimmten Situationen die Performanz von Geschlecht anleitet und in diesem Sinne situative Männlichkeiten hervorbringt. Die Aushandlung dieser Differenzen erfolgt nach Meuser (der sich hier auf Bourdieu beruft) bevorzugt oder typischerweise im *Modus* des Wettbewerbs und im *Rahmen* homosozialer Settings. „Homosoziale Männergemeinschaften sind lebensweltliche Orte, an denen sich Männer wechselseitig der Normalität und Angemessenheit der eigenen Weltsicht und des eigenen Gesellschaftsverständnisses vergewissern können. [...] Insbesondere die geschlechtliche Selbstvergewisserung, also die wechselseitige Bestätigung, was einen (normalen) Mann ausmacht, geschieht gewöhnlich nicht in Gestalt einer expliziten Thematisierung von Geschlechtlichkeit." (Meuser 2001b: 14) In verschiedenen solchen Gemeinschaften vollzieht sich die Verständigung über Männlichkeit unterschiedlich.[20]

---

20 Dies zeigen Meuser und Behnke zum Beispiel am Vergleich von Männergesprächsgruppen und sogenannten „Wilde Männer"-Gruppen (Behnke/Meuser 1996). Einen ähnlichen Versuch unternimmt

Das Konzept erscheint für die Analyse von Männlichkeitsdarstellungen im Rahmen von CammingSite.com in verschiedener Weise nützlich. Zum einen ist die Teilnahme an autopornografischen Praktiken an sich schon ambivalent in Bezug auf Männlichkeitsbeglaubigungen, weil sie sexualitätsbezogene hegemoniale Männlichkeitsbilder tangiert. Wenngleich die Masturbation heute nicht mehr moralisch sanktioniert wird und sogar als vereinbar mit der körperlichen Intimität in ansonsten sexuell exklusiven Paarbeziehungen betrachtet wird (Dekker/Schmidt 2003), so ist die erotische Selbstberührung im gesellschaftlichen Diskurs noch nicht zur völlig nebensächlichen Alltagsbeschäftigung geworden. Auch wenn heute nicht mehr religiöse Ängste vor ‚Unreinheit‘, bürgerliche Vorstellungen von Selbstbeherrschung oder der gefühlte Verrat an der Ehe und der Pflicht zur Bevölkerungsvermehrung Maßstäbe sind, an denen Masturbation sich als moralisch falsch und gesundheitlich schädlich erweisen muss (vgl. Laqueur 2004; Stolberg 2000), so ist die einsame erotische Selbstberührung immer noch etwas, das mit dem Anschein des Geheimnisvollen versehen die Aufmerksamkeit, Neugierde und den Forschergeist von Öffentlichkeit und Medizin erregt und worum sich Ethnotheorien, etwa zur Virilität der Masturbierenden oder ihrer sozialen Kompetenz ranken. Dem sehen sich die männlichen Nutzer von CammingSite.com zunächst alle gleichermaßen gegenüber, und ein entsprechender Diskurs wird auch in den Profiltexten und Chats aufgerufen. Zum einen existiert ein Diskurs, der die Nutzung solcher Portale mit sexuellem Unvermögen gleichsetzt („Wenn die Männer keine Frau abbekommen muss die Cam ran"), daneben verständigen sich die Teilnehmer aber auch darüber, dass das, was sie tun, akzeptabel ist („Sex ohne Frauen kann auch besser sein", „je nachdem was für eine frau im spiel ist ist wixen sogar besser") dabei finden Umdeutungen der eigenen Praxis bzw. ihrer Motivationen statt. Nicht immer muss Normalisierung Ziel der eigenen Praktiken oder der anderer sein: Auch Glorifizierung und durchaus auch Diffamierung kommen vor.

Zum anderen aber versammeln sich auf Cammingsites verschiedenste und teils widersprüchliche Männlichkeitsbilder zeitgleich. Es werden verschiedene Männlichkeiten am selben Ort inszeniert, bzw. inszenieren sich Männer als *auf verschiedene Weise männlich*. Das führt aber nicht zu unlösbaren Konflikten und zur Agonie der Teilnehmer im Angesicht der Instabilität ihrer Kategorien und Zugehörigkeiten. Im Gegenteil verfügen die Teilnehmer über eine erstaunliche Kompetenz, Inkommensurables stimmig zu machen und momenthaft zwischen Referenzrahmen zu wechseln. Die Geschlechterdarstellungen der Teilnehmer sind in diesen Rahmen eingelassen und müssen sich mit ihm auseinandersetzen, Teilnehmer kontextualisieren sich und ihre Inszenierung aber auch explizit, sie bedienen sich konkreter (Vor-)Bilder anderer

---

Anja Tervooren (2007) für ‚Jungengruppen‘. Curry (1991) zeigt, wie die Bedrohung der eigenen Männlichkeit durch Wettbewerb über gemeinschaftliche sexistische Gespräche über Frauen abgefedert wird. Burke (2014) untersucht, wie evangelikale christliche Männer nonkonformes Sexualverhalten mit ihrer Religion in Einklang bringen, indem sie Männlichkeit und Geschlecht als relational und spirituell definieren.

für ihre Darstellungen (z. B., indem sie sich verbal davon abgrenzen), verweisen aber auch auf nicht konkret ansichtige transzendente kulturelle Vorbilder von Männlichkeit – vergleichbar u. a. denen der Mainstream-Pornokultur (Männlichkeit ist sexuell potent, immer willig, aggressiv, dominant etc.) oder der klassischen Sexualtheorie (gelungene Männlichkeit ist heterosexuell – vgl. etwa Freud 1905).

Während meiner Teilnahme auf CammingSite.com sind mir verschiedene Männlichkeitsentwürfe und etliche Situationen der Aushandlung von Männlichkeit(-en) begegnet. Im Folgenden zeige ich an drei typischen Situationen, wie Männlichkeit(-en) im Zusammenspiel von verschiedenen (kulturell-imaginären, digitalen etc.) Bildern von Männlichkeit und männlichen Körpern in verschiedenen Zuständlichkeiten sowie den Körpern der Teilnehmer situativ zur Existenz gebracht werden. Die einzelnen Unterkapitel setzen verschiedene Schwerpunkte. Kapitel 5.4.1 stellt das An- und Ablegen kategorialer Identität am Beispiel von Körperarchetypen der schwulen Subkultur dar, und expliziert den Prozess, in dem kulturell geteilte und als imaginär vorgestellte Männlichkeitsvorbilder situativ in konkreten Körpern realisiert werden. In Kapitel 5.4.2 wird am Fall des kompetitiven Vergleichs herausgearbeitet, wie abstrakte Konzepte wie Männlichkeit (im Singular als eine Ressource verstanden, über die einzelne mehr oder weniger verfügen können) situativ konkretisiert und an Körper(teile)n und ihren Fähigkeiten messbar gemacht werden. Ausgangspunkt für Kapitel 5.4.3 ist die Pluralität der Männlichkeitsentwürfe, die auf CammingSite.com zeitgleich existieren. Am für Männlichkeitszuschreibungen kritischen Fall der erotisierenden Beobachtung heterosexueller Männer durch schwule Betrachter wird verdeutlicht, wie Männlichkeitsentwürfe ausgehandelt und gängige Vorstellungen von heteronormativer Männlichkeit von den Teilnehmern subversiv unterlaufen werden.

5.4.1 Typen im Pelz. Das Anlegen und Verkörpern kategorialer Identität

Bevor ich die Übertragung starte, betrachte ich kurz meinen Körper auf dem Display. Meine Arme sind immer noch verhältnismäßig dünn und mein Bauch ist einfach unglaublich – dick. Ich mustere meinen Oberkörper, dabei folgt mein Blick dem Muster, das sich durch die mal dichtere (dann: dunklere), mal weniger dichte Behaarung auf meiner Brustgegend und meinem Bauch abzeichnet. Inzwischen habe ich mich an den Anblick irgendwie gewöhnt. Auch deshalb, weil ich hier immer wieder Typen in meinem Alter gesehen habe, die genauso aussehen. Mich beschleicht das eigenartige Gefühl, das (und mich!) gerade erotisch zu finden, schon quasi allein meinen Körper so zu sehen (und zu wissen, dass ihn so auch gleich andere sehen). Es kommt mir vor, als könne ich ganz bewusst die warme Raumluft auf meiner Haut wahrnehmen, ich fühle mich ,nackt'. Ich klicke auf ,Übertragen' und gebe als Statuszeile in das sich öffnende Fenster ,bear' ein, werfe wieder einen kurzen Blick auf mein Bild. *Klar, das musst du nicht hinschreiben. Außerdem gibt es Bären, die muskulöser sind. Falle ich da eigentlich rein? Ich glaube, ich bin einfach ein bisschen ,runder' als ein typischer Bär – ?* Ich bewege den Cursor an den Anfang der Zeile zurück. ,chubby bear' *Nein. Klingt wie Sesamstraße.* Ich lösche die Eingabe und tippe neu. ,bear chubby'. Ich drücke die Rücktaste, und fange an, zu löschen. [Rücktaste] ,bear chub' *Hab ich noch nie gehört. Chub? Ich kenn ,cub', das sind jüngere Bären. Ich bin über 30. Hm. Irgendwie aber ein gutes Zwischending, ‚chub'. Es klingt irgendwie – ‚fester', ohne das –by, irgendwie nicht so ‚weich'.* Ich sitze im Schneidersitz da, leicht nach vorne geneigt, mein Bauch wölbt sich in der Mitte des Bildes nach vorne, am oberen Bildrand sieht man meine Schlüsselbeine. Ich lehne mich ein Stück nach vorne und richte die Kamera etwas nach oben, bis ich mein Kinn bzw. meinen Bart sehen kann.

Ich starte die Übertragung und klicke im Menu auf den Button, mit dem ich die Anzeige auf Webcams von Männern einschränken kann. Die Seite lädt und einen Moment später schlägt mir eine geballte Menge von Bauchmuskeln, Schwänzen in Großaufnahme und kantigen Gesichtern (bzw. Gesichtsunterhälften) entgegen. Ich sehe das Übliche: Die ersten Plätze sind wie meistens von irgendwelchen Super-Hunks oder Jungs belegt, die zu mehreren vor der Webcam wichsen. Die Typen hier oben sind meistens entweder sehr gut gebaut (muskulös) und attraktiv, oder besonders hemmungslos (sie interagieren viel mit ihren Zuschauern und zeigen alles). Im mittleren Drittel die gutaussehenden Kerle, und gegen unten dann der Rest. *Wo bin ich hier?* Ich mache mich auf die Suche nach meinem eigenen Bild und klicke eine Seite nach der anderen an, scrolle von oben nach unten, finde mich aber nicht.

(Erinnerungsprotokoll und Videotranskription)

In der schwulen Subkultur existieren Archetypen männlicher Körperlichkeit, die empirisch vorkommende Körpervarianten nach optischen Kriterien (Statur, Behaarung, Körpermasseverteilung etc.), sonstigen Körpereigenschaften (wie Alter) und sexuellen Vorlieben (wie bei der zuvor erwähnten aktiv/passiv-Unterscheidung) kategorisieren. So ist die Szene bevölkert von zierlichen, jungenhaften *Twinks*, durchtrainierten, virilen *Jocks* oder *Clones*, nerdigen, eher schlacksigen *Geeks* oder älteren *Daddies*. Daneben existiert ein Kategoriensystem nach Körperbehaarung und Figur, mit dem ich während meiner Forschung auf Tuchfühlung ging. Es entspricht einem Spektrum von ‚Tieren des Waldes': Die prominenteste Kategorie (vielleicht, weil sie von dem stereotypen schlanken, sportlichen, haarlosen Körperideal des schwulen Körperkults am deutlichsten abweicht), ist der *Bear*. Er ist stämmig bis dick, häufig bzw. idealerweise mit einem deutlichen Bauch. Zudem ist er am gesamten Körper stark behaart und trägt einen Vollbart. Er gilt als Vertreter einer ‚natürlichen Männlichkeit'. Vom *Bear* als Zentrum aus wird ein komplexes Kategoriensystem entfaltet: ein älterer (grauer werdender) *Bear* wird als *Wolf* bezeichnet, ein weißhaariger als *Polar Bear*. Schlanke behaarte Männer gelten als *Otter*, rothaarige als *Fox*. Dieses System kennt unzählige Abstufungen, Sondertypen und die Grenzen zwischen den einzelnen Typen sind sehr unscharf: Ein dünner(-er) Bär muss noch kein Otter sein etc. Die Kategorien sind sozusagen im doppelten Sinne idealtypisch: Sie sind, im Weberschen Sinn (Weber 1988: 146 ff.), überzeichnete Vergleichsfolien zur abgleichenden Sortierung von empirischen Fällen, dabei aber innerhalb der Szene auch Idealbilder zur Bewertung (und Abwertung) von Körper(type)n und Personen.

Diese Archetypen sind namengebend für Gruppierungen innerhalb der schwulen Szene, „Sub-Subkulturen", deren Mitglieder einem bestimmten Archetyp entsprechen (Hennen 2008). Diese Körper- und Männertypen können als Humankategorien verstanden werden, die, in Abwandlung von Bourdieu, Klassifikationen der Klassifizierten* (Bourdieu 1984) sind (sie werden jenseits der schwulen Szene, in heterosexuellen Zusammenhängen, mit Ausnahme von Kosenamen wie ‚Bärchen' nicht verwendet – Monaghan 2005: 92), daneben handelt es sich bei Kategorien wie *Bears* um eine Art Gegenkategorisierung zu pathologisierenden Kategorien wie z. B. der medizinischen Kategorie ‚übergewichtig' oder ‚adipös' (Monaghan 2005: 86 f.), aber auch um eine Selbstbehauptung gegenüber einem „antifat bias" in der körperästhetik-fokussierten schwulen Subkultur (Foster-Gimbel/Engeln 2016).[21] Diese Humankategorien werden, obwohl geteiltes Wissen, immer auch individuell anders verstanden und müssen zudem für den Einzelnen nicht automatisch Teil seines Selbstverständnisses und seiner Selbstkategorisierung sein – man kommt nicht als ‚Bär' auf die Welt.

Wie aber werden solche zunächst ideellen Typ(ologi)en an konkreten Exemplaren des gesellschaftlichen Personals ‚realisiert', wie werden Körper zu Ausgaben eines Typs, und ihre Inhaber zu Exemplaren einer Kategorie? Neben der zeitlichen Perspektive, der biografischen sukzessiven Verfestigung eines solchen kategorialen Labels als ‚Identität' einer Person, interessiert im Rahmen dieser Studie vor allem der praktische Vollzug, mittels dessen immaterielle idealtypische Vorbilder an Körpern materialisiert werden. Im Rahmen autopornografischer Praktiken werden kategoriale Identitäten sozusagen aktiv und demonstrativ für einen Zeitraum bewohnt. Das Hineinschlüpfen in diese Identität, ein Prozess, der sonst in der biografischen Zeit abläuft, wird zeitlich verdichtet beobachtbar. Während meiner Zeit als aktiver Teilnehmer und speziell in und an meinem Fall konnte ich sehen und erleben, wie derlei abstrakte Kategorien in konkrete Körper ‚übersetzt' werden.[22]

Zunächst tragen die Teilnehmer das Wissen um die eigene Kategorisierbarkeit und das Know-how der (perzeptiven, sprachlichen etc.) Kategorisierung in die Praxis hinein. Hier werden von allen Beteiligten Kategorien zur Steuerung von Blicken im doppelten Sinne eingesetzt: Man sagt damit, *als was* man gesehen werden will, an welchem Maßstab man begutachtet werden will, und damit sind auch Vorstellungen und Erwartungen verbunden, *von wem* man so gesehen werden will. Die Kategorie wird im doppelten Sinne ‚angelegt': zum einen wie ein Maßstab, vor dem zu Sehendes betrachtet und bewertet wird, zum anderen wie eine Rolle, die situativ zur Schau ‚getragen' wird.

Ich selbst habe mir den Gebrauch des Labels *Bear* erst im Verlauf meiner Zeit als Cammer angeeignet. Bevor ich auf CammingSite.com einstieg, war ‚Bärsein' nicht Teil meines persönlichen Selbstverständnisses, weder im Sinne einer imaginären sozialen

---

21 Die *bear subculture* ist im Hinblick auf hegemoniale Maskulinität ambivalent positioniert: Sie subvertiert ein szenespezifisches hegemoniales (jugendliches und hyperästhetisiertes) Männlichkeitsbild der ‚nächst höheren' Subkultur, bedient sich dafür aber mitunter eines anderen hegemonialen (androzentrischen) Männlichkeitsbildes, das diese ‚Subkultur erster Ordnung' als effeminiert diffamiert (Hennen 2005, 2008).
22 Es handelt sich hier um einen anderen Prozess als das Annehmen einer „cybersex persona", der interaktiven Rolle eines Nicknames (Attwood 2009). Diese Kategorien sind sozusagen ‚näher' am Körper und gefühlten Selbstverständnis.

Gruppe, der ich mich zugehörig hätte fühlen können, noch im Sinne eines Körperbildes. Mein Referenz-Körperbild zu diesem Zeitpunkt war ein von mir stark idealisierter ‚fitter‘, schlanker bis athletischer Männerkörper, gegenüber dem ich mich nur als graduell defizitär begreifen konnte. Das Anlegen der kategorialen Identität als *Bear* begann in meinem Fall mit einer Identi*fizierung* durch andere, also einer Fremdklassifikation. Ich stellte wiederholt fest, dass Zuschauer meinen Chatroom neu betraten, und mich mit der Nachricht „WOOF!" in meinem Chat begrüßten. Ich konnte hiermit zunächst nichts anfangen, stellte aber später fest, dass es sich dabei um einen Ausruf handelt, mit dem sich ‚Bären‘ untereinander grüßen, und der zudem einen Ausdruck von Gefallen und Zustimmung beinhaltet. Ich wurde mit dieser Begrüßung damit gewissermaßen als jemand adressiert, der diesen Code versteht, und damit als Mitglied einer Ingroup, zu der der Aus- und Anrufende selbst auch gehört. Die Anrufung geht sozusagen in zwei Richtungen zugleich. Zu Beginn verlief diese Identifizierung noch unidirektional – ich selbst hatte keine Ahnung, wie ich darauf ‚richtig‘ reagieren sollte. Dazu kamen positive Rückmeldungen zu meinem Körper, die alles das als wünschenswert und erotisch rahmten (dazu erklärten), was ich bisher, je nach Tagesform (des Körpers wie der Stimmung) als makelhaft wahrgenommen hatte. Zu Beginn wusste ich mit ihnen noch nicht umzugehen, bzw. konnte sie noch nicht ohne Weiteres schlicht als nicht in irgendeiner Weise ironisch gebrochene Komplimente auffassen (und vor allem als solche, deren Aussage ich selbst auch geteilt hätte).

Mit der Zeit begann ich, das zuvor nur von außen auf mich projizierte Label auch selbst als Optik auf meinen Körper zu verwenden, wie in der oben dargestellten Szene zum Ausdruck kommt. Hier bin ich im Wechsel mit einer visuellen Musterung meines Körperbildes auf der Suche nach dem ‚passenden‘ schriftlichen Label, mit dem ich mein Webcambild überschreibe (obwohl alles, was für diese Einordnung nötig wäre, auch im Bild zu sehen ist). Das Label als Bildüberschrift ist in diesem Fall eine Zuordnungsgeste und ein Zugeständnis an die Kategorie. Die Körperlichkeit, die ich visuell als makelhaft wahrnehme, wird durch die Zuordnung zum Label als eine ‚mögliche‘ Normvariante eingeordnet. Ich probiere verschiedene Kategorienbezeichnungen aus, habe aber ein sofortiges intuitives Gefühl, ob sie ‚passen‘. Zu diesem Gefühl kommt eine Vorwegnahme des Blickes von außen, dem ich unterstelle, dass er das, was er sieht, mit dem was er lesen kann, in Einklang bringen will. Schließlich fällt meine Entscheidung auf die Kombination eines Labels im Sinne einer Körpertypenbezeichnung (‚bear‘) mit einer differenzierenden ‚Unterkategorie‘, die ich zu dem Zeitpunkt noch für meine versehentlich beim Löschen entstandene Erfindung halte und sie dennoch als genau passend empfinde.[23]

Das Label als Artefakt ist hier in mehrerlei Hinsicht beteiligt. Es trägt seinen Teil zur Vorselektion eines Publikums bei, das den ‚bärigen‘ Körper nicht für makelhaft

---

23 Tatsächlich wird die Bezeichnung *chub* in der schwulen Szene verwendet. Damit werden Männer bezeichnet, die deutlich übergewichtig sind. Mir war damals die Bedeutung des englischen Wortes *chubby* bekannt, die spezifische Bedeutung und Verwendung des Begriffs *chub* allerdings nicht.

hält und ermöglicht so, ein erotischer Körper neben vielen anderen zu sein; es dient aber auch dazu, solche Zuschauer zu erhalten, die gerade diesen spezifischen Körper(-bau) suchen und dann auch *als* diesen Körper betrachten und kommentieren wollen. Das Label *Bear* zu benutzen, diente mir vor allem dazu, Blicke auf meinen Körper zu steuern. Beides trug für mich dazu bei, mich und meinen Körper als begehrenswert erleben zu können, eine Motivation die mit häufigerer Teilnahme auf CammingSite.com immer wichtiger wurde. Im Unterschied zur unangenehmen ersten Begegnung mit der Kamera, dem Bild meines Körpers und mir (s. Kap. 4.3.1) stellt sich dieses Aufeinandertreffen deutlich anders dar. Zum Zeitpunkt als die obige Vignette entstand, hatte ich mein erstes Befremden beim Sichtkontakt mit meinem eigenen Körper ein Stück weit abgelegt; ich war inzwischen immer wieder mit dem Bild meines nackten Körpers konfrontiert und hatte mich an den Anblick gewöhnt. Ich hatte zudem schon eine Art ‚kritische Masse‘ andere ‚wie mich‘ auf der Plattform gesehen und meinen Körpertyp ihnen zugeordnet, bzw. sie als Vergleichsmaßstab erkannt, mich also mit ihnen in eine Kategorie sortiert. Das heißt auch: Ich habe gelernt, mich so zu sehen, wie mich andere sehen und wie sie mir gespiegelt haben, dass sie mich sehen: als einen erotisch betrachtenswerten Körper. Aus meiner ‚eigenen‘ Perspektive ist mein Körper in der Szene gleichwohl immer noch makelhaft: Ich vergleiche ihn mit einem vorgestellten Idealbild, das ich von einem Männerkörper habe, der ich gerne wäre und stelle Defizite fest.

Auf dieses ‚Anlegen‘ der Kategorie folgte im weiteren Verlauf meiner Teilnahme eine sukzessive ‚Verkörperung‘ der Kategorie, ihre Übersetzung von einem abstrakten Konzept in (m)einen konkreten Körper. Gerade Anfangs, als ich mich noch mit einem Wunschbild meines Körpers als ‚Normalkörper‘ im Gepäck laufend negativ mit meiner Sicht auf mein tatsächliches Körperbild konfrontiert sah, war ich regelmäßig irritiert, wenn Zuschauer mich auf Körperteile ansprachen, die ich nicht als Teil meines ‚erotischen Körpers‘ betrachtete, die zumindest in der Ausprägung/-formung, die sie hatten, in kein erotisches Skript zu passen schienen. Daraus ergaben sich nun nicht nur Veränderungen meiner körperlichen Selbstwahrnehmung, sondern auch ganz materielle Neufassungen meines Körpers.

<Fletcher> schreibt „show us that bear belly" *Was? Wie soll ich denn das machen?* Mir springt so ein widerliches Bild in den Kopf, bei dem sich irgendwelche Prolls beim Grillen oben ohne und in Hawaii-Badeshorts mit beiden Händen an den Bauch fassen und den stolz präsentieren. *Aber wie soll man's sonst machen?* Ich habe mich noch nicht mal richtig entschieden, das zu machen, da richte ich meinen Körper schon auf und gehe auf die Knie. Ich habe mein Becken nach vorne geschoben und meine Schultern nach hinten gesetzt und lege meine Hände flach in Höhe des Rippenbogens an die Seiten meines Oberkörpers, von wo aus ich sie nach unten fahren lasse, bis sie in Hüfthöhe ankommen. *Moment mal – so geht das nicht. Ich ziehe den Bauch ein.* Ich schiebe meine Hände ein kleines Stück nach ‚innen‘ und lege sie an die Wölbung, an der mein Bauch beginnt. Auf einmal fühle ich mich, als wolle ich etwas herzeigen und gleichzeitig verstecken – wenn ich so nach hinten gelehnt bin, geht das nicht. Dann ist da ‚kein‘ Bauch. Ich schaue auf den Bildschirm und sehe aus wie immer. *Krass. Ich muss mich nach vorne neigen. Das mach ich nie. NIE. Nur, wenn ichs echt nich vermeiden kann.*

Ich neige mich langsam nach vorne, den Blick dabei ganz auf mein Bild auf dem Schirm fixiert. Langsam wird eine Wölbung erkennbar, an der meine Hände immer noch flach unten anliegen. Ich spüre, dass ich meine Bauchmuskeln immer noch ein wenig angespannt habe und den Bauch ein wenig einziehe. Es fühlt sich an wie in Zeitlupe, während ich langsam, total kontrolliert (als sei das eine Sportübung) die Muskeln entspanne. Ich schaue in den Chat und auf mein Bild, hin und her (die ersten schalten bestimmt schon weg). Auf dem Bild sehe ich jetzt meine Wampe. *Oh GOTT...* Ich komme mir total unbeholfen vor. Meine Hände lasse ich langsam nach unten sinken bis sie neben meinem Oberkörper hängen. Im Chat erscheint eine Nachricht von <Fletcher>: „what a beauty". Ich sehe, wie er verschmitzt lächelt. Ich kriege Gänsehaut. Ich habe sofort den Impuls, eine Antwort zu schreiben, aber unterdrücke ihn auch gleich. Ich müsste mich dafür nach vorne zur Tastatur runterbeugen – dann würde das alles zusammengequetscht und – *Nee.* Ich drehe meinen Oberkörper etwas zur Seite und schaue dabei gebannt auf den Bildschirm. Jetzt sieht man ganz deutlich den Bauch. <Fletcher> hat angefangen zu masturbieren und sich nach hinten gelehnt *Nee, ne? Okay. Krass.* Ich fange an, mit meinen Händen über meinen Bauch zu streichen. Mein Blick wandert vom Bildschirm weg an meinem Oberkörper herunter und ich schaue mir dabei zu.
(Erinnerungsprotokoll und Videotranskription)

In diesem Ausschnitt wird das Wunschbild meines eigenen Körpers zunächst als eine eingeschliffene körperliche Routine erkennbar, die Muskeln anspannt und den Körper unreflektiert in solchen Positionen hält, die ihn flach in der Bauchregion wirken lassen. Es findet aber auch in der Anordnung aus Körper und materieller Umgebung (die Wand, an die der Körper in einem bestimmten Winkel durch Kissen gestützt lehnt), und in der Lagerung des Körpers seinen Niederschlag: Ich bin in einer liegenden Position mit nur leicht aufgerichtetem Oberkörper und habe die Tastatur so positioniert, dass ich mich nicht jedes Mal nach vorne neigen muss, um Antworten auf Nachrichten im Chat zu schreiben. In dieser Position sah mein Bauch nicht nur auf dem Bild flacher aus, als wenn ich stand. Für meine Zuschauer und im Rahmen des Geschehens auf CammingSite.com war ich bis zu diesem Zeitpunkt nichts als dieser Körper: Man hatte ihn noch nicht anders gesehen.

Die Aufforderung von <Fletcher>, den Bauch (der ja eigentlich im Sinne einer Körperregion im Bild schon zu sehen ist) „us", also einer evozierten Gemeinschaft von Zuschauern, die das sehen wollen, zu *zeigen*, stellt mich in der Szene vor eine Herausforderung: Zum einen hätte ich nie erwartet, dass jemand ausgerechnet das sehen will, was ich sonst so elaboriert und mehr oder weniger angestrengt verberge, zum anderen habe ich keine Routine parat, wie ich das bewerkstelligen soll: meinen Bauch ‚zeigen'. Hätte ich ein Sixpack, wären Posen aus der Athletik naheliegende und abrufbare Bilder. Für das Zeigen einer „Wampe" habe ich nur ein Referenzbild zur Verfügung, das ich als abstoßend empfinde. Bei meinem Versuch, das Bild herzustellen, stoße ich zudem auf eine körperliche Routine, die mir erst dort bewusst wird: Dass ich automatisch den Bauch einziehe, die Außenansicht meines Körpers in diesem Sinne gestalte, ohne mir einer Absicht bewusst zu sein. Ich habe mich daran gewöhnt, meinen Körper so zu zeigen (zeitlich davor noch: ihn nur so *sehen zu lassen*). Die Muskelanspannung loszulassen, entspricht einer praktischen Neudefinition der Körperkontur und verändert das Körperbild (zunächst: auf dem Display), wobei ich währenddessen selbst nicht ‚weiß‘, vorhersehen kann, welches Bild dort entstehen wird.

Konfrontiert mit einer Perspektive, einer Sicht auf meinen Körper, die (1) etwas Anderes fokussiert und (2) etwas Anderes sehen *will*, wird der eigene Körper wieder zum Fremdkörper, der erst ‚ertastet‘ werden muss. Ich schaue mir über den Bildschirm, aber auch mit direktem Blick auf den Körper dabei zu und exploriere quasi einen neuen Körper. Mit der Zeit ging diese Routine in mein ‚Standardrepertoire‘ an Körperinszenierungen über. Was sich zuvor noch fremd anfühlte und schambesetzt war, wurde nicht nur vertraut und Gewohnheit, es wurde über die Zeit Element auch meiner Selbstbetrachtung. Mich wunderte immer weniger, dass Zuschauer mich und bestimmte Teile von mir sehen wollten, dies wurde umgekehrt immer normaler und schließlich etwas, das ich bewusst aufsuchte.

5.4.2 Notes on Cock-fights. Die quantitative Vermessung und qualitative (Wert-)Schätzung von Männlichkeit

Neben der beschriebenen, eher kooperativen homosozialen Beschäftigung mit männlichen Körpern ist eine zweite Form die gegenseitige Herausforderung im Wettbewerb. Männlichkeit hängt im Rahmen der von mir erlebten Cammingsessions unter Männern nicht nur vom Besitz eines bestimmten Körpers ab, sondern auch davon, bestimmte Eigenschaften, die mit Männlichkeit assoziiert werden, zu verkörpern, also in Gestalt von Körperbildern zu visualisieren. In Camminginteraktionen werden als zwei solche Qualitäten, die typischerweise mit Männlichkeit in Verbindung gebracht werden, sexuelles Durchhalte- und Leistungsvermögen performiert; Maßstab für beides ist wiederum der Penis. Bei diesem sprichwörtlichen Schwanzvergleich messen bzw. begutachten sich die Teilnehmer sowohl aneinander als auch an transsituativen Männlichkeitsbildern. Diese werden in den Interaktionen als geteilte Vergleichsmaßstäbe in die Situation geholt. Ein typisches Element ist hier, die Männlichkeit des Gegenübers in Frage zu stellen und auf diese Weise herauszufordern, den Gegenüber so zum Kontrahenten zu machen. Genau umgekehrt zu den Kooperativen, die marginalisierte Männlichkeiten stabilisieren, können sich z. B. in Chatrooms einzelne User (im Netzjargon: ‚Trolle‘) herumtreiben, die die Protagonisten verbal angreifen, auslachen oder negative Kommentare über sie abgeben. Eine andere Form ist die gezielte und offensive Zurschaustellung der eigenen Männlichkeit (im Sinne von Virilität) in Kombination mit einer Aufforderung an Zuschauende, sich an ihr zu messen.

Ein illustrativer Fall hierfür begegnete mir in Form einer Cammingsession, in der die Beteiligten ‚Wettwichsen‘ veranstalten. Ihr Hauptprotagonist gibt bereits mit seinem Nickname (<Wankchamp>[24]) zum Ausdruck, dass er in dieser Disziplin besondere

---

24 Zur Erinnerung: Die Nicknames, die ich in meinen Darstellungen verwende, sind von mir gewählte Pseudonyme für die Pseudonyme, die sich die Nutzer selbst gegeben haben. Die Nicknames sind so

Leistungsfähigkeit beansprucht. Männlichkeit wird in dieser Szene auf verschiedene Weise dargestellt und mess- sowie vergleichbar gemacht.

> <Wankchamp> ist ein ca. Anfang zwanzig aussehender Kerl mit athletischem Körperbau. Als ich zuschalte, steht er seitlich vor der Webcam, sein Körper ist leicht nach rechts (in meine Richtung) gerichtet, wo ein Bildschirm steht, auf den er schaut. Auf dem Tisch stehen neben dem Bildschirm noch eine Tube Gleitgel und ein paar andere Dinge. <Wankchamp> trägt eine schwarze Maske (im Stil einer Zorro-Maske) und eine Baseballkappe. Mit beiden Händen umfasst er, was ich als eine *Fleshlight* erkenne: ein Sexspielzeug in der Form einer Taschenlampe (*flashlight*), an deren breiterem Ende jedoch statt der Glasfläche eine Gummivulva den Eingang zu einer künstlichen Vagina bildet. Er hat sie über seinen Penis gestülpt und masturbiert, indem er die die *Fleshlight* schnell auf und ab bewegt. Sein Blick ist auf den Bildschirm fixiert, sein Mund leicht offen. Zum Zeitpunkt, als ich zuschalte, sehe ich in der Statusanzeige, dass die Übertragung schon zwei Stunden dauert. ((Die Beobachtung dauerte noch weitere drei Stunden, während der <Wankchamp> durchweg masturbierte, nur unterbrochen durch mehrere Orgasmen.)) In seiner ‚Statuszeile' sucht er nach Usern, die sich im Masturbieren mit ihm messen wollen („Selbstbefriediger will wettwichsen").
>
> Im Chatfenster erscheinen laufend neue Nachrichten, in denen die Zuschauer entweder Komplimente posten („nice furry cock!"), ‚Werbung' für ihre eigene Webcam machen („big cock broadcasting", „watch my cam jerking") oder versuchen, mit <Wankchamp> zu interagieren („geil! wo bist her? lust mich zu ficken?"). Immer wieder fragen User, ob <Wankchamp> schon gekommen sei („Wankchamp did you cum?") oder scheinen sich zu wundern, dass dies noch nicht passiert ist („NO CUM????"). <Wankchamp> reagiert auf diese Nachrichten nicht und masturbiert weiter. Er hat das Browserfenster mit seiner eigenen Webcamansicht und dem Chatroom in der rechten oberen Ecke des Bildschirms platziert, sodass links unten die Webcam eines anderen Users zu erkennen ist.
>
> Hin und wieder unterbricht <Wankchamp> die fast frenetisch wirkende Masturbation und setzt hier eine Nachricht ab. Dabei stellt er die *Fleshlight* vorübergehend auf dem Schreibtisch, neben der Tastatur ab. Anschließend ruft er sein eigenes Übertragungsfenster auf und wendet sich mit beiden Händen wieder der *Fleshlight* zu.

Die Statuszeile, die das Webcambild rahmt, gibt hier auch den interaktiven Rahmen für die Cammingsession vor: Es geht um „Wettwichsen". Was genau die Spielregeln dieses Wettbewerbs, was die Erfolgskriterien sind, ist mir zu Beginn selbst noch nicht klar, und entfaltet sich vielmehr erst im weiteren Verlauf des Geschehens. Als ich zuschalte, ist der „Wichsen"-Teil schon in vollem Gang (und wird es bleiben, bis die Session nach weiteren drei Stunden zu ihrem Ende kommt), nicht zu erkennen ist für mich allerdings, ob der Wettbewerb schon begonnen hat, noch andauert oder bereits beendet ist. Der Nickname <Wankchamp> könnte unter dem Vorzeichen des Wettbewerbs als eine zweite Rahmung für die Situation und als eine Art ungerichteter kommunikativer Zug all jenen gegenüber interpretiert werden, die sich auf den Wettbewerb einlas-

---

gewählt, dass sie erkennbare semantische Gehalte der ursprünglichen Nicknames bewahren. Im obigen Fall nutzte der Teilnehmer eine Kombination eines Slangausdrucks für Masturbation und eines Ausdrucks für ‚Meister'/‚Könner'.

sen. Er stellt in den Raum, dass Wankchamp derjenige ist, der den Maßstab vorgibt, und dass dieser Maßstab eine besondere Leistungsfähigkeit ist.

> Nach einer Weile meldet sich ein Nutzer im Chatroom von <Wankchamp> mit einer Aufforderung, die Maske und die Baseballkappe abzunehmen. Wankchamp sieht dies zunächst nicht, weil er in einem anderen Fenster chattet.

> <Chempig01>   cappy ab und maske weg…
> (20″)
> <Chempig01>   ?
> (10″)
> <Chempig01>   traust dich nicht?

> <Wankchamp> ruft erst jetzt sein eigenes Übertragungsfenster mit dem Chat auf und liest, die eine Hand an der Maus, die andere an seinem Penis, die zwischenzeitlich eingegangenen Nachrichten.

> <Wankchamp>   hast ne cam chempig?
> (10″)
> <Chempig01>   wie lange wichst du schon?

> (40″ – Wankchamp chattet in einem anderen Fenster und masturbiert dabei weiter mit der *Fleshlight*)

> <Chempig01>   cam is on

> <Wankchamp> öffnet nicht (wie ich erwartet hätte) das Profil von Chempig01, um sich dessen Webcam anzusehen, sondern wechselt in das andere Fenster und schreibt dort eine Nachricht, greift dann mit der linken Hand nach der *Fleshlight*, die er wieder über seinen Penis stülpt, um weiter zu masturbieren, während die rechte Hand mit der Maus wieder das eigene Übertragungsfenster aufruft. Er schaut konzentriert auf den Bildschirm und bewegt die *Fleshlight* beidhändig schneller, bis er sie mit der linken Hand abzieht und kopfüber auf den Schreibtisch abstellt, die Hand jedoch dort im Griff um das Sexspielzeug belässt. Den rechten, auf der der Kamera zugewandten Körperseite liegenden Arm hält er ein Stück nach hinten, womit der Blick auf seinen Penis frei wird, aus dem nun, unter stetiger Beobachtung durch <Wankchamp> auf dem eigenen Bildschirm, zunächst weißes Ejakulat fließt, dann in mehreren Stößen spritzt. Sein Blick bleibt dabei durchweg auf dem Bildschirm, er schaut nicht an sich herunter. Unmittelbar im Anschluss daran nimmt er den rechten Arm wieder nach vorne, um dann mit beiden Händen eine Nachricht an einen Interaktionspartner im anderen Fenster zu tippen. Währenddessen tropft weiteres Ejakulat von seinem noch immer erigierten Penis. (Der Orgasmus und die Ejakulation scheinen für Wankchamp ein nebensächliches Ereignis zu sein – sie werden nicht auf die Weise inszeniert, die ich von anderen Nutzern kenne. Ich bin irritiert.) Er greift nach der Webcam und richtet sie auf die Schreibtischkante, wo Sperma auf der Tischplatte zu erkennen ist. Anschließend stellt er die Webcam wieder an ihren ursprünglichen Ort, justiert kurz die Ausrichtung, und hält dann seine rechte Hand kurz nah vor die Linse, auf der ebenfalls weißes Ejakulat zu sehen ist.

Die Cammingsituation von <Wankchamp> ist mehrkanalig: Er scheint im Chatroom eines anderen Users in einer fokussierten Interaktion zu sein, daneben schaut er punktuell immer wieder in ,seinen' Chatroom, in dem die zunächst übersehene Nachricht von <Chempig01> eingeht. Dessen Aufforderung, „cappy ab und maske weg" zu nehmen und zu legen, ist eine Herausforderung zu einer Art Mutprobe. Dass <Wank-

champ> nicht (verbal oder gestisch) reagiert (was <Chempig01> mit „?" markiert), zieht die Frage „traust dich nicht?" nach sich, die eigentlich als Unterstellung mit herausforderndem Charakter gelesen werden muss (quasi mit einem dazu gehörten „NA?" davor).[25] <Chempig01> steigt nicht auf das (quasi mit dem erigierten Penis von <Wankchamp>) im Raum stehende Wettbewerbsformat ein, sondern fordert ihn auf einem anderen Terrain heraus: Statt sich mit dem zu messen, was <Wankchamp> zeigt, soll das, was er verbirgt (seine Identität unter Maske und Cappy) zum Maß werden. Dass <Wankchamp> mit „hast ne cam chempig?" antwort könnte so gesehen eine Art Kontern sein, dass <Chempig01> erst einmal selbst sehen lassen soll, bevor <Wankchamp> den sinnbildlichen Fehdehandschuh aufnimmt oder sich mit weiteren Fragen von <Chempig01> („wie lang wichst du schon?") abgibt. Der spätere (englischsprachige!) Hinweis von <Chempig01>, seine Webcam übertrage jetzt („cam is on"), kann zugleich als Anschluss an die Aufforderung durch <Wankchamp> verstanden werden, selbst zu übertragen, und als eine Ankündigung an alle Anwesenden, die um Zuschauer wirbt (und so in anderer Hinsicht einen Wettbewerb zwischen den jetzt gleichzeitig Übertragenden um Zuschauergunst und -zahlen eröffnet).

Wankchamp befasst sich aber nicht weiter mit <Chempig01>, und wendet sich stattdessen wieder dem Chat im anderen Fenster zu. Es folgt ein Orgasmus, der mein Auge, das mittlerweile andere Inszenierungsweisen und Spektakularisierungen gewöhnt ist, stark irritiert: Kein ‚Höhepunkt' wird hier aufgeführt und angekündigt, sondern eine Nebensächlichkeit scheint sich zu ereignen, die nicht durch eine besondere Ausrichtung des Körpers inszeniert wird, sondern auf die nur der Blick durch Zurücknehmen eines Armes freigegeben, eher: nicht behindert wird. Einzig die kurze Nahaufnahme des Ejakulats auf Schreibtisch und Hand weisen explizit auf das Ereignis hin. Konsequenterweise folgen auch nicht das Ende der Session und der Abbruch der Übertragung. Die Session und die Masturbation gehen nahtlos weiter, als sei nichts gewesen.

<Chempig01> kommentiert in Wankchamps Chatroom

<Chempig01>	lusche
<ChrisGuy>	heiß
<Gusto>	nice!
<Clips04>	JUICE ANOTHER TIME!!!

Der abwertende Kommentar „lusche" bildet die Ausnahme in einer Welle von positiven Kommentierungen und Ermutigungen, die auf diese kurze Episode folgen. Er

---

25 Hier wird noch einmal deutlich, dass auch für die Beteiligten die Situationsgrenzen und Interaktionsbesetzungen nicht immer klar sind: Als <Chempig01> schreibt, ist Wankchamps Aufmerksamkeit in einem anderen Fenster und bei einem anderen Nutzer, er teilt also streng genommen gerade keinen Situationsfokus mit <Chempig01>. Dieser beantwortet das Nichterscheinen einer Antwort jedoch als Ausbleiben.

kann verschieden interpretiert werden. <Chempig01> könnte das, was alle anderen Nutzer mit ihren Kommentaren zum großartigen Spektakel machen, abtun, indem sein „lusche" markiert, dass er gar nicht zur Kenntnis genommen hat, was sich ereignet hat, aber <Wankchamp> noch immer nicht auf seine ursprüngliche Herausforderung reagiert hat, und Maske und Cappy abgenommen hat. „Lusche" könnte alternativ auch die Performance von <Wankchamp> selbst (ab-)qualifizieren. Schließlich wäre auch denkbar, dass *überhaupt* zum Orgasmus zu kommen, <Wankchamp> zur „lusche" macht – ein möglicher Hinweis auf das, was sich später herausstellen wird: Dass es bei dem Wettbewerb wohl darum geht, möglichst lange ununterbrochen zu masturbieren und dabei zwar möglichst oft zu ejakulieren, aber mit möglichst langen Zeiträumen dazwischen. Darauf verweist auch das Anfeuern durch die anderen Teilnehmer.

> <Wankchamp> hat inzwischen schon die *Fleshlight* wieder zur Hand genommen und masturbiert auf genau die gleiche Weise weiter wie zuvor.

> | <Gusto> | can you shoot again? |
> |---|---|
> | <Clips04> | it's the third shoot! |
> | <Clips04> | shoot again! |

> <Wankchamp> neigt sich wieder weiter nach vorne und scheint erneut den Chat zu studieren. Unvermittelt zieht er die Maske ab (dafür muss er kurz die Baseballkappe anheben, um das Gummiband, das um seinen Hinterkopf liegt, nach vorne wegnehmen zu können. Er setzt zunächst die Kappe kurz wieder auf, nimmt sie dann jedoch ab und legt sie auf den Schreibtisch). Er schiebt sein Becken nach vorne, umfasst seinen Penis mit der Faust an der Peniswurzel und lässt ihn auf und ab ,wippen'. Dabei scheint er sich selbst auf dem Bildschirm zu betrachten. Er grinst (zum ersten Mal während der gesamten Zeit, die ich zuschaue), wie es aussieht: sich selbst auf dem Bildschirm an, bzw. ,zu seinem Bild'. Sein Grinsen wirkt etwas ,manisch', er hat die Augen weit aufgerissen. Er justiert die Kamera so, dass sie ihn aus einem niedrigen Winkel von unten aufnimmt, tritt nah heran und umfasst seinen erigierten Penis erneut mit einer Faust, und lässt ihn wieder auf und ab wippen, als wollte er seine Potenz demonstrieren (das ,Gewicht' seiner Erektion). Das Bild der Webcamübertragung zeigt jetzt nur mehr seinen von der Faust umschlossenen Penis und dahinter sein Gesicht. Beinahe kriegerisch grimassierend blickt er im Wechsel zwischen Kamera und Bildschirm hin und her.

Ich lese diese Sequenz als Zug in der konflikthaften Interaktion mit dem User <Chempig01>, konkret als Replik auf dessen abwertenden Kommentar. <Wankchamp> nimmt nicht nur Maske und Baseballkappe ab, wie von seinem Kontrahenten gefordert; er tut dies demonstrativ und verbindet dieses ,Blankziehen' (mit dem der eigene Zug in dem von <Chempig01> losgetretenen Spiel ja schon getan wäre) mit einer Neujustierung des Bildausschnitts und einer körperlichen Performance, die inszeniert, dass <Wankchamp> nicht der ,Schlappschwanz' ist, als der er zuvor sinngemäß bezeichnet wurde. Die Inszenierung seiner ,Männlichkeit' (im doppelten Wortsinn von Virilität und dem männlichen Genital) erzeugt einen Überschuss, sie unterstreicht, dass <Wankchamp> nicht nur das getan hat, wozu er herausgefordert wurde, sondern dass er damit <Chempig01> überlegen ist. Im Gerangel zwischen <Wankchamp> und <Chem-

pig01> scheint es um einen Wettbewerb im Hinblick auf Eigenschaften wie Mut zu gehen (angesichts des Risikos, das die Erkennbarkeit des Gesichts für das Leben jenseits von CammingSite.com bedeuten kann), aber auch ganz generell darum, ‚seinen Mann zu stehen'. Solche Episoden kommen im späteren Verlauf der Session so ähnlich vor, wobei dort auch andere Maßstäbe etabliert werden. Betrachten wir eine Episode einige Minuten später in der Session:

<Mapao>	hi aus ESSEN, rieseneichel on cam

(15″)
<Wankchamp> schaut in seinen Chat, die Hand an der Maus. Plötzlich höre ich ihn über Lautsprecher (das ist das erste Mal, dass außer atmosphärischen Geräuschen etwas über die Webcam zu hören ist. Ich schrecke regelrecht auf) „na dann schaumer se mal an, deine eichel!". Er öffnet die Webcam von <Mapao>. Sie zeigt ((das kann ich hier vage erkennen, sehe ich aber später genauer)) einen liegenden Torso von den Genitalien bis gerade unterhalb des Kinns. <Wankchamp> schreibt eine Nachricht im Chatroom von <Mapao> ((auch hier fehlt die andere ‚Hälfte' der Interaktion in meinen Daten, sodass diese Nachricht nicht nachvollzogen werden kann)). Ab dann verlagert sich das Gespräch in Wankchamps Chatroom.

<Mapao>	findest mich geil?
<Wankchamp>	ja
<Wankchamp>	du mich auch?
<Mapao>	ja auch geile eichel

(7″)

<Mapao>	hi aus ESSEN, rieseneichel on cam
<Mapao>	meine is groesser

(5″)

<Wankchamp>	eichel und gesicht in cam mapao?

((<Wankchamp> nimmt die Maske ab))

<Wankchamp>	ich machs du flachwichser

<Wankchamp> zeigt sich wieder in der schon oben beschriebenen Weise: Er bewegt die Webcam erneut zur Seite, man sieht ihn wieder von unten aus der Froschperspektive, wieder zieht er dabei die Fratze, wobei er direkt in die Kamera schaut. Der entstehende Bildeindruck ist nahezu identisch. Er zeigt seinen Penis in die Kamera, diesmal etwas näher (er zeigt die Eichel). Er sagt (hörbar, nicht mittels der Tastatur), beinahe zu sich selbst: „meine is geiler!". Er schaut ein, zweimal in Richtung Bildschirm, dann stellt er die Kamera und sich wieder an den vorigen Platz und die ursprüngliche Ansicht wieder her.

<Wankchamp>	zu feige wichser?

<Wankchamp> dreht die Kamera auf den Bildschirm und schaltet die Anzeige der Webcam von <Mapao> auf Vollbildmodus. Sie füllt jetzt den gesamten Bildschirm aus. Er ‚zoomt' quasi ‚händisch' an das Bild heran, indem er mit seiner Webcam nah an den Bildschirm geht, bis ich auf der Webcamübertragung von <Wankchamp> nur noch die Brustregion und den Kinnansatz von <Mapao> sehe. Die Genitalien und die masturbierende Hand bleiben außerhalb des von <Wankchamp> so hergestellten Bildausschnitts.

<Mapao>	mmm
<Mapao>	geil

\<Mapao\>	mich selbst zu sehen
\<Wankchamp\>	ich weiss
\<Wankchamp\>	mich erregt das auch

Als der Nutzer \<Mapao\> den Chatroom ‚betritt', überträgt seine Webcam bereits. Seine Begrüßung ist wiederum eine Ankündigung und Einladung an alle Anwesenden, die benennt, was es auf seiner Seite zu sehen gibt: (s)eine „rieseneichel" Diese Nachricht wird im späteren Verlauf identisch wiederholt, wie eine wiederkehrende Werbeeinblendung). Der von \<Wankchamp\> lautsprachlich geäußerte Kommentar „na dann schaumer se mal an, deine eichel" klingt (gerade, da \<Wankchamp\> ihn leise, mehr zu sich selbst spricht) mehr wie ein ‚na das wollen wir doch mal sehen', das die Ankündigung von \<Mapao\> zur Behauptung macht, die überprüft werden kann und muss: Es ist erst noch zu sehen, ob diese „deine eichel" eine „rieseneichel" ist.

Der folgende Austausch von Einschätzungen der gegenseitigen ‚Geilheit' erscheint mir als eine Art Eröffnung lesbar, die etabliert, dass \<Wankchamp\> und \<Mapao\> ab jetzt in einer dyadischen Interaktionsbeziehung stehen, die sich aus den vielen anderen halbseitig stehengelassenen Interaktionsofferten anderer Nutzer im Chat heraushebt. Dass die gegenseitige Anerkennung auf sprachlich-textlicher Ebene stattfindet, hebt hervor, dass sie gerade nicht auf gestisch-mimischer Ebene erfolgt: Sonst übliche Reaktionen auf den Anblick eines Körpers eines Interaktionsgegenübers, wie z. B. Grinsen, die Augenbrauen hochziehen oder Lippen lecken, bleiben seitens \<Wankchamp\> fast merklich aus. Damit könnte markiert werden, dass die ob seiner Erektion offensichtliche ‚Geilheit' von \<Wankchamp\> nicht als durch die Webcamübertragung von \<Mapao\> verursacht zu verstehen ist (dieser Körper ist auch ohne deren Anblick laufend und stundenlang erigiert).

Das „ja auch geile eichel" von \<Mapao\> kann entweder schlicht Reziprozität herstellen, oder aussagen: „ja", er findet \<Wankchamp\> ‚auch geil', *weil* dieser „auch [eine] geile eichel" hat.[26] Gegenüber dieser, so fügt er allerdings hinzu, sei er größenmäßig überlegen. Diese Behauptung wird von \<Wankchamp\> als Herausforderung und Anlass zur Selbstbehauptung beantwortet: Er kontert, indem er \<Mapao\> zu einer Mutprobe (analog der zuvor von \<Chempig01\> aufgestellten) herausfordert, und zudem nicht erst wartet, bis sein Konkurrent diese angenommen hat, sondern in Vorleistung geht („ich machs du flachwichser"). Letzteres ist, anders als etwa ‚du sau', was im Rahmen von Camminginteraktionen auch als erotisch konnotierte Adressierung verwendet wird, auch hier eine Beleidigung. Wankchamp hält der verbalen Behaup-

---

[26] Hier zeigt sich eine Schwierigkeit bei der Interpretation von Chatkommunikation. Durch die gegenüber anderer schriftsprachlicher Kommunikation weniger standardisierte Syntax und den spezifischen Umgang mit Satzzeichen (die im obigen Beispiel ganz fehlen) ist nicht immer eindeutig, was ausgedrückt werden soll; zudem gehen Chats keine Gespräche voraus, von denen es Tonaufnahmen geben könnte, die über Prosodie manche Interpretationen naheliegender machen könnten. Man ist hier, noch mehr als bei der Interpretation konversationsanalytischer Transkriptionen, auf den Kontext angewiesen, den die ‚Autoskriptionen' der Teilnehmer füreinander etablieren.

tung von <Mapao> seinen Penis wie zum Beweis, ein Bild, eine Fratze entgegen, die er selbst kommentiert und befindet: „meine is geiler". Der Behauptung einer messbaren Überlegenheit (Größe) durch/von <Mapao> begegnet Wankchamp nicht mit einem Vergleich, bei dem ein Maßstab (oder eher: Maßband) angelegt würde, sondern befindet sich auf einer *qualitativen* Ebene für überlegen (‚Geilheit'). <Mapao> zieht nicht nach, scheint sich nicht messen zu wollen – <Wankchamp> stellt (für alle Mitlesenden) fragend fest: er ist „zu feige".

Das anschließende Fokussieren der Webcam von <Mapao> mit der eigenen Webcam kommt einem Vorführen gleich: Wankchamp zeigt sich (und allen anderen Zuschauern), dass <Mapao> sein Gesicht *nicht* zeigt; dabei bleibt auch sein Penis ausgeblendet (seine qualitative Beschaffenheit ist also weder festzustellen noch soll sie relevanter sein als die in der kopflosen Torsoansicht verbildlichte Feigheit). <Mapao> entschärft dieses Vorgeführtwerden, indem er es als ein erotisches Ausgestelltwerden übersieht. Wieder scheint ein kurzer Moment der Übereinstimmung gefunden (auch <Wankchamp> schaut sich selbst gerne an), da geht der Wettbewerb in die nächste Runde:

<Wankchamp>	befriedigst dich auch stundenlang?
<Mapao>	jo
<Wankchamp>	wieviel stunden rekord?
<Lecksau>	sind doch fast alle wixxsuechtig hier
<Mapao>	mmm
<Wankchamp>	mein rekord ist 10 stunden
(…)	
<Wankchamp>	wie lang kannst es Mapao?
(…)	
<Hugo5>	HALLO BIST WIEDER SUPERGEIL WIE IMMER
<Wankchamp>	danke
<Hugo5>	WER WIXXT MIT DIR?
<Wankchamp>	wie lang kannst du es?
<Hugo5>	DAS ERSTE MAL SO 5 MIN
<Hugo5>	NACHHER KANN ICH LÄNGER HALTEN
<Wankchamp>	rekord im dauerwichsen
(6″)	
<Wankchamp>	schreib was
<Hugo5>	HABE NOCH NIE GEMESSEN
<Hugo5>	WIEVIEL MAL KANNST DU SPRITZEN?
<Wankchamp>	17
<Lecksau>	4 5 std
<Hugo5>	WOW
<Wankchamp>	ich 10
<Hugo5>	ICH NUR SO 5 6 MAL
<Lecksau>	6 8 mal rotzen

Im Unterschied zum qualitativen Abgleich oben (bzw. dem Wechsel von quantitativem Messen zum qualitativen Vergleich) wird hier Masturbation als ein Prozess, der in Zahlen übersetzbar ist, inszeniert. Wer ,weniger Mann' ist, entscheidet sich danach, wie lang und wie oft er ,kann'. Die Aushandlungen dieser Unterschiede wirken wie ein Gespräch über sportliche Leistungen oder ein Quartettspiel, bei dem es um Zahlenwerte und Rekorde geht.

In diesem Austausch sind zwei Dinge bemerkenswert: Zum einen der Gebrauch von ,sich befriedigen' zusammen mit ,stundenlang'. Befriedigung scheint in der dargestellten Cammingsession aber gerade kein zielgerichtet herbeigeführter Zustand, vielmehr scheint es darum zu gehen, sich dauerhaft *un*befriedigt zu halten. Die konventionelle Etappenlogik von Masturbation auf CammingSite.com wird irritiert und neu codiert, zum Orgasmus zu kommen und zu ejakulieren sind nicht Höhepunkt und Abschluss einer masturbatorischen Episode, sondern eher vergleichbar mit einer Runde in einem Dauerlauf: dass diese Ziellinie überrundet wird, ereignet sich als zwar gezähltes, aber nicht als Einzelereignis anvisiertes Ereignis immer wieder. Die Einheit, in der hier gemessen und bewertet wird, sind Stunden: „wieviel stunden rekord?". Einen Rekord zu haben und diesen auf diese Weise bekannt zu geben, rahmt das aktuell in der Webcamübertragung zu Sehende als Episode in einer ,Karriere'. Selbst wenn dieser Körper heute nicht bemerkenswert lange durchhält, oder jemand anderer länger kann, ist der Körper des Rekordhalters zumindest prinzipiell womöglich immer noch überlegen.

Gemessen werden also zum einen die aktuell zu sehenden Körper entlang verschiedener Maßstäbe, zum anderen aber auch virtuelle, frühere Körper, für die die gerade zu sehenden stehen. Auf die Frage von <Wankchamp>, ,wie lange er es kann' antwortet <Hugo5> mit einer Unterscheidung: ,DAS ERSTE MAL SO 5 MIN / NACHHER KANN ICH LÄNGER HALTEN'. Das erste Mal scheint eine Art Benchmark, und wenn „SO 5 MIN" wenig sind, dann gibt es immer noch das unbestimmte „NACHHER". <Wankchamp> ist das zu unbestimmt, er fragt nach einer konkreten Zahl, einem „rekord im dauerwichsen", er will wissen, wozu <Hugo5> *überhaupt* in der Lage ist, und das zügig („schreib was"). Die (Nach-)Frage impliziert, dass <Hugo5> diese Werte parat haben müsste. Dieser allerdings „HA[T] NOCH NIE GEMESSEN" – er ist eigentlich gar kein richtiger Mitspieler für dieses Spiel, er kennt die Regeln nicht und kann nichts in den Ring werfen. Auf seine Frage „WIEVIEL MAL KANNST DU SPRITZEN?" (die andere Zählart) hat <Wankchamp> die Antwort wiederum sofort parat. Der User <Lecksau> ist ursprünglich gar nicht in diesem Wettbewerb mit angetreten – er ,wirft' seine Zahl aber dennoch mit in die Runde, in beiden ,Disziplinen'. <Wankchamp> überbietet alle in allen Disziplinen.

Der kompetitive Vergleich wird in verschiedenen Modi prozessiert: *Sagen* und *zeigen* was man hat und kann. Hier kommt es nicht darauf an, welche sexuelle Orientierung die Gegenüber haben: Sie werden auf ihre Männlichkeit in dem Sinne reduziert, dass sie einen Penis haben und diesen ,benutzen' können. Beides produziert *symbolische* Bilder, die beeindrucken sollen: <Wankchamp> scheint sich selbst und seinen Opponenten anzusehen, und dabei beiden über das Medium zu zeigen, was für ein ,ganzer Kerl' er ist. Das männliche Idealbild ist hier das eines ausdauernden, potenten, sich selbst unter Kontrolle habenden Mannes, der seinen Körper beinahe maschinen-artig steuern kann, zugleich desjenigen, der durch seinen Penis ‚gesteuert' wird. Die masturbatorische Handhabung des Penis und das sexuelle Erleben werden hier (in Übereinstimmung mit dem Bild des aktiv ‚performenden' Manns gegenüber dem pas-siv erlebenden) *als* Performance (im Sinne von ‚Leistung') dargestellt und behandelt. Die Rolle der Zuschauer ist die bewundernder Claqueure auf Augenhöhe. Der Penis wird hier gemeinschaftlich *als* Phallus inszeniert und situativ realisiert, als Verweis auf und Beweis für die Männlichkeit seines ‚Besitzers'.

5.4.3 ‚Queer Eye on the Straight Guy'. Heterosexuelle Männlichkeit unter schwuler Beobachtung

Wie erläutert, tummeln sich auf CammingSite.com neben schwulen Männern auch Teilnehmende anderen Geschlechts und anderer sexueller Orientierungen. Im Rah-men meiner persönlichen Cammingpraxis nahm ich heterosexuelle Teilnehmer/ -innen zwar eher ‚aus dem Augenwinkel' wahr, Camming wird aber natürlich auch von am je anderen Geschlecht Interessierten betrieben. Sobald eine Cammingplatt-form nicht explizit für nichtheterosexuelle Nutzer ausgezeichnet ist, versammeln sich mit verschiedenen Typen von Nutzer/-innen also verschiedene, teils komplementäre, teils inkompatible Sehgewohnheiten und Vorlieben, aber auch verschiedenste Arten von Geschlechtsinszenierungen im selben Beobachtungsraum. Im Folgenden ist vor allem von Interesse, dass sich auf CammingSite.com verschiedene und nicht selten gegensätzliche Männlichkeitskonzepte und -inszenierungen an einem Ort versam-meln.

Geht man davon aus, dass Heterosexualität und Männlichkeit im gesellschaft-lichen Mainstream auch in Zeiten der voranschreitenden Gleichstellung von nicht heterosexuellen und nicht zissexuellen (Sigusch 2005b) Lebensweisen nach wie vor zunächst unreflektiert zusammengedacht und teilweise auch normativ vorausgesetzt werden (Kraß 2007), so ergibt sich aus der Gleichzeitigkeit und Gleichörtlichkeit he-terogener Männlichkeitsbilder eine Herausforderung für sich als heterosexuell iden-tifizierende Teilnehmer: Die schiere Anwesenheit alternativer Männlichkeitskonzepte kann die Kontingenz des eigenen Männlichkeitsentwurfs vor Augen führen und den Blick vom Bildschirm auf den Teilnehmer selbst zurückwerfen und dessen Männ-lichkeitsentwurf von einer unhinterfragten Tatsache zu einer kritisch betrachteten werden lassen.

Die Gleichzeitigkeit von heterogenen Nutzertypen und Sehvorlieben an einem Ort führt zu einer Konstellation von Blickmöglichkeiten, die speziell heterosexuelle Männlichkeitsinszenierungen zweifach herausfordern kann: Wenngleich das Verhält-nis von Männern zu Frauen in meiner Studie zwischen verschiedenen Plattformen stark variierte, so war das Verhältnis *heterosexueller* Männer zu Frauen über verschie-dene Plattformen hinweg nahezu immer in Richtung eines Überschusses an Männern ausgeprägt (nahezu 2 : 1). Im Verhältnis zu schwulen Männern sind heterosexuelle Männer in diesem Kontext wiederum meist eine Minderheit (ca. 3 : 2). Diese Zahlenverhältnisse führen nun dazu, dass viele (an Frauen interessierte) Männer um die Aufmerksamkeit weniger Frauen buhlen (müssen),[27] aber auch (und dies häufiger) dazu, dass auch heterosexuelle Männer[28] unter die erotisierte und erotisierende Beobachtung anderer Männer geraten, die sowohl schwul als auch selbst heterosexuell sein können.

Dies wird potentiell zum Problem vor dem Hintergrund einer kulturellen Sexuierung von voyeuristischen Blickordnungen: Wenn die Situation der Logik Mann = Beobachter und Frau = Beobachtete entspricht, greift „[d]ie heteronormative Defensivstellung, die den männlichen Blick [...] als verständliche Neugier legitimiert" (Benkel 2010: 378) und entschärft die Situation. Nicht der Blick des Voyeurs, sondern die Reize der Beobachteten gelten dann als Auslöser der visuellen Zudringlichkeit – das Betrachtungsobjekt ist ‚Schuld‘, es wird selbst zum Sexualisierer der Situation. Die so gegenderten Positionen in einem Beobachtungsverhältnis können nun jedoch ihrerseits sexuierend übergriffig denjenigen gegenüber werden, die sie in einem konkreten Fall einnehmen – und für beobachtete Männer eine Gefährdung ihrer Darstellung von Männlichkeit bedeuten.

Die mit gleichgeschlechtlichen Beobachtungsverhältnissen gegebene potenzielle Nähe von Homosozialität und Homoerotik wird wiederum zum Problem vor einem kulturell eingeschliffenen Verhältnis von Heteronormativität und Homophobie.[29] Beide

---

27 Weibliche Teilnehmer auf CammingSite.com sind weder als schiere Anschauungsobjekte für männliche Betrachter noch als reines Publikum zur Bewunderung männlicher Nacktheit involviert. Der Genderproporz führt umgekehrt dazu, dass Männer sich als begehrenswert inszenieren müssen. Insofern subvertierten solche Portale die Blicklogik der Mainstreampornografie – sie ermöglichen den „weiblichen erotischen Blick" (Kibby/Costello 1999: 355) und Frauen erhalten gerade durch die spezifische Aufmerksamkeitsökonomie in gewisser Weise Macht (zu fordern und zu verbergen). In diesem Sinne erleben auch die von Behnke und Meuser (1996) untersuchten ‚Männergruppen‘ die Abwesenheit von Frauen als Erleichterung, weil damit die erotische Spannung des Geschlechterverhältnisses weg sei.

28 Damit sind hier Teilnehmer bezeichnet, die sich explizit als heterosexuelle Männer inszenieren und in Interaktionen als solche adressiert und behandelt werden. Über eine etwaige ‚tatsächliche‘ sexuelle Identität dieser Teilnehmer soll damit keine Aussage getroffen werden: Sie wird in der Praxis verortet.

29 Die Diagnose, zeitgenössische gesellschaftliche Verhältnisse seien heteronormativ organisiert, muss differenziert werden. Gesellschaftliche Entwicklungen wie die schrittweise Öffnung von ehemals verschiedengeschlechtlich besetzten Paaren vorbehaltenen Institutionen wie Ehe und Elternschaft deuten einen Relevanzverlust von Geschlecht und sexuellem Begehren, und damit heteronormativen Strukturen an. Auch im gesellschaftlichen Alltag hat sich die Haltung gegenüber Nichthetero- und Nichtzissexuellen in Richtung Akzeptanz bzw. Indifferenz verschoben. Gleichwohl darf nicht übersehen werden: (1) Diese Prozesse ereignen sich zögerlich und sind umstritten. (2) Sie ereignen sich auf verschiedenen Ebenen gesellschaftlicher Realität nicht immer synchron. So kann die gesellschaftliche Praxis der Ebene der Institutionen/Gesetze hinterherhinken oder umgekehrt. Gerade in Interaktionen

sind korrespondierende Konstrukte: Homophobie macht homosoziale Beziehungen zwischen Männern asexuell, diese Beziehungen wiederum stützen heteronormative Verhältnisse (Kraß 2007).

Blicke können gerade *unter Männern*, in homosozialen Kontexten, prekär werden und situative ‚Krisen der (heterosexuellen) Männlichkeit' auslösen. Der Blick auf den nackten Körper (in medizinischen Untersuchungen, sonstigen körpernahen Dienstleistungen, an Nacktbadeständen, in Saunen etc.) scheint immer das Problem mit sich zu bringen, dass ihm erotische Beweggründe unterstellt werden können. Und wie Blicke in vergleichbaren Situationen zu interessiert oder gleichgültig sein können, steht auch für das Unbekleidetsein eines Körpers die Möglichkeit im Raum, als zu schamhaftes Genieren oder zu schamloses Zeigen zu gelten und so zur Blöße bzw. Entblößung zu werden. So kann schon die Möglichkeit, dass andere Männer den eigenen Körper zu sehen bekommen könnten (also *passiv* angeblickt zu *werden*) zur Angst werden, einem begutachtenden Blick nicht Stand zu halten und auf Dauer, über den kurzen Moment des Blicks hinaus, in den Augen des Geschlechtsgenossen an Status einzubüßen. Passend zu dem Ort, an dem derlei Aushandlungen von Männlichkeit klassisch passieren, wird dieses Phänomen in der psychologischen Literatur als *locker room syndrome* beschrieben (Del Rosso 2012). Der Begriff bezeichnet nicht nur die Sorge um die Bewertung durch Geschlechtsgenossen, sondern auch ein Syndrom, bei dem Männer in Gegenwart anderer Männer ihren eigenen Körper tendenziell eher als minderwertig betrachten, als wenn sie mit ihm und sich alleine sind.[30]

Auch die *aktive* Betrachtung anderer nackter männlicher Körper kann in Bezug auf Geschlechtsinszenierungen prekär werden. Hier kommen heteronormative Vorstellungen von Männlichkeit zum Ausdruck, nach denen der heterosexuelle (= ‚richtige') Mann sich nicht für andere Männerkörper interessiert. Dabei kann schon das *Bild* eines solchen Körpers genügen, um performative Dar- und Klarstellungen der eigenen Männlichkeit auszulösen: Etwa der explizite Verweis auf die eigene Unfähigkeit, entsprechende Bilder kommentieren und bewerten zu können (Eck 2003) oder gar sie überhaupt ansehen zu können, ohne unwillkürlich von Ekel überkommen zu werden (Berkowitz 2006: 601 f.). Das Anblicken von *kopräsenten Körpern* birgt ähnliche Gefahren: Ein ‚falscher' (zu langer, zu intensiver, zu interessierter etc.) Blick oder das zu freizügige Entblößen des eigenen Körpers kann (eigene und fremde) Zweifel an der sexuellen Orientierung aufkommen lassen – gerade weil diese Form des Blickens mit Ausdrucksformen sexuellen Interesses unter schwulen Männern assoziiert

---

und im Rahmen von Intimkontakten bzw. durch situative Rahmenbedingungen wie Nacktheit oder eine sexuelle Rahmung wird die Hetero-Homo-Differenz (wieder) hochgespielt, und Hetero- sowie Zissexualität implizit als Maßstab vorausgesetzt. Diese Rahmen können eventuell als Reservate betrachtet werden, in denen Klassifikationslogiken überdauern, von denen sich moderne Gesellschaften in ihren Selbstbeschreibungen gerne schon verabschiedet hätten.

30 Entsprechend wird synonym auch von *small penis syndrome* gesprochen (Wylie/Eardley 2007).

wird (Clatts 1999: 144 f.; Plummer 1999; Short 2007). Die Neugier auf andere männliche Körper erzeugt entsprechend eine Notwendigkeit, Blicktechniken zu beherrschen, wie etwa ‚aus dem Augenwinkel schauen' oder ‚den Blick zufällig darüber schweifen lassen' (Plummer 1999: 245 f.). Umgekehrt kann sich ein Hinschauen auch dadurch unauffällig (bzw. unsichtbar) machen, dass es sich offensiv *als* Hinschauen offenbart: Wenn alle zusammen den Penis eines Teammitglieds in der Umkleidekabine scherzhaft und lautstark kommentieren, ist das weniger ‚verdächtig', als wenn dieser Vergleich heimlich stattfindet (Plummer 1999: 267).[31]

Die gelingende Inszenierung heterosexueller Männlichkeit auf CammingSite.com wird nicht selten durch andere Teilnehmer herausgefordert. Die Tatsache, dass heterosexuelle Männer überhaupt Bilder ihres nackten Körpers online übertragen (die Voraussetzung dafür, mit weiblichen Teilnehmern in Kontakt zu treten) wird diesen „straight guys" von zumeist schwul identifizierten Zuschauern häufig als Bewusstsein unterstellt, dass sie für den homoerotischen Blick sichtbar sind, was dann als Intention interpretiert wird, sich diesem Blick willentlich zu zeigen. Homoerotisch interessierte Zuschauer versuchen, hinter der heterosexuellen Inszenierung ein eigentlich dahinterliegendes homosexuelles Interesse zu entlarven (bzw. ein Eingeständnis dessen zu evozieren). Das Geschlecht der Teilnehmer wird hier in Zusammenhang mit konventionellen Begehrensstrukturen und Blickordnungen gebracht: Wer sich von anderen Männern anschauen lässt, oder dies in Kauf nimmt, muss auch sexuell zumindest nicht grundsätzlich abgeneigt sein. Damit wird Heterosexualität als Eigenschaft von Männern vor der Webcam (also diese Dimension ihrer Männlichkeit – ihr körperliches Männlichsein steht ja in der Regel außer Frage) potenziell prekär und bedarf aktiver Aufrechterhaltungsmaßnahmen und Strategien der Stabilisierung von Geschlechtszugehörigkeit. Wie gehen die Beteiligten damit um?

---

31 Gleichwohl kann der imaginierte Blick von Geschlechtsgenossen gerade zur Stärkung des heterosexuell-männlichen Selbstverständnisses dienen: So berichtet der heterosexuell identifizierte Teilnehmer ‚Tim' in der Studie von Flood von einer erotischen Fantasie: „And I'm sittin' there with my beer. And I'm watchin' the footy. And I've got a girl suckin' me off [*little laugh*]. And I just go, ‚Hohhh. If the *boys* could see me now.'" (Flood 2008: 348) Neben Bier und Fußball als Marker konventioneller Männlichkeit fungieren in dieser Beschreibung die *boys* als das imaginierte Peer-Publikum, das die sexuellen Leistungen von Tim, und seine Heterosexualität, mit seinem Blick zertifiziert. Sexualisierte homosozial männliche Situationen müssen nicht grundsätzlich auch homosexuell konnotiert sein: das gemeinsame Betrachten von Pornografie, der Austausch von erotischen Fotos oder der gemeinsame Besuch im Stripclub oder Bordell sind (wenngleich nicht milieuunabhängig) als gemeinschaftliche Aktivität unter Männern akzeptabel und können an der Stabilisierung hegemonialer Männlichkeit beteiligt sein. Auch in solchen Gruppen nicht unübliche Schikanierungen wie das spielerische Greifen des Penis, sexualisierte Aufnahmerituale (etwa in amerikanischen Studentenverbindungen) oder gemeinschaftliche Nacktheit sind nicht per se homosexuell konnotiert (Agostino 1997; Muir/Seitz 2004: 320 f.). Ihre soziale Bedeutung bleibt der Praxis der Beteiligten überlassen (Barron/Kimmel 2000).

Setting things ‚straight'. Die multisemiotische Auszeichnung von Heterosexualität

Die sexuelle Orientierung eines Körperbesitzers sieht man dem Körper selbst in aller Regel nicht an. Wie werden (und bleiben) die Teilnehmer auf CammingSite.com ‚-sexuell'? Die Angabe von Geschlecht und sexueller Vorliebe sind auf CammingSite.com obligatorisch. Diese Informationen werden beim Einrichten eines Nutzerprofils, aber auch beim nur einmaligen Einloggen in einen Chatroom angefordert. Für die Angabe meines Geschlechts konnte ich in der Regel aus vorgegebenen Optionen eine auswählen (*männlich, weiblich, transsexuell* – interessanterweise ergänzt um den Hinweis: ‚*einmal eingestellt, kann dies nicht mehr geändert werden*'), die Angabe von sexueller Orientierung (*hetero, schwul (‚gay'* – oft nur eine Option für M/F), *bisexuell, bi-neugierig, unbekannt*) bediente sich ebenfalls gängiger Kategorien (war aber im Verlauf meiner Mitgliedschaft immer noch änderbar). In diesen Auswahloptionen nehmen in ihnen liegende Vorstellungen der kategorialen Logik von Geschlecht und Begehren Gestalt an. Diese Informationen werden im Nutzerprofil angezeigt, im Rahmen der informationellen Infrastruktur von Cammingportalen aber auch anderweitig verwendet. Auf den Übersichtsseiten der aktuell übertragenden Webcams werden neben den einzelnen Vorschaubildern die genannten Informationen (und nur diese, was ihren Status als ‚wesentliche' Informationen nahelegt) in Schrift- oder Symbolform angezeigt.

In diesen Angaben wird mit der sexuellen Präferenz etwas visualisiert, was sonst nicht sichtbar ist und nur bei ‚näherer Betrachtung', auf den zweiten Blick in Erfahrung gebracht werden kann: Wo Geschlecht auf den ersten Blick offensichtlich ist (dem Körper selbst angesehen wird) ist, ist ein einsamer, nackter Körper vor der Kamera zunächst einmal sexuell deutungsoffen, es können alle möglichen Bedeutungen, Erwartungen und Gefühle an ihn herangetragen werden.[32] Neben der technischen Sortierfunktion dient die Angabe von sexuellen Präferenzen vor allem der Sortierpraxis der Teilnehmer: sie zeigt an, wen die Teilnehmer im Vorschaubild daneben *sehen* wollen und von wem sie *gesehen werden* wollen. Ein attraktiver Körper wird mit einem Blick auf das Label neben ihm (*hetero, gay, bi-curious*) auf seine grundsätzliche Verfügbarkeit hin überprüfbar.[33] Dies ermöglicht Zuschauern, selektiv zu schauen und Übertragenden, ihr Publikum vorzuselektieren, also Ungewolltes präventiv zu inhibieren.

Den oder die ‚Falsche(n)' zuschauen zu lassen oder sich ihnen gar explizit zur Betrachtung anzubieten, kann die eigene Geschlechtsinszenierung unglaubwürdig ma-

---

32 Die Deutungsoffenheit von Körpern hat Grenzen bzw. kann schwierig werden. Der Besitz eines Penis legt zum Beispiel das Erkennen des zugehörigen Körpers als ‚Mann' nahe, das zwar graduell negiert werden kann, aber selten wird der Besitz einen Penis Anlass oder gar Grund für eine Zuschreibung von Frausein sein (vgl. Lindemann 1993: 34 ff.).
33 Murray S. Davis führt Begehrbarkeit und Verfügbarkeit als Kernkriterien bei der Wahl von Sexualpartnern an (Davis 1983).

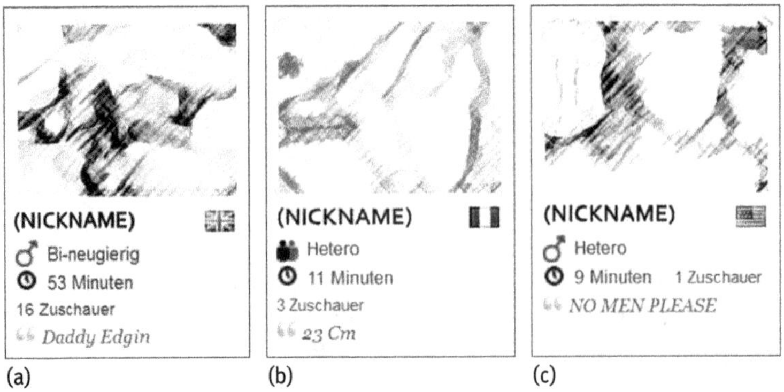
(NICKNAME)
Bi-neugierig
53 Minuten
16 Zuschauer
Daddy Edgin
(a)
(NICKNAME)
Hetero
11 Minuten
3 Zuschauer
23 Cm
(b)
(NICKNAME)
Hetero
9 Minuten
1 Zuschauer
NO MEN PLEASE
(c)

Darstellung 5.3: Vorschaubilder mit Textrahmungen (Quelle: Eigene Darstellung).

chen. Nicht selten zögerte ich, eine Webcamübertragung zu öffnen, wenn mir ein Teilnehmer zwar gefiel, dieser sich aber über seine Profilangabe als heterosexuell identifizierte: Mich beschlich ein Peinlichkeitsgefühl, jemanden zu bestarren, der das nicht will (dies war nicht immer so ausdrücklich zu erkennen (gegeben) wie in Darstellung 5.3(c) – „NO MEN PLEASE" –, sondern ein Schluss aus der Angabe ‚hetero' meinerseits).

Blicke haben bei Camminginteraktionen eine zentrale Bedeutung. Sie sind, was die Teilnehmer suchen und begehren, können aber auch etwas sein, gegen das man sich zur Wehr setzt. Zwischen der Lust am Gesehenwerden und dem schamhaften Gefühl, entblößt angestarrt zu werden, können Blicke verschiedenstes bedeuten und auslösen. Blicke sind zudem geschlechtlich konnotiert bzw. lösen Geschlechtszuordnungen aus. Im folgenden Ausschnitt führt ein unvorhergesehener Blick zu *gender trouble*:

> Es kommen ständig neue Nachrichten, hier ist auf einmal wirklich was los. Ich fühle mich total erregt, kann gar nicht erwarten bis die nächste Zeile vom unteren Rand des Fensters hochkommt. Ich lese gar nicht wirklich was da steht, ich schnappe nur Bruchstücke auf: ‚hot' … ‚beast' … ‚fuck' … Das ist wie ein Rausch. Ich schaue immer wieder auf die kleinen Miniaturfotos, die neben den Nachrichten zu sehen sind. Nach einer Weile fällt mein Blick auf ein kleines Bild, das die weit gespreizten Beine einer nackten Frau zeigt. Ich bleibe regelrecht daran hängen. *Was hat sie geschrieben?* (‚looking good') *Was will die? Hat die nicht gesehen, dass ich schwul bin?* Ich klicke sofort auf ihren Nickname und öffne ihr Profil. Da steht hetero. *Boah nee, die anderen Fotos von ihr sind richtig übel. Pinkfarbene Spitzenunterwäsche und ein Bauchnabelpiercing.* Ich klicke weg. Zurück in meinen Raum. Ein Blick auf die Teilnehmerliste: *Ist sie noch da? Ja. Komisch. Ich komme mir komisch vor. Guckt die mir jetzt zu, wie mir andere Jungs zugucken?* Ich schaue an meinem Körper runter und meinen erigierten Penis an. Dann wieder zum Bildschirm. *Das fühlt sich total strange an. Krass, Hetenjungs machen das. Die halten den Mädels einfach ihren Schwanz hin. Seh ich jetzt auch so aus? Findet die das sexy?*
> (Erinnerungsprotokoll)

In diesem Ausschnitt werden sowohl Sehgewohnheiten als auch ein gewohntes Gesehenwerden irritiert. Das Bild einer ausgestellten Vulva irritiert mich doppelt: Der Anblick des Nutzerinnenbildes und der mit dem Bild assoziierte weibliche erotisierende Blick auf mich scheinen beide nicht in die gewohnte Cammingsituation zu passen. Meine Frage, ob „*die*" wiederum „*nicht gesehen (hat), dass ich schwul bin?*" verweist auf eine Reziprozitätsvorstellung, nach der das aktuelle Betrachtungsverhältnis nicht funktioniert: Meine Zuschauerin will womöglich mich und meinen Körper anschauen, umgekehrt gilt dies aber nicht. Es folgt die reflexartige Reaktion, im Nutzerinnenprofil auf Spurensuche und Erklärungssuche zu gehen. Es folgt eine mehrfache Kategorisierung der Zuschauerin als ‚anders'; neben der Geschlechtszugehörigkeit und sexuellen Orientierung auch über die Attribuierung einer Zugehörigkeit zu einem sozialen Milieu (ob des Piercings und der Unterwäsche) und einer Vorstellung erotischer Weiblichkeit, bzw. einer Vorstellung von Erotik generell, über die ich mich wiederum selbst distinguiere und distanziere.

Die anfängliche Irritation darüber, „*was die will*" bleibt auch nach dem Blick auf die Angabe zur sexuellen Präferenz meiner Zuschauerin bestehen. Dies ist insofern bemerkenswert, als sich im Fall meiner Betrachtung durch eine heterosexuell interessierte Frau ja meine Sehvorlieben und die meiner Zuschauerin prinzipiell ähneln (wir beide schauen gerne Männer an), anders als wenn ein heterosexueller Mann durch einen schwulen Mann erotisch betrachtet wird. Dennoch scheint mich dieser Blick über die Position in einem Beobachtungsverhältnis zu etwas zu machen, das ich zumindest als ungewohnt erlebe: Neben der Irritation meiner Sehgewohnheit fehlt mir nämlich zugleich Routine darin, mich aus der Sicht einer Frau (die ich damit als von der eines Mannes verschieden annehme) als erotisch zu begreifen. Für das Angeschautwerden in einer verschiedengeschlechtlich besetzten und erotisch gerahmten Situation fehlt ein Skript.

Die Teilnehmerin tut aber wohlgemerkt nichts anderes als jeder andere Zuschauer auch. Die Geschlechterdifferenz lege hier vor allem ich in die Situation und lade sie mit Bedeutung auf. Die Unterstellung (die hier nicht explizit oder absichtlich passiert), dass dieser Blick *anders* ist, verändert mein Körpergefühl, das eigene Angeblicktsein. Die bisherige Körpertechnik, sichtbar zu sein, erweist sich als implizit durch mich gegendert und die Perspektive des (!) Anderen auf mich, die ich während einer Cammingsession einnehme, als sexuiert. Von einer weiblichen Betrachterin erwarte ich andere Seherwartungen an mich und versuche zunächst, diesen zu entsprechen, merke aber, dass ich das ‚nicht kann'.

Im Verlauf einer Cammingsession begriff ich mich also über die Blicke anderer und mit ihrer Hilfe. Wenn ich gefühlt diesen Blicken und ihren Erwartungen entsprechen konnte, blieb ich sozusagen in meinem Körper und erlebte auch die Außenansicht auf mich als meine *eigene*. Wenn der Blick nicht ‚passte', wurde der Blick von außen zu einem fremden Blick und ich fühlte mich genötigt, ihn analytisch von außen zu betrachten. Der Körper wurde auf eine unangenehme Weise bewusst. Er machte, mit Drew Leder gesprochen, eine *dys-appearance* (Leder 1990: 83 ff.): Er wurde dann als

Objekt bewusst, wenn er zum Problem wurde. Bis dahin war er zwar in der Situation auch ‚da' – ich spürte ihn und ich spürte mich als diesen Körper – aber er fiel mit mir in eins.

Weit häufiger für mich *beobachtbar* als meine eigene Irritation durch heterosexuelle Beobachtung waren umgekehrte Situationen, in denen die geschlechtliche Besetzung der Situation anders war (nämlich homosozial männlich) und die sexuellen Begehrensformen auf umgekehrte Weise inkompatibel. Heterosexuelle Nutzer betreiben präventives Blickmanagement, indem sie ihre sexuelle Orientierung über die durch die Websitearchitektur bereitgestellten Labels hinaus auf verschiedene Weise explizieren und erkennbar machen. Mit Hinweisen in der Statuszeile oder digital in das Echtzeitbild der Webcamübertragung eingefügte Schriftzüge („1000 % Hetero girls only") wird kommuniziert, als was der Körper im Bild anzusehen ist, oder welche Zuschauer/-innengruppen, Betrachtungsweisen oder Interaktionsformen erwünscht oder toleriert sind. In den zu den Webcams gehörenden Nutzerprofilen finden sich regelrechte Nutzungsbedingungen, mit denen Nutzer klarstellen, wer (nicht) zuschauen darf:

> Nutzer A: „men seem to not know the meaning of ‚straight' when they click on cams. I DON'T LIKE MEN an alle deutschen schwuchteln: sucht euch ne andere cam. ich ‚rotz' euch nicht ins maul und ich zeig euch meinen arsch nicht. Gibt doch genug schwuchteln hier, denen sowas gefällt, also geht zu denen auf die cam und nervt mich nicht" (Profiltext)
>
> Nutzer B: „Guys I appreciate the adds [wenn andere Nutzer den Profilinhaber zu ihren ‚Buddies' hinzufügen –TB] and the support but trust me I have heard it all and its not my thing. If you want to fantasize about that go right ahead but again ITS NOT MY THING and you nor the other guys in line will change that. I am comfortable with my sexuality just the way it is. I am here to cam and chat with the ladies mainly but I will chat with you as well esp if it is slow haha." (Profiltext)
>
> Nutzer C: „I'm 100 % Straight, however I would let gays watch me but don't give me any order cause I won't please them."
> (Profiltext)

Sprachlich-textuelle Labels und Profiltexte kommen hier verschieden zum Einsatz. Sie können präventiv als Blickabwehr dienen, wie im Profiltext von Nutzer A. Er setzt voraus, dass Zuschauende die Bedeutung des Wortes ‚straight' kennen, die hier ist, dass Angehörige derselben Geschlechtskategorie nicht zuschauen sollen bzw. nicht erwarten dürfen, dass ihr Zuschauen willkommen ist oder sich daraus eine erotische Interaktion ergibt („I DON'T LIKE MEN"). Wer das tut, ist eine „schwuchtel", von denen sich Nutzer A dadurch unterscheidet, dass er bestimmte Dinge nicht tut („ich zeig euch meinen arsch nicht") und sich auch von deren (unterstelltem) Sprachgebrauch distanziert (Anführungszeichengebrauch: „ich ‚rotz' euch nicht ins maul"). Nutzer B gibt sich diplomatischer: Es ist einfach ‚nicht sein Ding'. Was ‚es' ist, bleibt hier unausgesprochen, jedoch steht dem entgegen, dass der Nutzer „comfortable with my sexuality" ist. Der Nutzer wertet sein erotisches Kapital auf, wenn er sich von den scheinbar zahlreichen Anfragen geschmeichelt gibt („I have heard it all") und auf die Zahl der interessierten Zuschauer verweist („the other guys in line"), die ihn nicht bekehren können. Camming kommt hauptsächlich mit den „ladies" infrage, ein Chat mit den „guys" zwar auch, aber eher, wenn sonst nicht viel los ist und Langeweile droht („esp if it is slow haha"). Nutzer C wiederum erklärt sich zwar auch für „100 % straight", kann dies aber als vereinbar damit konstruieren, dass er „gays" zuschauen lassen *würde*. Dass die Zuschauer hier als „gays" bezeichnet werden, so kann vermutet werden, hat weniger mit einer Selektivität von Nutzer C zu tun (der dann z. B. andere heterosexuelle oder bisexuelle Männer nicht zuschauen lassen würde) als mit der konventionellen geschlechtlichen Codierung von Blicken: Hier sind schlicht andere Männer gemeint, die ob ihres Interesses bzw. ihrer Blicke „gays" sein müssen. Das passive Sich-anschauen-Lassen durch sie ist mit der Heterosexualität von Nutzer C vereinbar, er macht sich jedoch nicht aktiv (und schon gar nicht auf Aufforderung – „don't give me any order") zum Anschauungsobjekt – wodurch die Beobachtungssituation wieder potenziell prekär werden könnte.

Diese Rahmungen verweisen darauf, dass Männlichkeit ein unscharfes Konzept ist: sie ist weder mit einer spezifischen sexuellen Orientierung konventionell gleichgesetzt, noch sind diese sexuellen Präferenzprofile konsistent. Und auch heterosexuelle Männlichkeit ist nicht eindeutig. Was ‚straight' bedeutet und impliziert, wird auf CammingSite.com laufend neu verhandelt und zieht umgekehrte Definitionen derer mit sich, die es nicht sind und warum bzw. wodurch. Mit Labels wie „male" und „hetero" werden also Interaktionslogiken und Blickoptionen vorstrukturiert bzw. (schwächer) Ansprüche auf die Geltung konventioneller Blickgebote und -verbote markiert und Vorselektion unter potenziellen Zuschauenden unterstützt. Wer dann noch zuschaut, muss sich die Unterstellung gefallen lassen, er schaue mutwillig. Mit diesen Labels delegieren Nutzer einen Teil des *Doing Gender* an die Applikation und das grafische Umfeld ihres (Ab-)Bildes. Was hier ‚hinterlegt' ist, entlastet den Teilnehmer vor der Kamera bei der körperlichen Performanz (bzw. wird zur Anzeige für Eigenschaften, die schon im Alltag nicht als an Körpern ablesbar gelten), bedarf keines *Doings*, das die Teilnehmer involviert, und trägt so dazu bei, dass Interaktionsbesetzungen entstehen, die das eigene *Doing Gender* und die intendierte Geschlechterperformanz stützen.

Phallozentrische Männlichkeit und symbolische Konkurrenzen

Der Penis wird in sexuellen Zusammenhängen kulturell mit Penetration gleichgesetzt, die wiederum mit einer aktiven, dominanten Position in sexuellen Interaktionen und darüber mit Männlichkeit assoziiert wird (vgl. hierzu kritisch Jackson 2000). Vor dieser phallozentrischen Annahme wird die Abwesenheit eines Penis in lesbischem Sex mitunter abwertend als Fehlen interpretiert, und Sexualität unter Frauen als defizitäre Sexualität gerahmt; umgekehrt scheint die Präsenz eines Penis in einer sexuellen Beziehung nach einer komplementären Schlüssel-Schloss-Logik die Frage nach (s)einem weiblichen ‚Gegenstück' zu implizieren, was etwa immer wieder zur Suche nach ‚der Frau' in schwulen Beziehungen anregt. Die An- oder Abwesenheit von Genitalien hat

Implikationen für die Rahmung von Situationen als ‚sexuell' und das *Doing Gender* der Beteiligten.

Neben den Genitalien der Teilnehmer vor der Webcam kommen auf CammingSite. com Penisse in Gestalt von in Form und Größe dem erigierten Penis nachempfundenen Sextoys zur Anschauung und zum Einsatz. Gerade weil die Teilnehmer vor der Kamera häufig die einzigen zur Verfügung stehenden Körper sind, sind Sextoys häufig genutzte Instrumente der masturbatorischen Handlungen der Teilnehmer vor der Kamera, je nach Rahmung der Situation sind sie materiell-haptisch/taktiles Surrogat für den/einen meist abwesenden Sexualpartner, oder sie können interaktiv zu Stellvertretern und Platzhaltern des medial vermittelten Gegenübers gemacht werden.

In den von mir beobachteten Cammingsessions unter Männern wurden Dildos regelmäßig zu Requisiten in Aushandlungen von Männlichkeitsbildern. Meist wurden sie dabei zu symbolischen Konkurrenten für die Darsteller vor der Kamera: Wann immer sich als heterosexuell ausweisende Männer in Gegenwart und räumlicher Nähe zu diesen Artefakten darstellten, geschweige denn sie benutzten, wurde ihre Männlichkeit und/oder Heterosexualität problematisiert. Der Gebrauch eines Dildos kann so Fragen an die Potenz seines Benutzers aufwerfen. Ein Zuschauer einer Webcamübertragung, die zeigte, wie ein Mann eine stark übergewichtige Frau mit einem Dildo penetriert, stellte fest:

> \<Doug67\>   he's using that vibe cause hes not big enough for that pussy
> (…)
> \<Doug67\>   thats why fat chicks usually go after the brothers

Der Einsatz eines Vibrators zur Befriedigung seiner Partnerin lässt diesen Zuschauer Zweifel an der Männlichkeit des Protagonisten hinsichtlich der Penisgröße äußern, zusammen mit einer Paarungstheorie, die sexistische, lookistische Vorstellungen und rassistische Männlichkeitsstereotype (dass nämlich ‚schwarze' Männer – hier mit ‚brothers' gemeint – überdurchschnittlich große Penisse haben) kombiniert. Die schiere Präsenz eines Surrogats wird hier als Anzeichen mangelhafter ‚Manneskraft' gewertet. Gleichwohl steht mit der Anwesenheit einer Frau im Bild die Heterosexualität des Protagonisten nicht in Frage.

Kritisch für heterosexuelle Männlichkeit kann ‚der andere Penis' dadurch werden, dass die Anwesenheit von zwei Penissen (bzw. penisförmigen Objekten) homoerotische Deutungen zulässt, die diametral zu heterosexueller Männlichkeit stehen. Das folgende Beispiel zeigt, wie die Beteiligten die sexuelle Orientierung des Nutzers vor der Kamera und die symbolische Potenz des Dildos ko-konstruieren. Es stammt aus einer Cammingsession eines Users (\<Cumguy86\>)[34], der sich in seinem Nutzerprofil

---

34 Diese Chatsequenz entstand per Zufall nachträglich im Forschungsprozess. Ich entdeckte sie bei der Analyse eines meiner Bildschirmmitschnitte. Während der Session hatte ich die Webcam von

als heterosexuell ausweist. Als ich zuschalte, zeigt das Bild einen liegenden Körper im Ausschnitt eines Torsos, die Genitalien in der unteren Bildmitte. Anlass der folgenden Konversation im Chat ist ein ‚fleischfarbener' (im Sinne von der Hautfarbe des Nutzers daneben farblich ähnelnder) Gummidildo, der neben dem Körper im Bild, halb verdeckt durch das aufgestellte Bein des Nutzers, zu erkennen ist. Im Chat wird <Cumguy86> hierauf angesprochen.

<Silverno>	hi
<Paskal07>	hi suchst live
<Cumguy86>	ja aber nur frauen
<Paskal07>	ah und den gummidödel hast nur so da… ^^
<Silverno>	spritz mal ab
<MataD22>	dann wirste gefickt
<Cumguy86>	ah so ja
(…)	
<Paskal07>	auf was stehst du denn
<Cumguy86>	schon frauen ;)
<MataD22>	siehste doch du doof D I L D O für heteros
(…)	
<Cumguy86>	wieso sollen heteros keine dildos haben
(…)	
<MataD22>	bin bi hab auch ein paar
<MataD22>	weil ichs geil finde beim ficken von frauen son teil drin zu haben
<Cumguy86>	MataD22 eben :)
<MataD22>	dafür braucht man net schwul sein
<Cumguy86>	den dildo kann man auch der frau schieben
<Cumguy86>	nein, für dildo muss man wirklich nicht schwul sein
<Cumguy86>	:)
<Jo6>	lässt dich auch selbst mit dem dildo von ner frau ficken?
<Cumguy86>	noch nie gemacht
<Cumguy86>	keine Frauen da?

Im Verlauf dieses Chats werden Heterosexualität, Männlichkeit und der symbolische Status des Dildos verschieden verhandelt und wechseln ihre Bedeutung. Die Frage von <Pascal07> „suchst [du] live" (eine Frage nach der Bereitschaft von <Cumguy86>, sich persönlich zu treffen, die zugleich eine Kurzform für die Frage nach Sex ist) beantwortet <Cumguy86> zum einen als Frage, ob er sich konkret *mit <Pascal07>* treffen will, und zum anderen mit Referenz auf die *Kategorie* Geschlecht („ja aber nur frauen"), nicht etwa mit Bezug auf individuelle Eigenschaften seines Gegenübers o. ä. Die Frage von <Pascal07>, der sich in seinem Nutzerprofil als schwul bezeich-

---

Cumguy86 als eine von mehreren Webcams in einem Browser-Tab geöffnet und rief sie immer wieder auf, war dabei jedoch nur an der Webcamübertragung interessiert, und nahm auch nicht selbst am Chat im Raum teil. Meine ‚Stippvisiten' waren so regelmäßig, dass ich im Nachhinein den Chatverlauf vollständig (für den Zeitraum, in dem ich die Webcam aufgerufen hatte) rekonstruieren konnte.

net, wird zuallererst vor der Annahme möglich, dass es sich bei dem Körper auf dem Bild ebenfalls um einen schwulen Mann handelt, der prinzipiell für ein Treffen in Frage kommt. <Pascal07> weist ironisch („^^" – ein Emoticon für hochgezogene Augenbrauen) auf die scheinbare Inkongruenz zwischen dem erklärten Interesse von <Cumguy86> an Frauen und dem Dildo im Bild hin. Implizit wird damit unterstellt, dass <Cumguy86> den Dildo womöglich bei sich selbst verwenden will, und zugleich festgestellt, dass ein heterosexueller Mann, bzw. einer, der „nur frauen" sucht, das nicht tut. <Cumguy86> lässt den Verdacht bzw. die Unterstellung, die in Form (Verkleidung) dieses ironischen Kommentars daherkommt, ins Leere laufen, indem er den Dildo nicht verbal zu verbergen versucht und ihn stattdessen zur zwar offensichtlichen aber nebensächlichen Sache macht: „ah so" – das ,klingt', als habe man (<Cumguy86>) ganz vergessen (können), dass da ,ja noch etwas liegt'.

<Pascal07> fragt <Cumguy86> direkt nach seinen sexuellen Vorlieben („auf *was* (Hervorh. TB) stehst du denn"), der klarstellt, dass sie „schon" bei Frauen lägen. Er beantwortet die Frage also als eine Frage nach seinem bevorzugten *Geschlecht*, nicht als eine Frage nach bevorzugten Sexualpraktiken oder Fetischen o. ä – die Frage nach einem „was" als eine Frage nach ,wem'. <MataD22>, auch männlich und in seinem Profil als bisexuell ausgewiesen, schaltet sich in das Gespräch ein und weist darauf hin, dass dies (offensichtlich! – „siehste doch du doof") ein Dildo „für Heteros" sei. Was zunächst wie ein ironisches Statement wirkt, wird in den folgenden Zügen zu einer konzertierten gemeinschaftlichen Aktion von <Cumguy86> und <MataD22>, die den Dildo als ein heterosexuelles Instrument rahmen: Die Erläuterung von <MataD22> („weil ichs geil finde beim ficken von frauen son teil drin zu haben") knüpft den Gebrauch des Dildos (der hier auch nur als „son teil" bezeichnet wird) am eigenen Körper an Sex mit Frauen. Die in ihrer Kombination von bürokratisch anmutendem Nominalstil und Vulgärsprache eigentümlich wirkende explizite Erwähnung und bemüht wirkende Klarstellung, dass es sich um *Frauen* handelt, die hier ,gefickt' *werden* („beim Ficken von Frauen"), markiert, dass die konventionelle Penetrationsrichtung sowie die Aktiv/Passiv-Differenz, entlang derer Männer und Frauen (und männliche und weibliche Sexualität) unterschieden werden, dabei sehr wohl intakt bleiben. Dem aktiven „Ficken" steht lediglich ein unbestimmtes ,Drinhaben' gegenüber, dessen Ursache unerwähnt bleibt. <Cumguy86> pflichtet bei, nimmt aber noch einen Schritt weiter Abstand: Er stellt klar, dass man „den dildo [...] auch der frau schieben [kann]", und speziell er (so auf eine spätere Nachfrage) keinerlei umgekehrte Erfahrung hat („noch nie gemacht") (hier könnte sich der heterosexuell identifizierte Nutzer vom bisexuellen, der quasi einen Zwischenschritt vom schwulen Mann darstellt, vollends distinguieren).

Für beide Teilnehmer gilt: „für dildo muss man wirklich nicht schwul sein" – das gilt in diesem Kontext wohlgemerkt in zwei Richtungen: Zum einen muss man nicht schwul sein, *um* einen Dildo zu benutzen; man (<Cumguy86>) muss aber auch nicht schwul sein, *weil* man einen benutzt bzw. besitzt. Die beiden Teilnehmer ,dekontaminieren' den Dildo von der homosexuellen Konnotation, die ursprünglich mit dem ironischen Kommentar von <Pascal07> in die Situation gebracht wurde, die sie ihm aber im gleichen Zug auch selbst verleihen. Sie stellen klar, dass ‚hetero' sein und den Dildo zu benutzen (auch an sich selbst) ‚okay' ist. Das bleibt aber ungezeigt, der Dildo wird hier sozusagen als Möglichkeit ins Bild gestellt und von <Cumguy86> auch liegen gelassen, er scheint ihn fast demonstrativ kein einziges Mal zu berühren. <Cumguy86> eignet sich den Dildo sozusagen als potenzsteigernden zweiten Penis(-ersatz) an. Die anlässlich der Präsenz und Sichtbarkeit des Dildos in Frage gestellte (spezifische) Männlichkeit wird repariert, indem ‚das Weibliche' als Referenz hinzugezogen wird.

Das Hinzuziehen von Weiblichkeit als immunisierendes Element gegen im Raum stehende Homosexualitätsverdachte ist eine Strategie, die häufig zum Einsatz kommt, wenn heterosexuelle Männlichkeit zugleich als erotisch inszeniert werden soll. Es scheint, als werde sie bereits durch dieses Inszenieren ‚instabil' oder verdächtig. Marjorie Kibby und Brigid Costello (1999) mutmaßen in ihrer Untersuchung von heterosexuellen Videochats im Rahmen des Softwaredienstes *Cu-SeeMee*, dass männliche Teilnehmer sich weniger für Frauen nackt zeigen, sondern es dabei eher um eine quasinarzisstische Selbstbetrachtung *über* andere Männer geht, das Inszenieren und Reflektieren von konventioneller Männlichkeit. Die hier gezeigte Männlichkeit sei also weniger ein Objekt weiblicher Begierde als sich selbst genug. Gleichwohl erlaube und ermögliche die Aneignung homoerotischer Bildsprache (zur Abbildung des nackten männlichen Körpers) als „für Frauen"[35] die gemeinsame Nacktheit, Masturbation und den „narzisstischen Blick unter Männern" (Kibby/Costello 1999: 358 f.).

Auch auf schwulen Pornoseiten, die (vermeintliche) ‚straight guys' für schwule Schaulust ausstellen, kommt Weiblichkeit als Ressource auf eine ähnliche Weise zum Einsatz: Das spitze Stöhnen der Frauen (!) aus der Pornografie, die diese Darsteller gut sichtbar und hörbar einsetzen, um erregt zu werden, wird hier auch dem homoerotisch motivierten Zuschauer der Videoclips zu Gehör gebracht. Dieser kann im Erleben der Differenz zwischen seiner Erregung anlässlich dessen, was er sieht, und der ausbleibenden Erregung anlässlich dessen, was er hört, von einem ganz offenbar heterosexuellen Mann erregt werden. Gesteigert wird dieses Szenario im Fall so genannter „Gay-for-Pay" Darsteller – heterosexueller Männer, die gegen Geld in schwulen Pornos Sex mit anderen (schwulen) Männern haben (Escoffier 2003): Auch hier kommt heterosexuelle Pornografie als lustproduzierendes Hilfsmittel demonstrativ zum Einsatz; gerade jedoch, wenn die Darsteller als ‚Bottoms' agieren, sich also anal penetrieren lassen, müssen sie zum einen glaubhaft verkörpern, dass sie Gefallen an den sexuellen Handlungen finden (damit der Porno funktioniert), zum anderen darf diese Darstellung aber nicht zu überzeugend sein, weil sonst die Heterosexualität der Darsteller, welche diesen Typ Pornografie zuallererst für schwules Publikum

---

35 Zu den (Selbst-)Definitionsschwierigkeiten einer pornografischen Ikonografie ‚für Frauen' jenseits der als homo- oder heterosexuell ‚männlich' verstandenen Bilder und Blickentwürfe s. Schauer (2005).

interessant macht, in Frage steht. Sexarbeit und Identitätsarbeit fallen hier zusammen. Das Penetriertwerden wird von den Betreffenden nun performativ umgedeutet, z. B. indem sie sich als im Slang der Szene so genannte „Power Bottoms" inszenieren, die die Ausdauer des Penetrierenden auf die Probe stellen und dabei demonstrativ fordernd und ‚hart' vorgehen (Escoffier 2003: 544), und so stereotyp als männlich konnotierte Verhaltensweisen demonstrieren. So entstehen eigene, lokale aber auch situationale Männlichkeiten mit neuen Gelingensparametern: Ein ‚richtiger Kerl' zu sein, kann hier erfordern, sich ausdauernd mit einem Dildo penetrieren (lassen) zu können.

5.5 Mediatisierte Männlichkeit(-en)

In den Praktiken auf CammingSite.com gehen Körper und Bilder intime Verhältnisse ein. Mit diesen Verhältnissen beschäftigte sich Kapitel 4. Bilder waren dort vor allem als fotografische Bilder und an das bildgebende Verhalten von Körpern angeschlossene visuelle Ansichten präsent. Mit der Betrachtung von Männlichkeitsinszenierungen in diesem Kapitel habe ich den Fokus in zwei Richtungen erweitert. Zum einen stand neben der Visualität von Körpern ihre Zeichenhaftigkeit mehr im Fokus: In den Rahmungen und Inszenierungen des Penis, die obligatorischer Bestandteil der erotischen Praktiken und der Ikonografie auf CammingSite.com sind, wird der jeweilige, individuelle Penis in der Betrachtung der Teilnehmer zur situativen Realisierung des Phallus, als einer objektivierten idealisierten Männlichkeit. Jenseits subkategorialer Besonderheiten wird er zum Sinnbild einer Hypermaskulinität, die die Beteiligten im Rahmen der gemeinsamen Praxis als ‚ihre' erleben können. Bei der Aushandlung von Heterosexualität unter schwuler Beobachtung wiederum werden Körper(-bilder) zu Anzeigen von etwas gemacht, das als sonst unsichtbar gerahmt wird: die ‚sexuelle Orientierung'.

Daneben habe ich mich in diesem Kapitel mit Männlichkeitsidealen einer Art von ‚Bildern' zugewandt, die in aller Regel vor allem metaphorisch als solche bezeichnet werden. Das Kontinuum von Materialität und Medialität, das sich schon in der bisherigen Betrachtung von Körpern und ihren Bildern auftat, wird bei der Betrachtung von Männlichkeitsinszenierungen auf CammingSite.com erweitert: Bilder von Männlichkeit im Sinne kultureller Idealbilder und Archetypen sind Bilder, deren ontologischer, sozialer und praktischer Status unklar ist. Der Unterschied zu den fotografischen Bildern auf Displays ist vor allem die Ortlosigkeit dieser Bilder: Sie haben keine designierte Trägermaterialität, auf der sie zur Anschauung kommen, weil sie *abstrakte* Vorstellungen sind. In den von mir beobachteten Interaktionen werden kulturelle Idealbilder von Männlichkeit(-en) gleichwohl an verschiedenen Stellen und in verschiedener Gestalt und Materialität sichtbar. Sie erscheinen in verschiedenen Versionen, die im Material der beteiligten Körper, fotografischen Abbilder und anderen Entitäten realisiert, situativ zur Existenz gebracht werden.

(1) Bei der kategorialen Zugehörigkeit zu Körpertypen wurden Männlichkeitsbilder als verinnerlichte Betrachtungsmaßstäbe wirksam, die mich meinen Körper im Abgleich mit einem Ideal als makelhaft erkennen ließen, aber auch meine Kategorisierung anderer Teilnehmer und Körper informierten. Sie schienen auf in Zuschreibungen an konkrete Körper und in Interaktionsformen und Interaktionskonstellationen (Bären unter sich). (2) Daneben wurden Männlichkeitsideale als Typen hinter konkreten Ausprägungen von Körpern erkennbar, deren Abstand zu dem, was tatsächlich vorhanden ist, markiert wird: durch den Abgleich, also die Feststellung von Unterschieden, wird der Vergleichsmaßstab herausgearbeitet. (3) So werden die konkreten Abbilder von Körpern auf Displays zu Platzhaltern, mehr oder weniger deckungsgleichen Exemplaren einer Kategorie. (4) Schließlich erscheinen sie in Gestalt der körperlichen Vollzüge, die sie im Material konkreter Körper realisieren. Abstrakte Bilder von Männlichkeit wurden, über den Umweg der Herstellung eines visuellen digitalen Bildes auf dem Display mit dem Körper, schlussendlich am eigenen Leib verkörpert (z. B. mit einem beinahe methodisch kontrollierten Entspannen der Bauchmuskulatur). Eingeschliffene körperliche Haltungen und Vollzüge wichen einem neuen Körper, der mit dem Bild auf dem Display und der Vorstellung, die Zuschauer und bald auch ich selbst von meinem Körper entwarfen, korrespondierte. Im letzten Schritt wurde das ehemalige schematische Idealbild des *Bears* Teil meiner eigenen Selbstzuschreibung und meines Selbstverständnisses – ein ebenfalls als mental vorgestellter Sachverhalt, der sich aber gleichzeitig in meiner Art, vor der Kamera ein Körper zu sein, niederschlug.

Hier findet ein *Doing Images* statt, in dem das Repräsentationsverhältnis zwischen als transzendental vorgestellten Idealbildern, situativ-konkreten Bildern und Körpern wechselt. Die Immaterialität und Virtualität dieser kulturellen Vorstellungsbilder ist in dieser Hinsicht sozusagen selbst eine Vorstellung, die jedoch in konkreten Situationen, in denen solche Bilder relevant werden, durch situative Realisierungen und Materialisierungen ersetzt bzw. graduiert wird.

Neben diesen körper- und medienbezogenen Schlussfolgerungen lassen sich die Betrachtungen in diesem Kapitel für Fragestellungen nach dem Verhältnis von Technik und Geschlecht (1) sowie für die Männlichkeitsforschung (2) nutzbar machen.

1. Die Verbindung von Technik- und Genderforschung hat bisher die Rolle von Technik in der Konstitution von Männlichkeit entweder ausgeblendet (weil für sie Gender erst anfängt, wo Frauen ins Spiel kommen) oder unter dem Vorzeichen und mit dem Vorurteil einer besonderen Technik-Affinität und -Kompetenz von Männern beobachtet, im Extremfall Technik per se als inhärent männlich identifiziert (Winker 2005). Das Verhältnis von Technik und Geschlecht(-erdifferenz) wurde dabei lange Zeit einseitig entweder als eines der Formung der Geschlechterverhältnisse durch Technologien (zu denen Männer z. B. privilegierten Zugang haben) oder als Einschreibung von Geschlecht in Technik behandelt (in Form von geschlechtstypischen User-Scripts). Im Unterschied dazu betonte die *Ko-Konstruktion*sperspektive

in der feministisch orientierten Techniksoziologie, dass Geschlecht und Technik immer in einem Prozess wechselseitiger Konstruktion zu verstehen seien, insofern sich Geschlechterverhältnisse in Technologie materialisierten, Weiblichkeit und Männlichkeit aber umgekehrt auch durch ihre Einbettung in Arbeitstechnologien Bedeutung erhielten (Winker 2005: 159). Während diese Perspektive der Annahme einer vorgängigen Existenz von Technik und Geschlecht als separate Entitäten vor ihrer Relation verpflichtet bleibt, geht das von Winker vorgeschlagene *Ko-Materialisierungs*-Konzept einen Schritt weiter. Winker überträgt die Idee der Konstruktion von Geschlecht in Diskursen nach Butler und in Interaktionen nach Goffman auf Technologie und symmetrisiert so „*Doing Gender* und *Doing Technology*" (Winker 2005: 158). In der Konstruktion von technisierten Artefakten und vergeschlechtlichten Körpern sieht die Autorin eine „Materialisierung vorgängiger Diskurse, Handlungspraxen und Machtverhältnisse" (Winker 2005: 164).

Die Betrachtung autopornografischer Praktiken erlaubt auf dieser Linie Einblicke in die situative Hervorbringung von Medientechnologien und männlichem Geschlecht in einer konkreten situierten Praktik. Männlichkeit beim Camming kann als eine spezifische Form von *Doing Gender* mit technischen Mitteln und in einem bestimmten Rahmen verstanden werden. *Doing Gender* erschöpft sich dabei nicht in einem bestimmten Gebrauch von Technik, der als spezifisch ‚männlich' oder ‚weiblich' gelesen werden könnte. Auf einer solchen Linie sehen z. B. Kibby und Costello (1999) mit Verweis auf Freud eine Performance von Männlichkeit darin, wenn Männer vor der Webcam die Tastatur mit in den Bildausschnitt bringen und so ‚Aktivität' (gegenüber der als weiblich geltenden Passivität) inszenieren. Die Zuschreibung von Aktivität und Passivität an derlei Aktivitäten geschieht dabei rein durch die Autorinnen. Im Vordergrund meiner Untersuchung steht weniger die Frage, wie sich Geschlecht(-er) und Technik, gedacht als zwei separate Dinge, aufeinander auswirken oder wie sie einander bewirken, und ebenso wenig, wie verschiedene Geschlechter Technik unterschiedlich nutzen; vielmehr habe ich zu zeigen versucht, wie Medien und Körper miteinander in situierten Praktiken verstrickt sind, und wie aus dem praktischen Geschehen für die Belange der Cammingpraktik (spezifische) männliche Körper hervorgebracht werden.

Doing Gender wurde dabei nicht nur als ein geschlechtstypischer Umgang mit der Medientechnik erkennbar: vielmehr erfuhr ich am eigenen Körper, dass dessen Techniken mit den durch das Medium etablierten Erfordernissen der Praktik abgestimmt werden mussten. Ich war zwar schon bevor ich mich in das Geschehen auf CammingSite.com involvierte, ‚ein Mann', ich verfügte bereits über ein Selbstverständnis von mir als Mann und von meinem Körper als einem männlichen Körper. Ich kannte seine erotische und geschlechtliche Anatomie, und vor diesem Hintergrund seine Vorzüge und Makel. Dies wusste ich nicht nur, sondern konnte es auch ‚sein', es ohne groß nachzudenken praktisch verkörpern. Für die erfolgreiche Teilnahme am Camming reichte es aber nicht aus, dasselbe vor einer Kamera zu tun oder zu sein. Ich musste lernen, wie es geht, *hier* ein Männerkörper zu sein in dem Sinne, dass ich ein

Repertoire von praktischen Vollzügen zur Herstellung entsprechender Bilder erlernen musste.

Wird in der feministischen Technikforschung Männlichkeit gerne konventionell mit einer besonderen Kompetenz im Umgang mit Technik gleichgesetzt, die Männern Einfluss und Macht gibt (Winker 2005: 159), so nutzen die Teilnehmer auf CammingSite.com Technik auch, um gerade Grenzbereiche konventioneller Männlichkeit auszuprobieren (indem sie sich damit zu erotischen Betrachtungsobjekten machen). Die Kriterien für eine gelingende Nutzung orientieren sich aber nicht an einer besonderen Effizienz der Techniknutzung, sondern an einem situativen Zurücktreten der Technik, das ein Erleben einer bestimmten Körperlichkeit ermöglicht. Die Teilnehmer bewerkstelligen ‚ihre‘ Männlichkeit so zwar auch als Teilnehmer einer Praktik, zu der das Handhaben von Technik gehört, aber nicht durch einen ‚besonders kompetenten‘ Umgang mit Technik im Sinne eines Vermögens. Männlichkeit entsteht in mediatisierten Situationen also *praktisch* auf eine spezifische Weise, und sie wird dabei in bestimmter Weise konfiguriert, erscheint in verschiedenen Versionen und in verschiedenen Aggregatzuständen (vgl. Hirschauer 2014: 186 ff.): als etwas Visuelles, als graduell an Körpern und ihren Teilen messbare Eigenschaft und Ressource oder als Körpern ansehbare Typik und kategoriale Zugehörigkeit im Sinne von verschiedenen Männlichkeiten.

2. Die gemeinschaftliche erotische Beschäftigung mit dem eigenen männlichen Körper ist für die Männlichkeitsforschung ein interessanter Fall: Die erotische Selbstveröffentlichung des Körpers ist zum einen eine historisch junge Praxis für Männer, die mit dem Aufkommen sozialer Medien möglich wurde und die Implikationen für kulturelle Vorstellungen und Praktiken von Männlichkeit hat. Zum anderen etablieren diese Praktiken neue translokale Kontexte der gemeinschaftlichen Aushandlung von Männlichkeit (und mit ihnen neue Formen, Männlichkeit zu (er-)leben), die in Bezug zu bestehenden Modellen der Männlichkeitsforschung gesetzt werden können. Letztere diagnostiziert, Bilder von Männlichkeit seien in jüngster Zeit multipel geworden, und damit potenziell widersprüchlich und verwirrend, es ist gar von einer durch die Auflösung von ehemaligen Sicherheiten induzierten „Krise des Mannes" die Rede (Meuser 2001b: 9): Während ehemals vorherrschende Vorstellungen von Männlichkeit teilweise weiter bestehen, sind sie andererseits auch im Wandel begriffen und zwischenzeitlich als unangemessen eingestuft worden. Ohne eindeutige kulturelle Vorgaben wird Männlichkeit zur Aushandlungssache und entsprechend von der Forschung in lokalen Kontexten der Herstellung partikularer Männlichkeitsentwürfe aufgesucht.

Gerade homosozial männliche Kontexte gelten in der Literatur als typische Aushandlungsorte hegemonialer Männlichkeit. „Homosoziale Gemeinschaften sind institutionelle Stützen des Leitbildes der hegemonialen Männlichkeit. Sie bieten ihren Mitgliedern u. a. die Möglichkeit, tradierte Bilder männlicher Hegemonie auch gegenüber Irritationen aufrechtzuerhalten, wie sie durch die Umbrüche im Geschlechterverhältnis erzeugt werden." (Meuser 2001b: 20) Auch angesichts der geschlechtlichen und sexuellen Diversität der TeilnehmerInnen bleiben die Beobachtungsverhältnisse

auf CammingSite.com erstaunlich bzw. erwartbar konventionell: Durch die angebotenen Filtermöglichkeiten wird es möglich, konsequent an allem vorbeizusehen, was für
das eigene Auge nicht potenziell erotisch ist. Durch diese technikunterstützte selektive Wahrnehmung entstehen Beobachtungsräume, die begehrenskompatible Nutzer/
-innen miteinander visuell verlinken. Ich selbst fand mich so während meiner Teilnahme mit wenigen Ausnahmen ausschließlich unter Männern wieder, in einem homosozial männlichen Beobachtungsraum.

Vor diesem Hintergrund lässt sich fragen, inwieweit CammingSite.com als ein
solcher Aushandlungsort begriffen werden kann, und welche Implikationen er für
die Aushandlung von Männlichkeit(-en) hat. Anders als beim Duell der bürgerlichen
Gesellschaft, einem typischen „Männlichkeitsritual" (Meuser 2001b: 6), kann auf
CammingSite.com und ähnlichen Plattformen prinzipiell jeder (der über einen Internetzugang verfügt) in dieser Arena mitspielen und sich mit anderen vergleichen.
Die Teilnehmer begegnen sich dabei in einem Raum, der sonst gültige Statusgrenzen
überwindet (hier kann sich der Vorstandsvorsitzende mit dem Hartz IV-Empfänger
messen) und erlaubt, sich entlang eigener, für die Praktik spezifischer kategorialer Zugehörigkeiten und gradueller Vergleichsachsen einzuordnen (Attraktivität ist
wichtiger als beruflicher Erfolg, und kann zugleich eine möglichst große Körperfülle
genauso bedeuten wie ein Sixpack). So verändert sich die Vergleichs- und Bezugs-
gruppe für die Aushandlung von Männlichkeit und die des Selbstverständnisses als
Mann und männlicher Körper. Die Teilnehmer begegnen sich sozusagen im Angesicht heterogener Männlichkeitsversionen auf dem kleinsten gemeinsamen Nenner
der alltagsweltlichen Geschlechtsidentität ihrer Körper. Dies wird von den Teilnehmern insofern auch selbst inszeniert, als sie sich jenseits aller Körpertypologien und
Begehrenskategorien auf ganz elementare Kriterien und Insignien von Männlichkeit
reduzieren (indem sie letztere mit genau der entsprechenden Bedeutung ausstatten):
Die Referenzmännlichkeit ist eine generische sexuell-körperliche, jenseits aller möglichen anderen Strata, entlang derer sich die Teilnehmer voneinander unterscheiden
können. Die Männlichkeit, die hier zur Darstellung und Existenz gebracht wird, ist so
zwar eine „konventionelle", wie Kibby und Costello (1999) formulieren, dabei ist sie
jedoch keine alltägliche, sondern eine anderen Konventionen folgende pornografische Hypermaskulinität, die als Ideal gesetzt wird und die, anders als im Alltag, hier
auch erlebt und gelebt werden kann.

Hier bleibt es nicht bei dem nicht weiter erwähnenswerten Männlichsein eines
Körpers, der unbekleidet vor der Kamera sitzt. Die Darstellung und Interaktion ist
von Anfang an auf Überzeichnung, auf eine übersteigerte Männlichkeit angelegt. Die
durch die Beobachtungsbeziehungen auf CammingSite.com entstehende (und in ihnen bestehende) Gemeinschaft gibt sich als Referenzrahmen von außen betrachtet
eine beinahe archaisch wirkende Männlichkeitssymbolik, die traditionell zur Herstellung von interner Differenz und auch Hierarchie herangezogen werden. Männlichkeit
wird als eine körperliche Angelegenheit gerahmt und vollzieht sich auf CammingSite.
com unter dem Vorzeichen pornografischer Körpermaßstäbe. Nicht nur Männer, auch

Männlichkeit wird hier auf den Penis reduziert, der das Leitmotiv ist. Dies im Unterschied zum sozialen Alltag: Es gibt zwar Umkleideräume, Nacktbadestrände und Gruppenduschen, aber an diesen Orten werden Penisse und mit ihnen ihr volles symbolisches Potenzial durch Konventionen unerigiert gehalten, und der vergleichende Blick wird verstohlen aus dem Augenwinkel geworfen. Auf CammingSite.com stellen Männer ihren Körper bewusst zur Beobachtung und Begutachtung durch andere aus und enthüllen ihren erigierten Penis für eine gleichgesinnte Öffentlichkeit anderer Männer.

Die Männlichkeitsaushandlungen auf CammingSite.com verknüpfen typischerweise kompetitive und kooperative Momente. Wettbewerb gilt in der Männlichkeitsforschung als der typische Modus der Aushandlung von Männlichkeit. Auf CammingSite.com findet er sich in Form von Ritualen wie dem kompetitiven Masturbieren, bei dem Männlichkeit als an Körpern, ihren Eigenschaften und ihrer Leistungsfähigkeit ablesbar und messbar konstruiert und im Modus des Vergleichs herausgefordert wird. Der Vergleichsmaßstab ist hierbei der gemeinsame Grund des Mannseins, es geht dabei jedoch nicht darum, dass alle jenseits der Normalität sind (wie bei der gemeinschaftlichen Konstruktion hypermaskuliner Körper aus jedwedem anwesenden Körper), sondern um die Stratifizierung von Teilnehmern entlang eines Kontinuums von Männlichkeit im Sinne von Virilität, bei der der Unterlegene unter das hypermaskuline Ideal zu rutschen droht. Eine andere Variante ist das weniger graduelle, sondern kategoriale Sortieren von Teilnehmern in sexuelle Begehrensformen, die mit Formen von Männlichkeit in Beziehung gesetzt werden. So kann homosexuelle Männlichkeit im einen Fall als besonders männlich codiert werden (indem z. B. passives Penetriertwerden als aktiv-fordernd, und damit einem Stereotyp männlicher Sexualität entsprechend gerahmt wird), in einem anderen Fall aber als untergeordnete Männlichkeit in der Inszenierung der Heterosexualität eines Teilnehmers dienen. Diese eher kompetitiven Situationen werden von den Beteiligten jedoch auch als Anlässe für Kooperation genutzt: Was ‚männlich‘ oder ‚Männlichkeit‘ ist, ist in den untersuchten autopornografischen Interaktionen fluide und situativ verschieden.

Im Vergleich zu anderen Männervergemeinschaftungen (Militär, Sportmannschaften, Männergruppen) zeichnet sich CammingSite.com durch eine Fluidität nicht nur der Männerbilder, sondern auch der Assoziationen aus: Die Referenzmännlichkeiten, die hier aufgerufen (und aufgeführt) werden, sind nicht nur situativ, sie sind momentan und simultan. So kann man im einen Moment (z. B. einer kompetitiven Situation) unterlegen sein, sich jedoch mit einem Mausklick in einer anderen Situation als Objekt der Begierde und positiven Rückmeldung zahlreicher anderer wiederfinden. Dabei und dafür bilden sich situative Zusammenschlüsse, Anerkennungskartelle, in denen die Teilnehmer als eine medial vermittelte Gemeinschaft von Unterstützern die Interaktionsrolle und Geschlechtsrolle der Beteiligten stabilisieren.[36] Sie

---

[36] Monaghan schlägt für solche Sozialformen den Begriff „Cybersociates" vor (Monaghan 2005: 85 ff.).

machen sich gegenseitig zu attraktiven Männern, die einem hypermaskulinen Ideal entsprechen.[37]

Autopornografische Praktiken sind also auch Möglichkeiten der Rückversicherung der eigenen Männlichkeit, Attraktivität und Körperlichkeit, indem sie den eigenen Körper beobachtbar und zum Beobachtungsobjekt machen, und Teilnehmern ihren eigenen Körper im Gewand der Männlichkeitsattributionen anderer Teilnehmer vor Augen führen. Die Bezüge, die die Teilnehmer aufmachen, orientieren sich also einerseits an ganz klassischen hegemonialen Vorstellungen von Männlichkeit, die Teilnehmer übertragen diese aber auch auf Praktiken, die einem stereotyp heteronormativen Männlichkeitsbild widersprechen. Das Prinzip des Wettbewerbs im homosozialen Kontext wird sozusagen im Angesicht seines Obsoletseins aufrecht erhalten – vergleichbar den Männlichkeitsritualen Jugendlicher, die an stereotypen Männlichkeitsbildern festhalten, obwohl ihre tatsächliche Handlungspraxis dem hegemonialen Modell nicht gerecht wird, und die diese Unstimmigkeit aber stimmig und sich so zu ‚richtigen‘ Männern machen (Meuser 2001b: 17 ff.). Sie setzen sich aber auch über tradierte Männlichkeitsbilder hinweg, sind insofern subversive Praktiken. CammingSite.com bewegt sich also zwischen der letztgültigen Sicherheit körperlicher Evidenz einerseits, steht aber auch für die Flüchtigkeit und Flexibilität von Männlichkeiten in der Gegenwart andererseits.

Vielleicht können Angebote wie CammingSite.com in diesem Sinne als moderne Rückzugsgebiete oder ‚Reservate‘ gesehen werden, in denen archaische Vorstellungen von Männlichkeit, die heute gemeinhin öffentlicher Zensur unterliegen, kollektiv, narzisstisch und *überhaupt* zelebriert werden und werden können: Wenngleich man sich inzwischen an die öffentliche Sichtbarkeit des männlichen Körpers gewöhnt haben mag, so gilt dasselbe wohl weniger für die Performanz archaischer hypersexualisierter und körperbetonter Männlichkeit. CammingSite.com bietet in dieser Hinsicht einen Ort und eine Gelegenheit, das eigene Selbst jenseits alltäglicher sozialer Rollen, die in Sachen Männlichkeit fragwürdig und unsicher geworden sein mögen, in Männlichkeits*bildern* zu inszenieren und zu zelebrieren. Die autopornografische Praktik der Selbstthematisierung mittels Bildern erlaubt, kulturelle imaginäre Idealbilder in leibliches Erleben zu übersetzen und damit den eigenen Körper und sein Erleben zu erweitern, ihm eine Facette hinzuzufügen und verschiedene Männlichkeitsentwürfe am eigenen Leib aus- und anzuprobieren, oder zeitweilig zu (er-)leben.

---

[37] Eine Funktion, die Bourdieu den Frauen zuschreibt: Sie seien „auf die Rolle von Zuschauerinnen oder, wie Virginia Woolf sagt, von schmeichelnden Spiegeln verwiesen, die dem Mann das vergrößerte Bild seiner selbst zurückwerfen, dem er sich angleichen soll und will" (Bourdieu 1997: 203).

6 Schlussbetrachtung

Ausgangspunkt dieser Untersuchung war eine Irritation des Autors mit neuen Formen der internetvermittelten Sexualität und der Selbstveröffentlichung von Körpern
durch digitale visuelle Medien. Der Fall Camming zog mein Interesse in verschiedener Hinsicht auf sich: Er faszinierte mich und meine erotische Schaulust zunächst
ganz privat, entwickelte dann aber zunehmend auch Attraktivität für meinen soziologischen Blick. Mit meiner Studie verfolgte ich im Wesentlichen vier Absichten und
Ziele: 1. Camming als eine mediatisierte Sexualpraktik von innen heraus, aus Teilnehmersicht praxeologisch zu erschließen und damit der bestehenden, auf Interviewda-
ten basierenden Forschung einen empirisch anders gelagerten Blick auf diese Form
von Cybersex hinzuzufügen. 2. Ich wollte mit der Untersuchung dieser ob ihrer sexualisierten Rahmung spezifischen mediatisierten Situation etwas über mediatisierte
Situationen im Allgemeinen Lernen und einen Beitrag zum Verständnis mediatisierter
Situationen und Interaktionen leisten, die in modernen Medienkulturen ständig zu-
nehmen. 3. Es sollte der Fall Camming genutzt werden, um das Verhältnis von Körperbildern, Männlichkeitsbildern und Körperlichkeit in modernen Medienkulturen zu be-
leuchten. 4. Schließlich verfolgte ich bei der Untersuchung dieser Aspekte die Absicht,
ein methodisches Experiment zu wagen, indem ich in meinem Forschungsdesign zwei
hoch reflexive Praktiken mit Körper- und Medieneinsatz kombinierte: Die untersuchte autopornografische Praxis und eine reflexiv angelegte autoethnografische Untersuchungspraxis. Im Folgenden wird zum einen ein kursorischer Rückblick über die
Beobachtungen und Analysen gegeben, die im Verlauf dieses Buchs präsentiert wurden, zum anderen werden die Erträge eruiert, die sie in Bezug auf diese formulierten
Ansprüche erbringen kann.

Mediatisierte Sexualität

Kapitel 3 hat gezeigt, dass die erotische medienvermittelte Interaktion mit räumlich
abwesenden Anderen beim Camming immer auch eine örtliche erotische Interaktivität zwischen Körpern und Medien sowie eine mediatisierte Interaktion mit sich selbst
und dem eigenen Körper ist. Teilnehmer machen aus der solitären Selbstbefriedigung
vor dem Bildschirm eine gemeinsame Aktivität mit Anderen, die sie dafür situativ hervorbringen. Durch die so entstehende Art, den eigenen Körper zugleich aus einer subjektiven Perspektive und mit dem ganz handfest-materiell Rekonstruierten und eingenommenen Blick Anderer zu betrachten und zu erleben, wird CammingSite.com für
die Nutzer zu einer reizvollen Gelegenheit, sexualisierte körperliche Nacktheit und
Masturbation in einer spezifischen Art von Öffentlichkeit zu erleben (ohne dafür die
eigene Person samt Körper an entsprechende Orte wie Swingerclubs oder Sexpartys
transportieren und so potenziell diskreditierbar machen zu müssen).

https://doi.org/10.1515/9783110580266-006

Die scheinbar körperlose medienvermittelte Interaktion ist also in einem ganz materiellen Sinne körperlich, der in den Analysen verdeutlicht wurde: Die Körperlichkeit von Cammern hat nicht nur mit ihren Selbstwahrnehmungen oder leiblichen Erlebnissen während des Chattens zu tun; sie wird ganz praktisch, mittels Manipulation von Artefakten und Körperteilen und ihrer Positionierung und Relationierung hervorgebracht und auf verschiedene Weise mediatisiert. Ein Beitrag dieser Studie zu einer Soziologie der Sexualität kann also darin gesehen werden, auf die Beteiligung von Artefakten und Medien an als sexuell gerahmten Situationen aufmerksam zu machen. Die Sexualsoziologie bewegt sich mit ihrem Verständnis von Sexualität aktuell im Wesentlichen zwischen zwei Denkrichtungen: Entweder wird eine biologische Minimaldefinition des Sexuellen übernommen, die Sexualität dort sieht, wo nackte Körper in Hautkontakt gehen (bzw. in Körperöffnungen eindringen), oder Sexualität wird auf sinnhaft-symbolische Prozesse reduziert und als Form symbolischer Interaktion verstanden (vgl. u. a. Benkel/Akalin 2010; Lautmann 2002; Lewandowski 2006, 2008). Eine praxeologisch informierte Betrachtung konkreter Praktiken, die ihre Eigenschaft als ‚sexuelle' Praktiken selbst hervorbringen, und eine konzeptuelle Offenheit für die konstitutive Beteiligung von Artefakten und Medien an ihnen, können dazu beitragen, Distanz zu ontologischen und dabei nicht selten normativen (axiomatischen) Setzungen der Sexualsoziologie aufzunehmen, z. B. ihrem Fokus auf die nahräumliche und unmittelbare Interaktion nackter bloßer Körper.

Die Anreicherung einer erotischen Situation und sexuellen Interaktion mit digitalen, elektronischen Artefakten scheint Camming zu einer hochgradig speziellen sexuellen Praktik zu machen. Relativiert wird dieser Eindruck, wenn man sich die Materialität und Medialität sexueller Interaktionen generell verdeutlicht. Das Modell der Begegnung bloßer Körper in unmittelbarem Hautkontakt kann als archimedischer Punkt auf einem Kontinuum erotischer Aktivität gesehen werden. Hierauf können verschiedene Praktiken nach dem Grad ihrer Anreicherung mit Dingen abgetragen werden: pornografierte Sexualität *inmitten von* Aufzeichnungstechnik, Fetischsexualität *eingehüllt in* Lack- und Leder *ausgeführt mit* diversen Utensilien *an und mit anderen Körpern*, *über* Medien *vermittelte* erotische Interaktion, und schließlich die solitäre erotische Interaktion *mit* Dingen (Sextoys) oder Bildern (Pornos). Vor diesem Spektrum zeigt nun ein zweiter Blick auf die prototypische dyadische Paarsexualität in Intimbeziehungen, dass auch sie bereits in hohem Maße mit Artefakten durchsetzt ist, sich in einem infrastrukturellen Arrangement aus Dingen und Körpern ereignet und dieses voraussetzt: Türen, die geschlossen werden (um Dritte oder Weitere auszuschließen), Telefone, die lautlos gestellt werden, Brillen, die abgelegt werden, Kerzen, die angezündet werden, Kondome, die genutzt oder weggelassen werden, bis man schließlich miteinander ins Bett geht. So wird einiger Aufwand betrieben und Aufbau bemüht, um die intime Begegnung vermeintlich bloßer Körper zu ermöglichen. Der praktische Umgang mit den Körpern schließlich lässt diese *als Körper* erst in Erscheinung treten: Sie werden berührt, taktil wahrgenommen und können zeitweise performativ (jenseits einer politisch problematisierten ‚Objektivierung') den situativen Status von Dingen erhalten oder annehmen. Schaut man auf sexuelle Praktiken aus einer solchen Perspektive, werden vermeintliche Gegebenheiten und Voraussetzungen sexueller Aktivitäten als Produkte der Praktiken analysierbar, die sie scheinbar erst ermöglichen. Die vorliegende Studie ist ein Versuch, ein solches Programm empirisch umzusetzen. So wurde z. B. für den vermeintlichen Zustand erotischer Nacktheit gezeigt, wie er als eine spezifische ‚bloße' Körperlichkeit erst praktisch hervorgebracht wird, schon bevor die Körper entkleidet sind, aber auch danach.

Mediatisierte Situationen und situierte Mediatisierungen

Der Schauplatz (bzw. die Schauplätze) der Cammingpraktik wurden als mediatisierte Situationen konzeptualisiert. Betrachtet man mediatisierte Situationen in einem engeren Sinne als soziale Situationen, die um Medien angereichert, erweitert oder mit ihnen durchsetzt werden oder sind, so erlaubte die vorliegende Untersuchung von Camming, zeitlich *vor* diese Situationen zu blicken, und der Beschäftigung mit ihren spezifischen Implikationen für das Geschehen in ihrem ‚Innern', in ihrem Rahmen, eine Analyse der ganz materiellen, hemdsärmeligen Prozesse hinzuzufügen, die sie zuallererst *als* mediatisierte Situationen zustande bringen. „Synthetische Situationen", wie sie Knorr-Cetina beschreibt, müssen nämlich zunächst *synthetisiert*, im ganz wörtlichen Sinn *zusammengestellt* werden: Bildschirme und Steuerungsgeräte, aber auch, wie illustriert wurde, weitere Artefakte (im Fall Camming: Kissen, Handtücher, oder auch ein Bücherstapel) und Raumelemente (wie die Wand zum Anlehnen oder der Rollladen) müssen in Stellung gebracht und richtig relationiert werden, damit eine Situation als materieller Rahmen entsteht, in dem ein Körper Teil von ihr werden kann. Die Cammingsituation tat sich nur punktuell und temporär auf und bedurfte der aktiven Herstellung und Aufrechterhaltung. Dasselbe galt entsprechend und zwangsläufig für das Feld meiner Beobachtungen (ich komme darauf zurück).

Die Untersuchung der autopornografischen Praktiken erlaubte nun zudem, den Blickwinkel zu verstellen und Mediatisierung nicht nur als Prozess des Hinzufügens von Medien(-technologien), sondern als einen praktischen Prozess der Definition und Modulation von Situationsgrenzen zu untersuchen, der sich wiederum als ein ontopraktischer und semiotischer Prozess der Definition von Grenzen zwischen den an solchen Situationen beteiligten Entitäten abspielt. So wurde etwa gezeigt, wie ein Bildschirm erst bzw. auch durch körperliche Vollzüge zu einem Medium im Sinne eines Mittlers gemacht wird, auf dem Teilnehmer eine Welt außerhalb der Situation vor Ort sehen, und wie die Webcam zum Zeigemedium gemacht wird, das dann wiederum die Grenzen des Raumes, in dem die Situation stattfindet, neu definiert: Sie unterteilt ihn z. B. in einen einsehbaren und einen nicht einsehbaren Raum, dessen Abgrenzungen wiederum in den Körperpraktiken der Teilnehmer vor der Kamera ausagiert werden und hier Gestalt annehmen.

Es wurde weiterhin gezeigt, dass in Cammingsituationen die Grenze zwischen medienvermittelter Interaktion und mediengebundener Interaktivität nicht eindeutig zu ziehen ist, und Interaktivität deshalb als eine Eigenschaft von Situationen verstanden werden muss, die aus der Wechselwirkung zwischen Medienartefakten und Nutzer(-körpern) emergiert. Der Fall legt insofern einen Seitenblick auf die grundsätzliche Medialität von Interaktion, auch in (empirisch zugunsten von bildschirmvermittelten Interaktionen langsam an Bedeutung als Standardfall einbüßenden) Situationen in körperlicher Kopräsenz nahe, und eröffnet empirische Anschlussfragen. So wäre etwa zu untersuchen, wie auch solche nicht explizit mit elektronischen Medien angereicherten Situationen ihre Grenzen vor Ort hervorbringen, und inwieweit dies über die situative Konstitution der an ihnen beteiligten Entitäten geschieht, also ob und wie diese z. B. (um nur einige Möglichkeiten aufzuzählen) als materielle nicht intelligible Objekte, als dinghafte Körper, als Lebewesen oder als eine soziale Person hervorgebracht werden und wie damit der Charakter der Situation als Interaktion, als soziale oder vorsoziale Situation zusammenhängt. Dieser Prozess, so schlage ich vor, könnte als eine Form von Mediatisierung im oben beschriebenen Sinn verstanden werden: In situativ ablaufenden Praktiken werden die beteiligten Entitäten durch zwei Grundprozesse hervorgebracht: Ontologische Praktiken definieren ihren Materialitätsgrad (ob z. B. ein Körper ein Ding oder nur ein Anschauungsobjekt ist), semiotische Praktiken behandeln diese Entitäten mehr oder weniger als etwas, das auf etwas anderes als sich selbst verweist oder mit sich identisch ist (im hier untersuchten Fall: ob z. B. das Bild auf dem Schirm ein Bild ist, ein Körper, ein Anderer oder Jemand). Hier eröffnen sich Möglichkeiten für weitere empirische Forschung.

Mediatisierte Körper(-lichkeit) und die Verkörperung von Bildern

Camming ist ein Fall der Beziehung von Körperbildern und Körpern, die in modernen Medienkulturen tendenziell an Bedeutung gewinnt: Die bildmediale Selbstthematisierung von Personen und ihren Körpern (Müller 2011, 2012). Seine Analyse konnte insofern aufschlussreiche Einblicke in die praktische Dimension dieser Beziehungen geben und die These der zunehmenden Bildwerdung von Körpern in der Gegenwart empirisch anreichern. Entgegen der verbreiteten Annahme, dass Medien die sinnliche Dichte von Interaktionen reduzieren (die These von der medieninduzierten und -bedingten „Kanalreduktion") konnte gezeigt werden, dass es schon die Praktiken sind, in die Medien involviert sind, die diese Effekte hervorbringen, dass „Kanalreduktion" also bereits vor dem Bildschirm beginnt. So wurden etwa Körper als an ihrer *Visualisierung* beteiligt erkennbar.

Zugleich, so wurde deutlich, handelt es sich z. B. bei der Visualisierung im Rahmen von Cammingpraktiken gerade nicht nur um eine Reduktion. Vielmehr werden Körper multipliziert, indem ihre Wahrnehmbarkeit teilweise über Medien prozessiert wird, und sie dann synästhetisch erlebt werden. Dabei entstehen Körperansichten und damit ins subjektive Erleben integrierbare Facetten des eigenen (bzw. dann als ‚eigen‘ wahrgenommenen) Körpers, die nur in solchen mediatisierten Zusammenhängen und materiellen Anordnungen möglich sind. Am Sonderfall dieser intimen Zweisamkeit (bzw. Mehrsamkeit) von Bildern und Körpern durch ihre Koppelung in Echtzeit in autopornografischen Situationen wurde die Beziehung zwischen Bildern, ihren Betrachtern und den Praktiken des Betrachtens, die eingangs mit Burris *Doing Images* Konzept formuliert wurde (Burri 2008a), an einem Spezialfall illustriert. In der vorliegenden Studie wurde zudem von Ko-Konstitutionsprozessen ausgegangen, in denen nicht nur die Bildartigkeit von Bildern, sondern zugleich die Medialität der beteiligten Medien und die Körperlichkeit der Körper sowie insgesamt die ‚Situativität‘ oder Interaktivität der Situation hervorgebracht werden. Diese Prozesse ereignen sich nicht nur simultan, sondern können auch ineinander übergehen. Am Beispiel des *bildgebenden Verhaltens* wurde ausgeführt, wie Bilder und Körper materiell aufeinander verweisen und miteinander gekoppelt werden. Vor diesem Hintergrund kann Burris Ansatz erweitert werden: Praktiken des *Doing Images* lassen die Betrachter der Bilder nicht unberührt. Welche Implikationen dies für andere Bildpraktiken hat, wird in weiteren Studien zu untersuchen sein.

Für den Fall Camming schien es zweckmäßig, einen erweiterten Bildbegriff anzulegen, der eine Bandbreite von Bildern im weiteren Sinne, von digital auf Bildschirmen realisierten Bildern bis zu immateriellen kulturellen Idealbildern umfasst. Es wurde gezeigt, wie Bilder zwischen diesen verschiedenen Zuständlichkeiten übersetzt werden. Exemplarisch war hier die Verkörperung von Männlichkeitsidealen und kategorialen Zugehörigkeiten. Von geteilten kulturell-diskursiven Bildern werden Vorstellungen von Männlichkeit im pornografischen Rahmen der Cammingportale in konkrete prototypische Bilder auf Displays konvertiert: ein Prozess, an den der physische Körper von Teilnehmern als Instrument, Material und Ergebnis gekoppelt ist. In der Herstellung von Bildern von Männlichkeit und männlichen Körpern agieren Teilnehmer diese Vorstellungen im Material ihres eigenen Körpers aus. Gleichzeitig werden Körper zu Zeichen(-trägern) für Männlichkeit gemacht: Über die grundsätzliche Zeichenhaftigkeit von Körpern im Alltag hinaus werden sie hier explizit als Symbolträger hervorgebracht, wie ich am Beispiel des Umgangs mit und der Rahmung des Penis gezeigt habe. Der Körper wird hier zur situativen Anzeige von etwas, das in der Situation nicht (anders) zu sehen oder generell *unsehbar* ist, wie etwa Männlichkeitsnormen. Die Existenz dieses scheinbar Transzendenten wird umgekehrt auf bestimmte Weise verstanden, indem der konkrete anwesende Körper als eine ‚Ausgabe‘ von etwas Allgemeinem gerahmt und behandelt wird.

Das psychologische Konzept des *body image* wurde vor dem Hintergrund der Überlegungen zur Übersetzung von Körperbildern zwischen verschiedenen Zuständlichkeiten umformuliert als eine Verkettung von Körper-Bild-Praktiken, die das subjektive Bild des eigenen Körpers hervorbringen, aber auch verändern können. Medientechnologien und die durch sie etablierten Räume und Gemeinschaften wurden hier als Reflexionsapparaturen und -räume perspektiviert. Die hier produzierten Selbstbilder werden gewissermaßen zu einer Facette des eigenen Körperverständnisses und der eigenen Körperlichkeit: Der im sozialen Alltag meist bzw. normalerweise nur in besonderten Situationen zu sehende und betrachtete nackte Körper unter der visuellen Barriere der Kleidung wird auf CammingSite.com öffentlich sichtbar, wenn auch nur in einem selektiven Ausschnitt sozialer Realität. Dessen Trennung von anderen Bereichen wird penibel organisiert (eine Trennung, die aber schon im Aufweichen begriffen scheint. Nicht erst, wenn Ethnografen über ihre Erlebnisse in diesen Praktiken publizieren, sondern auch, wenn für Jugendliche die Veröffentlichung auf diese Weise zunehmend zum als normal empfundenen Teil ihrer sozialen Identität zu werden scheint, zeichnet sich ein Wandel ab). Autopornografische Praktiken etablieren einen sonst in hiesigen kulturellen Gefilden eher seltenen Raum gemeinschaftlichen Nacktseins, der explizit erotisch konnotiert ist, und in dem Nacktheit nicht ideologisch von sexuellen Implikationen ‚gesäubert‘ wird (wie etwa in der vereinsmäßig organisierten Freikörperkultur). Cammingsituationen sind so ein (Zeit-)Raum, in dem eine spezifische Art von nackter, erotischer Körperlichkeit kultiviert und erlebt werden kann. Sie kann wiederum gerade durch die und in den sich zunehmend ansammelnden digitalen Körperbildern im Speicher der für ihre Herstellung genutzten Medien, aber auch in den mit ihnen assoziierten Kommentaren auf Profilseiten oder Blogs, eine transsituative Qualität erhalten, und so parallel zum zugeknöpften, anständigen Alltag (in dem sie nicht funktioniert) ein Eigenleben entfalten. Die Remediatisierung des Körpers in die Form und das Format digitaler Bilder macht den spezifischen nackten und erotischen Körper auch in seiner Abwesenheit ständig thematisierbar: Wenn die gespeicherten Bilder etwa zum Vergleich mit dem aktuellen Zustand des eigenen Körpers genutzt oder als Repräsentationen des eigenen Körpers in Form von *dick pics* an andere *Grindr*-Nutzer verschickt werden, oder wenn die App sich inmitten einer nicht erotischen Situation im Alltag meldet und darauf aufmerksam macht, dass jemand ein eigenes Foto mit einem ‚Like‘ versehen hat, wird der in den Bildern materialisierte spezifische erotische Körper in seiner Relation zur je aktuellen Körperlichkeit aktualisiert.

Die analytische Unterscheidung von Körpern, Dingen und Zeichen, die ein praxistheoretischer Denkstil als die Materialität sozialer Praktiken in der Praxis selbst verortet, wurde am Fall Camming in ihrer empirischen Unschärfe illustriert: Dinge sind hier auch zeichenhaft, Körper sind dinghaft oder bildhaft, Zeichen sind dinghaft und körperlich. Körper werden zu Medien gemacht, mit medialen Eigenschaften ausgestattet und praktisch auf einem Kontinuum mit anderen Medien(-inhalten) verortet: (1) Sie werden zu Zeichenträgern für kulturelle, ideelle Vorbilder wie Männlichkeitsideale, dabei (und generell) (2) changiert ihr Status zwischen Bild und Bildträger flüssig im Rahmen einer situativen ontologisch-semiotischen Praxis. Dies liegt schon darin, dass Körper (3) über verschiedene Trägermaterialitäten verteilt sind. ‚Der Körper‘ der Cammingsituation ist nicht nur, wie der von Mol (2003) beschriebene Körper über verschiedene Situationen hinweg nicht mit sich identisch, er wird beim Camming bereits über die Dauer einer Situation hinweg laufend neu zusammengesetzt, steht dabei in Beziehung zu transsituativen Bildern und reicht so über ‚sich' hinaus.

Mediatisierte Ethnografie

Die vorliegende Studie versteht sich methodologisch als explorativer Beitrag sowohl zur Ethnografie mediatisierter Situationen als auch zur Berücksichtigung von eigenem Erleben in der Ethnografie. Mein Forschungsdesign war einerseits, bedingt durch mein Interesse an Camming als sozio-materieller Praktik, auf den Nachvollzug und die Beschreibung von Körperpraktiken und den Umgang mit Artefakten fokussiert; zugleich habe ich in autoethnografischer Einstellung meinem eigenen Erleben und Wahrnehmen viel Raum im Forschungsprozess, in den Daten und Analysen und schließlich in diesem Text gegeben. Die dadurch entstehenden Interferenzen und Probleme habe ich in Kapitel 2 reflektiert.

Der spezifische Mehrwert dieser selbstreflexiven Beobachtung lag zunächst vor allem in erweiterten Beobachtungsmöglichkeiten: Als Teilnehmer der Praktik erhielt ich Einblicke in viele Prozesse, die am Platz vor einer Webcam geschehen, aber in einer Webcamübertragung nie zu sehen sind. Zudem wurden sie in einer Auflösung beobachtbar und beschreibbar, die kaum zu erfragen gewesen wäre. Hierzu zählten Vorbereitungsmaßnahmen, aber auch ein Einblick ‚aus erster Hand' in die nötigen Körperpraktiken und ihre (teilweise in keiner Weise intuitive) Bewerkstelligung. Zudem wurde der Beitrag von leiblichen Empfindungen zu autopornografischen Praktiken so zugänglich. Situativ empfundene Erregung oder Empörung gaben Aufschluss über normative und persönliche (Scham-)Grenzen, die die Praxis informierten oder behinderten.

Für die ethnografische Beobachtung mediatisierter Situationen erlaubte der Fall Camming, die Rolle von Medien(-technologien) für die ethnografische Beobachtungspraxis zu problematisieren. In der Ethnografie werden vor allem Aufzeichnungsmedien gerne als Mnemotechnologien eingesetzt, die im Feld Gesehenes und Erlebtes aus der Forschungssituation in die Situation am heimischen Schreibtisch transportieren sollen. Der Fall autopornografischer Praktiken zeigte, dass die Verortung des Beobachters in mediatisierten Situationen und die jeweilige Relationierung von ethnografischem Beobachter und Medienpraktik wichtige Parameter für die ethnografische Beobachtung sind: Je mehr die untersuchten Situationen allerdings selbst mit (vor allem: Bildschirm-)Technologien durchsetzt sind, desto weniger kann der eigene Medieneinsatz von Ethnografen unhinterfragt geschehen. Die zur Situation ‚gehörenden' Medien konfigurieren im materiellen Rahmen der Anordnung der Praxis Beobachtungsmöglichkeiten und, grundlegender: was ‚beobachten' hier jeweils heißt. Teil der Untersuchung von mediatisierten Situationen und Lebenswelten muss also neben der Rekonstruktion einer praxisspezifischen und an ihr geschulten Sehfertigkeit (Schindler/Liegl 2013) auch sein, die spezifischen Infrastrukturen der Wahrnehmung zu analysieren – die Verbindungen von Medien(-technik) und anderen Entitäten, aus denen Beobachtbarkeit entsteht (Boll 2012; Schindler/Boll 2011). Die romantische Vorstellung von vorgefundenen und vorfindbaren Feldern, die ihrer ethnografischen Erschließung harren und in die man nur ausziehen muss, um sie zu erforschen, wurde schon konstruktivistisch irritiert, bevor moderne Telekommunikationstechnologien allgegenwärtig wurden. Für diese Vorstellung steht die Rede von ‚natürlichen Situationen‘ und „natürlichen Daten" (Bergmann 1985), also solchen, die nicht explizit zu Forschungszwecken und ohne Zutun von Wissenschaftlern entstehen. Das Gegenteil ist das Experiment, in dem eine Versuchsanordnung installiert wird, in der sich etwas ‚zeigen‘ soll. In den von mir beobachteten Situationen existiert eine ‚natürliche‘ Situation nur *als* (Selbst-)Experiment. Dies kann für alle medial aufgerüsteten Situationen gelten. Es kann bei ihrer Erforschung also weniger darum gehen, die richtigen Situationen aufzusuchen und dort zu beobachten. Sighting steht auch für ‚sichtbar *machen*‘. Es muss eher darum gehen, die richtigen Situationen herzustellen und zu sehen, was man dann zu sehen bekommt, es geht um starke Situationsautorschaft von Ethnografen, nicht nur bei ihrer Be-Schreibung, auch bei ihrer Be-Sichtigung.

Literatur

Abel, Thomas 2011: Bilder zweiter Ordnung. Untersuchung digitaler fotografischer Portraitpraxis mittels Fotografie(n), in: Ziehe, Irene/Hägele, Ulrich (Hg): Visuelle Medien und Forschung. Über den wissenschaftlich-methodischen Umgang mit Fotografie und Film, Visuelle Kultur Bd. 5, Münster: Waxmann, S. 199–217.

Agostino, Katerina 1997: Masculinity, Sexuality and Life on Board Her Majesty's Royal Australian Ships, in: Journal of Interdisciplinary Gender Studies 2 (1), S. 15–30.

Allen, Louisa 2009: „Caught in the Act": Ethics Committee Review and Researching the Sexual Sulture of Schools, in: Qualitative Research 9 (4), S. 395–410.

Amann, Klaus/Knorr-Cetina, Karin 1988: The Fixation of (Visual) Evidence, in: Human Studies 11 (2–3), S. 133–169.

Anderson, Benedict 1983: Imagined Communities: Reflections of the Origin and Spread of Nationalism, London: Verso.

Anderson, Leon 2006: Analytic Autoethnography, in: Journal of Contemporary Ethnography 35 (4), S. 373–395.

Attwood, Feona 2006: Sexed Up: Theorizing the Sexualization of Culture, in: Sexualities 9 (1), S. 77–94.

Attwood, Feona 2009: ‚Deepthroatfucker' and ‚Discerning Adonis': Men and Cybersex, in: International Journal of Cultural Studies 12 (3), S. 279–294.

Attwood, Feona (Hg) 2010: porn.com: making sense of online pornography, New York: Peter Lang.

Attwood, Feona/Hunter, I. Q. 2009: Not Safe for Work? Teaching and Researching the Sexually Explicit, in: Sexualities 12 (5), S. 547–557.

Ayaß, Ruth 2005: Interaktion ohne Gegenüber?, in: Jäckel, Michael/Mai, Manfred (Hg): Online-Vergesellschaftung? Mediensoziologische Perspektiven auf neue Kommunikationstechnologien, Wiesbaden: VS Verlag für Sozialwissenschaften, S. 33–49.

Barad, Karen 2003: Posthumanist Performativity: Toward an Understanding of How Matter Comes to Matter, in: Signs: Journal of Women in Culture and Society 28 (3), S. 801–831.

Barcan, Ruth 2004: Nudity. A Cultural Anatomy, Oxford/New York: Berg.

Barron, Martin/Kimmel, Michael 2000: Sexual Violence in Three Pornographic Media: Toward a Sociological Explanation, in: The Journal of Sex Research 37 (2), S. 161–168.

Baudry, Patrick 1998: La mise en scène pornographique du corps: Le corps. Entre émotion et rationalité, in: Recherches sociologiques 29 (1), S. 79–86.

Baur, Nina/Luedtke, Jens 2008: Die soziale Konstruktion von Männlichkeit: hegemoniale und marginalisierte Männlichkeiten in Deutschland, Leverkusen/Berlin: Barbara Budrich.

Behnke, Cornelia/Meuser, Michael 1996: Ausdiskutieren oder Ausschwitzen. Männergruppen zwischen institutionalisierter Dauerreflexion und neuer Wildheit, in: Knoblauch, Hubert (Hg): Kommunikative Lebenswelten. Zur Ethnographie einer geschwätzigen Gesellschaft, Konstanz: UVK, S. 31–51.

Benkel, Thorsten 2010: Der intime Augenzeuge. Elemente einer Soziologie des Voyeurismus, in: Benkel, Thorsten/Akalin, Fehmi (Hg): Soziale Dimensionen der Sexualität, Gießen: Psychosozial, S. 361–389.

Benkel, Thorsten/Akalin, Fehmi (Hg) 2010: Soziale Dimensionen der Sexualität, Gießen: Psychosozial.

Bergmann, Jörg 1985: Flüchtigkeit und methodische Fixierung sozialer Wirklichkeit. Aufzeichnungen als Daten der interpretativen Soziologie, in: Bonß, Wolfgang/Hartmann, Heinz (Hg): Entzauberte Wissenschaft. Zur Relativität und Geltung soziologischer Forschung, Göttingen: Schwartz, S. 299–320.

https://doi.org/10.1515/9783110580266-007

Berkowitz, Dana 2006: Consuming Eroticism: Gender Performances and Presentations in Pornographic Establishments, in: Journal of Contemporary Ethnography 35 (5), S. 583–606.

Berry, Keith 2007: Embracing the Catastrophe: Gay Body Seeks Acceptance, in: Qualitative Inquiry 13 (2), S. 259–281.

Bielski, Zosia 2013: The Sex Lives of Real People: Why This Site Shows What Really Happens in the Bedroom. The Globe and Mail, 13. Oktober 2013, URL: https://www.theglobeandmail.com/life/relationships/what-really-happens-in-the-bedroom/article15189330/, letzter Aufruf am: 23.7.2018.

Boehm, Gottfried 1994: Die Wiederkehr der Bilder, in: Ders. (Hg): Was ist ein Bild? München: Wilhelm Fink, S. 11–38.

Bohn, Cornelia 2012: Bildlichkeit und Sozialität. Welterzeugung mit visuellen Formen, in: Soziale Systeme 18 (1+2), S. 40–68.

Boll, Tobias 2009: Soziologie der Pornografie. Zur Theorie und Empirie unanständiger Dokumente, unveröffentlichte Diplomarbeit an der Johannes Gutenberg-Universität (JGU) Mainz.

Boll, Tobias 2012: Mediengebundene Lebenswelten und Beobachten mit anderen Augen, in: Schröer, Norbert u. a. (Hg): Ethnographie und Lebenswelt, Essen: Oldib, S. 411–424.

Boll, Tobias 2017: Soziale Praktiken mit Haut und Haaren. Alltagssemiotik und praktische Ontologie körperlicher Randbereiche, in: Sozialmagazin. Die Zeitschrift für Soziale Arbeit (1–2), S. 21–27.

Bordo, Susan 1999: The Male Body: A New Look at Men in Public and in Private, New York: Farrar, Straus and Giroux.

Bourdieu, Pierre 1984: Die feinen Unterschiede: Kritik der gesellschaftlichen Urteilskraft, Frankfurt am Main: Suhrkamp.

Bourdieu, Pierre 1997: Die männliche Herrschaft, in: Dölling, Irene/Krais, Beate (Hg): Ein alltägliches Spiel. Geschlechterkonstruktion in der sozialen Praxis, Frankfurt am Main: Suhrkamp, S. 153–217.

Boyd, Danah 2011: Social Network Sites as Networked Publics: Affordances, Dynamics, and Implications, in: Papacharissi, Zizi (Hg): A Networked Self: Identity, Community, and Culture on Social Network Sites, New York/London: Routledge, S. 39–58.

Brandenburg, Ulrike 2009: Wenn er virtuell fremdgeht, in: Becker, Sophinette/Hauch, Margret/Leiblein, Helmut (Hg): Sex, Lügen und Internet. Sexualwissenschaftliche und Psychotherapeutische Perspektiven, Gießen: Psychosozial, S. 105–118.

Breidenstein, Georg/Hirschauer, Stefan/Kalthoff, Herbert/Nieswand, Bories 2013: Ethnografie: Die Praxis der Feldforschung, Konstanz: UTB.

Brown, Bill 2010: Materiality, in: Mitchell, William/Hansen, Mark (Hg): Critical Terms for Media Studies, Chicago: The University of Chicago Press, S. 49–63.

Burke, Kelsy 2014: What Makes a Man: Gender and Sexual Boundaries on Evangelical Christian Sexuality Websites, in: Sexualities 17 (1–2), S. 3–22.

Burri, Regula Valérie 2008a: Bilder als soziale Praxis: Grundlegungen einer Soziologie des Visuellen, in: Zeitschrift für Soziologie 37 (4), S. 342–358.

Burri, Regula Valérie 2008b: Doing Images: zur Praxis medizinischer Bilder, Bielefeld: Transcript.

Carrigan, Tim/Connell, Bob/Lee, John 1985: Toward a New Sociology of Masculinity, in: Theory and Society 14 (5), S. 551–604.

Carstensen, Tanja u. a. (Hg) 2014: Digitale Subjekte: Praktiken der Subjektivierung im Medienumbruch der Gegenwart, Bielefeld: Transcript.

Clatts, Michael 1999: Ethnographic Observations of Men Who Have Sex with Men in Public, in: Leap, William (Hg): Public sex/gay space, Between men-between women, New York: Columbia University Press, S. 141–155.

Connell, Raewyn 1983: Which Way is Up?: Essays on Sex, Class, and Culture, Crows Nest: Allen & Unwin.

Connell, Raewyn/Messerschmidt, James 2005: Hegemonic Masculinity: Rethinking the Concept, in: Gender & Society 19 (6), S. 829–859.

Cooley, Charles Horton 1902: Human Nature and the Social Order, New York: C. Scribner's & Sons.

Curry, Thimothy Jon 1991: Fraternal Bonding in the Locker Room: A Profeminist Analysis of Talk About Competition and Women, in: Sociology of Sport Journal 8, S. 119–135.

Davis, Murray S. 1983: Smut: Erotic Reality, Obscene Ideology, Chicago: University of Chicago Press.

Dekker, Arne 2003: Sexualität und Beziehungen in realen und virtuellen Räumen, in: Zeitschrift für Sexualforschung 16, S. 285–298.

Dekker, Arne 2004: Körper und Geschlechter in virtuellen Räumen, in: Richter-Appelt Hertha/Hill, Andreas (Hg): Geschlecht zwischen Spiel und Zwang, Gießen: Psychosozial, S. 209–224.

Dekker, Arne 2009: Raumkonstruktionen beim Cybersex, in: Zeitschrift für Sexualforschung 22 (1), S. 1–12.

Dekker, Arne 2012: Online-Sex: Körperliche Subjektivierungsformen in virtuellen Räumen, Bielefeld: Transcript.

Dekker, Arne/Schmidt, Gunter 2003: Patterns of Masturbatory Behaviour, in: Journal of Psychology & Human Sexuality 14 (2–3), S. 35–48.

Del Rosso, Jared 2012: The Penis as Public Part: Embodiment and the Performance of Masculinity in Public Settings, in: Sexualities 14 (6), S. 704–724.

Del-Teso-Craviotto, Marisol 2008: Gender and Sexual Identity Authentication in Language Use: The Case of Chatrooms, in: Discourse Studies 10 (2), S. 251–270.

Döring, Nicola 2004: Cybersex – Formen und Bedeutungen computervermittelter sexueller Interaktionen, in: Richter-Appelt, Hertha/Hill, Andreas (Hg): Geschlecht zwischen Spiel und Zwang, Gießen: Psychosozial, S. 177–207.

Döring, Nicola 2009: Mediatisierte Beziehungen, in: Lenz, Karl/Nestmann, Frank (Hg): Handbuch Persönliche Beziehungen, Weinheim/München: Juventa, S. 651–675.

Döring, Nicola 2012: Erotischer Fotoaustausch unter Jugendlichen: Verbreitung, Funktionen und Folgen des Sexting, in: Zeitschrift für Sexualforschung 25 (1), S. 4–25.

Dworkin, Andrea 1981: Pornography: men possessing women, New York: Putnam.

Eck, Beth 2003: Men Are Much Harder: Gendered Viewing of Nude Images, in: Gender & Society 17 (5), S. 691–710.

Edgley, Charles/Kiser, Kenneth 1982: Polaroid Sex: Deviant Possibilities in a Technological Age, in: Journal of American Culture 5 (1), S. 59–64.

Eichenberg, Christiane/Döring, Nicola 2006: Sexuelle Selbstdarstellung im Internet. Ergebnisse einer Inhaltsanalyse und einer explorativen Befragung zu privaten Websites, in: Zeitschrift für Sexualforschung 19, S. 133–153.

Ellis, Carolyn/Adams, Tony/Bochner, Arthur 2010: Autoethnography: An Overview, in: Forum Qualitative Sozialforschung 12 (1), URL: http://www.qualitative-research.net/index.php/fqs/article/view/1589, letzter Aufruf am: 23.7.2018).

Escoffier, Jeffrey 2003: Gay-for-Pay: Straight Men and the Making of Gay Pornography, in: Qualitative Sociology 26 (4), S. 531–555.

Faßler, Manfred 2008: Cybernetic Localism: Space, Reloaded, in: Döring, Jörg/Thielmann, Tristan (Hg): Spatial Turn: das Raumparadigma in den Kultur- und Sozialwissenschaften, Bielefeld: Transcript, S. 185–217.

Faulstich, Werner 1994: Die Kultur der Pornografie: kleine Einführung in Geschichte, Medien, Ästhetik, Markt und Bedeutung, Bardowick: Wissenschaftler Verlag.

Fine, Gary 1993: Ten Lies of Ethnography: Moral Dilemmas in Field Research, in: The Journal of Contemporary Ethnography 22, S. 267–294.

Finke, Marcel/Halawa, Mark 2012: Materialität und Bildlichkeit. Einleitung, in: Dies. (Hg): Materialität und Bildlichkeit. Visuelle Artefakte zwischen Aisthesis und Semiosis, Berlin: Kadmos, S. 9–18.

Fischer-Lichte, Erika 2004: Was verkörpert der Körper des Schauspielers?, in: Krämer, Sybille (Hg): Performativität und Medialität, München: Fink, S. 141–162.

Flood, Michael 2008: Men, Sex, and Homosociality How Bonds Between Men Shape Their Sexual Relations with Women, in: Men and Masculinities 10 (3), S. 339–359.

Foster-Gimbel, Olivia/Engeln, Renee 2016: Fat chance! Experiences and expectations of antifat bias in the gay male community, in: Psychology of Sexual Orientation and Gender Diversity 3 (1), S. 63–70.

Foucault, Michel 1992: Andere Räume, in: Barck, Karlheinz u. a. (Hg): Aisthesis. Wahrnehmung heute oder Perspektiven einer anderen Ästhetik, Leipzig: Reclam, S. 34–46.

Freud, Sigmund 1905: Drei Abhandlungen zur Sexualtheorie, in: Mitscherlich, Alexander (Hg) 1971: Drei Abhandlungen zur Sexualtheorie und verwandte Schriften. Frankfurt am Main/Hamburg: Fischer, S. 13–109.

Frow, Emma 2012: Drawing a Line: Setting Guidelines For Digital Image Processing in Scientific Journal Articles, in: Social Studies of Science 42 (3), S. 369–392.

Funken, Christiane 2002: Körper Online?!, in: Hahn, Kornelia/Meuser, Michael (Hg): Körperrepräsentationen. Die Ordnung des Sozialen und der Körper, Konstanz: UVK, S. 261–278.

Funken, Christiane 2004: Female, Male, Neuter, Either: Gibt es ein Geschlecht im Cyberspace?, in: Thiedeke, Udo (Hg): Soziologie des Cyberspace: Medien, Strukturen und Semantiken, Wiesbaden: VS Verlag für Sozialwissenschaften, S. 193–211.

Garfinkel, Harold/Livingston, Eric/Lynch, Michael 1981: The Work of a Discovering Science Construed With Materials From the Optically Discovered Pulsar, in: Philosophy of the Social Sciences 11 (2), S. 131–158.

Garlick, Steve 2012: Masculinity, Pornography, and the History of Masturbation, in: Sexuality & Culture 16 (3), S. 306–320.

Geertz, Clifford 1983: „Deep Play": Bemerkungen zum balinesischen Hahnenkampf, in: Ders.: Dichte Beschreibung: Beiträge zum Verstehen kultureller Systeme, Frankfurt am Main: Suhrkamp, S. 202–260.

Gill, Rosalind 2009: Beyond the „Sexualization of Culture" Thesis: An Intersectional Analysis of „Sixpacks", „Midriffs" and „Hot Lesbians" in Advertising, in: Sexualities 12 (2), S. 137–160.

Gilmore, David 1990: Manhood in the Making: Cultural Concepts of Masculinity, New Haven, Conn.: Yale University Press.

Goffman, Erving 1959: The Presentation of Self in Everyday Life, Garden City: Anchor Books.

Goffman, Erving 1965: Attitudes and Rationalizations Regarding Body Exposure, in: Roach, Mary Ellen (Hg): Dress, Adornment, and the Social Order, New York: Wiley, S. 50–53.

Goffman, Erving 1971: Verhalten in sozialen Situationen: Strukturen und Regeln der Interaktion im öffentlichen Raum, Gütersloh: Bertelsmann Fachverlag.

Goffman, Erving 1976: Replies and Responses, in: Language in Society 5 (3), S. 257–313.

Goffman, Erving 1977a: Rahmen – Analyse: Ein Versuch über die Organisation von Alltagserfahrungen, Frankfurt am Main: Suhrkamp.

Goffman, Erving 1977b: The Arrangement Between the Sexes, in: Theory and Society 4 (3), S. 301–331.

Goffman, Erving 1986: Interaktionsrituale: über Verhalten in direkter Kommunikation, Frankfurt am Main: Suhrkamp.

Goffman, Erving 1987: Gender Advertisements, New York: Harper & Row Publishers.

Goffman, Erving 1994: Die Interaktionsordnung, in: Ders.: Interaktion und Geschlecht, Frankfurt am Main: Campus.

Goodwin, Charles 1994: Professional Vision, in: American Anthropologist 96 (3), S. 606–633.

Grauerholz, Liz u. a. 2013: Attraction in the Field: What We Need to Acknowledge and Implications for Research and Teaching, in: Qualitative Inquiry 19 (3), S. 167–178.

Greschke, Heike Mónika 2007: Bin ich drin? – Methodologische Reflektionen zur ethnografischen Forschung in einem plurilokalen, computervermittelten Feld, in: Forum Qualitative Sozialforschung 8 (3), URL: http://www.qualitative-research.net/index.php/fqs/article/view/279/613, letzter Aufruf am: 23.7.2018.

Greschke, Heike Mónika 2009: Daheim in www.cibervalle.com: Zusammenleben im medialen Alltag der Migration, Stuttgart: Lucius & Lucius.

Günzel, Stephan 2013: Vom Sehen des Sehens zum Sehen des sich selbst Sehens. Das Computerspielbild der ersten Person, in: Böhler, Arno/Herzog, Christian/Pechriggl, Alice (Hg): Korporale Performanz: zur bedeutungsgenerierenden Dimension des Leibes, Körperkulturen, Bielefeld: Transcript, S. 123–154.

Gupta, Akhil/Ferguson, James 1997: Discipline and Practice: „The Field" as Site, Method, and Location in Anthropology, in: Dies. (Hg): Anthropological Locations: Boundaries and Grounds of a Field Science, Berkeley: University of California Press, S. 1–46.

Hahn, Alois 2001: Inszenierung von Unabsichtlichkeit, in: Fischer-Lichte, Erika (Hg): Theatralität und die Krisen der Repräsentation, Stuttgart/Weimar: Metzler, S. 177–197.

Hahn, Kornelia 2002a: Die Repräsentation des „authentischen" Körpers, in: Dies./Meuser, Michael (Hg): Körperrepräsentationen. Die Ordnung des Sozialen und der Körper, Konstanz: UVK, S. 279–301.

Hahn, Kornelia 2002b: Körperrepräsentation in der Mediengesellschaft, in: medien + erziehung 46 (1), S. 89–94.

Hahn, Kornelia 2007: Speed Socializing All Over? Theoretische Überlegungen zu intimen Beziehungen im Zeitalter elektronischer Interaktion, in: merzWissenschaft – Zeitschrift für Medien und Erziehung 6, S. 14–23.

Hahn, Kornelia 2009: Ent-fernte Kommunikation: zur Soziologie fortgeschrittener Medienkulturen, Konstanz: UVK.

Hahn, Kornelia/Koppetsch, Cornelia (Hg) 2011: Soziologie des Privaten, Wiesbaden: VS Verlag für Sozialwissenschaften.

Hamman, Robin 1997: The Application of Ethnographic Methodology in the Study of Cybersex, in: Cybersociology 1, URL: http://www.cybersociology.com/files/1_1_hamman.html, letzter Aufruf am: 23.7.2018.

Heimerl, Birgit 2006: Choreographie der Entblößung: Geschlechterdifferenz und Personalität in der klinischen Praxis, in: Zeitschrift für Soziologie 35 (5), S. 372–391.

Heimerl, Birgit 2014: Die Ultraschallsprechstunde: Eine Ethnografie pränataldiagnostischer Situationen, Bielefeld: Transcript.

Hennen, Peter 2005: Bear Bodies, Bear Masculinity: Recuperation, Resistance, or Retreat?, in: Gender & Society 19 (1), S. 25–43.

Hennen, Peter 2008: Faeries, Bears, and Leathermen: Men in Community Queering the Masculine, Chicago: University of Chicago Press.

Hennion, Antoine 2001: Music Lovers. Taste as Performance, in: Theory, Culture & Society 18 (5), S. 1–22.

Hentschel, Linda 2002: Pornotopische Techniken des Betrachtens – Gustave Courbets „L'origine du monde" (1866) und der Penetrationskonflikt der Zentralperspektive, in: Härtel, Insa/Schade, Sigrid (Hg): Körper und Repräsentation, Schriftenreihe der internationalen Frauenuniversität „Technik und Kultur", Opladen: Leske + Budrich, S. 63–71.

Herzer, Dirk 2000: Und was suchst du auf der Line? Intentionen, Erwartungen und Wünsche bei der Nutzung von Datinglines, in: Beck, Stefan/Butler, Mark (Hg): Technogene Nähe. Ethnographische Studien zur Mediennutzung im Alltag, Münster/Hamburg/London: Lit-Verlag, S. 103–114.

Heyes, Cressida J. 2007: Self-Transformations, Oxford University Press.

Hirschauer, Stefan 1989: Die interaktive Konstruktion von Geschlechtszugehörigkeit, in: Zeitschrift für Soziologie 18 (2), S. 100–118.

Hirschauer, Stefan 1991: The Manufacture of Bodies in Surgery, in: Social Studies of Science 21 (2), S. 279–319.

Hirschauer, Stefan 1994: Die soziale Fortpflanzung der Zweigeschlechtlichkeit, in: Kölner Zeitschrift für Soziologie und Sozialpsychologie 46 (4), S. 668–692.

Hirschauer, Stefan 2001a: Ethnografisches Schreiben und die Schweigsamkeit des Sozialen. Zu einer Methodologie der Beschreibung, in: Zeitschrift für Soziologie 30 (6), S. 429–451.

Hirschauer, Stefan 2001b: Das Vergessen des Geschlechts. Zur Praxeologie einer Kategorie sozialer Ordnung, in: Heintz, Bettina (Hg): Geschlechtersoziologie, Opladen: Westdeutscher Verlag, S. 208–235.

Hirschauer, Stefan 2004: Praktiken und ihre Körper. Über materielle Partizipanden des Tuns, in: Hörning, Karl/Reuter, Julia (Hg): Doing Culture. Neue Positionen zum Verhältnis von Kultur und sozialer Praxis, Bielefeld: Transcript, S. 73–91.

Hirschauer, Stefan 2009: Körper macht Wissen. Für eine Somatisierung des Wissensbegriffs, in: Wetterer, Angelika (Hg): Geschlechterwissen und soziale Praxis. Theoretische Zugänge – empirische Erträge, Sulzbach im Taunus: Helmer, S. 82–95.

Hirschauer, Stefan 2011: Sei ein Mann! Implizites Zeigen und praktisches Wissen, in: Schmidt, Rrobert/Stock, Wiebke-Marie/Volbers, Jörg (Hg): Zeigen. Dimensionen einer Grundtätigkeit, Weilerswist: Velbrück, S. 89–104.

Hirschauer, Stefan 2014: Un/doing Differences. Die Kontingenz sozialer Zugehörigkeiten, in: Zeitschrift für Soziologie 43 (3), S. 170–191.

Hirschauer, Stefan 2015: Intersituativität. Teleinteraktion jenseits von Mikro und Makro, in: Zeitschrift für Soziologie Sonderheft Interaktion – Organisation – Gesellschaft revisited, Stuttgart: Lucius & Lucius, S. 109–133.

Hirschauer, Stefan/Amann, Klaus 1997: Die Befremdung der eigenen Kultur. Ein Programm, in: Dies.: Die Befremdung der eigenen Kultur, Frankfurt am Main: Suhrkamp, S. 7–52.

Hitzler, Ronald 2007: Observation und Exhibition. Vom Leben im elektronischen Panoptikum, in: Sozialer Sinn 8, S. 385–391.

Hitzler, Ronald/Honer, Anne 1988: Der lebensweltliche Forschungsansatz, in: Neue Praxis 18 (6), S. 496–501.

Hitzler, Ronald/Honer, Anne 2006: Lebensweltliche Ethnographie, in: Bohnsack, Ralf/Marotzki, Winfired/Meuser, Michael (Hg): Hauptbegriffe Qualitativer Sozialforschung, 2. Auflage, Opladen: Verlag Barbara Budrich, S. 112–114.

Honer, Anne 1994: Einige Probleme lebensweltlicher Ethnographie. Zur Methodologie und Methodik einer interpretativen Sozialforschung, in: Schröer, Norbert (Hg): Interpretative Sozialforschung. Auf dem Wege zu einer hermeneutischen Wissenssoziologie, Opladen: Westdeutscher Verlag, S. 85–106.

Honer, Anne 2011: Verordnete Augen-Blicke. Reflexionen und Anmerkungen zum subjektiven Erleben des medizinisch behandelten Körpers, in: Dies.: Kleine Leiblichkeiten, Wiesbaden: VS Verlag für Sozialwissenschaften, S. 251–263.

Horton, Donald/Wohl, R. Richard 1956: Mass Communication and Para-Social Interaction, in: Psychiatry 19 (3), S. 215–229.

Illouz, Eva 2006: Gefühle in den Zeiten des Kapitalismus, Frankfurt am Main: Suhrkamp.

Introna, Lucas/Ilharco, Fernando 2006: On the Meaning of Screens: Towards a Phenomenological Account of Screenness, in: Human Studies 29 (1), S. 57–76.

Jackson, Margaret 2000: Sexualwissenschaften und die Universalisierung männlicher Sexualität. Von Ellis über Kinsey zu Masters & Johnson, in: Schmerl, Christiane u. a. (Hg): Sexuelle Szenen. Inszenierungen von Geschlecht und Sexualität in modernen Gesellschaften, Opladen: Leske + Budrich, S. 99–115.

Jacobs, Katrien 2004: Pornography in Small Places and Other Spaces, in: Cultural Studies 18 (1), S. 67–83.

Jacobs, Katrien 2007: Netporn. DIY Web Culture and Sexual Politics, Maryland: Rowman & Littlefield.

Johnson, Michael 2010: „Just Getting Off": The Inseparability of Ejaculation and Hegemonic Masculinity, in: The Journal of Men's Studies 18 (3), S. 238–248.

Jonas, Martin 2011: Digitale Pose – Ich fotografiere also bin ich – Wahrnehmung als Indikator, in: Ziehe, Irene/Hägele, Ulrich (Hg): Visuelle Medien und Forschung. Über den wissenschaftlich-methodischen Umgang mit Fotografie und Film, Münster: Waxmann, S. 242–249.

Jonas, Michael 2009: The Social Site Approach Versus the Approach of Discourse/Practice Formations, Reihe Soziologie des Instituts für Höhere Studien Wien, Bd. 92, Wien: Institut für Höhere Studien (IHS).

Jones, Matthew T. 2010: Mediated Exhibitionism: The Naked Body in Performance and Virtual Space, in: Sexuality & Culture 14 (4), S. 253–269.

Jones, Rodney H. 2005: „You show me yours, I'll show you mine": The Negotiation of Shifts From Textual to Visual Modes in Computer-Mediated Interaction Among Gay Men, in: Visual Communication 4 (1), S. 69–92.

Jones, Rodney H. 2008: The role of text in televideo cybersex, in: Text & Talk 28 (4), S. 453–473.

Kalthoff, Herbert 2003: Beobachtende Differenz. Instrumente der ethnografisch-soziologischen Forschung, in: Zeitschrift für Soziologie 32 (1), S. 70–90.

Kalthoff, Herbert 2011: Social Studies of Teaching and Education. Skizze einer soziomateriellen Bildungsforschung, in: Šuber, Daniel/Schäfer, Hilmar/Prinz, Sophia (Hg): Pierre Bourdieu und die Kulturwissenschaften. Zur Aktualität eines undisziplinierten Denkens, Konstanz: UVK Verlagsgesellschaft, S. 107–131.

Kalthoff, Herbert 2014: Die Dinglichkeit der sozialen Welt: mit Goffman und Heidegger Materialität erkunden, in: Thompson, Christiane/Jergus, Kerstin/Breidenstein, Georg (Hg): Interferenzen: Perspektiven einer kulturwissenschaftlichen Bildungsforschung, Weilerswist: Velbrück, S. 71–88.

Kessler, Suzanne J./McKenna, Wendy 1985: Gender: An Ethnomethodological Approach, Chicago: University of Chicago Press.

Kibby, Marjorie/Costello, Brigid 1999: Displaying the Phallus. Masculinity and the Performance of Sexuality on the Internet, in: Men and Masculinities 1 (4), S. 352–364.

Kibby, Marjorie/Costello, Brigid 2001: Between the Image and the Act: Interactive Sex Entertainment on the Internet, in: Sexualities 4 (3), S. 353–369.

Kjørup, Søren 2009: Semiotik, Stuttgart: UTB.

Klein, Gabriele 2008: BilderWelten – KörperFormen: Körperpraktiken in Mediengesellschaften, in: Thomas, Tanja (Hg): Medienkultur und soziales Handeln, Wiesbaden: VS Verlag für Sozialwissenschaften, S. 209–217.

Knoblauch, Hubert 2001: Fokussierte Ethnographie, in: Sozialer Sinn (1), S. 123–141.

Knorr-Cetina, Karin 1998: Sozialität mit Objekten. Soziale Beziehungen in post-traditionalen Wissensgesellschaften, in: Rammert, Werner (Hg): Technik und Sozialtheorie, Frankfurt am Main: Campus, S. 83–120.

Knorr-Cetina, Karin 2005: Complex Global Microstructures. The New Terrorist Societies, in: Theory, Culture & Society 22 (5), S. 213–234.

Knorr-Cetina, Karin 2009: The Synthetic Situation: Interactionism for a Global World, in: Symbolic Interaction 32 (1), S. 61–87.

Knorr-Cetina, Karin 2012: Skopische Medien: Am Beispiel der Architektur von Finanzmärkten, in: Krotz, Friedrich/Hepp, Andreas (Hg): Mediatisierte Welten, VS Verlag für Sozialwissenschaften, S. 167–195.

Kotarba, Joseph 1980: Discovering Amorphous Social Experience: The Case of Chronic Pain, in: Schaffir, William B./Stebbins, Robert/Turowetz, Allan (Hg): Fieldwork Experience: Qualitative Approaches to Social Research, New York: St. Martin's, S. 57–67.

Krämer, Sybille 2008: Medium, Bote, Übertragung: Kleine Metaphysik der Medialität, Frankfurt am Main: Suhrkamp.

Kraß, Andreas 2007: Der heteronormative Mythos. Homosexualität, Homophobie und homosoziales Begehren, in: Bereswill, Mechthild/Meuser, Michael/Scholz, Sylka (Hg): Dimensionen der Kategorie Geschlecht: der Fall Männlichkeit, Münster: Westfälisches Dampfboot, S. 136–151.

Kreuder, Friedemann 2013: Un/doing Differences. Ein Auftrag für zeitgenössische Theaterinstitutionen, in: Schneider, Wolfgang (Hg): Theater entwickeln und planen: kulturpolitische Konzeptionen zur Reform der darstellenden Künste, Theater, Bielefeld: Transcript, S. 91–100.

Krotz, Friedrich 2007: Mediatisierung: Fallstudien zum Wandel von Kommunikation, Wiesbaden: VS Verlag für Sozialwissenschaften.

Krummheuer, Antonia 2010: Interaktion mit virtuellen Agenten?: zur Aneignung eines ungewohnten Artefakts, Stuttgart: Lucius & Lucius.

Länger, Carolin 2002: Im Spiegel von Blindheit: Eine Kultursoziologie des Sehens, Stuttgart: Lucius & Lucius.

Laqueur, Thomas W. 2004: Solitary Sex: A Cultural History of Masturbation, New York: Zone Books.

Latour, Bruno 1996: On Interobjectivity, in: Mind, Culture & Activity 3, S. 228–265.

Latour, Bruno 2007: Eine neue Soziologie für eine neue Gesellschaft: Einführung in die Akteur-Netzwerk-Theorie, Frankfurt am Main: Suhrkamp.

Lautmann, Rüdiger 2000: Der erotische Status von Körpern, in: Koppetsch, Cornelia (Hg): Körper und Status: Zur Soziologie der Attraktivität, Konstanz: UVK, S. 141–162.

Lautmann, Rüdiger 2002: Soziologie der Sexualität. Erotischer Körper, intimes Handeln und Sexualkultur, Weinheim/München: Juventa.

Leder, Drew 1990: The Absent Body, Chicago: University Of Chicago Press.

Lee, Byron 2014: It's a Question of Breeding: Visualizing Queer Masculinity in Bareback Pornography, in: Sexualities 17 (1–2), S. 100–120.

Lewandowski, Sven 2003: Internetpornographie, in: Zeitschrift für Sexualforschung 16 (4), S. 299–327.

Lewandowski, Sven 2006: „I can't get no satisfaction"? Zum aktuellen Stand einer Soziologie der Sexualität, in: Soziologische Revue 29, S. 15–25.

Lewandowski, Sven 2008: Die Soziologie und das Sexuelle. Ein Bericht vom Soziologentag 2008 in Jena, in: Zeitschrift für Sexualforschung 21, S. 356–362.

Liegl, Michael/Stempfhuber, Martin 2014: „Raum am Draht": Empirische Beobachtung zur Soziologie der mediatisierten Anmache am Fallbeispiel von Grindr, in: Hahn, Kornelia (Hg): E<3Motion, Wiesbaden: Springer Fachmedien Wiesbaden, S. 19–38.

Lindemann, Gesa 1992: Die leiblich-affektive Konstruktion des Geschlechts. Für eine Mikrosoziologie des Geschlechts unter der Haut, in: Zeitschrift für Soziologie 21 (5), S. 330–346.

Lindemann, Gesa 1993: Das paradoxe Geschlecht. Transsexualität im Spannungsfeld von Körper, Leib und Gefühl, Frankfurt am Main: Fischer.

Livingstone, Sonia 2012: Taking Risky Opportunities in Youthful Content Creation: Teenagers' Use of Social Networking Sites for Intimacy, Privacy and Self-Expression, in: Chouliaraki, Lilie (Hg): Self-Mediation: New Media, Citizenship and Civil Selves, London: Routledge, S. 39–54.

Löw, Martina 2001: Raumsoziologie, Frankfurt am Main: Suhrkamp.

Lübke, Valeska 2005: CyberGender: Geschlecht und Körper im Internet, Königstein im Taunus: Ulrike Helmer Verlag.

Luhmann, Niklas 1995: Wahrnehmung und Kommunikation sexueller Interessen, in: Die Soziologie und der Mensch, Soziologische Aufklärung, Opladen: Westdeutscher Verlag, S. 189–203.

Lundby, Knut (Hg) 2009: Mediatization: Concept, Changes, Consequences, New York: Peter Lang.

Lykins, Amy/Meana, Marta/Kambe, Gretchen 2006: Detection of Differential Viewing Patterns to Erotic and Non-Erotic Stimuli Using Eye-Tracking Methodology, in: Archives of Sexual Behavior 35 (5), S. 569–575.

MacKinnon, Catherine 1993: Only Words, Cambridge: Harvard University Press.

Marcus, George E. 1995: Ethnography In/Of The World System: The Emergence of Multi-Sited Ethnography, in: Annual Review of Anthopology 24, S. 95–117.

Martin, Karin u. a. 2010: Privates, Pee-Pees, and Coochies: Gender and Genital Labeling For/With Young Children, in: Feminism & Psychology 21 (3), S. 420–430.

Mauss, Marcel 1975: Soziologie und Anthropologie 2. Gabentausch – Soziologie und Psychologie – Todesvorstellungen – Körpertechniken – Begriff der Person, München: Hanser.

McLuhan, Marshall/Fiore, Quentin 2001: The Medium Is The Message, Corte Madera: Gingko Press.

Meuser, Michael 2001a: „Ganze Kerle“, „Anti-Helden“ und andere Typen: zum Männlichkeitsdiskurs in neuen Männerzeitschriften, in: Döge, Peter/Ders. (Hg): Männlichkeit und soziale Ordnung: neuere Beiträge zur Geschlechterforschung, Opladen: Leske + Budrich, S. 219–236.

Meuser, Michael 2001b: Männerwelten. Zur kollektiven Konstruktion hegemonialer Männlichkeit, in: Schriften des Essener Kollegs für Geschlechterforschung 1 (2), S. 5–32.

Meuser, Michael/Scholz, Sylka 2005: Hegemoniale Männlichkeit. Versuch einer Begriffsklärung aus soziologischer Perspektive, in: Dinges, Martin (Hg): Männer – Macht – Körper. Hegemoniale Männlichkeiten vom Mittelalter bis heute, Frankfurt am Main/New York: Campus, S. 211–228.

Mitchell, William J. T. 1995: Picture Theory: Essays on Verbal and Visual Representation, Chicago: University of Chicago Press.

Mohn, Bina Elisabeth 2007: Kamera-Ethnographie: Vom Blickentwurf zur Denkbewegung, in: Brandstetter, Gabriele/Klein, Gabriele (Hg): Methoden der Tanzwissenschaft. Modellanalysen zu Pina Bauschs „Sacre du Printemps", Tanz Scripte, Bielefeld: Transcript, S. 173–194.

Mol, Annemarie 2003: The Body Multiple: Ontology in Medical Practice, Durham: Duke University Press.

Monaghan, Lee F. 2005: Big Handsome Men, Bears and Others: Virtual Constructions of ‚Fat Male Embodiment‘, in: Body & Society 11 (2), S. 81–111.

Moore, Lisa Jean 2008: Sperm Counts: Overcome by Man's Most Precious Fluid, New York: NYU Press.

Muir, Kenneth B./Seitz, Trina 2004: Machismo, Misogyny, and Homophobia in a Male Athletic Subculture: A Participant-Observation Study of Deviant Rituals in Collegiate Rugby, in: Deviant Behavior 25, S. 303–327.

Müller, Michael R. 2011: Das Körperbild als Selbstbild, in: Müller, Michael R./Soeffner, Hans-Georg/Sonnenmoser, Anne (Hg): Körper Haben. Die symbolische Formung der Person, Weilerswist: Velbrück, S. 87–106.

Müller, Michael R. 2012: Das Selbstbild in der Bilderwelt. Zur Soziologie transnationaler Bild- und Bewährungsordnungen, in: Soeffner, Hans-Georg (Hg): Transnationale Vergesellschaftungen, Wiesbaden: Springer Fachmedien Wiesbaden, S. 323–337.

Näser, Torsten 2008: Authentizität 2.0 – Kulturanthropologische Überlegungen zur Suche nach ‚Echtheit‘ im Videoportal YouTube, in: kommunikation@gesellschaft 9 (17), URL: http://nbn-resolving.de/urn:nbn:de:0228-200809030, letzter Aufruf am: 23.7.2018.

Neumann-Braun, Klaus 2009: Homepages und Videoclip-Portale als Schauplätze theatraler Imagearbeit und ritueller Kommunikation von jungen Menschen, in: Willems, Herbert (Hg): Theatralisierung der Gesellschaft, Wiesbaden: VS Verlag für Sozialwissenschaften, S. 387–398.

Newmahr, S. 2008: Becoming a Sadomasochist: Integrating Self and Other in Ethnographic Analysis, in: Journal of Contemporary Ethnography 37 (5), S. 619–643.

Norris, Clive/Armstrong, Gary 1999: CCTV and the Social Structuring of Surveillance, in: Crime Prevention Studies 10, S. 157–178.

Nübling, Damaris 2017: Personennamen und Geschlechter/un/ordnung – Onymisches doing und undoing gender, unveröffentlichtes Aufsatzmanuskript.

O. A. 2008: Kinderbuch-Zensur Der große Unterschied, in: Frankfurter Allgemeine Zeitung, 16.01.2008, URL: http://www.faz.net/aktuell/feuilleton/buecher/rezensionen/kinderbuch/kinderbuch-zensur-der-grosse-unterschied-1515416.html, letzter Aufruf am: 23.7.2018.

O'Toole, Laurence 1998: Pornocopia: Porn, Sex, Technology, and Desire, London: Serpent's Tail.

Paulitz, Tanja 2014: Subjektivierung und soziale Praxis im Kontext des Web 2.0 – zur Einleitung, in: Österreichische Zeitschrift für Soziologie 39 (S1), S. 1–6.

Peirce, Charles S. 1983: Phänomen und Logik der Zeichen, Frankfurt am Main: Suhrkamp.

Perdue, Lewis 2004: EroticaBiz: How Sex Shaped the Internet, in: Waskul, Dennis (Hg): Net.Sexxx: Readings on Sex, Pornography, and the Internet, New York: Peter Lang, S. 259–293.

Plummer, David 1999: One of the Boys: Masculinity, Homophobia, and Modern Manhood, New York: Haworth.

Rammert, Werner 1999: Virtuelle Realitäten als medial erzeugte Sonderwirklichkeiten – Veränderungen der Kommunikation im Netz der Computer, in: Faßler, Manfred (Hg): Alle möglichen Welten: virtuelle Realität – Ethik der Kommunikation, München: Fink, S. 33–48.

Reckwitz, Andreas 2003: Grundelemente einer Theorie sozialer Praktiken, in: Zeitschrift für Soziologie 32 (4), S. 282–301.

Reichert, Ramón 2008: Amateure im Netz. Selbstmanagement und Wissenstechniken im Web 2.0, Bielefeld: Transcript.

Reichertz, Jo 1989: Hermeneutische Auslegung von Feldprotokollen? Verdrießliches über ein beliebtes Forschungsmittel, in: Aster, Reiner/Merkens, Hans/Repp, Michael (Hg): Teilnehmende Beobachtung. Werkstattberichte und methodologische Reflexionen, Frankfurt am Main: Campus, S. 84–102.

Reichertz, Jo 2014: Das vertextete Bild, in: Moritz, Christine (Hg): Transkription von Video- und Filmdaten in der Qualitativen Sozialforschung, Wiesbaden: Springer Fachmedien Wiesbaden, S. 55–72.

Reichertz, Jo/Englert, Carina 2010: Einführung in die qualitative Videoanalyse: Eine hermeneutisch-wissenssoziologische Fallanalyse, Wiesbaden: VS Verlag für Sozialwissenschaften.

Ricciardelli, Rosemary/Clow, Kimberley/White, Philip 2010: Investigating Hegemonic Masculinity: Portrayals of Masculinity in Men's Lifestyle Magazines, in: Sex Roles 63, S. 64–78.

Robson, Kate 1998: „Meat" in the Machine: The Centrality of the Body in Internet Interactions, in: Richardson, John/Shaw, Alison (Hg): The Body in Qualitative Research, Aldershot/Brookfield: Ashgate, S. 185–197.

Ross, Michael W. 2005: Typing, Doing, and Being: Sexuality and the Internet, in: The Journal of Sex Research 42 (4), S. 342–352.

Saerberg, Siegfried-Heinz-Xaver 2006: „Geradeaus ist einfach immer geradeaus": eine lebensweltliche Ethnographie blinder Raumorientierung, Konstanz: UVK Verlagsgesellschaft.

Sauter, Theresa 2014: Öffentlichmachung privater Subjekte im Web 2.0: Eine Genealogie des Schreibens als Selbsttechnik, in: Österreichische Zeitschrift für Soziologie 39 (S1), S. 23–40.

Schatzki, Theodore 1996: Social Practices: a Wittgensteinian Approach to Human Activity and the Social, Cambridge: Cambridge University Press.

Schatzki, Theodore 2002: The Site of the Social: a Philosophical Account of the Constitution of Social Life and Change, University Park: Pennsylvania State University Press.

Schatzki, Theodore/Knorr-Cetina, Karin/Von Savigny, Eike (Hg) 2001: The Practice Turn in Contemporary Theory, London: Routledge.

Schauer, Terrie 2005: Women's Porno: The Heterosexual Female Gaze in Porn Sites „for Women", in: Sexuality & Culture 9 (2), S. 42–64.

Scheffer, Thomas 2002: Das Beobachten als sozialwissenschaftliche Methode – Von den Grenzen der Beobachtbarkeit und ihrer methodischen Bearbeitung, in: Schaeffer, Doris/Müller-Mundt, Gabriele (Hg): Qualitative Forschung in den Gesundheits- und Pflegewissenschaften, Bern: Huber, S. 351–374.

Schegloff, Emanuel A./Sacks, Harvey 1973: Opening Up Closings, in: Semiotica 8 (4), S. 289–327.

Schindler, Larissa 2011: Teaching by Doing: Zur körperlichen Vermittlung von Wissen, in: Keller, Reiner/Meuser, Michael (Hg): Körperwissen, Wiesbaden: VS Verlag für Sozialwissenschaften, S. 335–350.

Schindler, Larissa 2012: Visuelle Kommunikation und die Ethnomethoden der Ethnographie, in: Österreichische Zeitschrift für Soziologie 37 (2), S. 165–183.

Schindler, Larissa/Boll, Tobias 2011: Visuelle Medien und die (Wieder-)Herstellung von Unmittelbarkeit., in: Ziehe, Irene/Hägele, Ulrich (Hg): Visuelle Medien und Forschung. Über den wissenschaftlich-methodischen Umgang mit Fotografie und Film, Visuelle Kultur, Münster: Waxmann, S. 219–231.

Schindler, Larissa/Liegl, Michael 2013: Praxisgeschulte Sehfertigkeit: Zur Fundierung audiovisueller Verfahren in der visuellen Soziologie, in: Soziale Welt 64 (1–2), S. 51–67.

Schmidt, Gunter 1996: Das Verschwinden der Sexualmoral. Über sexuelle Verhältnisse, Hamburg: Ingrid Klein Verlag.

Schmidt, Robert 2006: Technik, Risiko und das Zusammenspiel von Habitat und Habitus, in: Gebauer, Gunter u. a. (Hg): Kalkuliertes Risiko. Technik, Spiel und Sport an der Grenze, Frankfurt am Main: Campus, S. 78–95.

Schmidt, Robert/Volbers, Jörg 2011: Öffentlichkeit als methodologisches Prinzip. Zur Tragweite einer praxistheoretischen Grundannahme, in: Zeitschrift für Soziologie 40 (1), S. 24–41.

Schreiber, Maria 2015: "The smartphone is my constant companion". Digital photographic practices and the elderly, in: Kramp, Leif u. a. (Hg): Journalism, representation and the public sphere, Bremen: edition lumière, S. 93–103.

Schrock, Douglas/Schwalbe, Michael 2009: Men, Masculinity, and Manhood Acts, in: Annual Review of Sociology 35 (1), S. 277–295.

Schütz, Alfred 1945: On Multiple Realities, in: Philosophy and Phenomenological Research 5 (4), S. 533–576.

Schwarzer, Alice 1990: Vorwort zur deutschen Ausgabe, in: Dworkin, Andrea: Pornographie. Männer beherrschen Frauen, Köln: Emma Frauen Verlag, S. 9–12.

Short, Don 2007: The Informal Regulation of Gender: Fear and Loathing in the Locker Room, in: Journal of Gender Studies 16 (2), S. 183–186.

Sigusch, Volkmar 2005a: Neosexualitäten: Über den kulturellen Wandel von Liebe und Perversion, Frankfurt am Main/New York: Campus.

Sigusch, Volkmar 2005b: Praktische Sexualmedizin: Eine Einführung, Köln: Deutscher Ärzte-Verlag.

Simmel, Georg 1907: Soziologie der Sinne, in: Die Neue Rundschau 18 (9), S. 1025– 1036.

Simon, William/Gagnon, John H. 1973: Sexual Conduct, Chicago: Aldine Publishing Company.

Stephens, Elizabeth 2007: The Spectacularized Penis Contemporary Representations of the Phallic Male Body, in: Men and Masculinities 10 (1), S. 85–98.

Stolberg, Michael 2000: An Unmanly Vice: Self-Pollution, Anxiety, and the Body in the Eighteenth Century, in: Social History of Medicine 13 (1), S. 1–22.

Stone, Gregory P. 1990: Appearance and the Self: A Slightly Revised Version, in: Brissett, Dennis/ Edgley, Charles (Hg): Life as Theater. A Dramaturgical Sourcebook, 2. Auflage, New York: Aldine de Gruyter, S. 141–162.

Stulhofer, Aleksandar/Schmidt, Gunter/Landripet, Ivan 2009: Pornografiekonsum in Pubertät und Adoleszenz. Gibt es Auswirkungen auf sexuelle Skripte, sexuelle Zufriedenheit und Intimität im jungen Erwachsenenalter?, in: Zeitschrift für Sexualforschung 22 (1), S. 13–23.

Tervooren, Anja 2007: Männlichkeiten und Sozialisation, in: Bereswill, Mechthild/Meuser, Michael/ Scholz, Sylka (Hg): Dimensionen der Kategorie Geschlecht: der Fall Männlichkeit, Münster: Westfälisches Dampfboot.

Thomas, Jim 2004: Cyberpoaching behind the Keyboard: Uncoupling the Ethics of „Virtual Infideli-ty", in: Waskul, Dennis (Hg): Net.Sexxx: Readings on Sex, Pornography, and the Internet, New York: Peter Lang, S. 149–177.

Tierney, John 1994: Porn, the Low-Slung Engine of Progress, in: The New York Times, 9.1.1994, URL: http://www.nytimes.com/1994/01/09/arts/porn-the-low-slung-engine-of-progress.html, letzter Aufruf am: 23.7.2018.

Tolson, Andrew 2012: A New Authenticity? Communicative Practices on YouTube, in: Chouliaraki, Li-lie (Hg): Self-Mediation: New Media, Citizenship and Civil Selves, London: Routledge, S. 85–98.

Tönnies, Ferdinand 1920: Gemeinschaft und Gesellschaft: Grundbegriffe der reinen Soziologie, Berlin: Curtius.

Trapp, Wilhelm 2003: Der Schöne Mann: Zur Ästhetik eines unmöglichen Körpers, Berlin: Erich Schmidt Verlag.

Van Doorn, Niels/Velthuis, Olav 2018: A good hustle: the moral economy of market competition in adult webcam modeling, in: Journal of Cultural Economy 11 (3), S. 177–192.

Vandello, Joseph A. u. a. 2008: Precarious Manhood, in: Journal of Personality and Social Psycholo-gy 95 (6), S. 1325–1339.

Voß, Heinz-Jürgen 2010: Making Sex Revisited: Dekonstruktion des Geschlechts aus biologisch-medizinischer Perspektive, Bielefeld: Transcript.

Waskul, Dennis 2002: The Naked Self: Being a Body in Televideo Cybersex, in: Symbolic Interaction 25 (2), S. 199–227.

Waskul, Dennis 2003: Self-Games and Body-Play: Personhood in Online Chat and Cybersex, New York: Peter Lang.

Waskul, Dennis (Hg) 2004a: Net.Sexxx: Readings on Sex, Pornography, and the Internet, New York: Peter Lang.

Waskul, Dennis 2004b: The Naked Self: Body and Self in Televideo Cybersex, in: Ders. (Hg): net.seXXX. Readings on Sex, Pornography and the Internet, New York u. a.: Peter Lang, S. 35–63.

Waskul, Dennis/Radeloff, Cheryl L. 2010: „How Do I Rate?": Web Sites and Gendered Erotic Looking Glasses, in: Attwood 2010, S. 202–216.

Waskul, Dennis/Vannini, Phillip 2006a: Body Ekstasis: Socio-Semiotic Reflections on Surpassing the Dualism of Body-Image, in: Dies. (Hg): Body/Embodiment: Symbolic Interaction and the Sociology of the Body, Farnham: Ashgate, S. 183–200.

Waskul, Dennis/Vannini, Phillip (Hg) 2006b: Body/Embodiment: Symbolic Interaction and the So-ciology of the Body, Farnham: Ashgate.

Watzlawick, Paul 2015: Man kann nicht nicht kommunizieren: Das Lesebuch, Bern: Hogrefe.

Weber, Max 1988: Gesammelte Aufsätze zur Wissenschaftslehre, Tübingen: J. C. B. Mohr.

Welz, Gisela 2009: „Sighting/Siting globalization". Gegenstandskonstruktion und Feldbegriff einer ethnographischen Globalisierungsforschung, in: Windmüller, Sonja/Binder, Beate/Hengartner, Thomas (Hg): Kultur-Forschung: zum Profil einer volkskundlichen Kulturwissenschaft, Studien zur Alltagskulturforschung, Berlin: Lit-Verlag, S. 195–210.

West, Candace/Zimmerman, Don H. 1987: Doing Gender, in: Gender & Society 1 (2), S. 125–151.

Whitty, Monica T./Quigley, Laura-Lee 2008: Emotional and Sexual Infidelity Offline and in Cyberspace, in: Journal of Marital and Family Therapy 34 (4), S. 461–468.

Williams, Linda 1989: Hard Core: Power, Pleasure, and the „Frenzy of the Visible", Berkeley: University of California Press.

Winker, Gabriele 2005: Ko-Materialisierung von vergeschlechtlichten Körpern und technisierten Artefakten: Der Fall Internet, in: Funder, Maria/Dörhöfer, Steffen/Rauch, Christian (Hg): Jenseits der Geschlechterdifferenz? Geschlechterverhältnisse in der Informations- und Wissensgesellschaft, München/Mering: Rainer Hampp Verlag, S. 157–178.

Wohlrab-Sahr, Monika 2011: Schwellenanalyse – Plädoyer für eine Soziologie der Grenzziehungen, in: Hahn, Kornelia/Koppetsch, Cornelia (Hg): Soziologie des Privaten, Wiesbaden: VS Verlag für Sozialwissenschaften, S. 33–52.

Wylie, Kevan R./Eardley, Ian 2007: Penile Size and The „Small Penis Syndrome", in: BJU International 99 (6), S. 1449–1455.

Wysocki, Diane Kholos/Childers, Cheryl D. 2011: "Let My Fingers Do the Talking": Sexting and Infidelity in Cyberspace, in: Sexuality & Culture 15 (3), S. 217–239.

Zifonun, Gisela/Hoffmann, Ludger/Strecker, Bruno 1997: Grammatik der deutschen Sprache, Berlin/Boston: De Gruyter.

Danksagungen

Ich danke dem Forschungsschwerpunkt Sozial- und Kulturwissenschaften (SoCuM) und der Gutenberg-Akademie der Johannes Gutenberg-Universität Mainz für die finanzielle Unterstützung, die ich während meiner Studie und für die Publikation dieses Buches erhalten habe. Für ihre tatkräftige Hilfe bei der Fertigstellung des Manuskripts danke ich Miriam Brunnengräber, Eva Muthmann, Laura Völkle und Antonia Garbe. Maximilian Geßl und dem Team von De Gruyter danke ich für die gute Zusammenarbeit.

Für ihre Unterstützung, Ermutigung und Inspiration während der Arbeit an diesem Buch habe ich etlichen Personen zu danken. Ich nenne hier einige, deren Beteiligung am Gelingen dieses Projektes mir besonders in Erinnerung ist.

Insbesondere meinem Mentor Stefan Hirschauer danke ich für seine Offenheit und Begeisterungsfähigkeit für dieses Forschungsvorhaben, die beharrliche Befremdung meines Blicks, seine konstruktive Kritik auf Augenhöhe – und das Fahrrad. Ein herzlicher Dank geht auch an Kornelia Hahn für wichtige inhaltliche Impulse sowie Gelegenheiten zur gewinnbringenden Diskussion meiner Überlegungen.

Ebenfalls danken möchte ich meinen aktuellen und ehemaligen Kolleginnen und Kollegen am Arbeitsbereich Soziologische Theorie und Gender Studies für die hilfreichen Diskussionen meiner Arbeit im Colloquium Praxisforschung. Besonders Sophie Merit Müller, Larissa Schindler, Lilian Coates, Michael Liegl und Birgit Heimerl danke ich für zahlreiche inhaltliche Diskussionen und ihren kollegialen und freundschaftlichen Support.

Schließlich will ich ganz herzlich allen Danke sagen, mit denen ich in den vergangenen Jahren die Lust und das Leid des Promovierens teilen und Gedanken austauschen konnte, und die mir während der Arbeit an diesem Buch mit offenen Ohren, Augen und Armen unterstützend zur Seite gestanden haben. Besonders danke ich (in alphabetischer Reihenfolge): Stephanie Bergbauer, Donna J. Drucker, Christina Globke, Florian und Susanne Hammerle, Jette Horstmeyer, Johannes Kirdorf, Marc-Uwe und Maria Kling, Christian Knöppler, Jana Leipold, Matthias Mauser, Bjørn Christian Mohr, Leonie Mück, Corinna Norrick-Rühl, Nazli Römer, Alexandra Schäfer-Griebel und Dorothea Volz.

Alex, I had to do this without you. And I could not have done it without you. I cannot thank you enough. This book is dedicated to you.

Mainz am Rhein, August 2018   Tobias Boll

https://doi.org/10.1515/9783110580266-008